"十四五"职业教育国家规划教材

"十三五"职业教育国家规划教材

资产评估实务

（第三版）

主　编　杨淑芝　刘　刚
副主编　雷建平　王　雄
　　　　赵亭亭　刘珈希
参　编　田　蕴　于　珊　裴艳慧
　　　　刘小英　韩献珍　吴晨欣
　　　　樊金枝　吴　玲　刘　伟
主　审　张雪玉

中国电力出版社
CHINA ELECTRIC POWER PRESS

内 容 提 要

本书为"十四五""十三五"职业教育国家规划教材。全书共十一章,主要内容为资产评估理论知识和评估实务两部分,具体包括资产评估概述、资产评估的基本方法、资产评估程序及信息收集、机器设备评估、房屋建筑物及在建工程评估、资源资产评估、无形资产评估、长期投资评估、流动资产评估、企业价值评估、资产评估报告,以及资产评估实例。全书将立德树人的德育目标贯穿始终;在内容安排上,紧扣我国注册资产评估师资格考试内容和要求;在内容结构编排上,突出理论结合实际应用,注重基础和应用方向,结合实际案例,便于读者理解和掌握。本书配套丰富的数字资源供读者使用。

本书可作为普通高等院校会计、资产评估、财务管理、房地产开发与管理、经济管理等专业的教材,也可作为高职院校相关专业的教材,还可作为注册资产评估师考试参考资料,同时也可供相关企业人员参考。

图书在版编目(CIP)数据

资产评估实务/杨淑芝,刘刚主编. —3 版. —北京:中国电力出版社,2021.10(2024.11 重印)
ISBN 978-7-5198-6368-5

Ⅰ. ①资… Ⅱ. ①杨…②刘… Ⅲ. ①资产评估—教材 Ⅳ. ①F20

中国版本图书馆 CIP 数据核字(2021)第 266809 号

出版发行:中国电力出版社
地　　址:北京市东城区北京站西街 19 号(邮政编码 100005)
网　　址:http://www.cepp.sgcc.com.cn
责任编辑:霍文婵(010-63412545)
责任校对:黄　蓓　常燕昆
装帧设计:张俊霞　赵姗姗
责任印制:吴　迪

印　　刷:三河市航远印刷有限公司
版　　次:2012 年 8 月第一版　2021 年 10 月第三版
印　　次:2024 年 11 月北京第十四次印刷
开　　本:787 毫米×1092 毫米　16 开本
印　　张:21.5
字　　数:523 千字
定　　价:66.00 元

本书拓展资源

前 言

随着我国社会经济的快速发展，构建以能力为导向的人才培养模式已经成为高等教育应用型人才培养的重要支撑。为了更好地满足全面提升质量阶段的高职教育发展需要，在经济新常态下，中国经济已由过去的高速增长阶段转向现在的高质量发展阶段，资产评估行业作为经济社会发展中不可或缺的重要力量，其社会公信力和社会影响力正在不断提高。当今时代下，社会各界对于资产评估行业的要求也越来越高，市场竞争环境日趋激烈，人能尽其才则百事兴，人才是资产评估行业发展的基石。

在编写本书时编者将立德树人的德育目标贯穿始终，本着"校企合作、产教融合"，以及"德、智、体、美、劳全面发展"的理念，邀请资深的资产评估行业专家、企业专家、具有马克思主义哲学和工程管理双重专业背景的思政课教师共同参与编写。从大纲的制定、资料的收集，以及内容的编写，以实现"立德树人""零距离"就业为目标，始终贯彻品德为先、理实一体，培养理想信念坚定、理论基础扎实、实践技能丰富的专业人才。在编写过程中，对接新的职业标准和新的产业需求，反映新知识、新技术、新工艺和新方法，凸显"工学结合、专创融合"的教学理念，展示了资产评估工作的真实环境与过程，图文并茂，思路严谨，架构清晰，深入浅出地阐述了资产评估概念、资产评估流程、资产评估方法的具体应用，有丰富的案例分析内容。

本书自 2012 年 8 月出版以来，受到全国众多高等院校的青睐。编者在保持第一版、二版教材原有特色和编写风格的基础上，及时对本书的知识结构体系进行适应性修订。在本次修订中，每一章增加了知识背景与拓展、课内活动与讨论、案例分析与技能训练等内容，以及学生作品，以小视频的形式展示教与学，以适应岗位对应用型人才的培养需要。凸显高职教育职业能力培养的本质特征，在不断构建特色教材建设体系的过程中，逐步形成自己的品牌优势。

本书围绕资产评估基本理论知识，紧扣我国资产评估师资格考试内容和要求；在内容结构编排上，突出理论结合实际应用，注重基础和应用方向，结合实际案例，使学生能够了解各类评估业务的特点和评估方法的适用条件，选择合适的评估方法，对被评估对象进行价值分析，并能够按照规范格式编写或阅读资产评估报告，便于读者理解和掌握。

本书将思政内容贯穿至每一章节中，切实引导学生坚定理想信念、厚植爱国主义情怀、加强品德修养、增长知识见识、培养奋斗精神、增强综合素质。配套的数字资源丰富，包括微课、课件、实景视频、习题详解、题库、模拟试卷等数字化教学资源，不仅为教师灵活采用各类教学法提供了有力的技术支撑，同时也为学生提供了更加便捷的知识获取平台，为学生理解评估流程及评估规范提供了鲜活生动的数字环境。

本书设计思路坚持"必需""够用"的原则，将工作过程与教学内容紧密结合，以工作过程组织教学内容，将教学内容贯穿于工作过程中，实现"工学结合"，关注行业发展，根据行业企业用人需求来设计教材内容，实现教学与工作的零距离对接。教学内容安排紧凑合理，由浅入深，更新了案例和习题，不仅能够提升大家的学习兴趣，还可以巩固所学专业知识。

教材每一章穿插了思维导图、名人名言，各章节中针对相关内容有特别提示、知识链接，为方便读者学习巩固，同时附有相关案例、ppt、视频讲解知识、学生作品（通过二维码扫一扫）等，激励大家的学习热情。将思想政治、劳动教育融入教材中，劳动与职业的关联，使劳动教育和职业启蒙相辅相成、互为依托，劳动教育与职业启蒙教育的融合，培养合格、高素质的新时代劳动者。

本书再版修订分工如下：内蒙古建筑职业技术学院杨淑芝、雷建平编写第一、三章；内蒙古建筑职业技术学院吴晨欣编写第二章第一、二节；内蒙古建筑职业技术学院刘小英编写第二章第三、四节及附录二；内蒙古机电职业技术学院刘刚编写第四章；内蒙古建筑职业技术学院于珊编写第五章第一～三节及附录一；内蒙古建筑职业技术学院刘伟编写第五章第四～六节；内蒙古建筑职业技术学院裴艳慧编写第五章第七节；内蒙古财经大学王雄编写第六章；内蒙古建筑职业技术学院赵亭亭编写第七章；内蒙古财经大学刘珈希编写第八章；内蒙古广播电视大学田蕴编写第九章；内蒙古建筑职业技术学院樊金枝编写第十章；内蒙古建筑职业技术学院韩献珍编写第十一章；内蒙古华诚源评估公司吴玲负责编写案例部分。本书由内蒙古建筑职业技术学院张雪玉教授主审。在此，对本书所有参与者的辛勤劳动深表感谢！

感谢内蒙古华诚源评估公司、内蒙古益财资产评估有限责任公司、内蒙古财经大学对本书的再版工作给予的大力支持和帮助，以及提出的宝贵意见！

在本书编写过程中，参考和吸收了国内同类教材的优点，在此，对这些教材的作者表示敬意和感谢。书中有配套数字资源供读者使用，可直接扫描书中二维码阅读，也可与中国电力出版社联系获取。

非常感谢各位读者对本书的厚爱！限于编者水平，加之资产评估行业发展迅速，书中难免会有疏漏和不妥之处，恳请各位专家和读者批评指正。

编　者

第一版前言

我国的资产评估行业起步于 1989 年。经过近二十多年的快速发展，已在防止国有资产流失，促进资产顺畅流转，维护市场秩序，规范资本运作，维护股东权益和促进经济体制改革等方面发挥了重要作用。随着我国经济体制改革的不断深化、生产要素市场的快速发展和经济全球化进程的不断加快，资产评估业也面临着新的发展机遇和挑战。

为适应现代市场经济发展对人才具体要求的需要，本书从高等职业教育学生知识基础和技能培养的需要出发，依照资产评估运作流程和要求，以必要的相关理论知识为铺垫，突出案例教学和实践环节，注重技能培养，实现理论与实践的有机结合。本书共十一章，主要内容分为资产评估理论知识和评估实务两部分。第一~三章为资产评估基本理论知识部分，根据"必需"和"够用"的教学原则，从资产与资产评估的概念、功能、原则入手，介绍资产评估的基本方法和资产评估程序。第四~十章为资产评估实务部分，内容的编排参照资产评估业务种类和资产的流动性，突出实务教学和本书的应用方向性，重点阐述机器设备评估、房地产评估、无形资产评估、流动资产评估、金融资产评估、企业价值评估和资产评估报告等内容。第十一章为资产评估报告，主要安排资产评估报告的制作要素及其应用。本书旨在通过学习资产评估基本理论知识，使学生能够结合各类评估业务的特点和评估方法的适用条件，选择合适的评估方法，对被评估对象进行价值分析，并能够按照规范格式编写或评阅资产评估报告。

本书的突出特点表现在两个方面：

1. 在内容的安排上，重点突出房地产评估、土地评估、资源性资产评估、长期投资评估、流动资产评估以及资产评估实务操作技巧，结合高等职业教育的特点和培养目标，强化基本知识，突出技能培养，是一本针对高职起点学生为对象的专业应用书籍。

2. 在内容结构编排上，突出理论结合实际应用，注重学生基础和应用方向，通过穿插一些栏目、结构框图和重点提示，提高学生对资产评估工作的认识和理解。

内蒙古建筑职业技术学院杨淑芝编写第一、三章，附录一、二；内蒙古建筑职业技术学院吴晨欣老师编写第二章的一、二节；内蒙古建筑职业技术学院刘小英编写第二章的三、四节，附录四；内蒙古机电职业技术学院刘刚编写第四章；内蒙古建筑职业技术学院于珊编写第五章的一~三节，附录三；内蒙古建筑职业技术学院刘伟编写第五章的四~六节；内蒙古建筑职业技术学院裴艳慧老师编写第五章的七~九节；内蒙古财经学院王雄编写第六章；内蒙古建筑职业技术学院赵亭亭编写第七、九章；内蒙古建筑职业技术学院韩献珍老师编写第八、十一章；内蒙古建筑职业技术学院樊金枝老师编写第十章。本书由内蒙古建筑职业技术学院经济管理学院张雪玉院长主审，内蒙古华诚源评估公司，内蒙古财经学院给予大力支持，在此一并表示感谢！

限于作者的水平和实践经验，书中难免存在疏漏和不妥之处，敬请批评指正。

编　者

第二版前言

本书自 2012 年 8 月出版以来，受到全国各高等院校的青睐。编者在保持第一版教材原有特色和编写风格的基础上，及时对本书的知识结构体系进行适应性修订，增加了课程说明书等相关知识，优化和精简小案例，应掌握的知识和能力要求也随之提高了，以期满足专业教学和实践技能的培养。本书编写特色如下：

1. 调整和补充了每章的习题与实训项目内容，便于读者巩固所学知识和掌握必备的技能。实例真实丰富，讲解图文并茂，使用大量图表、图片进行归纳与分析，以提高教学效率，培养读者良好的学习习惯。

2. 本书全面系统地介绍了资产评估理论实务，每章均有配套的复习思考题，便于读者全面复习，重点掌握，融会贯通。

3. 本书穿插了大量的案例分析，便于培养学生对所学知识的应用，在实用性和操作性上具有较强的指导作用。

本书是编者主持国家级、省级和高等教育教学改革研究立项课题及校级优秀课程建设的主要研究成果之一，是作者长期从事教学与科研工作的结晶。

本书再版修订由内蒙古建筑职业技术学院杨淑芝编写第一、三章；内蒙古建筑职业技术学院吴晨欣编写第二章第一、二节；内蒙古建筑职业技术学院刘小英编写第二章第三、四节及附录一；内蒙古机电职业技术学院刘刚编写第四章；内蒙古建筑职业技术学院于珊编写第五章第一～三节及附录二；内蒙古建筑职业技术学院刘伟编写第五章第四～六节；内蒙古建筑职业技术学院裴艳慧编写第五章第七节，内蒙古财经学院王雄编写第六章；内蒙古建筑职业技术学院赵亭亭编写第七章，内蒙古师范大学鸿德学院刘珈希编写第八章；内蒙古广播电视大学田蕴编写第九章；内蒙古建筑职业技术学院樊金枝编写第十章，内蒙古建筑职业技术学院韩献珍编写第十一章。本书由内蒙古建筑职业技术学院国有资产管理处张雪玉处长主审。在此，对本书所有参与者的辛勤劳动深表感谢！

内蒙古益财资产评估有限责任公司、内蒙古华诚源评估公司，内蒙古财经大学对本书的再版工作给予了大力支持，提出了很多宝贵意见，在此一并表示感谢！

本书有配套数字资源和教学资源供读者使用，可与出版社联系获取。

限于编者水平，加之资产评估行业发展迅速，书中不足在所难免，恳请各位专家和读者批评指正。

编　者

目 录

第一章
资产评估概述

拓展资源

- 建筑是一种社会艺术的形式。

——贝聿铭

- 资产评估是一门需要学习的艺术而不是需要实践的科学。

——肯尼思 R. 费里思、芭芭拉 S. 佩舍雷·佩蒂

- 也许金融界最普遍的问题就是："这项投资的价值是多少？"不论投资的形式是债券、股票或者整个公司，对它经济价值的评估往往是总裁或分析家们的终极目标。

——M·伏罗德海姆

重 点 提 示

- 资产、资产评估的概念及相关术语的理解
- 资产评估的基本要素
- 资产评估的一般目的和特定目的
- 资产评估的基本假设和原则

本章思维导图

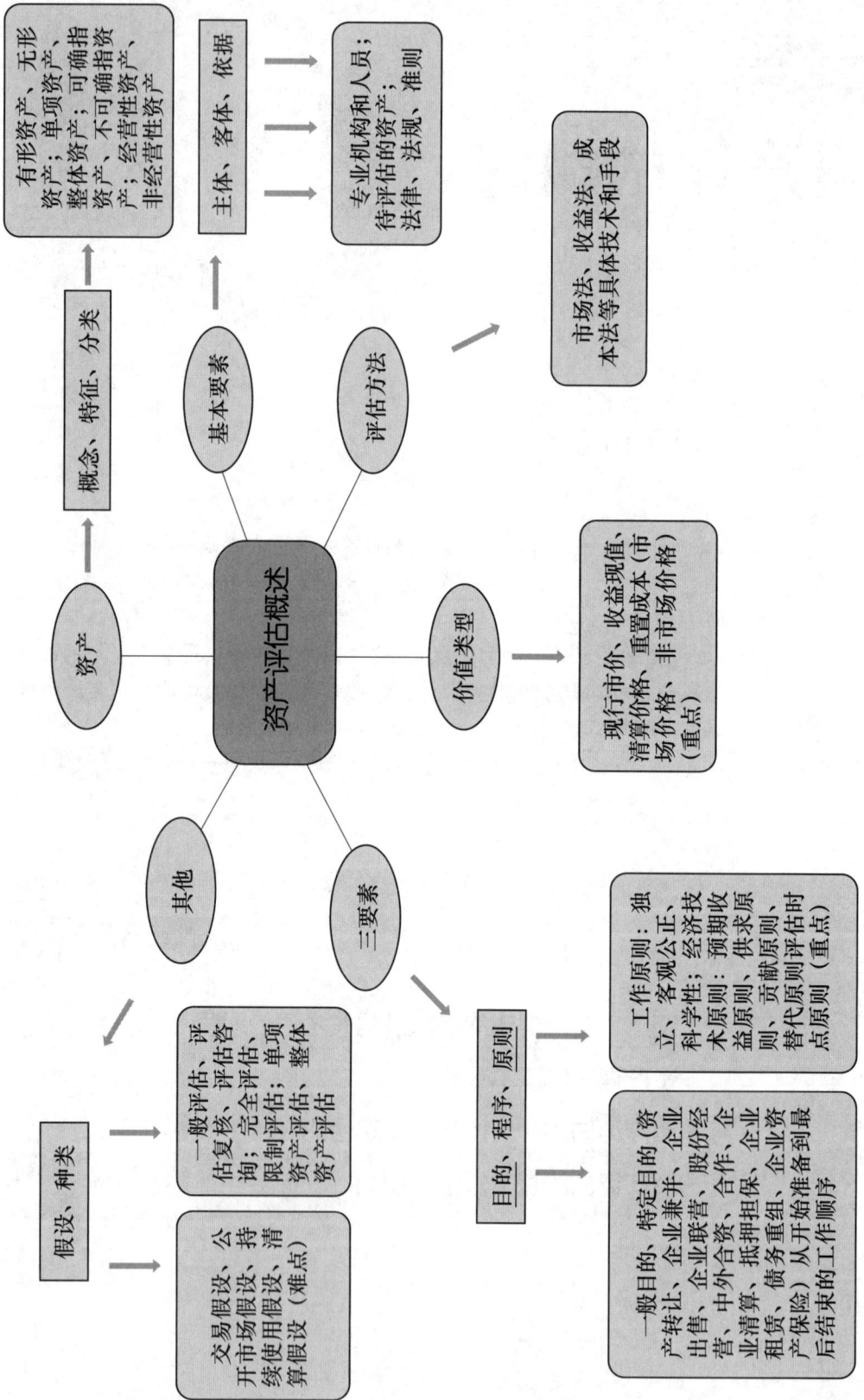

资产评估概述

资产 → 概念、特征、分类

分类：有形资产、无形资产；单项资产、整体资产；可确指资产、不可确指资产；经营性资产、非经营性资产

基本要素

主体、客体、依据

→ 专业机构和人员；待评估的资产；法律、法规、准则

评估方法

市场法、收益法、成本法等具体技术和手段

价值类型

现行市价、收益现值、重置成本（市场价格、非市场价格）（重点）

三要素 → 目的、程序、原则

目的：一般目的、特定目的（资产转让、企业兼并、企业联营、股份经营、中外合资、合作、企业清算、抵押担保、企业资产租赁、债务重组、企业资产保险）；从开始准备到最后结束的工作顺序

原则：工作原则：独立、客观公正、科学性、经济技术原则；预期收益原则、供求原则、贡献原则、替代原则、评估时点原则（重点）

其他 → 假设、种类

种类：一般评估、评估复核、完全评估、评估咨询；限制评估、资产评估、单项资产评估、整体资产评估

假设：交易假设、公开市场假设、持续使用假设、清算假设（难点）

作为一个独立的学科，资产评估学科有其自身的研究对象、范围、目的、基本假设和应遵循的科学原则，有不同于会计学和经济学的价值标准和计量原则。资本市场的日趋活跃，产权交易的更加频繁，对各类资产进行价值评估越来越重要。因而，理解资产评估的基本概念，即资产、价值、资产评估、资产评估目的、假设、原则，是建立资产评估思维方式的基础。本章将解释什么是评估，谁进行评估，评估中涉及的一些基本概念的深刻剖析。

第一节　资产及资产评估的内涵

一、资产及其分类

（一）资产的内涵

资产评估的对象是资产，资产是生产商品或提供劳务的工具，是能够长期提供收益流的物品。分析问题的角度不同，对资产的理解也不同。它是一个具有多角度多层面的概念[1]。

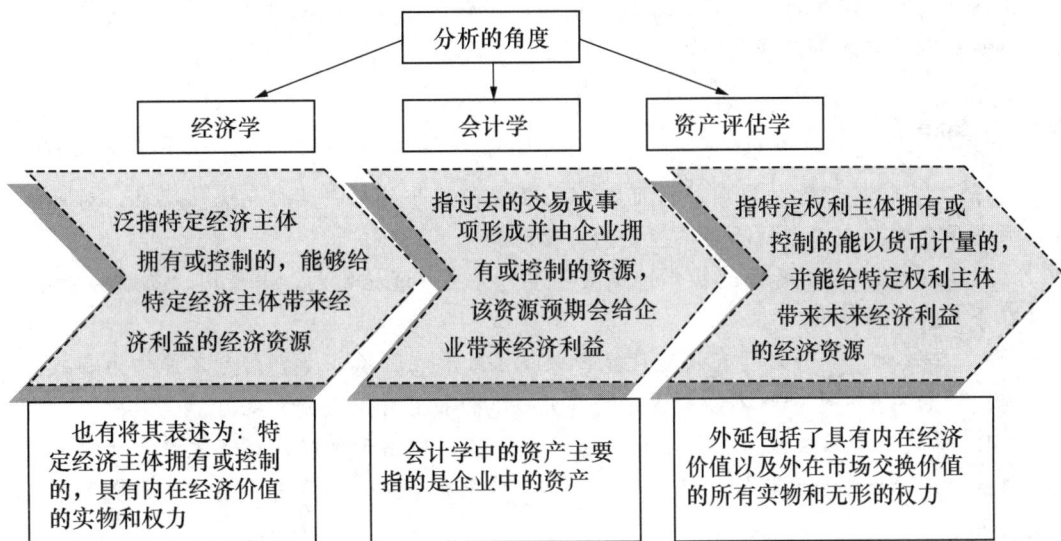

```
                    分析的角度
        ┌───────────────┼───────────────┐
     经济学           会计学          资产评估学

  泛指特定经济主体    指过去的交易或事     指特定权利主体拥有或
  拥有或控制的，能够给  项形成并由企业拥     控制的能以货币计量的，
  特定经济主体带来经    有或控制的资源，     并能给特定权利主体
  济利益的经济资源     该资源预期会给企     带来未来经济利益
                    业带来经济利益        的经济资源

  也有将其表述为：特    会计学中的资产主要    外延包括了具有内在经济
  定经济主体拥有或控制   指的是企业中的资产    价值以及外在市场交换价值
  的，具有内在经济价值                   的所有实物和无形的权力
  的实物和权力
```

本书认为：资产是特定权利主体拥有或控制的能以货币计量的，并能给特定权利主体带来未来经济利益的经济资源。

（二）资产的特征

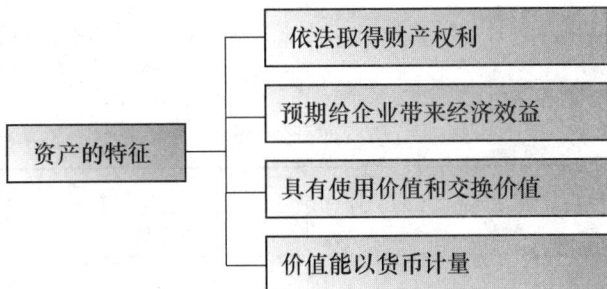

```
              ┌── 依法取得财产权利

              ├── 预期给企业带来经济效益
  资产的特征  ┤
              ├── 具有使用价值和交换价值

              └── 价值能以货币计量
```

---

[1] 广义的资产包括自然人、法人所占有或控制的一切资源，但不涉及资源的归属。

（1）依法取得财产❶权利是经济主体拥有并支配资产的前提条件。市场经济的深化，使财产所有权基本权形成不同的排列与组合，这些排列与组合称之为产权。在资产评估中应了解被评估资产的产权构成。例如，对于一些以特殊方式形成的资产，经济主体虽然对其不拥有完全的所有权，但依据合法程序能够实际控制的，如融资租入固定资产、土地使用权等，按照实质重于形式原则的要求，也应当将其作为经济主体资产予以确认。

（2）预期会给企业带来经济效益。如果把资产能够带来未来利益的潜在能力恰当使用，资产的获利潜力就能够实现，进而使资产具有使用价值和交换价值。具有使用价值和交换价值，并能给经济主体带来未来效益的经济资源，才能作为资产确认。

（3）从未来潜在能力来讲，资产具有使用价值（Value-In-Use）和交换价值（Value-In-Exchange）。

（4）资产价值能以货币计量。资产若不能以价值计量就不能作为资产确认，即要形成价格，有价格才能以货币计量。西方经济学认为价格形成的三个要素，即有效用、稀缺性及有效需求，只有同时满足这三大要素才具有价格。没有任何效用的东西，不可能成为资产。但并非任何有用的东西都能成为资产。

背景资料

1. 现实性。评估对象在评估日之前已经存在，并且在评估时点仍然存在。对可能将形成资产但尚未发生的活动不能列为评估对象。

2. 控制性。经济资源的控制性是某经济行为主体能控制的，并使用、支配着资源，且有分享收益的权利。

3. 有效性。资产必须有效用且能带来收益或潜在收益。是否盈利不能作为有效性的前提。如闲置的生产线不能否认它的有效性，应把它排除在资产之外。

4. 稀缺性。稀缺性本身并不存在和产生价值，但由于稀缺，经济主体要获得其控制权就必须付出相应的代价，从而形成价格。空气很有用，但没有价格，它取之不尽，用之不绝。

5. 合法性。凡不能得到法律保障的资源，尽管可以是企业或经济主体直接控制的，也不能确认为资产，如违章建筑、偷盗的瓷器等。

（三）资产的分类

资产的存在形式是多种多样的，通常情况下，按照不同的标准，可将资产分为不同的种类，见表1-1。

表 1-1 　　　　　　　　　　　资 产 分 类

分 类 标 准	类 别
1. 资产存在形态	有形资产和无形资产
2. 资产是否具有综合获利能力	单项资产和整体资产

---

❶ 财产（Property）指属于国家、企业或个人的物质财富及民事权利、义务的总和，它不仅涉及被拥有的某物而且还涉及其所有权的具体归属。

续表

分 类 标 准	类 别
3. 资产能否独立存在	可确指的资产和不可确指的资产
4. 资产与生产经营过程的关系	经营性资产和非经营性资产

为了科学地进行资产评估，应对资产评估对象按不同的标准进行合理分类。

（1）按资产存在形态分类，可以分为有形资产和无形资产。有形资产是指那些具有实体形态的资产，包括机器设备、房屋建筑物、流动资产等。由于这类资产具有不同的功能和特性，在评估时应分别进行。无形资产是指那些没有实物形态，但在很大程度上制约着企业物质产品生产能力和生产质量，直接影响企业经济效益的资产，主要包括专利权、商标权、非专利技术、土地使用权、商誉等。

（2）按资产是否具有综合获利能力分类，可以分为单项资产和整体资产。单项资产是指单台、单件的资产；整体资产是指由一组单项资产组成的具有获利能力的资产综合体。

在进行单项资产评估中，可以确切地评估出厂房、机器设备的价值，可以评估确定某项技术专利等无形资产的开发或购置成本以及获利能力。以单项资产为对象的评估，称为单项资产评估。将单项资产评估价值汇总起来，可以求得作为资产综合体的企业的总资产的价值。但是，如果不是变卖单项资产，而是把企业或单独的生产车间作为商品进行买卖时，一般要进行整体资产评估。企业的整体资产不是企业各单项可确指资产的汇集，其价值也不等于各单项可确指的资产价值的总额，因为企业整体资产评估所考虑的是它作为一个整体的生产能力或获利能力，所以，其评估价值除了包括各单项可确指的资产价值以外，还包括不可确指的资产，即商誉的价值。

（3）按资产能否独立存在分类，可以分为可确指的资产和不可确指的资产。可确指的资产是指能独立存在的资产，前面所列示的有形资产和无形资产，除商誉以外都是可确指的资产；不可确指的资产是指不能脱离企业有形资产而单独存在的资产，如商誉。商誉是由于企业地理位置优越、信誉卓著、生产经营出色、劳动效率高、历史悠久、经验丰富、技术先进等原因，所获得的投资收益率高于一般正常投资收益率所形成的超额收益。商誉通常是由名称或特许使用的声誉、信誉、历史文化、经验等因素综合而成。

二、价格与价值

价格（Price）——最后达成的结果，是一个历史数据或事实，价格有唯一性。

价格是为取得一项资产所花费的实际量。价格是一个历史数据或事实（过往的以前的），是特定的交易行为中特定买方和卖方对商品或服务实际支付或收到的货币数额。

价值（Value）——着眼未来，评估中的价值不是历史数据不是事实，是估计。

这里的价值是一个交换价值（Value-In-Exchange）范畴，它反映了可供交易的商品、服务与其买方、卖方之间的货币数量关系。资产评估中的价值不是一个历史数据或事实，它只是专业人士根据特定的价值定义在特定时间内对商品、服务价值的估计。作为资产评估的目标是判断评估对象的价值而不是评估对象的实际成交价格。

资产价值与资产评估价值是紧密联系的。资产的价值是资产对主体的效用（Utility），是资产对主体的作用和影响，资产价值属于存在范畴，是客观存在，是资产评估的对象；而资产评估价值则是主体的观念活动或对资产价值的观念评估、观念把握，是观念范畴。

一般来说，资产价值决定资产评估价值，资产评估价值反映资产价值。资产评估价值是评估主体从观念上把握资产价值的一种形式和结果。

三、资产评估的内涵

（一）资产评估的基本含义

评估（Appraisal）从字面意思来讲，"评"就是评定，对经济结果进行评价；"估"就是估计、估算，对未来的经济结果进行预测。评估是指形成评估价值意见或结论的行为及过程。本书所说的评估是指专业人士（专家）根据所掌握的数据资料，对资产价值进行定性、定量的说明和评价过程，是对影响资产价值的因素及其变化规律进行的专业分析，这种分析要尽可能搜集与评估相关的各种信息，评估人员和评估机构应对其做出的专业判断承担相应的责任。

资产评估（Assets Valuation）是对资产在某一时点的价值进行估计的行为或过程，具体讲资产评估是指符合国家有关规定的，按照国家法律、法规和资产评估准则，根据特定目的，遵循评估原则，依照相关程序，选择适当的价值类型，运用科学方法，对资产价值进行分析、估算并发表专业意见的行为和过程。

资产评估实际上是一种通过模拟市场行为来分析、判断资产价值的行为，是评估人员根据有关数据资料，模拟市场对资产在一定时点上最有可能实现的市场价值的估计和判断活动。

想一想

1. 如何区分资产、财产、财富、资源？
2. 怎样认识资产评估在市场经济中的地位和作用？

（二）资产评估的基本要素

资产评估作为一种评价过程，要经历若干评估步骤和程序，同时也会涉及以下基本的评估要素[1]。

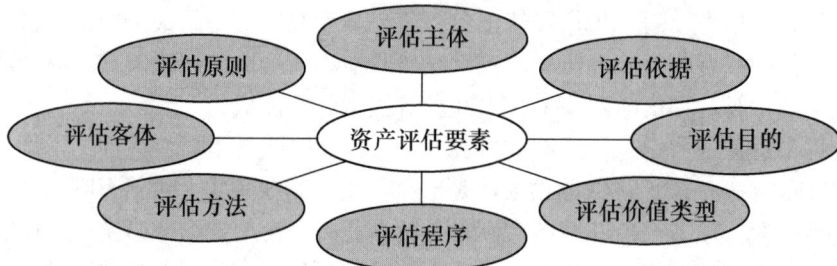

1. 评估主体

评估主体即从事资产评估的机构和人员，他们是资产评估工作的主导者。评估主体回答的是什么机构、什么人来从事评估业务或谁来进行资产评估。评估主体必须是符合国家有关规定、具有从事资产评估资格的机构和人员[2]，资产评估人员只有取得相应的评估执业资格，才能开展资产评估业务。

---

[1] 注册资产评估师考试用书编写组认为：资产评估有十个基本要素，除以下八个外，还包括资产评估假设与资产评估基准日。

[2] 截至 2006 年底，全国有资产评估机构 3500 多家，执业 CPV31677 人，从业人员 6 万多人。（来自中国资产评估协会就 2007 年 CPV 考试答记者问）

小提示

▶ 国家承认的7种专业资格：注册资产评估师、注册房地产估价师、土地估价师、保险公估人员、旧机动车鉴定评估师、矿业权评估师、珠宝评估师。

▶ 合格的评估人员应具备的素质：良好的职业道德和个人品质；广博的知识和丰富的实践经验；通过严格的考试或考核，取得资格；认真负责，有良好的团队精神和敬业精神。

2. 评估客体

评估客体也称评估对象，即被评估的资产，是资产评估的具体对象，包括国家、企业、事业或其他单位所拥有的各种财产、债权及其他权力。一般情况下，拟发生产权交易或变动是资产需要评估的前提。作为评估的客体既可以是有实体的实物资产，也可以是没有实体的无形资产；既可以是单项资产，也可以是诸如企业整体这样的整体资产。单项资产的分类多种多样，包括流动资产、机器设备、房地产、长期投资、资源性资产、无形资产等。

3. 评估依据

评估依据是根据什么进行资产评估，即资产评估工作所遵循的法律法规、专业准则、经济行为文件、重大合同协议、收费标准及其他参考依据。主要有：

（1）法规依据（是与资产评估相关的法律、法规）。如国有资产评估管理办法、资产评估法、资产评估操作规范意见、公司法、证券法、合伙法、物权法等，这些法律、法规是开展资产评估工作必须遵守的行为准则。

（2）行为依据（是反映资产评估经济行为的文件）。资产评估活动为资产业务提供公平的价值尺度，因此资产业务所涉及的经济行为文件、重大合同或协议也是评估时必须遵循的，如证券管理部门同意公司上市的有关批文、资产管理部门同意公司与外方合作组建中外合资公司的有关批文等，这些文件、合同、协议明确了资产业务的性质与评估目的，决定了资产评估价值类型与相应评估方法的选择，是资产评估结果赖以形成的重要基础。

（3）产权依据（是与被评估资产相关的重大合同协议）。如产品的销售合同、技术转让协议、资产的租赁合同、使用合同等，这些合同、协议是评估人员对资产价值做出判断时所依据的重要资料。

（4）取价依据（是与被评估资产有关的取费标准和其他参考资料）。如被评估资产所在地的房屋建筑物造价标准、各种费率取费标准、土地基准地价、行业协会发布的有关信息等，这些资料是对被评估资产价值做出判断的重要依据。

小提示

▶ 截止到2008年3月我国已颁布资产评估准则15项，完善的资产评估准则体系初步形成；

▶《资产评估法》2016年7月2日发布，2016年12月1日实施。

4. 评估目的

资产评估目的即资产业务引发的经济行为对资产评估结果的要求或资产评估结果的具体用途。它直接或间接地决定和制约资产评估的条件以及价值类型的选择。如企业进行股份制改造、上市、资产抵押贷款等。评估目的分为一般目的和特定目的。从一般意义上来讲，评估目的主要是指评估结果的用途，它回答的是为什么要进行资产评估。

5. 评估原则

资产评估原则即资产评估的行为规范，是调节当事人各方关系，处理评估业务的行为准则。评估人员只有在一定的评估原则指导下做出的评估结果，才具有可信性。本章第三节对此内容还要细化。

6. 评估程序

资产评估程序是指注册评估师执行资产评估业务所履行的系统性工作步骤，即资产评估工作从开始准备到最后结束的工作顺序。为了保证资产评估结果的科学性，任何一项资产评估业务，无论是规模较大的企业整体资产，还是单独的一台设备，在进行资产评估工作时，必须按照国家有关规定，进行财产清查、市场调研、评定估算、验证结果等工作程序，否则将影响资产评估的质量。

7. 评估价值类型

资产评估价值类型是指资产评估结果的价值属性及其表现形式，或资产评估价值的质的规定性。这个要素对资产评估有关参数的选择具有很强的约束性。它包括市场价值与非市场价值。

8. 评估方法

资产评估方法即资产评估所运用的特定技术，是分析判断资产评估价值的手段和途径，是评估要素中最重要的一个要素。目前国际上公认的评估方法有收益法、市场法、成本法。

以上八个资产评估要素有机结合，构成资产评估活动的有机整体。整个资产评估内容包含在概念及八个要素中，只有全面掌握了资产评估的八大要素，才会对资产评估的概念和内涵有一个很好的把握。

四、资产评估与会计计价的区别

资产评估与会计计价的区别，表现在以下方面。

（一）二者发生的前提条件不同

会计学中的资产计价严格遵循历史成本原则，同时是以企业会计主体的持续经营为假设前提的。而资产评估则是用于发生产权变动、会计主体变动或者作为会计主体的企业生产经营活动中断，以持续经营为前提的资产计价无法反映企业资产价值时的估价行为。这一区别表明，一方面资产评估并不是也不能够否定会计计价的历史成本原则，因为其发生的前提条件不同；另一方面，在企业持续经营的条件下，不能随意以资产评估价值替代资产历史成本计价。如果随意进行评估，不仅会破坏会计计价的严肃性，违背历史成本原则，还会对企业的成本和收益计算产生不利的影响。

（二）二者的目的不同

会计学中的资产计价是就资产论资产，使货币能够客观地反映资产的实际价值量。资产评估则是就资产论权益，资产评估价值反映资产的效用，并以此作为取得收入或确定在新的组织、实体中的权益的依据。同时，会计学中资产计价的目的是为投资者、债权人和经营管理者提供有效的会计信息，资产评估价值则是为资产的交易和投资提供公平的价值尺度。

（三）执行操作者不同

资产计价是由本企业的财会人员来完成的，只要涉及与资产有关的经济业务均需要计价，是一项经常的、大量的工作。资产评估则是由独立于企业以外的具有资产评估资格的社会中介机构完成的。而且，资产评估工作除需要有资产评估学、财务会计知识以外，还需要工程技术、经济法律等多方面的知识才能完成，其工作难度和复杂程度远超过会计计价。

当然，资产评估与会计计价也是有联系的，会计计价有时需要以资产评估价值为依据，这在会计制度中有相应规定。但资产评估与会计计价毕竟是两个不同的经济范畴，无论从理论上还是实际工作中都必须明确区分。

小测试

资产评估结果的价值类型直接受制于资产（　　）。
A. 评估的特定目的　　　　　　　B. 评估方法
C. 评估程序　　　　　　　　　　D. 评估基准日

总结：资产评估

1. 由专门从事资产评估的机构和人员进行的；
2. 对拟发生产权交易或变动的资产进行的评估；
3. 评估人员依据有关的法律、法规和对被评估资产有关信息全面了解的基础上做出的价值判断；
4. 资产评估具有明确的目的；
5. 资产评估应当遵循一定的原则；
6. 资产评估必须按照一定的程序进行；
7. 资产评估应当明确所评估资产的价值类型；
8. 资产评估应当运用科学的评估方法进行评估。

第二节　资产评估的目的和价值类型

一、资产评估的种类

资产种类的多样化和资产业务的多样性，以及资产评估委托方及其相关当事人对资产评估内容及其报告需求的多样性，决定了资产评估类型的多样性。

1. 按资产评估工作的内容分

可分为一般评估、评估复核、评估咨询。

一般评估（General Evaluation）：是指正常情况下的资产评估，即按正常评估程序评估并主要以书面报告的形式提供资产评估服务。通常以资产发生产权变动、产权交易，以及资产保险、纳税或其他经济行为为前提。一般评估包括市场价值评估和市场价值以外的价值评估。如企业上市资产评估、组建合资企业资产评估、企业股份制改造资产评估、企业资产抵押贷款资产评估等。

评估复核（Valuation Rechecking）：是指受托评估机构及其评估师对其他评估机构及其评估师出具的评估报告进行评判鉴定的行为和过程，即对他人的评估过程和结果的再评估。

评估咨询（Evaluation Consulting）：是一个较为宽泛的术语。评估咨询可以是对评估标的物价值的估计和判断，也可以是对评估标的物的利用价值、利用方式、利用效果的分析，以及与此相关的市场分析、可行性研究等。评估咨询的表现形式既可以采用书面形式，也可以采用口头方式。

2. 按资产评估面临的条件、执业过程中遵循准则的程度及对评估报告披露的要求分

可分为完全评估、限制评估。

完全评估（Complete Appraisal）：指完全按照评估准则的要求进行资产评估，未适用资产评估中的背离条款。完全评估中的被评估资产通常不受某些方面的限制，评估人员可以按照评估准则和有关规定收集资料，对被评估资产的价值做出判断❶。

限制评估（Limited Appraisal）：指在资产评估准则允许或规定允许的前提下，由于某些条件的限制不能完全按照评估准则及其规定的程序和要求进行的资产评估，评估结果是在受限制的条件下得出的。

3. 按资产评估的对象及其获利能力分

可分为单项资产评估、整体资产评估。

单项资产评估（Single Item Property Appraisal）：是指评估对象为单项可确指资产的评估。通常机器设备评估、土地使用权评估、房屋建筑物评估、商标权评估、专利权评估等均为单项资产评估。由于单项资产评估的对象为某一类资产，不考虑其他资产的影响，通常由具有某一方面的专业评估人员参加即可完成评估任务。

整体资产评估（Overall Property Appraisal）：是指以若干单项资产组成的资产综合体所具有的整体生产能力或获利能力为评估对象的资产评估。如以企业全部资产作为评估对象的企业整体价值评估（或称企业价值评估），以企业某一部分或某一车间为评估对象的整体资产评估，以企业全部无形资产为评估对象的无形资产整体评估等。企业价值评估是整体资产评估最常见的形式。

二、资产评估的特点

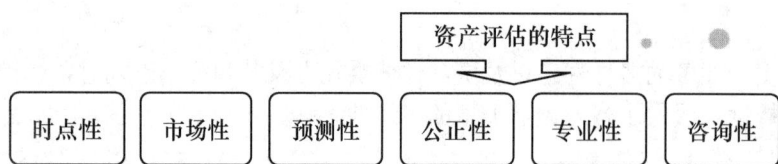

1. 时点性

时点性是指资产评估是对评估对象（即待评估资产）在某一时（间）点的价值的估算。这一时点是所评估价值的适用日期，也是提供价值评估基础的市场供求条件及资产状况的日期，将这一时点称为评估基准日，评估基准日相对于评估（工作）日期而言，既可以是过去的某一天，也可以是现在的某一天，还可以是将来的某一天。比如从2017年9月10日至2017年10月2日（评估工作日）要评估一宗房地产的价值，根据委托人（客户）的要求不同，评估基准

❶ "完全评估是对价值做出判断或在不援引偏差准则的情况下对价值做出判断的行为或过程"。（理查德·M·贝兹：《不动产评估基础》，第35页）

日既可能是 2017 年 9 月 10 日之前的过去时间点，也可能是 2017 年 9 月 10 日至 2017 年 10 月 2 日之间的现行时间点，还可能是 2017 年 10 月 2 日之后的未来时间点。

2. 市场性

资产评估是适应市场经济要求的专业中介服务活动，其基本目标就是根据资产业务的不同性质，通过模拟市场条件对资产价值做出经得起市场检验的评定估算和报告。资产评估专业人员必须凭借自己对资产性质、功能等的认识以及市场经验，模拟市场对特定条件下的资产进行评估。资产评估结论能否经得起市场检验是判断资产评估活动是否合理、规范，评估人员是否合格的根本标准。

3. 预测性

一般来说，一项资产之所以有价值，是因为预期其未来能够产生净收益。一项资产的市场价值是对其未来产生的净收益的实现反映，因而通常是首先对资产预期能够产生的净收益进行预测，然后将各个时期的净收益预测值折现为现值后加总，评估资产价值。既然是根据预测性假设进行评估，那么最后的评估结果也就带有不确定性。

4. 公正性

资产评估的公正性主要体现在资产评估是由交易双方以外的独立第三者站在客观公正的立场上，对被评估资产所做的价值判断，评估结果具有公正性。公正性的表现有两点：一是资产评估按公允、法定的准则和规程进行，公允的行为规范和业务规范是公正性的技术基础；二是评估人员是与资产业务没有利害关系的第三者，这是公正性的组织基础。

5. 专业性

资产评估是一种专业人员的活动，从事资产评估业务的机构或人员应由一定数量和不同类型的专家及专业人士组成。这样容易形成专业化的分工，使得资产评估活动专业化，也使得资产评估结果建立在一定的专业知识和经验的基础上，即并不是每个人和机构都可以进行资产评估。

6. 咨询性

资产评估机构和专业人员所出具的资产评估结论并非一定要强制执行，也并不一定就是市场上的成交价格，它只是为市场上的交易各方提供一个专业化估价意见，该意见本身并无强制执行的效力，评估师只对结论本身合乎职业规范要求负责，而不对资产业务定价决策负责。最终的成交价值将取决于当事人的决策动机、谈判地位和谈判技巧，当然科学的评估结论有助于促进当事人达成协议。

三、资产评估的目的

资产评估的目的有资产评估一般目的和特定目的之分。资产评估一般目的包含着特定目的，而资产评估特定目的则是一般目的的具体化。

（一）资产评估一般目的

资产评估一般目的或称资产评估的基本目标是由资产评估的性质及其基本功能决定的。如果暂且不考虑资产交易或引起资产评估的特殊要求，资产评估所要实现的一般目的只能是在资产评估时点的公允价值❶。

---

❶　2006 年 2 月，我国新会计准则体系全面引入公允价值计量属性，在金融工具、投资性房地产、非同一控制下的企业合并、债务重组和非货币性资产交换等方面均采用了公允价值。

国家会计学院院长陈小悦教授认为"公允（Fair）一词是多义的，通常指非歧视性、无偏见的、公正、诚信、符合规则。可以理解为：不从好恶偏向出发而同等对待当事各方（双方）。隐含着依存于社会正义观念与相应制度的假定。"

国际财务报告准则中公允价值的定义是指买卖双方均自愿地在对被交易资产相关情况拥有合理理解的情况下进行公平交易而成交的金额。

美国公允价值计量准则的定义是指市场参与者在相关市场中进行现时交易而获得的出售资产的金额或支付的转移负债的金额。

我国2006年2月25日新颁布的《企业会计准则——基本准则》中，将公允价值定义为："在公平交易中，熟悉情况的交易双方自愿进行资产交换或者债务清偿的金额。"

从资产评估的角度，公允价值是一种相对合理的评估价值。公允价值的一个显著特点是，它与相关当事人的地位、资产的状况及资产所面临的市场条件相吻合，且并没有损害各当事人的合法权益，也没有损害他人的利益。

（二）资产评估特定目的

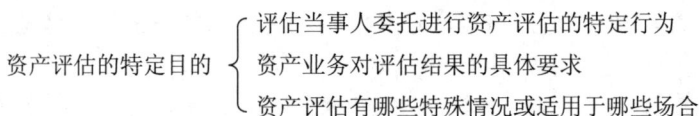

$$
资产评估的特定目的
\begin{cases}
评估当事人委托进行资产评估的特定行为 \\
资产业务对评估结果的具体要求 \\
资产评估有哪些特殊情况或适用于哪些场合
\end{cases}
$$

资产评估作为资产估价活动，总是为满足特定资产业务需要而生。通常把资产业务对评估结果用途的具体要求称为资产评估的特定目的，它是评估人员进行资产评估时首先需明确的事项。资产评估特定目的统领着资产评估全过程，制约着资产评估价值类型的选择，是界定评估对象的基础。

一般来讲，资产业务（引起资产评估的经济行为）主要类型见表1-2。

表1-2　　　　　　　　　　　　　　　　　资产业务主要类型

资产业务	资产转让	资产拥有单位有偿转让其拥有的资产，通常是指转让非整体性资产的经济行为
	企业兼并	一个企业以某种条件、某种形式（承担债务、购买、股份化、控股）接收其他企业的产权，使被兼并方丧失法人资格或改变法人实体的经济行为。在这个过程中要对有关资产的价值进行评估
	企业出售	独立核算的企业或企业内部的分厂、车间及其他整体资产产权出售行为
	企业联营	国内企业、单位之间以固定资产、流动资产、无形资产及其他资产投入组成各种形式的联合经营实体的行为
	股份经营	资产占有单位实行股份制经营方式的行为，包括法人持股、内部职工持股、向社会发行不上市股票和上市股票
	中外合资、合作	我国的企业和其他经济组织与外国企业和其他经济组织或个人在我国境内举办合资或合作经营企业的行为
	企业清算	包括破产清算、中止清算、结业清算等。以破产清算来说，破产前必须评估企业全部资产，评估结果作为企业清偿债务或确定公开拍卖底价的依据

资产业务	抵押担保	资产占有单位，以本单位的资产作为物质保证进行抵押而获得贷款的经济行为。担保是指资产占有单位，以本企业的资产为其他单位的经济行为担保，并承担连带责任的行为，担保通常包括抵押、质押、保证等
	企业租赁	资产占有单位在一定期限内，以收取租金的形式，将企业全部或部分资产的经营使用权转让给其他经营使用者的行为
	债务重组	债权人按照其与债务人达成的协议或法院的裁决同意债务人修改债务条件的有关事项
	企业资产保险	企业为了补偿自然灾害或意外事故所造成的经济损失，往往办理资产保险。资产评估既是计算交纳保费的依据，也是将来保险公司理赔的重要依据

以上是资产评估业务特定目的的主要情形，但不是全部。在市场经济条件下，社会经济生活中资产业务十分广泛。就企业资产业务而言还包括企业经营业绩评价、企业主要领导者变更时对企业资产状况的评估以及企业资产交易中的纳税评估等。就其他业务而言，个人遗产继承、个人财产交易、个人担保抵押等都需要进行资产评估。资产业务的普遍性决定了资产评估在市场经济中发挥着独特的作用，占有重要的地位。

（三）资产评估特定目的在资产评估中的地位作用

（1）资产评估特定目的不仅是某项具体资产评估活动的起点，同时它又是资产评估活动所要达到的目标。资产评估特定目的是由引起资产评估的特定经济行为（资产业务）所决定的，它对评估结果的性质、价值类型等有重要的影响。

（2）资产评估特定目的是界定评估对象、确定资产范围的基础。任何一项资产业务，无论产权是否发生变动，它所涉及的资产范围必须接受资产业务本身的制约。资产评估委托方正是根据资产业务的需要确定资产评估的范围。评估人员不仅要对该范围内的资产权属予以说明，而且要对其价值做出判断。

（3）资产评估特定目的对于资产评估的价值类型选择具有约束作用。特定资产业务决定了资产的存续条件，资产价值受制于这些条件及其可能发生的变化。资产评估人员在进行具体资产评估时一定要根据具体的资产业务的特征选择与之相匹配的评估价值类型。按照资产业务的特征与评估结果的价值属性一致性原则进行评估，是保证资产评估趋于科学、合理的基本前提。

四、资产评估的价值类型

资产评估的价值类型指的是资产评估价值的质的规定性，即价值内涵。价值类型需要与资产行为的发生相匹配。

资产评估的价值类型是资产评估价值形式上的具体化。资产在价值形态上的计量可以有多种类型的含义，分别从不同角度反映资产的价值特征。这些不同含义的价值不仅在质上是不同的，在量上也存在较大差异，而作为资产业务所要求的具体价值类型却是唯一的，否则，就失去了正确反映和提供价值尺度的功能。因此，必须根据资产业务的行为，即评估目的，弄清楚所要求的价值尺度的内涵，从而确定资产业务所适用的价值类型。

关于资产评估价值类型的种类，从不同的角度出发，有着不同的表述。一种表述将价值类型归纳为四种，即重置成本、现行市价、收益现值和清算价格。

1. 重置成本

重置成本是指在现时条件下，按功能重置资产并使资产处于在用状态所耗费的成本。重置成本的构成与历史成本一样，也是反映资产购建、运输、安装、调试等建设过程中全部费用的价格，只不过它是按现有技术条件初价格水平计算的。重置成本适用的前提是资产处于在用状态，一方面反映资产已经投入使用，另一方面反映资产能够继续使用，对所有者具有使用价值。决定重置成本的两个基本因素是重置完全成本及其损耗（或称贬值）。

2. 现行市价

现行市价是资产在公平市场上的售卖价格。现行市价源生于公平市场，具有如下规定性：有充分的市场竞争、买卖双方没有垄断和强制、双方都有足够的时间和能力了解实情，具有独立的判断和理智的选择。决定现行市价的基本因素有：

（1）基础价格，即资产的生产成本价格。一般情况下，一项资产的生产成本高低决定其价格的高低。

（2）供求关系，资产价格与需求量成正比例关系，与供应量成反比例关系。当一项资产有多个买主竞买时，资产价格就会上升，反之则会下降。

（3）质量因素，是指资产本身功能、精度等技术参数。优质优价是市场经济的法则，在资产评估中质量因素对资产价值的影响必须予以充分考虑。

3. 收益现值

收益现值是指根据资产未来预期获利能力的大小，按照"将本求利"的逆向思维"以利索本"，以适当的折现率或资本化率将未来收益折成的现值。可见，收益现值是指为获得资产以取得预期收益的权利所支付的货币总额。收益现值适用的前提条件是资产投入使用，同时，投资者投资的直接目的是为了获得预期收益。

4. 清算价格

清算价格是指在非正常市场上限制拍卖的价格。清算价格一般低于现行市价，这是由市场供求状况决定的。其一，因经营失利而导致破产的企业，必然会急于将资产转让或拍卖；其二，这种交易活动主要取决于买方，占有主动权的买方必定会极力压低成交价格，以从中获取利益。

一般来说，在市场机制比较健全的情况下，资产价值会因竞争而趋于合理，以市场售价评定其清算价格仍有一定意义。尽管如此，资产的清算价格也往往会低于其现行市场价格。有些市场上不需要的资产，其清算价格甚至会大大低于账面价格。因此，清算价格一般取决于下列几个因素：

（1）资产的通用性。专用设备的清算价格一般会较大幅度地低于其市场价格。一个具有某一特殊属性（使用价值）的财产对于所有者来讲并不具有特殊价值。

（2）清算时间的限制。一般清算时间越长，在市场上讨价还价的余地越大，清算价格会越高。

另一种表述将价值类型归纳为市场价值和非市场价值两种。市场价值是自愿买方与自愿卖方在评估基准日进行正常的市场营销之后，所达成的公平交易中某项资产应当进行交易的价值估计数额，当事人双方应自主谨慎行事，不受任何强迫压制。非市场价值是指不满足市场价值成立条件的资产在非公开市场条件下实现的价值。

对于资产评估价值类型的选择，必须与资产经济行为的发生密切结合起来，不同的经济行为，所要求资产评估价值的内涵是不一样的。如果不区别资产经济行为确定评估价值类型，或者笼统地确定资产评估值，就会失去评估价值的科学性。实际工作中，资产评估的经济行为是多种多样的，要求评估机构和评估人员充分理解资产评估价值类型的含义和适用前提，选择科学合理的价值类型。

资产评估价值类型说明的是资产评估价值的内涵，具有质的规定性，而评估方法则是资产评估价值的量化过程，这是两个既相联系，又有区别的概念。价值类型对评估方法的选用具有约束性，在价值类型确定的前提下，尽管各种方法之间具有替代性，但不能以方法的可替代性模糊价值类型的唯一性，更不能以评估方法代替价值类型。同时，价值类型与作为评估结果的评估价值不是相同的概念。评估价值是价值类型与评估方法即评估价值质的规定和量化过程共同作用的结果。进一步说，引起评估价值差异的因素，既有价值类型不同的原因，也有方法运用差异的原因。科学选择资产评估价值类型是资产评估具有科学性和有效性的根本前提。

想一想

如何领会资产评估目的与资产评估价值类型的关系？

第三节 资产评估的假设和原则

一、资产评估的假设

任何一门学科的建立都要以一定的假设为前提。资产评估是在资产业务发生之前通过模拟市场对准备交易的资产在某一时点的价格所进行的估算。由于同一资产在不同用途和不同经营环境下的经济效用和价值含量不同，评估人员模拟市场进行评估时必须对被评估资产所处的时间和空间状况做出合乎逻辑的假定和说明，这便是资产评估假设。在资产评估中主要有以下基本假设：

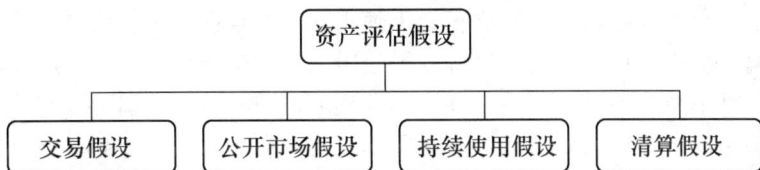

```
              资产评估假设
   ┌──────┬──────┬──────┬──────┐
 交易假设  公开市场假设  持续使用假设  清算假设
```

（一）交易假设

交易假设指假定所有待评估资产已经处在交易过程中，评估师根据待评估资产的交易条件等模拟市场进行估价。交易假设是资产评估得以进行的一个最基本的前提假设。

众所周知，资产评估其实是在资产实施交易之前进行的一项专业服务活动，而资产评估的最终结果又属于资产的交换价值范畴。为了发挥资产评估在资产实际交易之前为委托人提供资产交易底价的专家判断的作用，同时又能够使资产评估得以进行，利用交易假设将被评估资产置于"交易"当中，模拟市场进行评估就是十分必要的。

交易假设一方面为资产评估得以进行"创造"了条件，另一方面它明确限定了资产评估外部环境，即资产是被置于市场交易之中。资产评估不能脱离市场条件而孤立地进行。

（二）公开市场假设

公开市场假设是对资产拟进入的市场条件以及资产在该市场条件下接受何种影响的一种假定说明或限定。它是假定被评估对象所处的市场是一个充分发达的、完善的、理想的市场，也就是买方、卖方同时存在，都有交易的意愿，同时信息对称。

公开市场假设的关键在于认识和把握公开市场的实质和内涵。就资产评估而言，公开市场是指充分发达与完善的市场条件，指一个有自愿的买者和卖者的竞争性市场，在这个市场上，买者和卖者的地位是平等的，彼此都有获取足够市场信息的机会和时间，买卖双方的交易行为都是在自愿的、理智的，而非强制或不受限制的条件下进行的。事实上，现实中的市场条件未必真能达到上述公开市场的完善程度。公开市场假设就是假定那种较为完善的公开市场存在，被评估资产将要在这样一种公开市场中进行交易。当然公开市场假设也是基于市场客观存在的现实，即资产在市场上可以公开买卖这样一种客观事实为基础的。

由于公开市场假设假定市场是一个充分竞争的市场，资产在公开市场上实现的交换价值隐含着市场对该资产在当时条件下有效使用的社会认同。当然，在资产评估中，市场是有范围的，它可以是地区性市场，也可以是国内市场，还可以是国际市场。关于资产在公开市场上实现的交换价值所隐含的对资产效用有效发挥的社会认同也是有范围的，它可以是区域性的、全国性的或国际性的。

公开市场假设旨在说明一种充分竞争的市场条件，在这种条件下，资产的交换价值受市场机制的制约并由市场行情决定，而不是由个别交易决定。

公开市场假设是资产评估中的一个重要假设，其他假设都是以公开市场假设为基本参照。公开市场假设也是资产评估中使用频率较高的一种假设，凡是能在公开市场上交易、用途较为广泛或通用性较强的资产，都可以考虑按公开市场假设前提进行评估。

（三）持续使用假设

持续使用假设是对处于使用状态的资产拟进入的市场条件，以及在这样的市场条件下的资产状态的一种假定性描述或说明。持续使用又细分为三种情形：在用续用、转用续用、移地续用。

持续使用假设首先设定被评估资产正处于使用状态，包括正在使用中的资产和备用的资产；其次根据有关数据和信息，推断这些处于使用状态的资产还将继续使用下去。持续使用假设既说明了被评估资产面临的市场条件或市场环境，同时着重说明了资产的存续状态。该假设要求，一般情况下不能按资产拆零出售所得收益之和来估价，而应将资产看成是一种获利能力而非物的堆积。❶

（1）在用续用指的是处于使用中的被评估资产在产权发生变动或资产业务发生后，将按其现行正在使用的用途及方式继续使用下去。

（2）转用续用是指被评估资产将在产权发生变动后或资产业务发生后，改变资产现时的使用用途，调换新的用途继续使用下去。

（3）移地续用是指被评估资产将在产权变动发生后或资产业务发生后，改变资产现在的空间位置、转移到其他空间位置上继续使用。

由于持续使用假设是在一定市场条件下对被评估资产使用状态的一种假定说明，在持续使用假设前提下的资产评估及其结果的适用范围常常是有限制的。在许多场合下评估结果并没有充分考虑资产用途替换，它只对特定的买者和卖者是公平合理的。在确认继续使用的资产时，必须充分考虑以下条件：

---

❶ 吴良海、陈昌龙，《资产评估学》，清华大学出版社，2007 年 2 月，第 22 页。

（1）资产能以其提供的服务或用途，满足所有者经营上期望的收益。

（2）资产尚有显著的剩余使用寿命。

（3）资产所有权明确，并保持完好。

（4）资产从经济上、法律上允许转作他用。

（5）资产的使用功能完好或较为完好。

持续使用假设也是资产评估中的一个非常重要的假设，尤其是在我国经济体制处于转轨时期，市场发育尚未完善，资产评估活动大多与老企业的存量资产产权变动有关。因此，被评估对象经常处于或被推定在持续使用的假设前提之下。充分认识和掌握持续使用假设的内涵和实质，对于我国的资产评估来说有着重要意义。

（四）清算假设

清算假设是对资产拟进入的市场条件的一种假定说明或限定，即假定资产面临着强制清算或快速变现的事实，以此为特定条件的假设。

具体而言，清算假设是对资产在非公开市场条件下被迫出售或快速变现条件的假定说明。清算假设首先是基于被评估资产面临清算或具有潜在的被清算的事实或可能性，再根据相应数据资料推定被评估资产处于被迫出售或快速变现的状态。由于清算假设假定被评估资产处于被迫出售或快速变现条件之下，资产交易双方的地位不平等，交易时间短，被评估资产的评估值通常要低于在公开市场假设前提下或持续使用假设前提下同样资产的评估值。因此，在清算假设前提下的资产评估结果的适用范围是非常有限的。

想一想

理解资产评估假设的内涵和实质对资产评估有何意义？

二、资产评估的原则

评估原则（Appraisal Principles）即资产评估的行为规范，是调节当事人各方关系，处理评估业务的行为准则。资产评估具有专业性，是对资产价值的评定和估计，免不了带有一定的主观色彩，一定程度上要取决于评估机构和人员的判断，因此有必要借助一定的原则来规范评估机构和人员的评估活动。

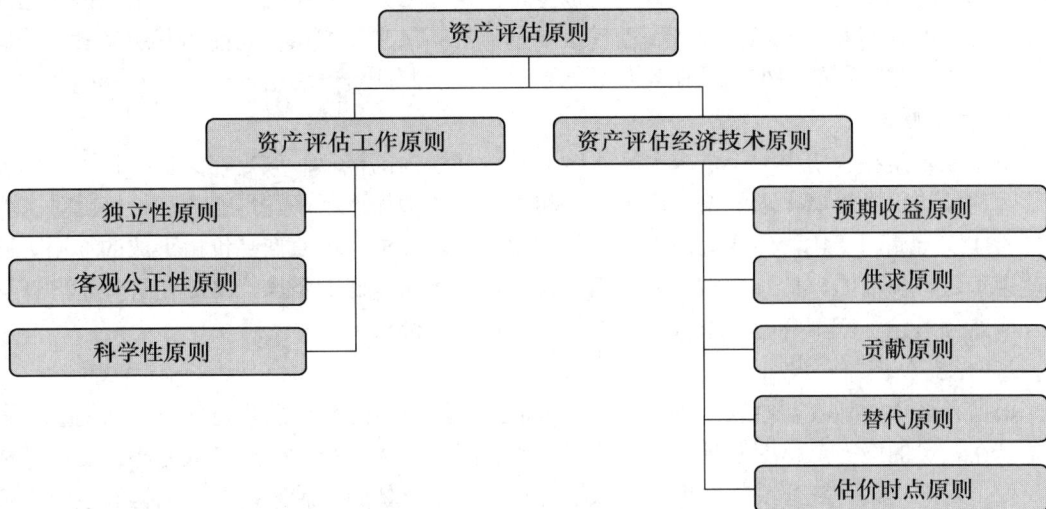

（一）资产评估工作原则

资产评估工作的性质决定了资产评估机构及其资产评估师在执业过程中应坚持独立、客观公正和科学性等工作原则。资产评估的工作原则是规范资产评估主体行为的准则。具体包括以下方面。

1. 独立性原则

独立性原则（The Independence Principle）包含有两层含义。其一是评估机构本身应该是一个独立的、不依附于他人的社会公正性中介组织（法人），与资产业务各当事人没有任何利益及利害关系；其二是评估机构及其评估人员在执业过程中应始终坚持独立的第三者地位，不受委托人及外界与内在因素的影响和干扰，进行独立公正的评估工作。

2. 客观公正性原则

客观公正性原则（The Objectivity and Fairness Principle）要求资产评估工作实事求是，尊重客观实际。资产评估机构及其评估人员在评估工作中必须以实际材料为基础，以确凿的事实和事物发展的内在规律为依据，以求实的态度为指针，实事求是地得出评估结果，而不可以自己的好恶或其他个人的情感进行评估。资产评估结果是评估人员认真调查研究，通过合乎逻辑的分析、推理得出的、具有客观公正性的评估结论。

三层含义：评估对象客观存在；评估中采用数据、指标客观；评估结论经得起检验。

3. 科学性原则

科学性原则（Scientific Principle）要求资产评估机构和评估人员必须遵循科学的评估标准，以科学的态度制订评估方案，并采用科学的评估方法进行资产评估。在整个评估工作中必须把主观评价与客观测算，静态分析与动态分析，定性分析与定量分析有机结合起来，使评估工作做到科学合理，真实可信。

（二）资产评估技术经济原则

资产评估的技术经济原则是指在资产评估执业过程中的一些技术规范和业务准则。它们为评估人员在执业过程中的专业判断提供技术依据和保证。这些技术原则主要包括以下方面。

1. 预期收益原则

资产在评定价值时必须考虑未来可能为经济主体带来的经济效益。预期收益原则是以技术原则的形式概括出资产及其资产价值的最基本的决定因素。资产之所以有价值是因为它能为其拥有者或控制者带来未来经济利益，资产价值的高低主要取决于它能为其所有者或控制者带来的预期收益量的多少。预期收益原则是评估人员判断资产价值的一个最基本的依据。

2. 供求原则

供求原则是经济学中关于供求关系影响商品价格原理的概括。假定在其他条件不变的前提下，商品的价格随着需求的增长而上升，随着供给的增加而下降。尽管商品价格随供求变化并不成固定比例变化，但变化的方向都带有规律性。供求规律对商品价格形成的作用力同样适用于资产价值的评估。供求双方的相互作用构成市场，影响资产价格。在进行资产评估时，应充分考虑资产本身的供求状况，准确评估资产的价格。

3. 贡献原则

根据经济学边际收益原理，各生产要素价值的大小可依据其对总收益的贡献来衡量。资产总是在一定的资产总体中发挥作用，因而它的边际贡献往往是资产交易双方确认资产价格的尺度。资产中某一部分或部件价值可以根据它对资产整体的贡献来衡量或根据假设缺少它时整体价值的下降值来决定。贡献原则要求在评估一项由多项资产构成的资产综合体价值时，必须综合考虑该项资产在资产综合体中的重要性。在评估专利权或商标等无形资产时，尤其要坚持贡献原则。

4. 替代原则

任何理性的投资者对具有相同效用的物品，必定选择价格便宜的；而在价格相同时，必定选择效用较大的。因此，在评估过程中，如果同时有几种效能相同或可以互相替代的资产，而它们的价格又各不相同时，评估值应选取较低的价格，或评估值不应该高于替代物的价格。

作为一种市场规律，在同一市场上，具有相同使用价值和质量的商品，应有大致相同的交换价值。如果具有相同使用价值和质量的商品，具有不同的交换价值或价格，买者会选择价格较低者。当然，作为卖者，如果可以将商品卖到更高的价格水平上，他会在较高的价位上出售商品。在资产评估中确实存在着评估数据、评估方法等的合理替代问题，正确运用替代原则是公正进行资产评估的重要保证。

5. 评估时点原则

评估时点原则也称为估价日期原则。资产评估具有动态性特点，资产的价值会随着时间等因素的变化而变化，必须选取一个评估基准日。为了使资产评估得以操作，同时又能保证资产评估结果可以被市场检验，在资产评估时，必须假定市场条件固定在某一时点，这一时点就是评估基准日，或称估价日期。它为资产评估提供了一个时间基准。资产评估的评估时点原则要求资产评估必须有评估基准日，而且评估值就是评估基准日的资产价值。

本 章 小 结

- 本章是对有关资产评估的基本内容所作的概括介绍。
- 评估中的资产是特定权利主体拥有或控制的能以货币计量的，并能给特定权利主体带来未来经济利益的经济资源。从不同角度划分，有单项资产与总体资产，有形资产与无形资产，可确指的资产与不可确指的资产，经营性资产与非经营性资产之分。
- 资产评估是专业机构和人员，按照国家法律、法规和资产评估准则，根据特定目的，遵循评估原则，依照相关程序，选择适当的价值类型，运用科学方法，对资产价值进行分析、估算并发表专业意见的行为和过程。它包含了评估主体、评估客体、评估依据、评估目的、评估原则、评估程序、评估价值类型、评估方法八个基本要素，这些要素有机结合，构成资产评估活动的有机整体。
- 在交易假设、公开市场假设、持续使用假设和清算假设下，评估人员遵循独立、客观公正、科学性等工作原则及预期收益原则、供求原则、贡献原则、替代原则、评估时点原则等经济技术原则，在充分搜集资料的基础上，选择收益法、市场法、成本法等方法，对被评估资产进行评定和估算。与其基本假设想适应，资产评估具有市场性、公正性、专业性、咨询性的特点。资产评估的种类有一般评估、复核评估、评估咨询，具体有单项资产评估与整体资产评估。
- 资产评估有一般目的和特殊目的之分，资产评估特定目的统领着资产评估全过程，制约着资产评估价值类型的选择，是界定评估对象的基础。

📈 思 考 题

1. 如何理解资产、资产价值、资产评估、资产评估价值？
2. 资产评估的构成要素包括哪些？
3. 资产评估的假设有哪些？他们在资产评估中有什么作用？
4. 资产评估应遵循哪些工作原则和经济技术原则？
5. 为什么说资产评估价格是特定目的下的价格？
6. 分析资产评估的目的对资产评估方法选择的影响。

习 题

一、单项选择题

1. （　　）是以技术原则的形式概括出资产及其资产价值最基本的决定因素。
   A. 供求原则　　　　　　　　　　B. 预期收益原则
   C. 贡献原则　　　　　　　　　　D. 评估时点原则

2. （　　）是资产评估得以进行的一个最基本的前提假设。
   A. 公开市场假设　　　　　　　　B. 交易假设
   C. 清算假设　　　　　　　　　　D. 在用续用假设

3. 资产评估值的高低主要取决于（　　）。
   A. 资产的历史收益　　　　　　　B. 资产的社会必要劳动时间
   C. 资产的效用　　　　　　　　　D. 资产的购置成本

4. （　　）要求资产评估必须有评估基准日，而且评估值就是评估基准日的资产价值。
   A. 贡献原则　　　　　　　　　　B. 资产评估时点原则
   C. 预期收益原则　　　　　　　　D. 替代原则

5. 下列不属于资产评估假设的是（　　）。
   A. 公开市场假设　　　　　　　　B. 交易假设
   C. 持续使用假设　　　　　　　　D. 合并假设

6. 下列价值类型中属于从资产评估假设角度表达的价值类型是（　　）。
   A. 收益现值　　　　　　　　　　B. 市场以外价值
   C. 公开市场价值　　　　　　　　D. 投资价值

7. 下列关于资产评估价值类型的有关说法不正确的是（　　）。
   A. 评估目的是决定价值类型的一个重要因素，但不是唯一的因素
   B. 市场价值以外价值类型有：在用价值、投资价值、持续经营价值、课税价值、清算价值和保险价值
   C. 投资价值是资产对于具有明确的投资目标的特定投资者或某类投资者具有的价值，投资性资产价值指特定主体以投资获利为目的而持有的资产在公开市场上按其最佳用途实现的市场价值
   D. 公允价值指的就是市场价值

8. 下列不属于资产评估工作原则的是（　　）。
   A. 独立性原则　　　　　　　　　B. 客观公正性原则

C．专业性原则　　　　　　　　　　D．科学性原则

9．在资产评估中确实存在着评估数据、评估方法等的合理替代问题，正确运用（　　）是公正进行资产评估的重要保证。

A．替代原则　　　　　　　　　　　B．评估时点原则

C．贡献原则　　　　　　　　　　　D．预期收益原则

10．资产评估中的价值类型选择与许多因素密切相关，其中包括（　　）。

A．评估方法　　　　　　　　　　　B．评估原则

C．评估程序　　　　　　　　　　　D．评估依据的市场条件

11．资产评估的一般目的是由（　　）决定着。

A．资产评估假设　　　　　　　　　B．资产评估的价值类型

C．资产评估的性质及基本功能　　　D．资产评估的程序

12．对评估结果价值类型的选择必须要考虑（　　）因素。

A．评估方法　　　B．评估计划　　　C．评估目的　　　D．行业管理

13．某设备作为被评估企业中的一个要素资产，在持续使用前提下，其评估价值应该是（　　）。

A．它的最佳使用价值　　　　　　　B．它的正常变现价值

C．它对企业的贡献价值　　　　　　D．它的快速变现价值

14．关于资产评估特定目的的表述不正确的是（　　）。

A．资产评估的特定目的是指引起资产评估的资产业务对评估结果用途的具体要求

B．资产评估特定目的对于资产评估的价值类型的选择具有约束作用

C．资产评估的特定目的是由特定经济行为所决定的

D．资产评估的特定目的和资产评估的一般目的无关

15．下列选项中不属于资产评估的基本作用的是（　　）。

A．评价和估值　　B．咨询　　　　　C．管理　　　　　D．鉴证

16．在资产评估实务中使用频率较高的市场价值以外的价值是（　　）。

A．以税收为目的的资产评估　　　　B．以保险为目的的资产评估业务

C．以财务报告为目的的资产评估业务　D．投资价值

17．不可确指的资产是指（　　）。

A．没有实物载体的资产

B．具有综合获利能力的资产

C．不能脱离有形资产而单独存在的资产

D．经营性盈利的资产

18．从性质上讲，资产的评估价值是注册资产评估师对被评估资产在评估基准日的（　　）估计值。

A．成交价格　　　B．重建成本　　　C．交换价值　　　D．劳动价值

19．下列关于资产评估价值类型表述不正确的是（　　）。

A．资产评估中的价值类型是指资产评估结果的价值属性及其表现形式，它是对资产评估的一个质的规定

B．不同的价值类型从不同的角度反映资产评估价值的属性和特征

    C．不同属性的价值类型所代表的资产评估价值在性质上是不同的，但是在数量应该比较一致，这是评估特定目的所要求的

    D．资产评估的价值类型分为市场价值和市场价值以外的价值，是以资产评估时所依据的市场条件，被评估资产的使用状态以及评估时使用的信息资料的来源划分的

20．资产评估值与资产交易中的实际成交价格存在下列关系（　　）。

    A．前者必须高于后者　　　　　　　　B．前者必须低于后者

    C．前者必须等于后者　　　　　　　　D．前者可以高于、低于或等于后者

21．资产评估与审计的关系表述不正确的是（　　）。

    A．资产评估与审计有区别也有联系

    B．审计运用评估技术进行工作使得审计与评估的关系更加紧密

    C．评估和审计基本没有联系，和会计存在联系

    D．审计人员和评估人员在执业过程中遵循的原则有差别

22．决定被评资产评估值的最基本的因素是（　　）。

    A．资产社会的社会必要劳动　　　　　B．资产的预期效用

    C．资产的历史收益水平　　　　　　　D．资产的账面价值

23．把以联营、合资合作为目的的评估对象的作用空间限定在联营企业及合资合作企业中的假设是（　　）。

    A．公开市场假设　　　　　　　　　　B．持续使用架设

    C．清算假设　　　　　　　　　　　　D．最佳使用假设

24．不可确指的资产是指（　　）。

    A．那些没有物质实体的某些特权

    B．具有获利能力的资产综合体

    C．不能独立于有形资产之外而独立存在的资产

    D．除有形资产以外的所有资产

25．资产评估是判断资产价值的经济活动，评估值是资产的（　　）。

    A．时期价值　　　　B．时点价值　　　　C．时区价值　　　　D．阶段价值

二、多项选择题

1．下列关于资产评估的目的表述不正确的有（　　）。

    A．资产评估的目的分为一般目的和特定目的，一般目的包含特定目的，而特定目的则是一般目的的具体化

    B．资产评估一般目的或者资产评估的基本目标是由资产评估的性质及其基本功能决定

    C．资产评估所要实现的一般目的只能是资产在评估时点的公开市场价值

    D．资产评估特定目决定资产评估的价值类型，是界定评估对象的基础

    E．资产评估特定目的对于资产评估的价值类型选择具有约束作用，是界定评估对象的基础

2．资产评估的特点主要有（　　）。

    A．市场性　　　　　B．强制性　　　　　C．公正性　　　　　D．咨询性

E. 行政性

3. 资产评估的市场性主要体现在（　　）。

A. 资产评估是市场经济的产物

B. 资产评估结论是市场上资产交易的价格

C. 资产评估的运用是评估人员模拟市场完成的

D. 被评估的资产最终要进入到市场流通

E. 资产评估结果最终要经得起市场的考验

4. 按照资产的构成以及获利能力划分，资产可以分为（　　）。

A. 有形资产　　　　B. 无形资产　　　　C. 可确指的资产　　D. 单项资产

E. 整体资产

5. 下列原则中，属于资产评估工作原则的是（　　）。

A. 独立公正性原则　　　　　　　　B. 科学性原则

C. 替代性原则　　　　　　　　　　D. 客观性原则

E. 供求原则

6. 资产评估的技术经济原则（　　）。

A. 贡献原则　　　　　　　　　　　B. 预期（收益）原则

C. 替代原则　　　　　　　　　　　D. 供求原则

E. 独立性原则

7. 资产评估特定目的在资产评估中的作用表现在（　　）。

A. 对评估结果的性质、价值类型起约束作用

B. 是资产评估活动的起点和目标

C. 影响资产评估人员队资产价值类型的选择

D. 是评估人员首先要求明确的一个基本事项

E. 是决定资产价值类型的唯一因素

8. 资产评估的资产具有以下基本特征（　　）。

A. 是由过去的交易或者事项形成的资源

B. 必须是经济主体拥有或者控制的

C. 能够给经济主体带来经济利益的资源，即可望给经济主题带来现金流入的资源

D. 资产必须能以货币计量

E. 融资租入的固定资产不能进行评估

9. 下列资产中属于可确指资产的有（　　）。

A. 专利权　　　　　B. 商誉　　　　　C. 机器设备　　　　D. 房屋建筑物

E. 单项资产

10. 资产评估的基本作用包括（　　）。

A. 咨询的作用　　　B. 管理的作用　　C. 核算的作用　　　D. 鉴证的作用

E. 清算的作用

11. 从资产评估服务的对象、评估的内容和评估者承担的责任等方面看，在世界范围内，资产评估主要分为（　　）。

A. 完全资产评估　　　　　　　　　B. 评估

C．限制性资产评估　　　　　　　D．评估复核

E．评估咨询

12．下列说法正确的有（　　　）。

A．资产评估的要素是一个有机组成的整体，它们之间相互依托，相辅相成，缺一不可

B．企业单项资产价值之和等于企业整体价值之和，这里的单项资产不包含商誉

C．资产评估的最基本的功能评价和评值，以及咨询和管理的功能

D．同一资产在公开市场假设、持续使用假设和清算假设下评估得到的价值类型分别是公开市场价值、持续使用价值和清算价值，其中清算价值一般最低

E．商誉不属于资产

13．根据被评估资产能否独立存在分类，资产可分为（　　　）。

A．整体资产　　　B．可确指资产　　　C．固定资产　　　D．单项资产

E．不可确指资产

14．下列价值类型中属于按资产评估估价标准形式表述的价值类型有（　　　）。

A．抵押价值　　　B．转让价值　　　C．收益现值　　　D．现行市价

E．继续使用价值

15．市场价值和公允价值表述正确的有（　　　）。

A．市场价值是资产公允价值的坐标

B．市场价值在其评估所依据的市场范围内，对任何交易当事人都是相对合理和公允的。而市场价值以外的价值的相对合理公平性是受到某些条件严格限制的

C．资产评估中的公允价值是一个一般层次的概念，它包括了正常市场条件和非正常市场条件两种情况下的合理评估结果

D．资产评估中市场价值只是正常市场条件下资产处在最佳使用状态下的合理评估结果。相对于公允价值而言，市场价值更为具体，条件更为明确，在实践中评估人员更易把握。它是资产评估中最为典型的公允价值

E．公允价值指的就是市场价值

16．作为资产评估基础条件之一的资产评估特定目的，其作用主要表现在（　　　）等方面。

A．影响评估对象的利用方式　　　B．影响评估结果的具体用途

C．影响评估对象面临的市场条件　　　D．影响评估对象的存在方式

E．影响评估对象的内在功能

17．资产评估与会计的区别有（　　　）。

A．基本的职能不同　　　B．基本目标不同

C．技术方法不同　　　D．确认和计价的依据不同

E．评估需要参考会计数据

第二章
资产评估的基本方法

拓展资源

● 让光线来做设计。

——贝聿铭

强调供给 → 生产成本论 —————————————→ 成本法
                    供求决定价值论 → 市场法
强调需求 → 边际效应论 ———————————→ 收益法

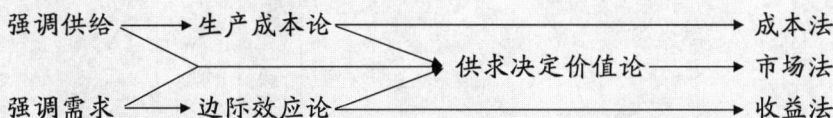

——马歇尔的三种评估方法

重 点 提 示

- ☆ 市场法、收益法和成本法的基本原理和方法
- ☆ 市场法、收益法和成本法之间的逻辑关系和应用
- ☆ 每类评估方法中各种具体方法之间的逻辑关系和应用
- ☆ 选择和运用各种评估方法的基本要求和需要考虑的各种条件及参数
- ☆ 复原重置成本、更新重置成本、实体性贬值、功能性贬值、经济性贬值、实际使用年限、资产利用率、成新率、折现率等概念的把握和估算

本 章 思 维 导 图

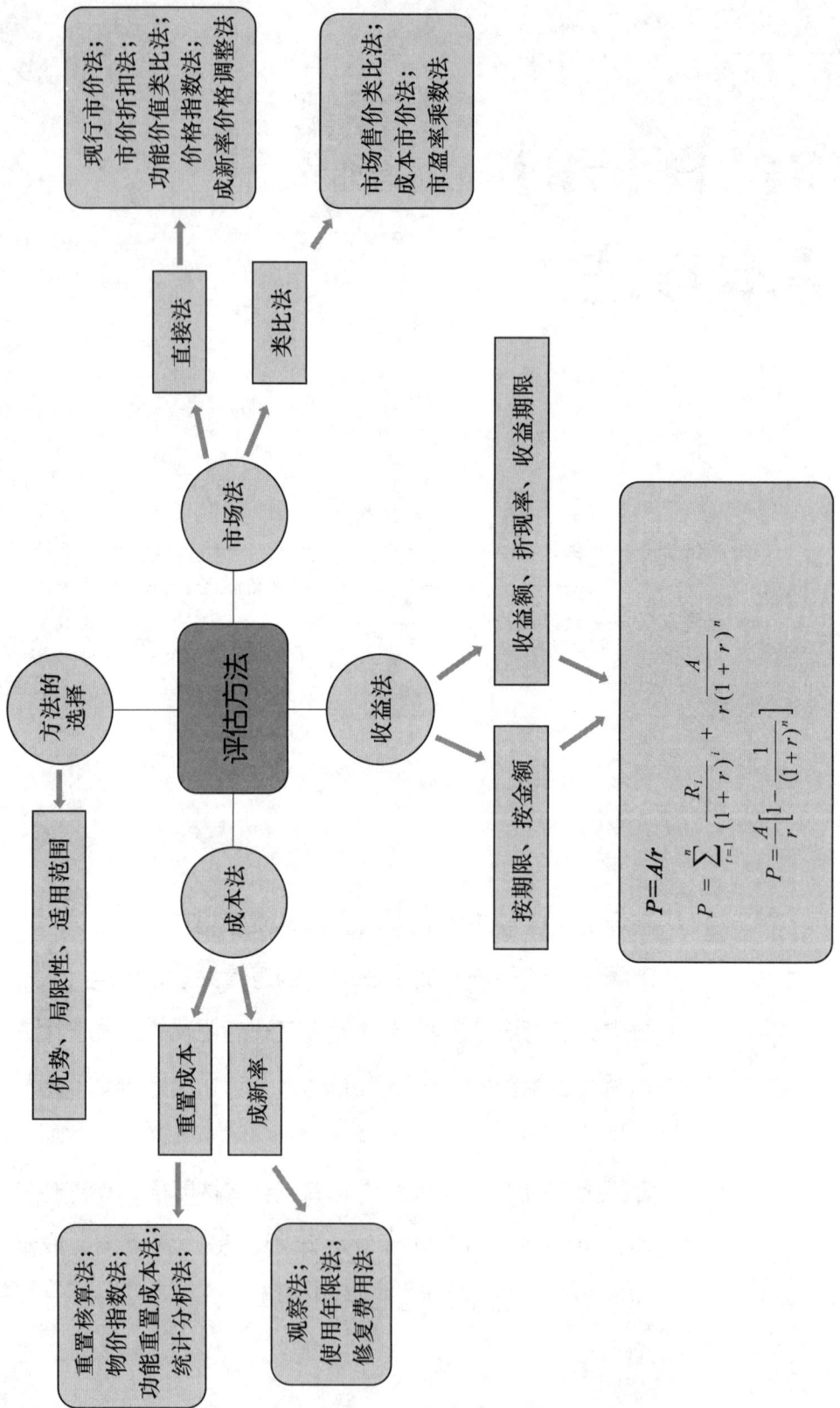

评估方法

方法的选择 —— 优势、局限性、适用范围

市场法

直接法 —— 现行市价法；市价折扣法；功能价值类比法；价格指数调整法；成新率价格调整法

类比法 —— 市场售价类比法；成本市价法；市盈率乘数法

收益法

收益额、折现率、收益期限

按期限、按金额

$$P=A/r$$
$$P=\sum_{i=1}^{n}\frac{R_i}{(1+r)^i}+\frac{A}{r(1+r)^n}$$
$$P=\frac{A}{r}\left[1-\frac{1}{(1+r)^n}\right]$$

成本法

重置成本 —— 重置核算法；物价指数法；功能重置成本法；统计分析法；

成新率 —— 观察法；使用年限法；修复费用法

资产评估方法是评定估算资产价值的技术手段，是在资产评估过程中用以确定被评估资产现行公允价值的技术操作程序。就资产评估方法本身来讲，它并不为资产评估所独有。资产评估方法是在工程技术、统计、会计等学科技术方法的基础上，结合自身特点形成的一整套方法体系。资产评估方法与其他学科的技术方法既有联系，又有区别。区别在于资产评估将其他学科的技术方法按照资产评估运作的内在要求，用资产评估的技术思路加以重组，从而构成了资产评估方法体系。该体系由多种具体资产评估方法构成，这些方法按分析原理和技术路线不同可以归纳为三种基本类型，或称三种基本方法，即市场法、收益法和成本法。❶

资产评估途径是判断资产价值的技术思路，以及实现该技术思路的各种评估技术方法的总称或集合。目前最具代表性的资产评估途径有三条：市场途径、收益途径、成本途径。根据资产评估的特定目的和市场条件确定评估标准后，就可选择相应的评估方法对资产价值进行评估。评估方法的选择是否合理，会直接影响评估结果。

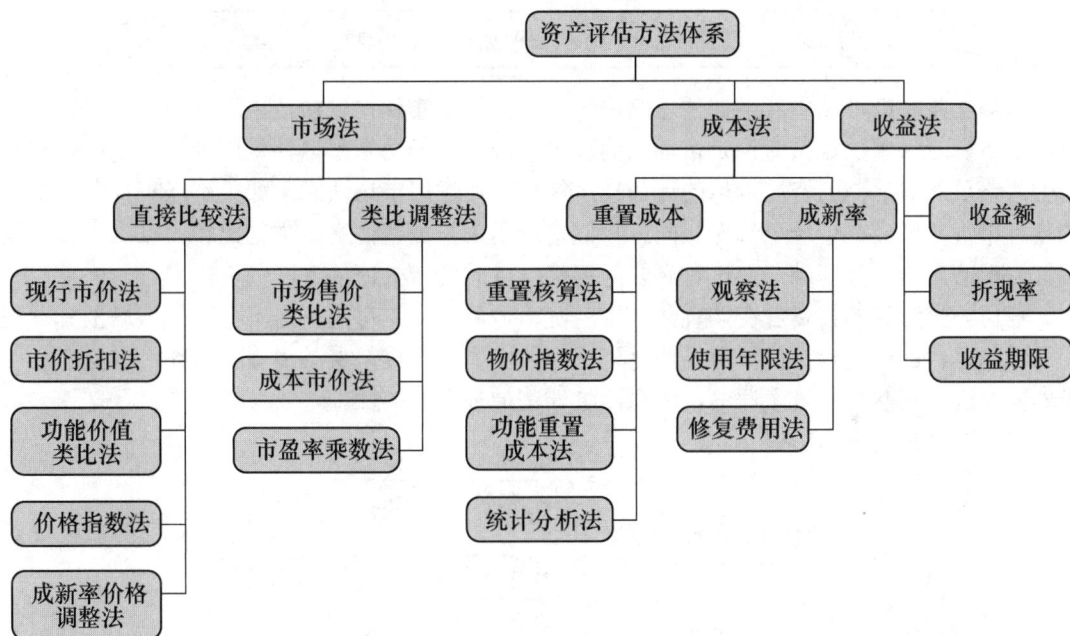

资产评估基本途径和方法

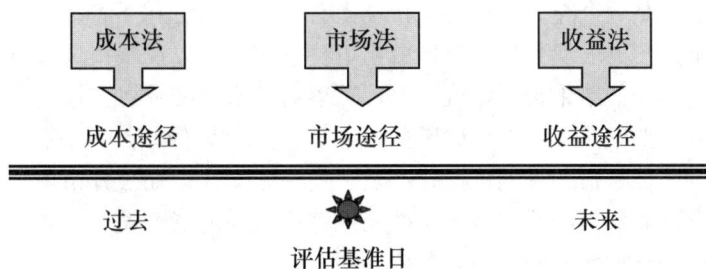

资产评估基本途径和方法

---

❶ James C.Bonbright 于 1937 年在其经典著作《Valuation Of Property》描述到评估任何资产、工厂设备及用于商业或工业目的的无形资产只有三种方法。这三种方法被 James C.Bonbright 划分为成本法，收益法和市场法。从那时起，曾经修改过这些方法的名字，但是无论称之为收益法还是收益资本化法，其本质是一样的。同样的，市场法的另一种叫法，用于房地产评估时，现在称之为销售比较法，用于非上市控股企业和整体企业评估时，称为指标公司对比法。无论赋予现代评估方法什么名字，其本质仅仅是成本、收益和市场法的修改和变形。

第一节 市 场 法

一、市场法的基本含义及理论依据

市场法也称现行市价法、市场价格比较法，是指利用市场上同样或类似资产的近期交易价格，经过直接比较或类比分析以估测资产价值的各种评估技术方法的总称，也是指通过比较被评估资产与最近售出类似资产的异同，并将类似资产的市场价格进行调整，从而确定被评估资产价值的一种资产评估方法。市场法是一种最简单、有效的方法，是因为评估过程中的资料直接来源于市场，同时又为即将发生的资产行为估价。但是，市场法的应用与市场经济体制的建立和发展，资产的市场化程度密切相关。在我国随着社会主义市场经济体制的建立和完善，为市场法提供了有效的应用空间，市场法日益成为一种重要的资产评估方法。

> 理论基础——供求决定价值论、 替代原则、 比较和类比的思路

市场法是资产评估中若干评估思路中的一种，也是实现该评估技术思路的若干评估技术方法的集合。供求决定价值论是市场法的理论基础。市场法是根据替代原则，采用比较和类比的思路及其方法判断资产价值的评估技术规程。在运用市场法时，如果不能直接取得资产的现行市价，就应在市场上选择相同或相似资产用来与被评估资产进行比较，以这个相同或相似资产的市价作为基础，再进行必要的调整，以此确定被评估资产的价格。

任何一个理智的投资者在购置某项资产时，他所愿意支付的价格不会高于市场上具有相同用途的替代品的现行市价。市场法是资产评估中最为直接，最具说服力的评估方法之一。当然，通过市场法进行资产评估，尚需满足一些最基本的条件。

二、市场法的基本前提

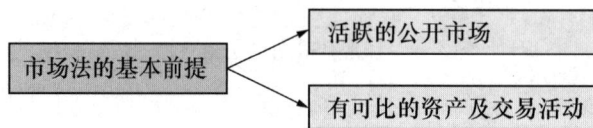

市场法的基本前提 → 活跃的公开市场
市场法的基本前提 → 有可比的资产及交易活动

通过市场法进行资产评估需要满足两个最基本的前提条件：

（1）要有一个活跃的公开市场。这个活跃的公开市场不能是个别交易，而是众多交易的客观结果。公开市场是一个充分的市场，市场上有自愿的买者和卖者，他们之间进行平等交易。这就排除了个别交易的偶然性，市场成交价格基本上可以反映市场行情。按市场行情估测被评估资产价值，评估结果会更贴近市场，更容易被资产交易各方接受。

（2）公开市场上要有可比的资产及其交易活动。市场法必须有可比的资产，交易的案例。资产及其交易的可比性是指选择的可比资产及其交易活动在近期公开市场上已经发生过，且与被评估资产及资产业务相同或相似。这些已经完成交易的资产就可以作为被评估资产的参照物，其交易数据是进行比较分析的主要依据。

资产及其交易的可比性具体体现在以下几个方面：

（1）参照物与评估对象在功能上具有可比性，包括用途、性能上的相同或相似。

（2）参照物与被评估对象面临的市场条件具有可比性，包括市场供求关系、竞争状况和交易条件等。

（3）参照物成交时间与评估基准日间隔时间不能过长，应在一个适度时间范围内，同时，时间对资产价值的影响是可以调整的。

参照物与评估对象的可比性是运用市场法评估资产价值的重要前提[1]。把握住参照物与评估对象功能上的一致性，可以避免张冠李戴；把握住参照物与评估对象所面临的市场条件，可以明确评估结果的价值类型；选择近期交易的参照物可以减少调整时间因素对资产价值影响的难度。

小提示

▶ 市场法的适用范围：市场途径主要适用于单项资产的评估，如对机器设备、运输设备、原材料、房地产评估。由于在市场上很难找到两个相类似的企业，所以企业价值评估一般很难采用市场途径进行评估。

▶ 市场法不适用于以下两种情况：一是没有可比参照物的资产，如自制设备、某些专门订制的设备和绝大部分无形资产等，这些资产在市场上找不到或很难找到可比参照物；二是没有市价的资产，某些资产（如锅炉）的附属或配套设施就没有市价，不能采用市场法评估，而应采用其他方法进行评估。

三、市场法的基本程序及有关指标

基本程序
- 选择参照物 —— 三个以上，避免特殊、偶然因素
- 选择差异因素 —— 对评估值影响较大的
- 对比指标、量化差异 —— 数量化、货币化
- 调整差异 —— 初步评估结果
- 结合分析 —— 确定评估值

（一）选择参照物

不论评估对象是单项资产还是整体资产，运用市场法评估时都需经历选择参照物这样一个程序。对参照物的要求关键是一个可比性问题，包括功能、市场条件及成交时间等。另外就是参照物的数量问题。不论参照物与评估对象如何相似，通常参照物应选择三个以上[2]。因为运用市场法评估资产价值，被评估资产的评估值高低在很大程度上取决于参照物成交价格水平，而参照物成交价又不仅仅是参照物功能自身的市场体现，它还受买卖双方交易地位、交易动机、交易时限等因素的影响。为了避免某个参照物个别交易中的特殊因素和偶然因素对成交价及评估值的影响，运用市场法评估资产时应尽可能选择多个参照物。

（二）在评估对象与参照物之间选择比较因素

从大的方面讲，影响资产价值的基本因素大致相同，如资产性质、市场条件等。但具体到每一种资产时，影响资产价值的因素又各有侧重。如影响房地产价值的主要是地理位置因素，在机器设备评估中起主导作用的是技术水平。所以，应根据不同种类资产价值形成的特点，选择对资产价值形成影响较大的因素作为对比指标，在参照物与评估对象之间进行比较。

---

[1] 在市场上寻找到的可与被评估资产相比较的资产称为参照物。
[2] 国外在正常情况下要求至少搜集4至5个交易案例，才能有效运用市场法。

背景资料

运用市场法评估单项资产应考虑的可比因素主要有：

1. 资产的功能。资产的功能是资产使用价值的主体，是影响资产价值的重要因素之一。在资产评估中强调资产的使用价值或功能，并不是从纯粹抽象意义上去讲，而是从资产的功能并结合社会需求，从资产实际发挥效用的角度来考虑。在社会需要的前提下，资产的功能越好，其价值越高，反之亦然。

2. 资产的实体特征和质量。资产的实体特征主要是指资产的外观、结构、役龄和规格型号等。资产的质量主要是指资产本身的建造或制造工艺水平。

3. 市场条件。主要是要考虑参照物成交时与评估时的市场条件及供求关系的变化情况。在一般情况下，供不应求时，价格偏高；供过于求时，价格偏低。市场条件上的差异对资产价值的影响应引起评估人员足够的关注。

4. 交易条件。交易条件主要包括交易批量、交易动机、交易时间等。交易批量不同，交易对象的价格就可能不同。交易动机也对资产交易价格有影响。在不同时间交易，资产的交易价格也会有差别。

（三）指标对比、量化差异

根据前面所选定的对比指标，在参照物及评估对象之间进行比较，并将两者的差异进行量化。例如，资产功能指标，尽管参照物与评估对象功能相同或相似，但在生产能力、产品质量，以及在资产运营过程中的能耗、料耗和工耗等方面都可能有不同程度的差异。运用市场法的一个重要环节就是将参照物与评估对象对比指标之间的上述差异数量化和货币化。

（四）在各参照物成交价格的基础上调整已经量化的对比指标差异

市场法是以参照物的成交价格作为评定估算评估对象价值的基础。在这个基础上将已经量化的参照物与评估对象对比指标差异进行调增或调减，就可以得到以每个参照物为基础的评估对象的初步评估结果。初步评估结果与所选择的参照物个数密切相关。

（五）综合分析确定评估结果

按照一般要求，运用市场法通常应选择三个以上参照物，所以，在一般情况下，运用市场法评估的初步结果也在三个以上。根据资产评估的一般惯例的要求，正式的评估结果只能是一个，这就需要评估人员对若干评估初步结果进行综合分析，以确定最终的评估值。在这个环节上没有什么硬性规定，主要是取决于评估人员对参照物的把握和对评估对象的认识。当然，如果参照物与评估对象可比性都很好，评估过程中没有明显的遗漏或疏忽，采用算术平均法或加权平均法等方法将初步结果转换成最终评估结果也是可行的。❶

以上各因素是运用市场法经常涉及的一些可比性因素。在具体运用市场法进行评估时，还要视评估对象的具体情况考虑其具体的可比因素。如评估不动产，要考虑不动产评估需要的一般因素、区域因素和个别因素，评估对象是机器设备，可比指标就可能是设备的技术含量、规格型号、生产能力和生产效率，如果评估对象是企业，可比指标就是企业的生产能力和获利能力等。

---

❶ 李海波、刘学华、吴宝忠，《资产评估》，立信会计出版社，2007年1月，第41页。

四、运用市场法进行资产评估的方式

运用市场法进行资产评估，应因市场条件的差异和参照物的不同，采取不同的方式。一般地说，在市场上如能找到与被评估资产完全相同的参照物，就可以把参照物价格直接作为被评估资产的评估价值。这是市场法运用最简单、直观的方式。但是，资产评估过程中，完全相同的参照物几乎是不存在的，即使是一个工厂出产的相同规格、型号的设备，在不同企业中使用，由于维护保养条件、操作使用水平以及利用率高低等多种因素的作用，其实体损耗也不可能是同步的。更多的情况下获得的是相类似的参照物价格，需要进行价格调整。因此，市场法也称为市场成交价格比较法，是指一项被评估资产需要评估时，在公开市场上找不到与之完全相同的资产，但在公开市场上能找到与之相类似的资产，以此为参照物，并依其价格再做相应的差异调整，确定被评估资产价值。参照物差异调整因素主要包括：

1. 时间因素

时间因素是指参照物交易时间与被评估资产评估基准日相差时间所影响的被评估资产价格的差异。不同的时间条件下，资产价格不同，应特别注意时间因素导致的价格变化。

2. 地域因素

地域因素是指资产所在地区或地段条件对资产价格的影响差异。地域因素对房地产价格的影响尤为突出。

3. 功能因素

功能因素是指资产实体功能过剩和不足对价格的影响。如一座房屋或一台机器设备，就特定资产实体而言，效能较高，用途广泛，但购买者未来使用并不需要如此高的效能；反之，购买者也可能有超出特定资产现有条件的要求，因而产生实体功能对价格的影响。一般情况下，功能越高，售价越高，但买主未来若对资产特定效能没有需求，就不愿意多花钱去购买这项资产，特殊功能的资产对所有者来讲并没有特殊价值。

小提示

▶ 需调整的差异因素：时间因素；区域因素；功能因素；成新率因素；交易情况调整。

五、运用市场法评估资产的步骤及其优缺点

（一）运用市场法评估资产的程序

运用市场法评估资产时，一般按下列步骤进行：

（1）明确评估对象。

（2）进行公开市场调查，收集相同或相类似资产的市场基本信息资料，寻找参照物。

（3）分析整理资料并验证其真实性，判断选择参照物。评估人员对收集到的资料，应认真分析其真实可信程度、交易条件和背景，并选择三个或三个以上的可比参照物。

（4）把被评估资产与参照物比较。

（5）分析调整差异，做出结论。

一般来说，市场越活跃，市场法运用的空间越大，评估结论准确程度越高。

（二）市场法的优缺点

市场法是资产评估中最简单、最有效的方法，其优点表现在：

（1）能够客观反映资产目前的市场情况，其评估的参数、指标直接从市场获得，评估值更能反映市场现实价格。

（2）评估结果易于被各方面理解和接受。

市场法的缺点表现在：

（1）需要有公开活跃的市场作为基础，有时因缺少可对比数据难以应用。

（2）不适用于专用机器设备和大部分的无形资产，以及受到地区、环境等严格限制的一些资产的评估。

六、市场法中的具体评估方法

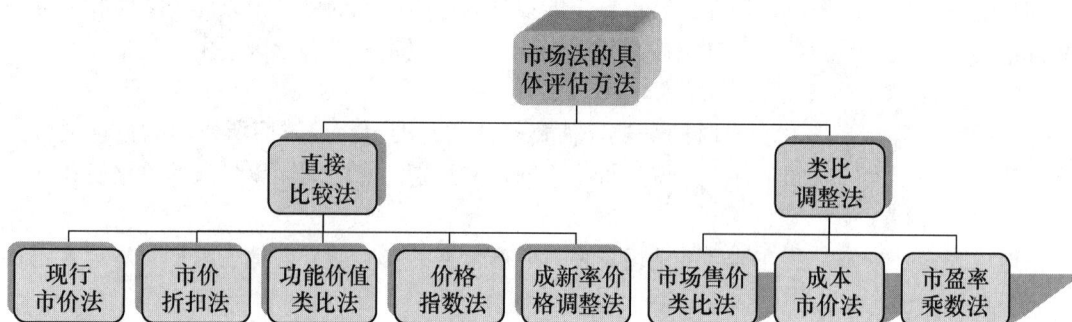

市场法实际上是指在一种评估思路下的若干具体评估方法的集合。它们可以被分为两大类：其一是直接比较法，其二是类比调整法。

（一）直接比较法

直接比较法是指利用参照物的交易价格及参照物的某一基本特征直接与评估对象的同一基本特征进行比较而判断评估对象价值的一类方法。其基本计算公式为

$$评估对象价值＝参照物合理成交价格$$

或

$$评估对象价值＝参照物成交价格×（评估对象特征÷参照物特征）$$

▷ **小提示**

> ▶ 直接比较法直观简捷，便于操作，但通常对参照物与评估对象之间的可比性要求较高。参照物与评估对象要达到相同或基本相同的程度，或参照物与评估对象的差异主要体现在某一明显的因素上，例如新旧程度或交易时间先后等。

直接比较法主要包括现行市价法、市价折扣法、功能价值类比法、价格指数法和成新率价格调整法等，但不限于以上方法。

1. 现行市价法

当评估对象本身具有现行市场价格或与评估对象基本相同的参照物具有现行市场价格的时候，可以直接利用评估对象或参照物在评估基准日的现行市场价格作为评估对象的评估价值。例如，可上市流通的股票和债券可按其在评估基准日的收盘价作为评估价值；批量生产的设备、汽车等可按同品牌、同型号、同规格、同厂家、同批量的设备、汽车等的现行市场价格作为评估价值。

$$资产评估价值＝评估基准日的现行市价$$

2. 市价折扣法

市价折扣法是以参照物成交价格为基础，考虑到评估对象在销售条件、销售时限等方面的不利因素，凭评估人员的经验或有关部门的规定，设定一个价格折扣率来估算评估对象价值的方法。数学式表达为

$$资产评估价值＝参照物成交价格×（1－价格折扣率）$$

小提示

▶ 市价折扣法一般只适用于评估对象与参照物之间仅存在交易条件（快速变现）方面差异的情况。

【例2-1】　某企业因严重的资不抵债而进行破产清算，其中有一套机器设备需拍卖。评估人员从市场上搜集到正常交易情况下的一个交易案例，该交易资产与待估设备型号、性能、新旧程度基本相同，成交时间为2020年6月，成交价格为365.2万元。评估基准日为2020年8月。经分析待估资产快速脱手的价格将低于正常价格的30%。

解　分析：①市场上有交易案例——选择市场法评估；②交易资产与待估设备可比性达到相同程度——采用直接比较法；③待估资产与参照资产的差异仅仅在市场交易条件这一指标上——采用市价折扣法，通过调整交易条件来估算该套待估设备的市场价值。

待估资产的评估值为

$$365.2×（1－30\%）＝255.64（万元）$$

3. 功能价值类比法

功能价值类比法也称类比估价法。它是以参照物的成交价格为基础，考虑参照物与评估对象之间仅存在功能差异，通过调整两者功能差异来估算评估对象价值的方法。

根据资产的功能与其价值之间的关系，可分为线性关系和指数关系两种情况：

（1）资产价值与其功能呈线性关系的情况，通常被称作生产能力比例法，其数学表达式一般表述为

$$资产评估价值＝参照物成交价格×（评估对象生产能力÷参照物生产能力）$$

当然，功能价值法不仅仅表现为资产的生产能力这一项指标上，它还可以通过对参照物与评估对象的其他功能指标的对比，利用参照物成交价格推算出评估对象价值。

【例2-2】　某待估资产为一机器设备，年生产能力为150t。评估基准日为2020年2月1日。评估人员收集的信息：①从市场上收集到一个该类设备近期交易的案例，该设备的年生产能力为210t，市场成交价格为160万元。②将待估设备与收集的参照设备进行对比并寻找差异。③发现两者除生产能力指标存在差异外，从参照设备成交到评估基准日之间，该类设备的市场价格比较平稳，其他条件也基本相同。

解　分析：①由于待估资产的市场交易案例易于选取，可采用市场法进行评估；②交易资产与待估设备可比性达到相同程度——采用直接比较法；③待估资产与参照资产的差异主要体现在生产能力这一指标上——可采用功能价值类比法来估算该资产的价值。

$$评估值＝160×（150÷210）＝114.29（万元）$$

（2）资产价值与其功能呈指数关系的情况，通常被称作规模经济效益指数法，其数学表达式为

资产评估价值＝参照物成交价格×（评估对象生产能力÷参照物生产能力）^{x}

【例 2-3】 被评估资产年生产能力为 90t，参照资产的年生产能力为 120t，评估基准日参照资产的市场价格为 10 万元，该类资产的功能价值指数为 0.7。

解 资产评估价值＝10×（90÷120）$^{0.7}$＝8.18（万元）

4. 价格指数法

价格指数法也称物价指数法，是以参照物成交价格为基础，考虑参照物的成交时间与评估对象的评估基准日之间的时间间隔对资产价值的影响，利用价格指数调整估算评估对象价值的方法。其计算公式为

资产评估价值＝参照物成交价格×（1＋物价变动指数）

或

资产评估价值＝参照物成交价格×价格指数

小提示

▶ 物价指数法一般只运用于评估对象与参照物之间仅有时间因素差异的情况，且时间差异不能过长。当然，此方法稍做调整可作为市场售价类比法中估测时间差异系数或时间差异值的方法。

【例 2-4】 某待估资产为两室一厅居住用房，面积为 58m^2，建筑时间为 2002 年，位置在某市闹市区，评估基准日为 2020 年 5 月 11 日。在待估房屋附近，于 2019 年 12 月曾发生过房屋交易活动，交易价格为 58 000 元。经调查和分析，评估人员认为该居住用房所处位置、面积、建造时间、交易的市场条件等方面与待估资产基本相同。经调查，2020 年居住用房价格与 2019 年相比上升了 9.3%。

解 分析：由于可以找到待估资产的市场交易案例，应采用市场法进行评估；该居住用房所处位置、面积、建造时间、交易的市场条件等方面与待估资产基本相同，故采用直接比较法评估；待估资产与参照资产的差异仅仅在交易时间这一指标上，所以采用价格指数法只对时间差异进行调整即可推算出被估资产的市场价值。

资产评估值＝58 000×（1＋9.3%）＝63 394（元）

5. 成新率价格调整法

成新率价格调整法是以参照物的成交价格为基础，考虑参照物与评估对象新旧程度上的差异，通过成新率调整估算出评估对象的价值。其计算公式为

资产评估价值＝参照物成交价格×（评估对象成新率÷参照物成新率）

其中

资产的成新率＝资产的尚可使用年限÷（资产的已使用年限＋资产的尚可使用年限）

小提示

▶ 成新率价格调整法一般只运用于评估对象与参照物之间仅有新旧程度差异的情况。当然此方法略加改造也可以作为评估对象与参照物成新程度差异调整率和差异调整值的方法。

【例 2-5】 待估资产为某机器设备，其生产时间为 2012 年 6 月，评估基准日为 2020 年

1 月。搜集到一交易案例，该机器设备和待估设备型号相同，属同一厂家生产，交易时间为 2019 年 12 月，交易价格为 124 000 元，该机器设备的生产时间为 2014 年。经调查了解，待估设备的尚可使用年限为 13 年。参照资产已使用年限为 8 年，尚可使用年限为 15 年。

解　分析：资产的市场交易案例易于选取，应采用市场法进行评估；参照物和待估设备型号相同，属同一厂家生产，可比性达到相同，采用直接比较法；待估资产与参照资产的差异主要体现在新旧程度这一指标上，可采用成新率价格调整法通过对成新率指标的调整来估算待估资产的市场价值。

待估资产成新率＝待估资产尚可使用年限÷（待估资产已使用年限＋

待估资产尚可使用年限）

＝13÷（7.5＋13）＝63%

参照资产的成新率＝15÷（8＋15）＝65%

待估设备的评估值＝参照物成交价格×（评估对象成新率÷参照物成新率）

＝124 000×（63%÷65%）＝120 184.62（元）

由于直接比较法对参照物与评估对象的可比性要求较高，在具体评估过程中寻找参照物可能会受到局限。因而，直接比较法的使用也相对受到一定制约。

（二）类比调整法

类比调整法是在公开市场上无法找到与被评估资产完全相同的参照物时，可以选择若干个类似资产的交易案例作为参照物，通过对比分析调整参照物与评估对象之间的差异，在参照物成交价格的基础上调整估算评估对象价值的方法。

🎯 **背景资料**

类比调整法是市场法中最基本的评估方法，该法并不要求参照物与评估对象必须一样或者基本一样。只要参照物与评估对象在大的方面基本相同或相似。

类比调整法具有适用性强，应用广泛的特点，因为在资产评估过程中，完全相同的参照物几乎是不存在的，即使是一个工厂出来的相同规格、型号的设备，在不同企业中使用，由于维护保养条件、操作使用水平及利用率高低等多种因素的作用，其实体损耗也不可能是同步的。该法对信息资料的数量和质量要求较高，而且要求评估人员要有较丰富的评估经验、市场阅历和评估技巧，没有足够的数据资料，以及对资产功能、市场行情的充分了解和把握，很难准确地评定估算出评估对象的价值。

⚙ **想一想**

1. 采用市场法如何选择参照物？

2. 直接比较法和类比调整法的差异表现在哪里？

在具体操作过程中，类比调整法❶中使用频率较高的有以下技术方法：

---

❶　类比调整法在西方国家中应用广泛，特别是在技术进步快、产品更新换代周期短的情况下。我国的市场发育还不完善，类比调整法受到一定的限制。

1. 市场售价类比法

市场售价类比法是以参照物的成交价格为基础，考虑参照物与评估对象在功能、市场条件和销售时间等方面的差异，通过对比分析和量化差异，调整估算出评估对象价值的各种方法。其基本数学表达式为

资产评估价值＝参照物售价＋功能差异值＋时间差异值＋…＋交易情况差异值

资产评估价值＝参照物售价×功能差异修正系数×时间差异修正系数×…
×交易情况差异修正系数

【例 2-6】[1] 估价对象概况：待估地块为城市规划上属于住宅区的一块空地，面积为 $600m^2$，地形为长方形。评估要求：评估该地块 2020 年 10 月的公平市场交易价格。

解 （1）分析：该种类型土地有较多的交易实例，故采用市场法进行评估。

（2）搜集有关的评估资料。

1）搜集待估土地资料（略）。

2）搜集交易实例资料。选择 4 个交易实例作为参照物，具体情况见表 2-1。

表 2-1　　　　　　　　　　　　交易实例情况表

交易实例	交易实例 A	交易实例 B	交易实例 C	交易实例 D	估价对象
坐落	略	略	略	略	略
所处地区	临近	类似	类似	类似	一般市区
用地性质	住宅	住宅	住宅	住宅	住宅
土地类型	空地	空地	空地	空地	空地
交易日期	2020 年 4 月	2020 年 3 月	2019 年 10 月	2019 年 12 月	2020 年 10 月
价格 总价	19.6 万元	31.2 万元	27.4 万元	37.8 万元	
价格 单价	870 元/m²	820 元/m²	855 元/m²	840 元/m²	
面积	225m²	380m²	320m²	450m²	600m²
形状	长方形	长方形	长方形	略正方形	长方形
地势	平坦	平坦	平坦	平坦	平坦
地质	普通	普通	普通	普通	普通
基础设施	较好	完备	较好	很好	很好
交通状况	很好	较好	较好	较好	很好
正面路宽	8m	6m	8m	8m	8m
容积率	6	5	6	6	6
剩余使用年限	35 年	30 年	35 年	30 年	30 年

（3）进行交易情况修正。

经分析，交易实例 A、D 为正常买卖，无需进行交易情况修正；交易实例 B 较正常买卖价格偏低 2%；交易实例 C 较正常买卖价格偏低 3%。则各交易实例的交易情况修正率为：交易实例 A：0%；交易实例 B：2%；交易实例 C：3%；交易实例 D：0%。

---

[1] 该案例选自 2005 年注册资产评估师教材，年度稍有调整。

（4）进行交易日期修正。

根据调查，2019 年 10 月以来土地价格平均每月上涨 1%，则各参照物交易实例的交易日期修正率为

$$交易实例 A 修正率 = （1+1\%）^6 - 1 = 6.15\%$$
$$交易实例 B 修正率 = （1+1\%）^7 - 1 = 7.21\%$$
$$交易实例 C 修正率 = （1+1\%）^{12} - 1 = 12.68\%$$
$$交易日期 D 修改率 = （1+1\%）^{10} - 1 = 10.46\%$$

为计算方便，本例中对修正率取整，即：交易实例 A：6%；交易实例 B：7%；交易实例 C：13%；交易实例 D：10%。

（5）进行区域因素修正。

交易实例 A 与待估土地处于同一地区，无需作区域因素修正。交易实例 B、C、D 的区域因素修正情况可参照表 2-2 判断。

表 2-2 区 域 因 素 比 较 表

交易实例	B	C	D
自然条件	相同	相同	相同
社会环境	稍差	相同	相同
街道条件	相同	相同	相同
交通便捷度	稍差	稍好	相同
离交通车站点距离	稍差	稍近	相同
离市中心距离	相同	稍近	相同
基础设施状况	稍差	相同	稍好
公共设施完备状况	相同	稍差	相同
水、大气、噪声污染状况	相同	相同	相同
周围环境及景观	相同	相同	相同
规划限制	相同	相同	相同
综合打分	88	108	100

本次评估设定待估地块的区域因素值为 100，则根据表 2 各种区域因素的对比分析，经综合判定打分，交易实例 B 所属地区为 88，交易实例 C 所属地区为 108，交易实例 D 所属地区为 100。

（6）进行个别因素修正。

1）经比较分析，待估土地的面积较大，有利于充分利用，另外环境条件也比较好，故判定比各交易实例土地价格高 2%。

2）土地使用年限因素的修正。交易实例 B、D 与待估土地的剩余使用年限相同无需修正。交易实例 A、C 均需作使用年限因素的调整，其调整系数测算如下（假定折现率为 8%）

$$年限修正系数 = \left[1 - \frac{1}{(1+8\%)^{30}}\right] \div \left[1 - \frac{1}{(1+8\%)^{35}}\right] = （1-0.099\,4）\div（1-0.067\,6）$$

$$= 0.900\,6 \div 0.932\,4 = 0.965\,9$$

（7）计算待估土地的初步价格。

交易实例 A 修正后的单价为

$$870 \times \frac{100}{100} \times \frac{106}{100} \times \frac{100}{100} \times \frac{102}{100} \times 0.965\,9 = 909（元/m^2）$$

交易实例 B 修正后的单价为

$$820 \times \frac{100}{98} \times \frac{107}{100} \times \frac{100}{88} \times \frac{102}{100} = 1038（元/m^2）$$

交易实例 C 修正后的单价为

$$855 \times \frac{100}{97} \times \frac{112}{100} \times \frac{100}{108} \times \frac{102}{100} \times 0.965\,9 = 901（元/m^2）$$

交易实例 D 修正后的单价为

$$840 \times \frac{100}{100} \times \frac{110}{100} \times \frac{100}{100} \times \frac{102}{100} = 942（元/m^2）$$

（8）采用简单算术平均法求取评估结果。

土地评估单价为

$$（909 + 1038 + 901 + 942）\div 4 = 948（元/m^2）$$

土地评估总价为

$$600 \times 948 = 568\,800（元）$$

2．成本市价法

成本市价法是以评估对象的现行合理成本为基础，利用参照物的成本市价比率来估算评估对象价值的方法。数学式表达为

资产评估价值＝评估对象现行合理成本×（参照物成交价格÷参照物现行合理成本）

【例 2-7】 评估基准日某市商品住宅的成本市价率为 160%，已知被估全新住宅的现行合理成本为 30 万元。

解 某市商品住宅的评估价值＝30×160%＝48（万元）

3．市盈率乘（倍）数法

市盈率乘数法是以参照物的市盈率作为乘数（倍数），以此乘数与评估对象的收益额相乘估算评估对象价值的方法。

资产评估价值＝评估对象年收益额×参照物市盈率

市盈率乘数法主要适用于企业价值评估。

【例 2-8】某被估企业的年净利润为 1000 万元，评估基准日资产市场上同类企业平均市盈率为 20 倍。求该企业的评估价值。

解 该企业的评估价值＝1000×20＝20 000（万元）

总结：市场法

在现代市场经济条件下，单项资产和整体资产都可以作为交易对象进入市场流通，不论是单项资产或是整体资产的交易实例都可以为运用市场法进行资产评估提供可资参照的评估依据和资料。当然，上述具体方法只是市场法中的一些经常使用的方法，市场法中具体方

法还有许多，以上具体方法还可能成为或可以成为成本法的具体方法。但是作为市场法中的具体方法，它的使用前提必须满足两个最基本的条件。而作为成本法中的具体方法的使用前提可能会与作为市场法的具体方法有所区别。

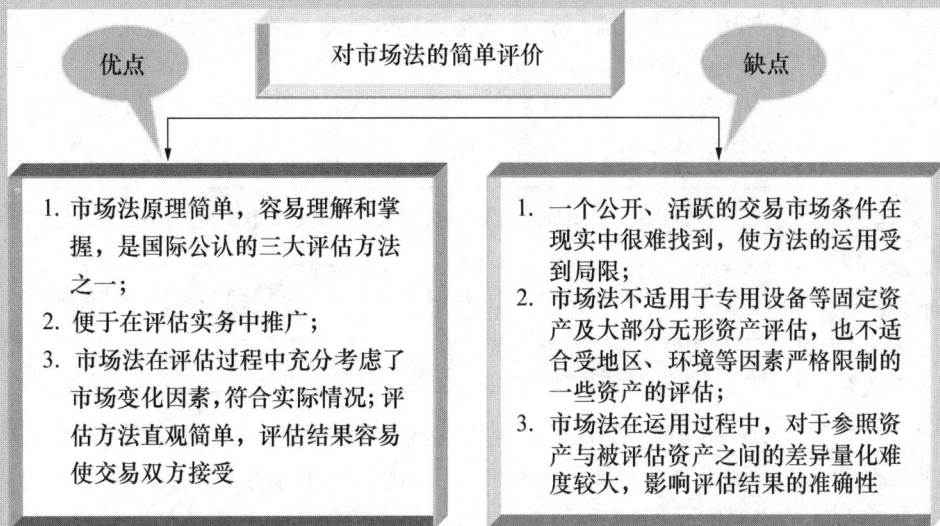

对市场法的简单评价

优点

1. 市场法原理简单，容易理解和掌握，是国际公认的三大评估方法之一；
2. 便于在评估实务中推广；
3. 市场法在评估过程中充分考虑了市场变化因素，符合实际情况；评估方法直观简单，评估结果容易使交易双方接受

缺点

1. 一个公开、活跃的交易市场条件在现实中很难找到，使方法的运用受到局限；
2. 市场法不适用于专用设备等固定资产及大部分无形资产评估，也不适合受地区、环境等因素严格限制的一些资产的评估；
3. 市场法在运用过程中，对于参照资产与被评估资产之间的差异量化难度较大，影响评估结果的准确性

第二节　收　益　法

一、收益法的基本含义及理论依据

收益法是指通过估测被评估资产未来预期收益并折算成现值，借以确定被评估资产价值的各种评估方法的总称。它服从于资产评估中将利求本的思路[1]，即采用资本化和折现的途径及其方法来判断和估算资产的价值。

理论基础——效用价值论；预期收益还原、折现；将利求本的思路；资产获利角度

收益法的理论基础是效用价值论，即资产的效用越大，获利能力越强，它的价值也越大。效用价值论是从需求方的角度对资产的价值进行分析，并对资产的现时价格进行评估的基本思想。该思路认为，任何一个理智的投资者在购置或投资于某一资产时，所愿意支付或投资的货币数额不会高于所购置或投资的资产在未来能给其带来的回报，即收益额。收益法利用投资回报和收益折现等技术手段，把评估对象的预期产出能力和获利能力作为评估标的来估测评估对象的价值。根据评估对象的预期收益来评估其价值，容易被资产业务各方所接受。

[1] 收益法的思路实际上是一种以本求利的逆向思维，因为就本利关系来说，即已知利率，用本金×利率＝利息，从而求得利息。而收益法与之相反，由利息、利率反推本金，也就是说多少资产量在这样的利率下能够带来多少收益。

其实质是将未来的收益还原到现在的时点上。

收益法的基本公式为

$$资产评估值＝年收益额÷还原利率$$

二、收益法的基本前提

收益法是依据资产未来预期收益经折现或本金化处理来估测资产价值的，它涉及三个基本要素：一是被评估资产的预期收益，二是折现率或资本化率，三是被评估资产取得预期收益的持续时间。因此，能否清晰地把握上述三要素就成为能否运用收益法的基本前提。从这个意义上讲，应用收益法必须具备的前提条件如下：

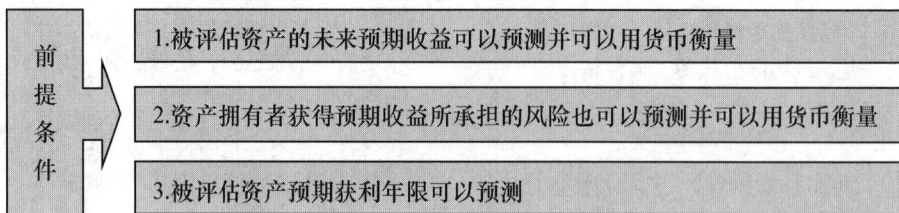

前提条件：

1. 被评估资产的未来预期收益可以预测并可以用货币衡量
2. 资产拥有者获得预期收益所承担的风险也可以预测并可以用货币衡量
3. 被评估资产预期获利年限可以预测

上述前提条件表明：首先，评估对象的预期收益必须能被较为合理地估测。同时，影响资产预期收益的主要因素，包括主观因素和客观因素也应是比较明确的，评估人员可以据此分析和测算出被评估资产的预期收益。其次，被评估对象所具有的行业风险、地区风险及企业风险是可以比较和测算的，这是测算折现率或资本化率的基本参数之一。评估对象所处的行业不同、地区不同和企业差别都会不同程度地体现在资产拥有者的获利风险上。对于投资者来说，风险大的投资，要求的回报率就高，投资风险小，其回报率也可以相应降低。再次，评估对象获利期限的长短，即评估对象的寿命，也是影响其价值和评估值的重要因素之一。

小提示

▶ 收益法的适用范围：收益法常用于企业价值评估或能独立计算收益额的单项资产评估。运用收益法评估资产价值是以资产投入使用后连续获利为基础的，购买资产的目的在于资产的获利能力，如果在资产上投资不是为了获利，进行投资后没有预期收益或预期收益很少且不稳定，则不能采用收益法。

三、收益法的基本程序和基本参数

（一）收益法的基本程序

采用收益法进行评估，其基本程序如下：

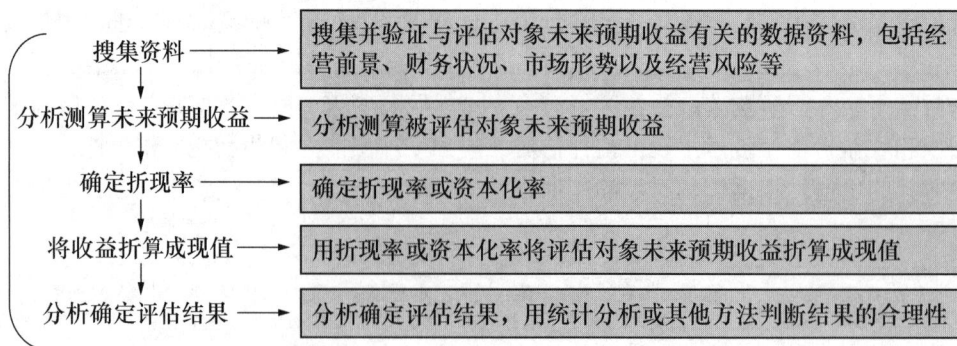

搜集资料 →	搜集并验证与评估对象未来预期收益有关的数据资料，包括经营前景、财务状况、市场形势以及经营风险等
分析测算未来预期收益 →	分析测算被评估对象未来预期收益
确定折现率 →	确定折现率或资本化率
将收益折算成现值 →	用折现率或资本化率将评估对象未来预期收益折算成现值
分析确定评估结果 →	分析确定评估结果，用统计分析或其他方法判断结果的合理性

（二）收益法的基本参数

运用收益法进行评估涉及许多经济技术参数，其中最主要的参数有三个：收益额、折现率和收益期限。

1. 收益额

收益额（Income）是适用收益法评估资产价值的基本参数之一。在资产评估中，资产的收益额是指根据投资回报的原理，资产在正常情况下所能得到的归其产权主体的所得额[1]。收益额收益法运用中，收益额的确定是关键。收益额是指由被评估资产在使用过程中产生的超出其自身价值的溢余额。对于收益额的确定，应把握两点：

（1）收益额是资产未来预期收益额，是通过预测分析获得的，而不是资产的历史收益额或现实收益额；无论对于所有者还是购买者，判断该项资产是否有价值，首先应判断该项资产是否有收益。评估时对其收益的判断，不仅仅是看其现在的收益能力，更重要的是预测未来收益能力。

（2）收益额必须是由被评估资产直接形成的，不是由该项资产形成的收益分离出来，切莫张冠李戴。因此用于资产评估的收益额是资产的客观收益，而不是资产的实际收益。

收益额的上述两个特点是非常重要的，评估人员在执业过程中应切实注意收益额的特点，以便合理运用收益法来估测资产的价值。因资产种类较多，不同种类资产的收益额表现形式也不完全相同，如企业的收益额通常表现为净利润或净现金流量，而房地产则通常表现为纯收益等。

2. 折现率和本金化率

折现率是将未来预期收益折算成现值所采用的比率。从本质上讲，折现率是一种期望投资报酬率，是投资者在投资风险一定的情况下，对投资所期望的回报率。折现率就其构成而言，它是由无风险报酬率和风险报酬率组成的。

折现率＝无风险报酬率＋风险报酬率

无风险报酬率也称安全利率，一般是参照同期国库券利率。

风险报酬率是指超过无风险报酬率以上部分的投资回报率。在资产评估中，因资产的行业分布、种类、市场条件等的不同，其折现率也不相同。资本化率与折现率在本质上是相同的。习惯上人们把将未来有限期预期收益折算成现值的比率称为折现率，而把将未来永续性预期收益折算成现值的比率称为资本化率（Capitalization Rate）。至于折现率与资本化率在量上是否恒等，主要取决于同一资产在未来长短不同的时期所面临的风险是否相同。收益率越高，资产评估值越低，因为在收益一定的情况下，收益率越高，意味着单位资产增值率高，所有者拥有资产价值就低。

折现率的确定是运用收益法评估资产对比较棘手的问题。折现率必须谨慎确定，折现率的微小差异，会带来评估值数以万计的差异。确定折现率，不仅应有定性分析，还应寻求定量方法。折现率与利率不完全相同，利率是资金的报酬，折现率是管理的报酬。利率只表示资产（资金）本身的获利能力，而与使用条件、占用者和使用用途没有直接联系，折现率则与资产以及所有者使用效果有关。一般来说，折现率应包含无风险利率、风险报酬率和通货膨胀率。无风险利率是指资产在一般条件下的获利水平，风险报酬率则是指冒风险取得的报

---

[1] 一般来说，资产预期收益有三种可选择的类型：净利润、净现金流量、利润总额。净利润和净现金流量都属于税后净收益，都是资产持有者的收益，在收益法中被普遍采用。

酬与资产的比率。每一种资产投资，由于其使用条件、用途不同，行业不同，风险也不一样，因此，折现率也不相同。它要由评估人员根据社会、行业、企业和评估对象的资产收益水平综合分析确定。折现率选择时还要注意所选收益额的计算口径应与折现率的口径保持一致。至于折现率的具体确定方法，将在各类资产具体评估时阐述。

本金化率与折现率在本质上是没有区别的。只是适用场合不同。折现率是将未来有限期的预期收益折算成现值的比率，用于有限期预期收益还原，本金化率则是将未来永续性预期收益折算成现值的比率确定折现率，首先应该明确折现的内涵。折现作为一个时间优先的概念，认为将来的收益或利益低于现在的同样收益或利益，并且随着收益时间向将来推迟的程度而有序地降低价值。同时，折现作为一个算术过程，是把一个特定比率应用于一个预期的收益流，从而得出当前的价值。❶

3. 收益期限

收益期限（Income Date）是指资产具有获利能力持续的时间，通常以年为时间单位。它由评估人员根据被评估资产自身效能及相关条件，以及有关法律、法规、契约、合同等加以测定。

四、收益法评估资产的步骤及优缺点

（一）收益法评估资产的步骤

（1）收集验证有关经营、财务状况的信息资料。

（2）计算和对比分析有关指标及其变化趋势。

（3）预测资产未来预期收益，确定折现率或本金化率。

（4）将预期收益折现或本金化处理，确定被评估资产价值。

（二）收益法评估资产的优缺点

采用收益法评估资产的优点：

（1）能真实和较准确地反映企业本金化的价值。

（2）与投资决策相结合，应用此法评估的资产价值，易为买卖双方所接受。

采用收益法评估资产的缺点：

（1）预期收益额预测难度较大，易受较强的主观判断和未来不可预见因素的影响。

（2）在评估中适用范围较小，一般适用企业整体资产和可预测未来收益的单项资产评估。

小提示

折现率 ◄————————————► 资本化率

折现率	资本化率
1. 未来有限期预期收益折算成现值的比率； 2. 一般由无风险报酬率和风险报酬率组成； 3. 折现率＝无风险报酬率＋风险报酬率	1. 未来永续性预期收益折算成现值的比率； 2. 既反映无风险报酬率和风险报酬率，还反映资产收益的长期增长前景； 3. 资本化率＝折现率－未来年收益的增长率

❶ 利率是资金的报酬，折现率是管理的报酬。

1. 资产预期收益的类型有哪些？
2. 如何测算资产的预期收益及折现率？

五、收益法中的主要技术方法

收益法实际上是在预期收益还原思路下若干具体方法的集合。收益法中的具体方法可以分为若干类，其一是针对评估对象未来预期收益有无限期的情况划分，分为有限期和无限期的评估方法；其二是针对评估对象预期收益额的情况划分，又可分为等额收益评估方法、非等额收益方法等。为了便于学习收益法中的具体方法，先对这些具体方法中所用的字符含义做统一的定义：

P ——评估值；

i ——年序号；

P_i ——未来第 t 年的评估值；

R_i ——未来第 i 年的预期收益；

r ——折现率或资本化率；

n ——收益年期；

t ——纯收益年期；

A ——年金。

$$
\text{主要技术方法}\begin{cases}\text{按期限}\begin{cases}\text{有限期收益}\\\text{无限期收益}\end{cases}\\[1em]\text{按金额}\begin{cases}\text{等额收益}\\\text{非等额收益（等差、等比）}\end{cases}\end{cases}
$$

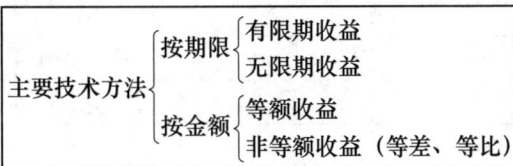

（一）未来各年收益不相等

$$
P=\sum_{i=1}^{n}\frac{R_i}{(1+r)^i}
$$

（二）收益相等且有限期

$$
P=\frac{A}{r}\left[1-\frac{1}{(1+r)^i}\right]
$$

其成立条件是：

（1）纯收益每年不变。

（2）资本化率固定且大于零。

（3）收益年期有限为 i。

（三）未来收益相等且无限期

$$
P=\frac{A}{r}
$$

其成立条件是：

（1）纯收益每年不变。

（2）资本化率固定且大于零。

（3）收益年期无限。

（四）未来收益在若干年后保持不变——无限期

$$P=\sum_{i=1}^{n}\frac{R_i}{(1+r)^i}+\frac{A}{r(1+r)^n}$$

其成立条件是：

（1）纯收益在 n 年（含第 n 年）以前有变化。

（2）纯收益在 n 年（不含第 n 年）以后保持不变。

（3）收益年期无限。

（4） r 大于零。

（五）未来收益在若干年后保持不变——有限年期

$$P=\sum_{i=1}^{t}\frac{R_i}{(1+r)^i}+\frac{A}{r(1+r)^t}\left[1-\frac{1}{(1+r)^{n-t}}\right]$$

（六）应用举例

【例 2-9】 某企业尚能继续经营，3 年的营业收益全部用于抵充负债，现评估其 3 年经营收益的折现额。经预测得出 3 年内各年预期收益的数据见表 2-3。

表 2-3　　　　　　　　　　　　某企业未来 3 年的预期收益

时间 \ 类型	收益额（万元）	折现率	折现系数	收益折现值（万元）
第一年	300	6%	0.943 4	283
第二年	400	6%	0.890 0	356
第三年	200	6%	0.836 9	167.9

解　由上表通过查复利现值系数表，可以确定其折现额为

资产评估价值＝283＋356＋167.9＝806.9（万元）

【例 2-10】 某收益性资产预计未来 5 年收益额分别是 12 万元、15 万元、13 万元、11 万元和 14 万元。假定从第 6 年开始，以后各年收益均为 14 万元，确定的折现率和资本化率均为 10%。确定该收益性资产在持续经营下和 50 年收益的评估值。

解　（1）永续经营条件下的评估过程。

首先，确定未来 5 年收益额的现值。

$$现值总额=\frac{12}{1+10\%}+\frac{15}{(1+10\%)^2}+\frac{13}{(1+10\%)^3}+\frac{11}{(1+10\%)^4}+\frac{14}{(1+10\%)^5}$$
$$=12\times0.909\ 1+15\times0.826\ 5+13\times0.751\ 3+11\times0.683\ 0+14\times0.620\ 9$$
$$=49.244\ 2（万元）$$

计算中的现值系数，可从复利现值表中查得。

其次，将第 6 年以后的收益进行资本化处理，即

$$\frac{14}{10\%}=140（万元）$$

最后，确定该企业评估值

$$49.244\,2+140\times0.620\,9=136.17（万元）$$

（2）50 年的收益价值评估过程。

$$评估价值=\frac{12}{1+10\%}+\frac{15}{(1+10\%)^2}+\frac{13}{(1+10\%)^3}+\frac{11}{(1+10\%)^4}+\frac{14}{(1+10\%)^5}$$

$$+\frac{14}{10\%(1+10\%)^5}\times\left[1-\frac{1}{(1+10\%)^{50-5}}\right]$$

$$=49.244\,2+140\times0.620\,9\times（1-0.013\,7）$$

$$=49.244\,2+85.735\,1=134.98（万元）$$

小提示

▶ 收益法有许多具体的方法及数学表达式，运用收益法进行资产评估时，重要的不是机械套用这些数学公式，而是恰当选择运用收益法的各项参数（收益额、折现率等）。利用数学表达式表达的具体方法只是对收益法具体方法折现或资本化过程的一种抽象和概括，计算公式本身并不能保证评估结果的正确。

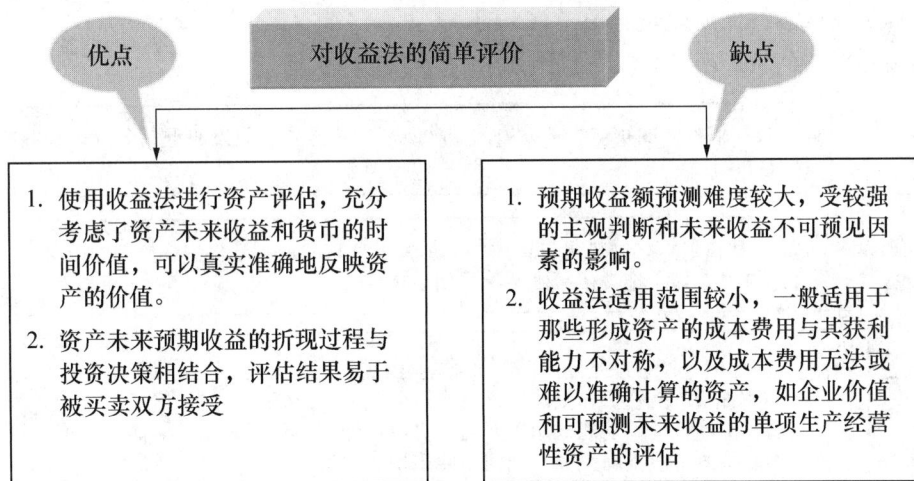

优点　　　　　　　　对收益法的简单评价　　　　　　　　缺点

1. 使用收益法进行资产评估，充分考虑了资产未来收益和货币的时间价值，可以真实准确地反映资产的价值。
2. 资产未来预期收益的折现过程与投资决策相结合，评估结果易于被买卖双方接受

1. 预期收益额预测难度较大，受较强的主观判断和未来收益不可预见因素的影响。
2. 收益法适用范围较小，一般适用于那些形成资产的成本费用与其获利能力不对称，以及成本费用无法或难以准确计算的资产，如企业价值和可预测未来收益的单项生产经营性资产的评估

第三节　成　本　法

一、成本法的基本含义及理论依据

成本法是指在被评估资产的现时重置成本的基础上，扣减其各项损耗价值，从而确定被评估资产价值的各种评估方法的总称。程序是：首先估测被评估资产的重置成本，然后估测被评估资产业已存在的各种贬损因素，最后将其从重置成本中予以扣除而得到被评估资产价值。

理论基础——劳动价值论、继续使用前提、重建重置的思路、资产供给角度

成本法是资产评估的基本方法之一。成本法的基本思路是重建或重置被评估资产。在条件允许的情况下，任何潜在的投资者在决定投资某项资产时，所愿意支付的价格不会超过购

建该项资产的现行购建成本。如果投资对象并非全新，投资者所愿支付的价格会在投资对象全新的购建成本的基础上扣除各种贬损因素。成本途径的理论表达式为

资产评估价值＝资产的重置成本－资产实体性贬值－资产功能性贬值－资产经济性贬值❶

由于被评估资产的再取得成本的有关数据和信息来源较广泛，并且资产重置成本与资产的现行市价及收益现值也存在着内在联系和替代关系，因而，在市场发育欠完善的条件下，成本法也经常被广泛应用。

二、成本法的基本前提

成本法从再取得资产的角度反映资产价值，即通过资产的重置成本扣减各种贬值反映资产价值。只有当被评估资产处于继续使用状态下，再取得被评估资产的全部费用才能构成其价值的内容。资产的继续使用不仅仅是一个物理上的概念，它包含着有效使用资产的经济意义。只有当资产能够继续使用并且在持续使用中为潜在所有者或控制者带来经济利益，资产的重置成本才能为潜在投资者和市场所承认和接受。从这个意义上讲，成本法主要适用于继续使用前提下的资产评估。对于非继续使用前提下的资产，如果运用成本法进行评估，需对成本法的基本要素做必要的调整。从相对准确合理，减少风险和提高评估效率的角度，把继续使用作为运用成本法的前提是有积极意义的。

采用成本法评估资产还必须具备以下几个前提条件：

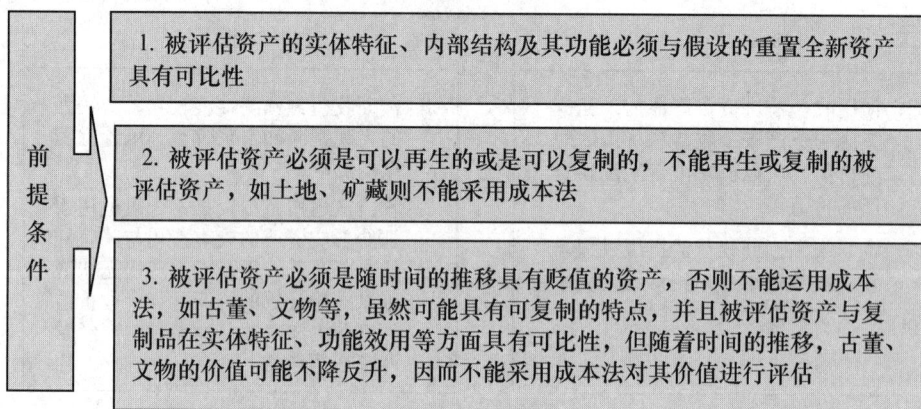

前提条件	1. 被评估资产的实体特征、内部结构及其功能必须与假设的重置全新资产具有可比性
	2. 被评估资产必须是可以再生的或是可以复制的，不能再生或复制的被评估资产，如土地、矿藏则不能采用成本法
	3. 被评估资产必须是随时间的推移具有贬值的资产，否则不能运用成本法，如古董、文物等，虽然可能具有可复制的特点，并且被评估资产与复制品在实体特征、功能效用等方面具有可比性，但随着时间的推移，古董、文物的价值可能不降反升，因而不能采用成本法对其价值进行评估

三、成本法中的基本要素

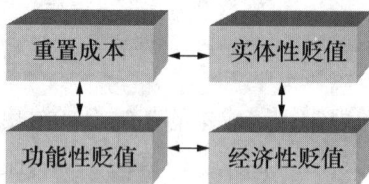

重置成本	↔	实体性贬值
↕		↕
功能性贬值	↔	经济性贬值

（一）资产的重置成本

资产的重置成本就是资产的现行再取得成本。它指在现行市场条件下重新购置和建造与被评估资产相同的全新资产所需的货币总额。具体来说，重置成本又分为复原重置成本和更新重置成本两种。

---

❶ 在评估实践中，当确实存在三种贬值时，其逻辑顺序应为资产经济性贬值、资产功能性贬值、资产实体性贬值。

1. 复原重置成本

复原重置成本（Reproduction Cost）是指采用与评估对象相同的材料、建筑或制造标准、设计、规格及技术等，以现时价格水平重新购建与评估对象相同的全新资产所发生的费用（支出）。

复原重置成本——"原消耗、现价格"

2. 更新重置成本

更新重置成本（Replacement Cost）是指采用新型材料、现代建筑或制造标准、新型设计、规格和技术等，以现行价格水平购建与评估对象具有同等功能的全新资产所需的费用（支出）。

更新重置成本——"新消耗、现价格"

一般来说，复原重置成本大于更新重置成本，但由此引致的功能性损耗也大。之所以要选择更新重置成本，一方面随着科学技术的进步，劳动生产率的提高，新工艺、新设计被社会所普遍接受。另一方面，新型设计、工艺制造的资产无论从其使用性能，还是成本耗用方面都会优于旧的资产。

更新重置成本和复原重置成本的相同方面在于采用的都是资产的现时价格，不同的在于技术、设计、标准方面的差异。对于某些资产，其设计、耗费、格式几十年一贯制，更新重置成本与复原重置成本是一样的。应该注意的是，无论更新重置成本还是复原重置成本，资产本身的功能不变。例如，评估一台 386 型电子计算机，就不能以 486 型电子计算机作为更新重置成本。

小测试

1. 在选择复原重置成本和更新重置成本时应依据什么原则？
2. 用物价指数法估算的资产成本是资产的（   ）。
   - A. 复原重置成本
   - B. 既可是复原重置成本也可是更新重置成本
   - C. 更新重置成本
   - D. 既不复原重置成本也不是更新重置成本

（二）资产的实体性贬值

资产的实体性贬值也称有形损耗，是指资产由于使用磨损及自然力的作用导致的资产物理性能损耗或下降而引起的资产价值损失。

设备在使用过程中，由于零部件受到摩擦、冲击、振动或交变载荷的作用，使得零件或部件产生磨损、疲劳等破坏，其结果是零部件的几何尺寸发生变化，精度降低，疲劳寿命缩短。设备在闲置过程中，由于受自然界中的有害气体、雨水、射线、高温、低温等的侵蚀，也会出现腐蚀、老化、生锈、变质等现象。上述磨损称为有形磨损，由此引起的贬值称为实体性贬值，或物理性贬值。

资产的实体性贬值通常采用相对数计量，即实体性贬值率，用公式表示为

$$实体性贬值率 = 资产实体性贬值 \div 资产重置成本$$

（三）资产的功能性贬值

资产的功能性贬值是指由于技术进步引起的资产功能相对落后而造成的资产价值损失。

47

它包括由于新工艺、新材料和新技术的采用，而使原有资产的建造成本超过现行建造成本的超支额（超额投资成本），以及原有资产超过体现技术进步的同类资产的运营成本的超支额（超额运营成本）。

资产的功能贬值主要体现在超额投资成本和超额运营成本两方面。

功能性贬值是一种由于技术进步而引起的原有资产的价值损耗，它是一种无形损耗，在科技快速发展的今天，资产的功能性贬值日益突出。

（四）资产的经济性贬值

资产的经济性贬值是指由于外部条件的变化引起资产闲置、收益下降等而造成的资产价值损失。具体表现在：市场竞争加剧，社会总需求量减少，导致开工不足；原材料供应不畅，导致生产中断；原材料成本增加，企业费用上升；通货膨胀下的高利率政策，导致企业负担加重；国际形势的变化，宏观经济政策的变化，新法律的出台，经济地理位置变化等，都影响企业资产价值。

四、成本法中的具体评估方法

通过成本法评估资产的价值不可避免的要涉及被评估资产的重置成本、实体性贬值、功能性贬值和经济性贬值四大因素。在确定了具体评估思路后，需要对这些因素进行估算，从而确定被评估资产的价值。

（一）重置成本的估算方法

重置核算法 → 价格指数法 → 功能价值类比法 → 统计分析法

根据被评估对象的特点及资料收集情况，重置成本有不同的估算方法，下面介绍常用的几种方法：

1. 重置核算法

重置核算法也称细节分析法、加和分析法等。它是指按资产成本的构成，把以现行市价计算的全部购建支出按其计入成本的形式，将总成本区分为直接成本和间接成本来估算重置成本的一种方法。

直接成本是指直接可以构成资产成本支出的部分，如房屋建筑物的基础、墙体、屋面、内装修等项目；机器设备类资产的购价、安装调试费、运杂费、人工费等项目。直接成本应按现时价格逐项加总。

间接成本是指为建造、购买资产而发生的管理费，总体设计制图等项支出。实际工作中，间接成本可以通过下列方法计算。

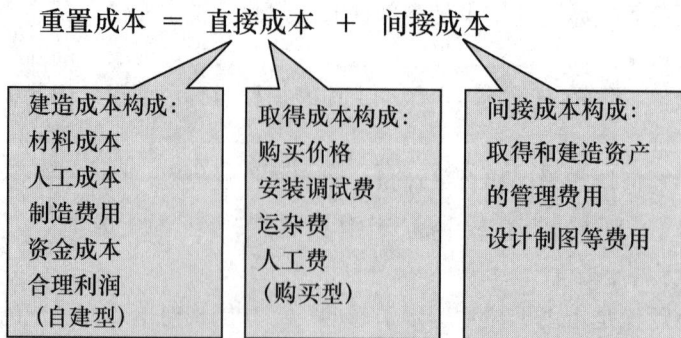

重置成本 ＝ 直接成本 ＋ 间接成本

建造成本构成： 材料成本 人工成本 制造费用 资金成本 合理利润 （自建型）	取得成本构成： 购买价格 安装调试费 运杂费 人工费 （购买型）	间接成本构成： 取得和建造资产 的管理费用 设计制图等费用

同时它也是利用成本核算的原理，根据重新取得资产所需的费用项目，逐项计算然后累加得到资产的重置成本。在实际测算过程又具体划分为两种类型——购买型和自建型。

购买型重置核算法是以购买资产的方式作为资产的重置过程，购买的结果一般是资产的购置价，如果被评估资产属于不需要运输、安装的资产，购置价就是资产的重置成本。如果被评估资产属于需要运输、安装的资产，资产的重置成本具体是由资产的现行购买价格、运杂费、安装调试费以及其他必要费用构成，将上述取得资产的必需费用累加起来，便可计算出资产的重置成本。

自建型重置核算法是把自建资产作为资产重置方式，它根据重新建造资产所需的料、工、费及必要的资金成本和开发者的合理收益等分析和计算出资产的重置成本。

资产的重置成本应包括开发者的合理收益。一是重置成本是在现行市场条件下重新购建一项全新资产所支付的全部货币总额，应该包括资产开发和制造商的合理收益。二是资产评估旨在了解被估资产模拟条件下的交易价格。一般情况下，价格都应该含有开发者或制造者合理收益部分。资产重置成本中的收益部分的确定，应以现行行业或社会平均资产收益水平为依据。

【例 2-11】 重置购建设备一台，现行市场价格每台 50 万元，运杂费 10 000 元，直接安装成本 8000 元，其中原材料 3000 元，人工成本 5000 元。求该机器设备重置成本。

解　根据统计分析，计算求得安装成本中的间接成本为每人工成本 8 元，该机器设备重置成本为：

直接成本	518 000 元
其中：买价	500 000 元
运杂费	10 000 元
安装成本	8000 元
其中：原材料	3000 元
人工	5000 元
间接成本（安装成本）	40 000 元
重置成本合计	55 800 元

小提示

▶ 重置核算法既适合用于计量复原重置成本，也适合于计量更新重置成本。但采用重置核算法的前提是能够获得处于全新状态的被评估资产的现行市价。

2. 价格指数法

价格指数法是利用与资产有关的价格变动指数，将被估资产的历史成本（账面价值）调整为重置成本的一种方法，其计算公式为

$$重置成本 = 资产的账面原值 \times 价格指数$$

或

$$重置成本 = 资产的账面原值 \times （1 + 价格变动指数）$$

式中，价格指数可以是定基价格指数或环比价格指数。

定基物价指数是评估基准日的价格指数与资产购建时点的价格指数之比。

定基物价指数＝评估时点价格指数÷资产购建时的价格指数

环比物价指数是以上期为基期的指数。如果环比期以年为单位，则环比物价指数表示该类产品当前年比上年的价格变动幅度。环比价格变动指数可考虑按下式求得

$$X=（1+a_1）×（1+a_2）×（1+a_3）\cdots（1+a_n）×100\%$$

式中，X 为环比价格指数；a_n 为第 n 年环比价格变动指数。

公式中，资产历史成本要求真实、准确并符合社会平均的、合理成本；资产评估时物价指数指的是评估基准日（或能够代表评估基准日）的物价指数，而且应是资产的类别或个别物价指数。

【例2-12】 某项资产购建于2017年，账面原值为100 000元，当时该类资产的价格指数为95%，2020年进行评估，评估基准日该类资产的定基价格指数为160%，则

被估资产重置成本＝100 000×（160%÷95%）×100%＝168 421元

【例2-13】 某项资产账面价值为200 000元，2011年建成，2016年进行评估，经调查已知同类资产环比价格指数分别为2016年为11.7%，2017年为17%，2014年为30.5%，2019年为6.9%，2020年为4.8%，则

被估资产重置成本＝200 000×（1+11.7%）×（1+17%）

×（1+30.5%）×（1+6.9%）×（1+4.8%）×100%

＝200 000×191%＝382 000（元）

价格指数法与重置核算法是重置成本估算较常用的方法，但二者具有明显的区别，见表2-4。

表2-4　　　　　　　　　　　　价格指数法与重置核算法比较

评估方法	区　　别		联　　系
	考　虑　因　素	资　　料	
价格指数法	价格变动（复原重置成本）	建立在不同时期的某一种或某类甚至全部资产的物价变动水平上	1. 都是建立在利用历史资料基础上 2. 均需注意口径差异
重置核算法	多因素，即价格因素、生产技术进步和劳动生产率的变化因素（更新重置成本、复原重置成本均可）	建立在现行价格水平与购建成本费用核算的基础上	

明确价格指数法和重置核算法的区别，有助于重置成本估算中方法的判断和选择。一项科学技术进步较快的资产，采用价格指数法估算的重置成本往往会偏高。因此，注意分析、判断资产评估时重置成本口径与委托方提供历史资料（如财务资料）的口径差异，是上述两种方法应用时需注意的共同问题。

3. 功能价值类比法

功能价值类比法是指利用某些资产的功能（生产能力）的变化与其价格或重置成本的变化呈某种指数关系或线性关系，通过参照物的价格或重置成本，以及功能价值关系估测评估对象价格或重置成本的技术方法（该方法亦有称之为类比估价法、功能系数法、指数估价法）。

当资产的功能变化与其价格或重置成本的变化呈线性关系时，人们习惯把线性关系下的功能价值类比法称之为生产能力比例法，而把非线性关系条件下的功能价值法称之为规模经济效益指数法。

（1）生产能力比例法。

生产能力比例法是寻找一个与被评估资产相同或相似的资产为参照物，根据参照资产的重

置成本及参照物与被评估资产生产能力的比例，估算被评估资产重置成本的方法。计算公式为

$$被评估资产重置成本=\frac{被评估资产年产量}{参照物年产量}×参照物重置成本$$

【例 2-14】　重置全新的一台机器设备价格 5 万元，年产量为 8000 件。现知被评估资产年产量为 7000 件，确定其重置成本。

$$被评估资产重置成本=7000÷8000×50\ 000=4375（元）$$

这种方法运用的前提条件和假设是资产的成本与其生产能力为线性关系，生产能力越大，成本越高，而且是成正比例变化。应用这种方法估算重置成本时，首先应分析资产成本与生产能力之间是否存在这种线性关系，如果不存在这种关系，这种方法就不可以采用。

小提示

▶ 生产能力比例法运用的前提条件和假设是资产的成本与其生产能力为线性关系，生产能力越大，成本越高，而且是成正比例变化。应用这种方法估算重置成本时，首先应分析资产成本与生产能力之间是否存在这种线性关系，如果不存在这种关系，这种方法就不可以采用。

（2）规模经济效益指数法。

通过不同资产的生产能力与其成本之间关系的分析可以发现，许多资产的成本与其生产能力之间不存在线性关系，当资产 A 的生产能力比资产 B 的生产能力大一倍时，其成本却不一定大一倍，也就是说，资产生产能力和成本之间只成同方向变化，而不是等比例变化，这是由于规模经济效益作用的结果。两项资产的重置成本和生产能力相比较，如果资产的生产能力与成本呈指数关系，即资产的生产能力和成本之间只成同方向变化，而不是等比例变化，随着资产生产能力的增大，资产成本的上升幅度会减缓，表现出规模经济效应，此时可采用规模经济效益指数法确定资产的重置成本。其计算公式为

$$被评估资产的重置成本=参照物的重置成本×\left(\frac{被评估资产的产量}{参照物资产的产量}\right)^x$$

公式中的 x 是一个经验数据，称为规模经济效益指数[1]。式中参照物一般可选同类资产中的标准资产。

4. 统计分析法

当对企业整体资产及某一相同类型资产进行评估时，为降低评估成本、节约评估时间，可以采用统计分析法确定某类资产重置成本。这种方法运用的步骤是：

（1）在核实资产数量的基础上，把全部资产按照适当标准划分为若干类别。

（2）在各类资产中抽样选择适量具有代表性的资产，应用功能价值法、价格指数法、重置核算法或规模经济效益指数法等方法估算其重置成本。

（3）依据分类抽样估算资产的重置成本额与账面历史成本，计算出分类资产的调整系数。其计算公式为

$$调整系数=\frac{\Sigma 某类抽样资产重置成本}{\Sigma 某类抽样资产历史成本}$$

---

[1]　在美国，这个经验数据一般为 0.4～1.2，如加工工业一般为 0.7，房地产行业一般为 0.9。我国到目前为止尚未有统一的经验数据，评估过程中要谨慎使用这种方法。（姜楠：2006 年）

（4）根据调整系数估算被评估资产的重置成本，公式为

$$被评估资产重置成本＝\sum 某类资产账面历史成本×调整系数$$

【例2-15】 评估某企业某类通用设备，经抽样选择具有代表性的通用设备8台，估算其重置成本之和为600万元，而该8台具有代表性通用设备历史成本之和为400万元，该类通用设备账面历史成本之和为6000万元。

解　　　　　　　　　　调整系数＝600÷400＝1.5

该类通用设备重置成本＝6000×1.5＝9000（万元）

小提示

▶ 在运用成本法评估时，上述四种方法均可用于确定重置成本。至于选用哪种方法，应根据具体的评估对象和可以搜集到的资料确定。这些方法中，对某项资产可能同时都能用，有的则不然，应用时必须注意分析方法运用的前提条件，否则将得出错误的结论。

（二）资产实体性贬值的测算方法

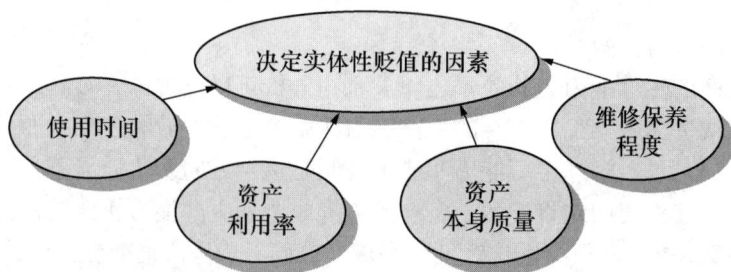

资产的实体性贬值（有形损耗）的估算一般可以选择以下几种方法估测：

1. 观察法

观察法也称成新率法，指由评估人员按有关规定和标准进行现场察看资产，结合经验判断，从而确定被评估资产实体性贬值的评估方法。它是由具有专业知识和丰富经验的工程技术人员，通过对被评估资产的实体各主要部位进行技术鉴定，并综合分析资产的设计、制造、使用、磨损、维护、大修理、改造情况和物理寿命等因素，将评估对象与其全新状态相比较，考察由于使用磨损和自然损耗对资产的功能、使用效率带来的影响，判断被评估资产的成新率，从而估算实体性贬值。计算公式为

$$资产实体性贬值＝重置成本×（1－实体性成新率）$$

式中

$$实体性成新率＝1－实体性贬值率$$

观察时主要侧重于被评估资产的外表：光洁度、腐蚀程度、形体物理变化程度等（机器设备评估主要包括：机器的长度、厚度、水平度、垂直度、强度、硬度、软度等是否发生变化，有无裂痕等。房屋建筑物评估主要包括：墙体表面的剥落程度、裂缝的长度和宽度、裂缝的性质、建筑物是否发生垂直或水平方向位移等）。

2. 使用年限法

使用年限法是利用被评估资产的实际已使用年限与其总使用年限的比值来判断其实体贬值率，进而估测资产的实体性贬值的方法。数学表达式为

$$资产的实体性贬值=\frac{重置成本-预计残值}{总使用年限}×实际已使用年限$$

式中，预计残值是从资产评估角度所认识的被评估资产在清理报废时净收回的金额，通常只考虑数额较大的残值，残值数额较小可以忽略不计。总使用年限指的是实际已使用年限与尚可使用年限之和。计算公式为

$$总使用年限=实际已使用年限+尚可使用年限$$
$$实际已使用年限=名义已使用年限×资产利用率$$

小提示

▶ 名义已使用年限是指资产从购进使用到评估时的年限。名义已使用年限可以通过会计记录、资产登记簿、登记卡片查询确定。实际已使用年限是指资产在使用中实际损耗的年限。实际已使用年限与名义已使用年限的差异，可以通过资产利用率来调整。尚可使用年限是根据资产的有形损耗因素，预计资产的继续使用年限。

由于资产在使用中负荷程度的影响，必须将资产的名义已使用年限调整为实际已使用年限。资产利用率计算公式为

$$资产利用率=\frac{截止评估日资产累计实际利用时间}{截止评估日资产累计法定利用时间}×100\%$$

当资产利用率＞100%时，表示资产超负荷运转，资产实际已使用年限比名义已使用年限要长；

当资产利用率＝100%时，表示资产满负荷运转，资产实际已使用年限等于名义已使用年限；

当资产利用率＜100%时，表示开工不足，资产实际已使用年限小于名义已使用年限。

【例 2-16】 某资产 2010 年 2 月购进，2020 年 2 月评估时，名义已使用年限是 10 年。根据该资产技术指标，正常使用情况下，每天应工作 8h，该资产实际每天工作 7.5h。

解　　资产利用率＝10×360×7.5÷（10×360×8）×100%＝93.75%

资产实际已使用年限＝10×93.75%＝9.4（年）

总　结

实际评估过程中，由于企业基础管理工作较差，再加上资产运转中的复杂性，资产利用率的指标往往很难确定。评估人员应综合分析资产的运转状态，诸如资产开工情况、大修间隔期、原材料供应情况、电力供应情况、是否季节性生产等各方面因素分析确定。

使用年限法所显示的评估技术思路是一种应用较为广泛的评估技术，在资产评估实际工作中，评估人员还可以利用资产的工作量、行驶里程等指标，利用使用年限法的技术思路测算资产的实体性贬值。

3. 修复费用法

修复费用法是利用恢复资产功能所支出的费用金额来直接估算资产实体性贬值的一种方法。修复费用包括资产主要零部件的更换或者修复、改造、停工损失等费用支出。如果资产可以通过修复恢复到其全新状态，可以认为资产的实体性损耗等于其修复费用。此方法主要用于具有特殊结构的可补偿性资产有形损耗率的估测。

【例 2-17】 一台数控折边机，重置成本为 150 万元，已使用 2 年，其经济使用寿命约 20 年，现该机器数控系统损坏，估计修复费用约 2 万美元（折人民币 16.5 万元），其他部分工作正常。求这台数控折边机的贬值率。

解 分析：该设备存在可修复性损耗和不可修复性损耗，数控系统损坏是可修复性损耗，用修复费用法计算其贬值，贬值额等于机器的修复费用约 16.5 万元人民币；另外，该机器运行 2 年，用使用年限法来确定由此引起的实体性贬值，此项贬值率为 2/20。

计算过程如下：

重置全价　150 万元。

可修复部分的实体性损耗　16.5 万元。

不可修复部分的实体性损耗

$$（150-16.5）\times 2/20 = 13.35（万元）$$

实体性贬值　29.85 万元。

贬值率

$$29.85 \div 150 = 19.9\%$$

需要说明的是，评估工作中，有些评估人员直接按照会计学中的折旧年限估算成新率，这种做法是不正确的。这是因为：

第一，折旧是由损耗决定的，但折旧并不就是损耗，折旧是高度政策化了的损耗。资产使用过程中，价值的运动依次经过价值损耗、价值转移和价值补偿，折旧作为转移价值，是在损耗基础上确定的。但会计学上的折旧率或折旧年限，是对某一类资产作出的会计处理的统一标准，是一种高度集中的理论系数或常数，对于该类资产中的每一项资产虽然具有普遍性、同一性和法定性，但不具有实际磨损意义上的个别性或特殊性。

第二，折旧年限的确定，以资产的维修是为了保证资产正常运转为前提的。修理是作为追加劳动支出，不增加资产效用和价值。可见，资产的维修在保证资产正常运转的同时，具有更新的性质，可以增加资产的效用和功能，资产评估更注重资产运转的实际效能。

第三，折旧年限的确定与评估中成新率确定的基础——损耗本身具有差异性。确定折旧年限的损耗包括有形损耗（实体性贬值）和无形损耗；而评估中确定成新率的损耗，包括实体性贬值、功能性贬值和经济性贬值。其中，功能性贬值只是无形损耗的一种形式，而不是无形损耗的全部。经济性贬值则是资产外部原因引起的，为评估过程所特有。

第四，在资产评估过程中，如果一些评估机构和评估人员根据实地勘察鉴定的结果，确定的使用年限与折旧年限完全相同，这时当然可以采用折旧年限。但这仅仅是偶然性结果，并不具有必然性。而且，这是经过分析、比较、判断后的结果，恰恰说明成新率的确定应根据实地勘察确定，而不是将折旧年限拿来就用。

小提示

▶ 使用修复费用法时,要尽可能把实体性贬值的可修复部分与不可修复部分区分开。其中可修复部分的实体性贬值是可以修复且经济上合算,不可修复部分的实体性贬值是不能修复或可以修复但经济上不合算。

▶ 对于可修复部分的实体性贬值以直接支出金额来估算,对于不可修复部分的实体性贬值可运用观察法和使用年限法来确定。可修复部分与不可修复部分的实体性贬值之和构成被评估资产的全部实体性贬值。

(三)资产功能性贬值的估算方法

功能性贬值(无形损耗)是由于技术相对落后造成的贬值。估算功能性贬值时,主要根据资产的效用、生产加工能力、工耗、物耗、能耗水平等功能方面的差异造成的成本增加或效益降低,相应确定功能性贬值额。同时,还要重视技术进步因素,注意替代设备、替代技术、替代产品的影响,以及行业技术装备水平现状和资产更新换代速度。

$$功能性贬值\begin{cases} 功能贬值1 & 超额投资成本 \\ 功能贬值2 & 超额运营成本 \end{cases}$$

超额投资成本是由于新技术、新材料、新工艺不断出现,使得相同功能的设备的建造成本比过去降低,原有设备中就有一部分超额投资得不到补偿。复原重置成本和更新重置成本两者的差额即为超额投资成本,它主要反映为更新重置成本低于复原重置成本。

超额投资成本(功能性贬值)=复原重置成本-更新重置成本

超额运营成本❶。由于技术进步出现了新的、性能更优的设备,致使原有设备的功能落后于新设备,新设备在运营费用上低于原有设备。

超额运营成本(功能性贬值)=各年净超额运营成本×折现系数

超额运营成本的估算步骤

(1)年运营成本比较——将被评估资产的年运营成本与功能相同但性能更好的新资产的年运营成本比较

(2)计算净超额运营成本——净超额运营成本=超额年运营成本×(1-所得税税率)

(3)估计被评估资产的剩余寿命

(4)以适当的折现率将被评估资产在剩余寿命内每年的超额运营成本折现——这些折现值之和就是被评估资产功能性损耗(贬值),公式为

$$被评估资产功能性贬值额=\sum\left(\begin{matrix}被评估资产年\\净超额运营成本\end{matrix}\times\begin{matrix}折现\\系数\end{matrix}\right)$$

---

❶ 资产的超额运营成本主要体现在材料消耗、能源消耗、工时消耗的增加,废品率上升,产品质量下降等方面。

【例 2-18】 某被评估对象是一生产控制装置，其正常运行需 6 名操作人员。目前同类新式控制装置所需的操作人员定额为 3 名。假定被评估控制装置与参照物在运营成本的其他项目支出方面大致相同，操作人员平均年工资福利费约为 6000 元，被评估控制装置尚可使用 3 年，所得税率为 25%，适用的折现率为 10%。根据上述数据资料，估算被评估控制装置的功能性贬值。

解 （1）计算被评估生产控制装置的年超额运营成本

$$（6-3）×6000=18\,000（元）$$

（2）估算被评估生产控制装置的年超额运营成本净额

$$18\,000×（1-25\%）=13\,500（元）$$

（3）将被评估生产控制装置在剩余使用年限内的每年超额运营成本净额折现

其功能性贬值额

$$13\,500×（P/A，10\%，3）=13\,500×2.486\,9=33\,573.15（元）$$

注意：在实际评估工作中也有功能性溢价的情况，即当评估对象功能明显优于参照资产功能时，评估对象就可能存在功能性溢价。

（四）资产经济性贬值的估算方法

资产的经济性贬值是由于资产的外部环境变化所导致的资产贬值。经济性贬值产生的原因有：

（1）竞争加剧，社会总需求减少，导致开工不足。

（2）材料供应不畅，导致开工不足。

（3）材料成本增加，导致企业费用直线上升（运营费用提高）。

（4）通货膨胀的情况下，国家实行高利率政策，导致企业运营成本加大。

（5）产业政策的变动，行业受到冲击，资产使用寿命缩短。

资产的经济性贬值主要表现为运营中的资产利用率下降（如设备利用率下降、房屋出租率下降等）甚至闲置以及资产年收益额的减少。当有确实证据表明资产已经存在经济性贬值，可参考下面方法估测其经济性贬值率或经济性贬值额。

1. 间接计算法（因利用率下降所导致的经济性贬值的估算）

$$经济性贬值率=\left[1-\left(\frac{资产预计可被利用的生产能力}{资产原设计生产能力}\right)^{x}\right]×100\%$$

式中，x 为功能价值指数，实践中多采用经验数据，数值一般为 0.6～0.7。

$$经济性贬值额=（重置成本-实体性贬值-功能性贬值）×经济性贬值率$$

【例 2-19】 某被估生产线设计生产能力为年产 20 000 台产品，因市场需求结构变化，在未来可使用年限内，每年产量估计要减少 6000 台左右，功能价值指数取 0.6。根据上述条件，确定该生产线的经济性贬值率。

解 经济性贬值率＝［1－（14 000÷20 000）$^{0.6}$］×100%＝（1－0.81）×100%＝19%

2. 直接计算法（因收益额减少导致的经济性贬值的估算）

$$经济性贬值额=资产年收益损失额×(1-所得税率)×(P/A,r,n)$$ ❶

---

❶ $(P/A，r，n)$ 为年金现值系数。

【**例 2-20**】 数据承上例，假定每年减少 6000 台产品，每台产品损失净利润 100 元，该生产线尚可继续使用 3 年，企业所在行业的投资回报率为 10%，所得税率为 25%。确定该资产的经济性贬值额。

解 经济性贬值额＝（6000×100）×（1－25%）×（P/A，10%，3）
＝450 000×2.486 9＝1 119 105（元）

在实际评估工作中也有经济性溢价的情况，即当评估对象及其产品有良好的市场及市场前景，或有重大政策利好，评估对象就可能存在着经济性溢价。

小提示

▶ 并不是所有的被评估资产都需要计算经济性贬值，一般只有能够单独计算收益的资产，如一个企业、一个车间、一条生产线、一宗房地产等才需要考虑在评估基准日后、资产有效寿命期内是否存在利用率降低或收益额减少的问题。

想一想

同一资产在相同条件下运用不同评估方法进行评估，评估结果如何？

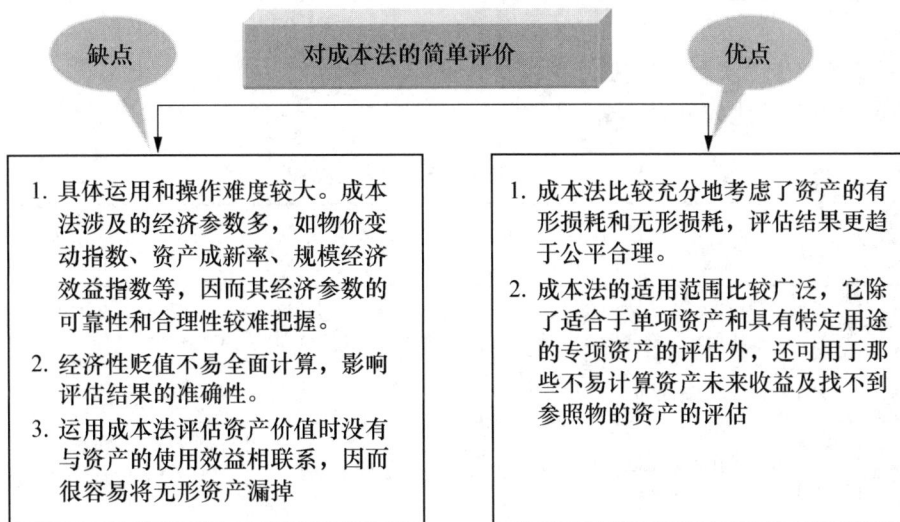

缺点　　　　　　**对成本法的简单评价**　　　　　　优点

1. 具体运用和操作难度较大。成本法涉及的经济参数多，如物价变动指数、资产成新率、规模经济效益指数等，因而其经济参数的可靠性和合理性较难把握。
2. 经济性贬值不易全面计算，影响评估结果的准确性。
3. 运用成本法评估资产价值时没有与资产的使用效益相联系，因而很容易将无形资产漏掉

1. 成本法比较充分地考虑了资产的有形损耗和无形损耗，评估结果更趋于公平合理。
2. 成本法的适用范围比较广泛，它除了适合于单项资产和具有特定用途的专项资产的评估外，还可用于那些不易计算资产未来收益及找不到参照物的资产的评估

第四节 评估方法的比较与选择

一、评估方法之间的比较

资产评估的市场法、收益法和成本法，以及由以上三条基本评估思路衍生出来的其他评估思路共同构成了资产评估的方法体系。这些评估方法都有各自的特征、适用范围和操作规程，它们之间既相互联系又互为补充，对评估结果起着相互验证的作用。各种评估方法的独立存在又说明它们各有特点。正确认识资产评估方法之间的内在联系以及各自的特点，对于恰当地选择评估方法，高效地进行资产评估是十分重要的。

（一）资产评估方法之间的联系

三大方法的评估目标是一致的，评的都是被估资产的真正价值，不能是虚假评估。

评估方法是实现评估目的的手段。对于特定经济行为，在相同的市场条件下，对处在相同状态下的同一资产进行评估，采用不同评估方法其评估值应该是客观的。这个客观的评估值不会因评估人员所选用的评估方法的不同而出现截然不同的结果。可以认为正是评估基本目的决定了评估方法间的内在联系。而这种内在联系为评估人员运用多种评估方法评估同一条件下的同一资产，并作相互验证提供了理论根据。但需要指出的是，运用不同的评估方法评估同一资产，必须保证评估目的、评估前提、被评估对象状态的一致，以及运用不同评估方法所选择的经济技术参数合理。

由于资产评估工作基本目标的一致性，在同一资产的评估中可以采用多种方法，如果使用这些方法的前提条件同时具备，而且评估师也具备相应的专业判断能力，那么，多种方法得出的结果应该趋同。如果采用多种方法得出的结果出现较大差异，可能的原因有：一是某些方法的应用前提不具备；二是分析过程有缺陷；三是结构分析有问题；四是某些支撑评估结果的信息依据出现失真；五是评估师的职业判断有误。建议评估师为不同评估方法建立逻辑分析框图，通过对比分析，有利于问题的发现。评估师在发现问题的基础上，除了对评估方法做出取舍外，还应该分析问题产生的原因，并据此研究解决问题的对策，以便最后确定评估价值。

（二）资产评估方法之间的区别

三种评估方法的比较见表2-5。

表 2-5　　　　　　　　　　　　　　　三种评估方法的比较

方法 差异	市　场　法	收　益　法	成　本　法
评估原理	根据替代原则，采用比较和类比的思路，按所选参照物的现行市场价格通过与被估资产比较差异并调整确定被估资产的评估值	从资产获利角度，服从将利求本的思路，采用资本化和折现的方法将资产预期收益还原、折现	从资产供给角度，以重建或重置思路在估测被评估资产重置成本基础上扣减各种贬损因素，然后确定被评估资产价值
资产计价尺度	现行市价（在评估基准日与被估资产相同或相似的市场价格）	未来预期收益的现值	重置成本（评估基准日重新购建功能完全相同全新被评估资产所需的全部成本）
前提条件	有一个活跃的公开市场；公开市场上有可比的资产及其交易活动	被评估资产的未来预期收益、所承担的风险、预期获利年限可以预测并可以用货币衡量	被估资产与假设的重置全新资产有可比性、必须是可以再生或可以复制的、必须是随时间推移具有贬值的资产
适用范围	以市场价值为基础的评估业务（参股、投资、承包、企业兼并、转让、保险、租赁等）	企业价值评估或能独立计算收益额的单项资产评估	范围广：一切以资产重置、补偿为目的的资产业务
优点	原理简单，容易理解和掌握；计算较简单	结果准确；易被接受	考虑因素全面，应用广泛
缺点	参照物难找，资料不易搜寻，运用受限；差异量化难度较大，影响评估结果的准确性	适用范围较小；参数确定有难度	操作难度较大；经济性贬值不易全面计算；未与资产的使用效益相联系

二、资产评估方法的选择

资产评估方法的多样性，为评估人员选择适当的评估方法，有效完成评估任务提供了现实可能，为了简捷、高效、相对准确合理地评估资产的价值，在选择评估方法时，应注意以下问题。

1. 资产评估方法必须与资产评估价值类型相适应

评估方法的选择要与评估目的、评估时的市场条件、被评估对象在评估过程中所处的状态以及由此所决定的资产评估价值类型相适应。

资产评估的价值类型说明"评什么"，是资产评估价值的质的规定性，具有排他性，对评估方法具有约束性；资产评估方法说明"如何评"，是资产评估价值量的规定，具有多样性和可替代性，并服务于价值类型。资产评估价值类型确定的准确性与相匹配的科学评估方法的选择，是资产评估价值具有科学性和有效性的重要保障。

2. 资产评估方法必须与评估对象相适应

评估方法的选择受评估对象的类型、理化状态等因素制约。例如，对于既无市场参照物，又无经营记录的资产，只能选择成本方法进行评估；对于工艺比较特别且处在经营中的企业，可以优先考虑选择收益法；对于市场成交活跃的旧普通机器设备的评估，可以采用市场法评估。

3. 资产评估方法受可收集数据和信息资料的制约

评估中各种方法的运用都要依据一定的数据、资料进行，资产评估过程实际上就是对资料的搜集、整理、分析和处理的过程。❶评估方法的选择受各种评估方法运用所需的数据资料及主要经济技术参数能否搜集的制约。在一个相对较短的时间内，搜集某种评估方法所需的数据资料可能会很困难，在这种情况下，评估人员应根据可获得的资料及资料对各种评估方法的满足程度来选择适当的评估方法。

4. 评估方法的选择要统筹考虑

各种资产评估方法各有其特点和付诸实现的条件，这种条件界定了它们各自的适用范围，而各自的特点又起到相互验证或分析、修正某些误差因素的作用，这样，不但可以拓展评估的可行性，还可以提高评估的准确性。

关于资产评估方法的选择和使用，实际上是专业评估人员根据实际条件约束下的资产或模拟条件约束下的资产的价值进行理性的分析、论证和比较的过程，通过这个过程做出有足够理由支持的价值判断。总之，在评估方法的选择过程中，应注意因地制宜和因事制宜，不可机械地按某种模式或某种顺序进行选择。但是，不论选择哪种评估方法进行评估，都应保证评估目的，评估时所依据的各种假设和条件与评估所使用的各种参数数据，及其评估结果在性质和逻辑上的一致。尤其是在运用多种方法评估同一评估对象时，更要保证每种评估方法运用中所依据的各种假设、前提条件、数据参数的可比性，以便能够确保运用不同评估方法所得到的评估结果的可比性和相互可验证性。

🔧 想一想

1. 资产评估目的对资产评估方法选择有何影响？
2. 如何理解资产评估目的、价值类型及评估方法三者之间的关系？

---

❶ 在评估方法运用方面，西方评估机构采用较多的是市场法。

小测试

1. 被评估设备年生产能力为 100 万件，成新率为 60%，已知一台年生产能力为 80 万件的同类全新设备的价格为 120 万元，而且该类设备的价格与生产能力是线形关系，根据上述给定条件，被评估设备的评估值最接近于（　　）万元。

    A．58   B．90   C．120   D．150

2. 在运用市场法评估产品时，需要考虑的因素包括（　　）。

    A．使用价值   B．生产成本   C．市场前景   D．市场供求关系

    E．销售利润率

本 章 小 结

➤ 资产评估方法是评定估算资产价值的技术手段，资产评估的基本方法及在各类资产评估中的运用，构成了对资产评估理论的应用，是对价值类型定位的具体延伸和操作，是制定资产评估准则的基础。

➤ 从国际看，资产评估主要有重置成本法、收益现值法、现行市价法三种基本方法。市场法是利用市场上同样或类似资产的近期交易价格，经过直接比较或类比分析据以估测资产价值的一种评估方法。收益法是通过估测被评估资产未来预期收益并折算成现值，借以确定被评估资产价值的方法。成本法是在被评估资产的现时重置成本的基础上，扣减其各项损耗价值，从而确定被评估资产价值的评估方法。

➤ 三大评估方法都是对评估对象在一定条件下的价值的描述，它们之间是有内在联系并可相互替代的。但是，每一种评估方法都有各自的应用前提、评估思路、特点，以及其自成一体的运用过程，都要求具备相应的信息基础，评估结论也都是从某一角度反映资产的价值。在选择具体方法时，要注意前提和使用环境，要与资产评估价值类型及评估对象相适应，还要受到可搜集数据和信息资料的制约，因此选择评估方法时应该统筹兼顾、全面权衡。

思 考 题

1. 市场法的含义、前提、基本程序各是什么？
2. 市场法中的具体评估方法有哪些？
3. 收益法的含义、前提、基本程序各是什么？
4. 成本法的基本公式及其影响因素是什么？
5. 如何确定资产的实体性贬值、功能性贬值、经济性贬值？
6. 成本法中的具体评估方法有哪些？
7. 选择资产评估方法要考虑哪些因素？
8. 采用市场法如何选择参照物？
9. 运用市场法的优缺点有哪些？
10. 运用成本法进行评估的理论依据是什么？
11. 三种资产评估基本方法相互间的区别是什么？

12．各种资产评估方法之间的关系如何？

习　题

一、单项选择题

1．某收益性资产，使用年限为 30 年，年收益为 20 万元，折现率为 10%，其评估价值最接近于（　　）万元。

  A．178   B．180   C．188   D．200

2．采用收益法评估资产时，收益法中的各个经济参数存在的关系是（　　）。

  A．资本化率越高，收益现值越低

  B．资本化率越高，收益现值越高

  C．资产未来收益期对收益现值没有影响

  D．资本化率和收益现值无关

3．运用市场法时选择 3 个及 3 个以上参照物的目的是（　　）。

  A．使参照物具有可比性   B．便于计算

  C．排除参照物个别交易的偶然性 D．避免张冠李戴

4．价值比率法中的市盈率倍数法主要适用于（　　）的评估。

  A．不动产   B．无形资产   C．机器设备   D．企业价值

5．资产评估中的基本方法是指（　　）。

  A．一种具体方法

  B．多种评估方法的集合

  C．一条评估思路

  D．一条评估思路与实现该思路的各种评估方法的总称

6．从理论上讲，同一资产的重置成本、现行市价及收益现值具有（　　）关系。

  A．独立   B．并列   C．替代   D．等同

7．选择重置成本时，在同时可获得复原重置成本和更新重置成本的情况下，应选用（　　）。

  A．复原重置成本   B．更新重置成本

  C．任选一种   D．两者的平均值

8．已知资产的价值与功能之间存在线性关系，重置全新机器设备一台，其价值为 5 万元，年产量为 5000 件，现已知被评估资产的年产量为 4000 件，其重置成本为（　　）。

  A．4 万元   B．5 万元   C．4 万～5 万元 D．无法确定

9．某被评估资产于 2010 年购建，账面原值为 10 万元，账面净值为 2 万元，2020 年评估时，已知 2010 年和 2020 年该类资产的定基物价指数分别为 130% 和 180%，由此确定该资产的重置完全成本为（　　）。

  A．138 462 元   B．27 692 元   C．80 000 元   D．180 000 元

10．收益法采用的折现率与本金化率的关系是（　　）。

  A．等额无穷的折现过程就是本金化过程

  B．折现率与本金化率的内涵相同，结果一致

  C．折现率与本金化率的内涵不同，结果不同

D．折现率与本金化率的内涵不同，结果一致

11．收益法中所用收益指的是（　　）。

A．未来预期收益　　　　　　　　B．评估基准日收益

C．被评估资产前若干年的平均收益　　D．历史收益

12．政府实施新的经济政策或发布新的法规限制了某些资产的使用，造成资产价值降低，这是一种（　　）。

A．功能性贬值　　　　　　　　　B．经济性贬值

C．实体性贬值　　　　　　　　　D．非评估考虑因素

13．一项科学技术进步较快的资产，采用物价指数法往往会比采用重置核算法估算的重置成本（　　）。

A．高　　　　B．低　　　　C．相等　　　　D．没有比较性

14．采用成本法进行资产评估时，其实体性贬值与会计学上的折旧（　　）。

A．完全一样　　　　　　　　　　B．完全不一样

C．有时一样，有时不一样　　　　D．没有关系

15．某待估设备的重置成本为 16 万元，经查阅已使用 3 年，分析尚可使用 5 年，则其实体性贬值为（　　）万元。

A．10　　　　B．9.6　　　　C．6　　　　D．6.4

16．采用收益法评估资产时，各指标存在的关系是（　　）。

A．资本化率越高，收益现值越低

B．资本化率越高，收益现值越高

C．资本未来收益期对收益现值无影响

D．资本化率和收益现值无关

17．资产评估是判断资产价值的经济活动，评估值是资产的（　　）。

A．时期价值　　B．时点价值　　C．时区价值　　D．阶段价值

二、多项选择题

1．应用市场法进行资产评估必须具备的前提条件有（　　）。

A．需要有一个充分发育、活跃的资产市场

B．必须具有足够数量的参照物

C．可以收集到被评估资产与参照物可比较的指标和技术参数

D．市场上必须有与被评估资产相同或相类似的全新资产

E．市场上的参照物与被评估资产的功能相同或相似

2．运用市场法评估任何单项资产都应考虑的可比因素有（　　）。

A．资产的功能　　　　　　　　　B．市场条件

C．交易条件　　　　　　　　　　D．资产的实体特征和质量

E．资产所处的地理位置

3．从理论上讲，折现率的基本组成因素包括（　　）。

A．超额收益率　　　　　　　　　B．无风险报酬率

C．风险报酬率　　　　　　　　　D．价格变动率

E．平均收益率

4．运用收益法涉及的基本要素或参数包括（　　　）。

  A．被评估资产的实际收益   B．被评估资产的预期收益

  C．折现率或资本化率   D．被评估资产的折旧年限

  E．被评估资产的预期获利年限

5．在正常情况下，运用收益法评估资产价值时，要求资产的收益额应该是资产的（　　　）。

  A．历史收益额   B．未来预期收益额

  C．现实收益额   D．实际收益

  E．客观收益额

6．从理论上讲，成本法涉及的基本要素包括（　　　）。

  A．资产的重置成本   B．资产的有形损耗

  C．资产的功能性贬值   D．资产的经济性贬值

  E．资产的获利年限

7．一般情况下，资产的成新率的估测方法通常有（　　　）。

  A．使用年限法 B．修复费用法 C．观察法   D．统计分析法

  E．价格指数法

8．一般情况下，重置成本的估测方法有（　　　）。

  A．重置核算法 B．价格指数法 C．市价比较法 D．收益折现法

  E．功能价值法

9．运用市场法评估资产时，通常要求参照物与评估对象所面临的市场条件具有可比性，具体包括（　　　）等方面。

  A．用途   B．供求关系   C．性能   D．竞争状况

  E．工艺条件

10．成本法涉及的基本要素包括（　　　）。

  A．资产的重置成本   B．资产的有形损耗

  C．资产的功能性贬值   D．资产的经济性贬值

  E．资产的获利年限

11．从资产评估面临的条件、资产评估执业过程中遵循资产评估准则的程度及其对评估报告披露的要求的角度，资产评估可以分为（　　　）。

  A．评估复合 B．完全评估   C．评估咨询   D．限制评估

  E．单项评估

12．按企业会计制度及其资产的流动特性分类，资产可以分为（　　　）。

  A．流动资产 B．不动产   C．固定资产   D．长期投资

  E．无形资产

13．按照资产与生产经营过程的关系分类，可以分为（　　　）。

  A．流动资产 B．无形资产   C．非经营性资产 D．不动产

  E．经营性资产

14．按照资产能否独立存在分类，资产可以分为（　　　）。

  A．经营性资产   B．非经营性资产

  C．可确指的资产   D．不可确指的资产商誉

E．无形资产

15．收益法中的具体方法通常是按照（　　）划分的。

    A．预期收益年限　　　　　　　　B．预期收益额的形式

    C．预期收益额数量　　　　　　　　D．折现率的高低

    E．折现率的构成

三、计算题

1．已知资产的价值与功能之间存在等比例关系，参照物与评估对象仅在功能方面存在差异。参照物的年生产能力为1200件产品，成交价格为1500元，评估对象的年生产能力为1000件。

要求：请计算评估对象的价值。

2．某企业经专业评估人员测定，其未来5年的预期收益分别为100万元、120万元、100万元、130万元和160万元，并且在第6年之后的收益将保持在200万元不变，资本化率和折现率均为10%。

要求：试采用分段法估测企业整体价值。

3．评估对象为某企业2020年购进的一条生产线，账面原值为150万元，2020年进行评估。经调查分析确定，该生产线的价格每年比上一年增长10%，专业人员勘察估算后认为，该资产还能使用6年。又知目前市场上已出现功能更先进的类似资产，并被普遍运用，新设备与评估对象相比，可节省人员3人，每人的月工资水平为650元。此外，由于市场竞争的加剧，使该生产线开工不足，由此而造成的收益损失额每年为2万元。（该企业适用的企业所得税税率为25%，假定折现率为10%）

要求：根据上述资料，采用成本法对该资产进行评估。

4．某企业将某项资产与国外企业合资，要求对资产进行评估。具体资料如下：该资产账面原值为270万元，净值为108万元，按财务制度规定该资产的折旧年限为30年，已计提折旧年限为20年。经调查分析确定，按现在的市场材料价格和工资费用水平，新建造相同构造的资产的全部费用支出为480万元。经查询原始资料和企业记录，该资产截止评估基准日的法定利用时间为57 600h，实际累计利用时间为50 400h。经专业人员勘察估算，该资产还能用8年。又知该资产由于设计不合理，造成耗电量大、维修费用高，与现在同类标准资产比较，每年多支出运营成本3万元（所得税率25%，折现率10%），根据上述资料，采用成本法对该资产进行评估。

5．评估一项无形资产，它的收益期为10年，收益是等额的，每年为5万元，折现率为10%。若采用收益法评估这项资产，则它的评估值是多少？

6．假设某企业将持续经营下去，现拟转让，聘请评估师估算其价值。经预测，该企业每年的预期收益为1200万元，折现率4%。请采用收益法估算该企业的价值。

7．某收益性资产预计未来五年收益额分别是12万元、15万元、13万元、11万元和14万元。假定从第六年开始，以后各年收益均为14万元，确定的折现率和本金化率为10%。分别确定该收益型资产在持续经营条件下和经营50年条件下的评估值。

第三章
资产评估程序及信息收集

拓展资源

● 巨大的建筑，总是由一木一石叠起来的，我们何妨做这一木一石呢？我时常做些零碎事，就是为此。

——鲁迅

● 问题并不是信息本身，而是你如何处理信息。你能做的第一件事就是调整。

——开尔森

● 知识不是简单的加和，而是累积和联系。数据和信息是知识的基础，它们是马赛克的构成元素，但它们却不是其图案。

——托马斯·A·斯图尔特

重点提示

- 💡 资产评估程序的主要环节
- 💡 资产评估的具体程序
- 💡 资产评估中需收集的信息及信息处理与分析方法
- 💡 资产评估业务约定书的内容

本章思维导图

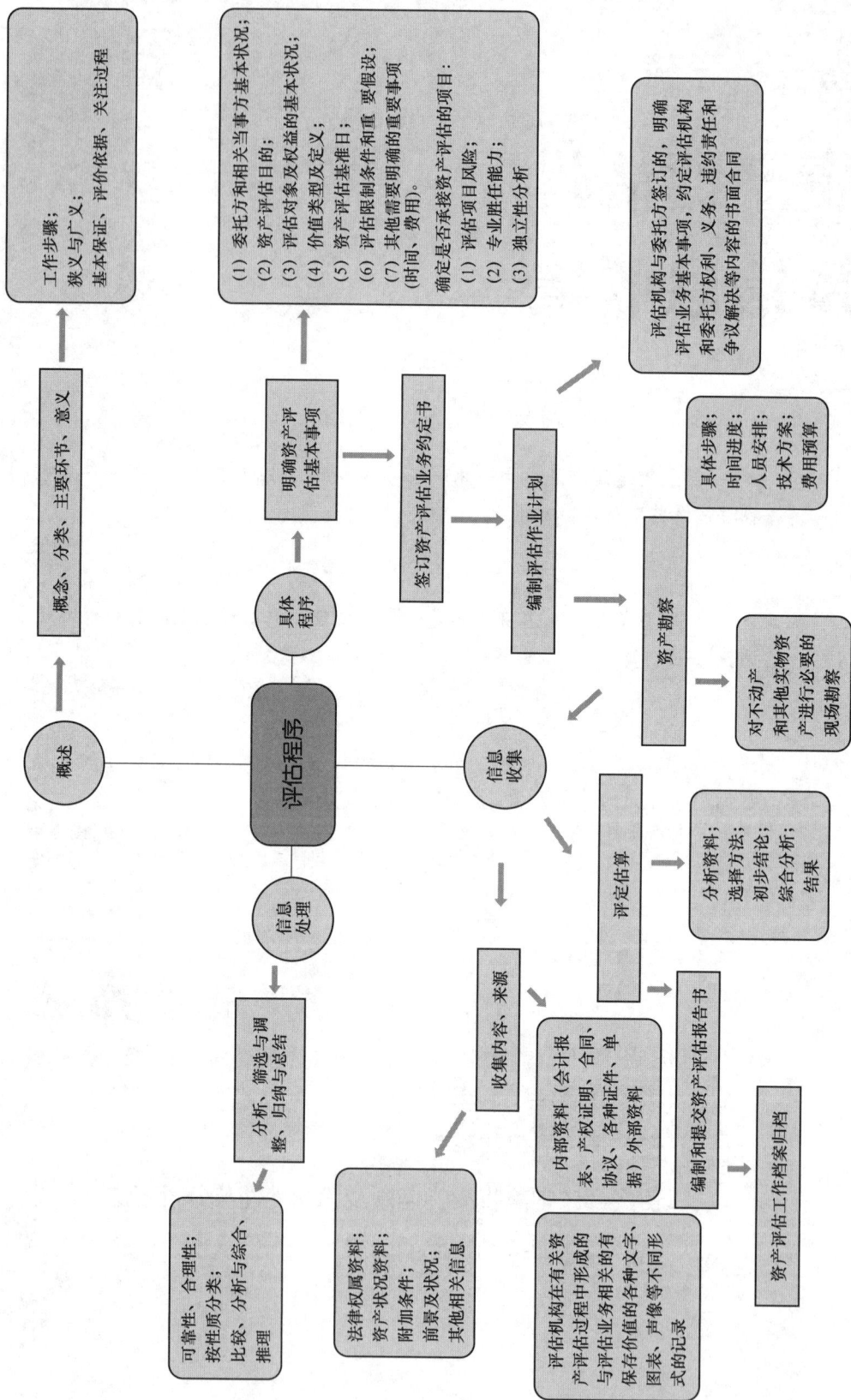

概述 —— 概念、分类、主要环节、意义

概述 → 概念、分类、主要环节、意义：工作步骤；狭义与广义；基本保证、评价依据、关注过程

评估程序

具体程序 → 明确资产评估基本事项：
(1) 委托方和相关当事方基本状况；
(2) 资产评估目的；
(3) 评估对象及权益的基本状况；
(4) 价值类型及定义；
(5) 资产评估基准日；
(6) 评估限制条件和重要假设；
(7) 其他需要明确的重要事项（时间、费用）。
确定是否承接资产评估的项目：
(1) 评估项目风险；
(2) 专业胜任能力；
(3) 独立性分析

明确资产评估基本事项 → 签订资产评估业务约定书 → 评估机构与委托方签订的，明确评估业务基本事项、义务、约定评估机构和委托方权利、义务、违约责任和争议解决等内容的书面合同

签订资产评估业务约定书 → 编制评估作业计划 → 具体步骤；时间进度；人员安排；技术方案；费用预算

编制评估作业计划 → 资产勘察 → 对不动产和其他实物资产进行必要的现场勘察

信息收集 → 评定估算：分析资料；选择方法；初步结论；综合分析结果

信息收集 → 收集内容、来源
内部资料（会计报表、产权证明、合同、协议、各种证件、单据）外部资料

收集内容、来源 → 编制和提交资产评估报告书 → 资产评估工作档案归档

信息处理 → 分析、筛选与调整、归纳与总结
可靠性、合理性；按性质分类比较、分析与综合推理
法律权属资料；资产状况资料；附加条件；前景及状况；其他相关信息
评估机构在有关资产评估过程中形成的与评估业务相关的有保存价值的各种文字、图表、声像等不同形式的记录

第一节 资产评估程序概述

一、资产评估程序的定义

资产评估程序[1]是指资产评估机构和人员执行资产评估业务、形成资产评估结论所履行的系统性工作步骤。

资产评估程序由具体的工作步骤组成，不同的资产评估业务由于评估对象、评估目的、资产评估资料收集情况等相关条件的差异，评估人员可能需要执行不同的资产评估具体程序或工作步骤，但由于资产评估业务的共性，各种资产类型、各种评估目的资产评估业务的基本程序是相同或相通的。通过对资产评估基本程序的总结和规范，可以有效地指导评估人员开展各种类型的资产评估业务，因此有必要加强对资产评估基本程序的研究和规范。

我国评估实务界从不同角度对评估程序有着不同的理解，从狭义的角度上很多人认为资产评估程序开始于资产评估机构和人员接受委托，终止于向委托人或相关当事人提交资产评估报告书。广义的资产评估程序开始于承接资产评估业务前的明确资产评估基本事项环节，终止于资产评估报告书提交后的资产评估文件归档管理。

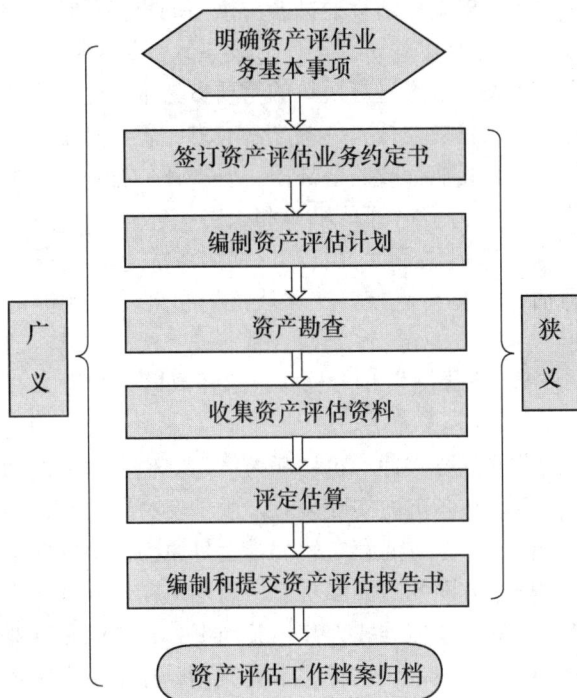

二、资产评估程序包括的主要环节

资产评估程序应当以资产评估机构和人员为主体，反映为执行资产评估业务、形成资产评估结论所必须和必要履行的系统性工作步骤。

（1）明确资产评估业务基本事项。

（2）签订资产评估业务约定书。

---

[1] 财政部于 2017 年 8 月 23 日正式颁布《资产评估准则——评估程序》。

（3）编制资产评估计划。

（4）资产勘查。

（5）收集资产评估资料。

（6）评定估算。

（7）编制和提交资产评估报告书。

（8）资产评估工作档案归档。

三、资产评估程序的重要意义

1. 资产评估程序是规范资产评估行为、提高资产评估业务质量和维护资产评估服务公信力的重要保证

资产评估机构和人员接受委托，不论执行何种资产类型、何种评估目的的资产评估业务，都应当履行必要的资产评估程序，按照工作步骤有计划地进行资产评估。这样做不仅有利于规范资产评估机构和人员的执业行为，而且能够有效地避免由于机构和人员水平不同而导致的在执行具体资产评估业务中可能出现的程序上的重要疏漏，切实保证资产评估业务质量。恰当的资产评估程序对于提高资产评估机构业务水平乃至资产评估行业整体业务水平具有重要意义。另一方面，作为一项专业性较强的中介服务工作，评估人员履行严格的评估程序也是赢得客户和社会公众信任、提高评估行业社会公信力的重要保证。

2. 资产评估程序是相关当事方评价资产评估服务的重要依据

由于资产评估结论是相关当事方进行决策的重要参考依据之一，因此资产评估服务必然引起许多相关当事方的关注，包括委托人、资产占有方、资产评估报告使用人、相关利益当事人、司法部门、证券监督及其他行政监督部门、资产评估行业主管协会以及社会公众、新闻媒体等。资产评估程序不仅为资产评估机构和人员执行资产评估业务提供了必要的指导和规范，也为上述相关当事方提供了评价资产评估服务的重要依据，也是委托人、司法和行政监管部门及资产评估行业协会监督资产评估机构和人员、评价资产评估服务质量的主要依据。

3. 资产评估程序是资产评估机构和人员防范执业风险保护自身合法权益、合理抗辩的重要手段之一

随着资产评估行业的发展，资产评估机构和人员与其他当事人之间就资产评估服务引起的纠纷和法律诉讼越来越多。从各国的实践来看，由于资产评估工作的专业性，无论是当事人还是司法部门由于在举证、鉴定方面存在较大难度等原因，都倾向于追究资产评估机构和人员在履行必要资产评估程序方面的疏漏和责任，而避免在专业判断方面下结论。随着我国资产评估实践的发展，我国资产评估委托人和相关当事方、政府和行业监管部门及部门也从早期对资产评估结论的"高低""对错"的简单二元判断，开始逐步转为重点关注资产评估机构和人员在执行业务过程中，是否恰当履行了必要的资产评估程序。因此，恰当履行资产评估程序是资产评估机构和人员防范执业风险的主要手段，也是在产生纠纷或诉讼后，合理保护自身权益、合理抗辩的重要手段。

想一想

1. 为什么说资产评估程序具有重要作用？

2. 如何看待资产评估程序与评估工作质量之间的关系？

第二节 资产评估的具体程序

一、明确资产评估业务基本事项

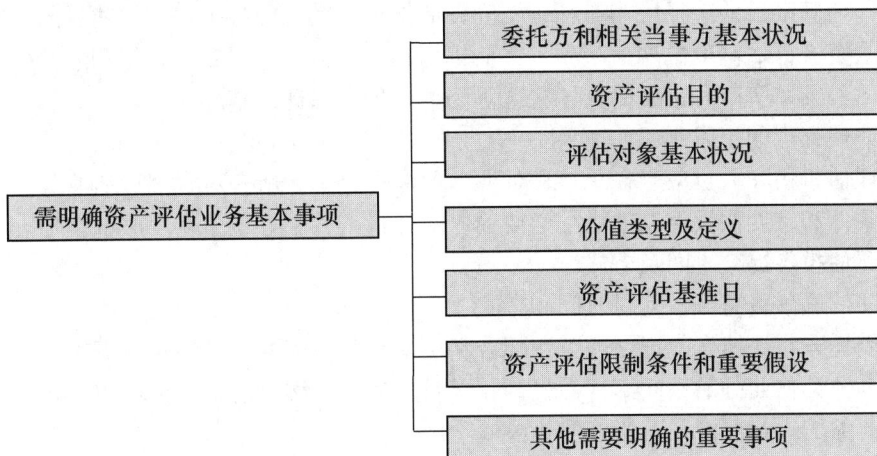

```
需明确资产评估业务基本事项 ──┬── 委托方和相关当事方基本状况
                          ├── 资产评估目的
                          ├── 评估对象基本状况
                          ├── 价值类型及定义
                          ├── 资产评估基准日
                          ├── 资产评估限制条件和重要假设
                          └── 其他需要明确的重要事项
```

明确资产评估业务基本事项是资产评估程序的第一个环节，包括在签订资产评估业务约定书以前的一系列基础性工作，对资产评估项目风险评价、项目承接与否以及资产评估项目的顺利实施具有重要意义。由于资产评估专业服务的特殊性，有必要强调资产评估程序甚至在资产评估机构接受委托前就已开始。资产评估机构和人员在接受资产评估业务委托之前，应当采取与委托人等相关当事人讨论、阅读基础资料、进行必要初步调查等方式，与委托人等相关当事人共同明确以下资产评估业务基本事项。

（1）委托方、产权持有者和委托方以外的其他评估报告使用者。

资产评估机构和人员应当了解委托方基本状况、资产占有方等相关当事方的基本状况。在不同的资产评估项目中，相关当事方有所不同，主要包括资产占有方、资产评估报告使用方、其他利益关联方等。委托人与相关当事方的关系也应当作为重要基础资料予以充分了解，这对于理解评估目的、相关经济行为以及防范恶意委托等十分重要。

（2）评估目的。

资产评估机构和人员应当与委托方就资产评估目的达成明确、清晰的共识，并尽可能细化资产评估目的，说明资产评估业务的具体目的和用途，避免仅仅笼统列出通用资产评估目的的简单做法。

（3）评估对象和评估范围。

资产评估机构和人员应当了解评估对象及其权益基本状况，包括其法律、经济和物理状况，如资产类型、规格型号、结构、数量、购置（生产）年代、生产（工艺）流程、地理位置、使用状况、企业名称、住所、注册资本、所属行业、在行业中的地位和影响、经营范围、财务和经营状况等。资产评估机构和人员应当特别了解有关评估对象权利受限状况。

（4）价值类型。

资产评估机构和人员应当在明确资产评估目的的基础上，恰当确定价值类型，确信所选择的价值类型是否适用于资产评估目的，并就所选择价值类型的定义进行沟通，避免出现歧义。

（5）评估基准日。

资产评估机构和人员应当通过与委托方的沟通，了解并明确资产评估基准日。资产评估基准日是评估业务中极为重要的基础，也是评估基本原则之一的时点原则在评估实务中的具体体现。评估基准日的选择应当有利于资产评估结论有效地服务于资产评估目的，减少和避免不必要的资产评估基准日期后事项。评估机构和人员应当根据专业知识和经验，建议委托方根据评估目的、资产和市场的变化情况等因素合理选择评估基准日。

（6）评估报告使用限制。

资产评估机构和人员应当在承接评估业务前，充分了解所有对资产评估业务可能构成影响的限制条件和重要假设，以便进行必要的风险评价，并更好地为客户服务。

（7）评估报告提交时间及方式。

（8）评估服务费总额、支付时间和方式。

（9）委托方与注册资产评估师工作配合和协助等其他需要明确的重要事项。

根据具体评估业务的不同，评估机构和人员应当在了解上述基本事项的基础上，了解其他对评估业务的执行可能具有影响的相关事项。

资产评估机构和人员在明确上述资产评估基本事项的基础上，应当分析下列因素，确定是否承接资产评估项目：

1）评估项目风险。评估机构和人员应当根据初步掌握的有关评估业务的基础情况，具体分析资产评估项目的执业风险，以判断该项目的风险是否超出合理的范围。

2）专业胜任能力。评估机构和人员应当根据所了解的评估业务的基础情况和复杂性，分析本机构和评估人员是否具有与该项目相适应的专业胜任能力及相关经验。

3）独立性分析。评估机构和人员应当根据职业道德要求和国家相关法规的规定，结合评估业务的具体情况分析资产评估机构和人员的独立性，确认与委托人或相关当事方是否存在现实或潜在利害关系。

小测试

在资产评估程序中，首先要明确资产评估业务基本事项，其中包括明确（　　　　）。

A. 资产的价值类型及定义　　　　　B. 资产评估业务约定书格式
C. 资产评估计划类型　　　　　　　D. 资产评估过程中的具体步骤

二、签订资产评估业务约定书

资产评估业务约定书是指评估机构与委托方签订的，明确评估业务基本事项，约定评估机构和委托方权利、义务、违约责任和争议解决等内容的书面合同❶。

根据我国资产评估行业的现行规定，注册资产评估师承办资产评估业务，应当由其所在的资产评估机构统一受理，并由评估机构与委托人签订书面资产评估业务约定书，注册资产评估师不得以个人名义签订资产评估业务约定书。资产评估业务约定书应当由资产评估机构和委托人双方的法定代表人或其授权代表签订，资产评估业务约定书应当内容全面、具体、含义清晰准确，符合国家法律、法规和资产评估行业的管理规定，包括以下基本内容：

---

❶ 中国资产评估协会 2017 年 8 月颁布的《资产评估准则——业务约定书》。

（1）资产评估机构和委托方名称。

（2）资产评估目的。

（3）资产评估对象。

（4）资产评估基准日。

（5）出具资产评估报告的时间要求。

（6）资产评估报告使用范围。

（7）资产评估收费。

（8）双方的权利、义务及违约责任。

（9）签约时间。

（10）双方认为应当约定的其他重要事项。

签订约为约定书以后，评估目的、评估对象、评估基准日发生变化，或者评估范围发生重大变化，评估机构应当与委托方签订补充协议或者重新签订业务约定书。

想一想

资产评估业务约定书一般应包括哪些基本内容？

三、编制资产评估计划

为高效完成资产评估业务，资产评估机构和人员应当编制资产评估计划，对资产评估过程中的每个工作步骤以及时间和人力进行规划和安排。资产评估计划是资产评估机构和人员为执行资产评估业务拟订的资产评估工作思路和实施方案，对合理安排工作量、工作进度、专业人员调配、按时完成资产评估业务具有重要意义。由于资产评估项目千差万别，资产评估计划也不尽相同，其详略程度取决于资产评估业务的规模和复杂程度。资产评估机构和人员应当根据所承接的具体资产评估项目情况，编制合理的资产评估计划，并根据执行资产评估业务过程中的具体情况，及时修改、补充资产评估计划。

评估计划的内容涵盖现场调查、收集评估资料、评定估算、编制和提交评估报告等评估业务实施全过程，评估计划通常包括评估的具体步骤、时间进度、人员安排和技术方案等内容。

评估人员在资产评估计划编制过程中应当同委托人等就相关问题进行洽谈，以便于资产评估计划的实施，并报经资产评估机构负责人审核批准。编制资产评估工作计划应当重点考虑以下因素：

（1）资产评估目的、资产评估对象状况。

（2）资产评估业务风险、资产评估项目的规模和复杂程度。

（3）评估对象的性质、行业特点、发展趋势。

（4）资产评估项目所涉及资产的结构、类别、数量及分布状况。

（5）相关资料收集状况。

（6）委托人或资产占有方过去委托资产评估的经历、诚信状况及提供资料的可靠性、完整性和相关性。

（7）资产评估人员的专业胜任能力、经验及专业、助理人员配备情况。

四、资产勘查与现场调查

资产评估机构和人员执行资产评估业务，应当对评估对象进行必要的勘查，包括对不动产和其他实物资产进行必要的现场勘查，对企业价值、股权和无形资产等非实物性资产进行评估时，也应当根据评估对象的具体情况进行必要的现场调查。进行资产勘查和现场调查工作不仅仅是基于资产评估人员勤勉尽责义务的要求，同时也是资产评估程序和操作的必经环节，有利于资产评估机构和人员全面、客观了解评估对象，核实委托方和资产占有方提供资料的可靠性，并通过在资产勘查过程中发现的问题、线索，有针对性地开展资料收集、分析工作。由于各类资产差别很大以及评估目的不同的原因，不同项目中对评估对象进行资产勘查或现场调查的具体方式和程度也不尽相同。评估师应当根据评估项目具体情况，确定合理的资产勘查或现场调查方式，并与委托方或资产占有方进行沟通，确保资产勘查或现场调查工作的顺利进行。

五、收集资产评估资料

在上述几个环节的基础上，资产评估机构和人员应当根据资产评估项目具体情况收集资产评估相关资料。资料收集工作是资产评估业务质量的重要保证，也是进行分析、判断进而形成评估结论的基础。由于资产评估的专业性和评估对象的广泛性，不同的项目、不同的评估目的、不同的资产类型对评估资料有着不同的需求。另一方面由于评估对象及其所在行业的市场状况、信息化和公开化程度差别较大，相关资料的可获取程度也不同。因此，资产评估机构和人员的执业能力在一定程度上就体现在其收集、占有与所执行项目相关信息资料的能力上。资产评估机构和人员在日常工作中就应当注重收集信息资料及其来源，并根据所承接项目的情况确定收集资料的深度和广度，尽可能全面、翔实地占有资料，并采取必要措施确保资料来源的可靠性。根据资产评估项目的进展情况，资产评估机构和人员应当及时补充收集所需要的资料。

注册资产评估师应当通过询问、函证、核对、监盘、勘查、检查等方式进行调查，获取评估业务需要的基础资料，了解评估对象现状，关注评估对象法律权属。[1]

评估资料包括查询记录、询价结果、检查记录、行业资讯、分析资料、鉴定报告、专业报告及政府文件等形式。[2]资产评估机构和人员应当通过与委托人、资产占有方沟通并指导其对评估对象进行清查等方式，对评估对象或资产占有单位资料进行了解，同时也应当主动收集与资产评估业务相关的评估对象资料及其他资产评估资料。

六、评定估算

资产评估机构和人员在占有相关资产评估资料的基础上，进入评定估算环节，主要包括分析资产评估资料、恰当选择资产评估方法、运用资产评估方法形成初步资产评估结论、综合分析确定资产评估结论、资产评估机构内部复核等具体工作步骤。

资产评估机构人员应当对所收集的资产评估资料进行充分分析，确定其可靠性、相关性、可比性，摒弃不可靠、不相关的信息，对不可比信息进行必要分析调整，在此基础上恰当选择资产评估方法，并根据业务需要及时补充收集相关信息。

成本法、市场法和收益法是三种通用的资产评估基本方法，理论上在任何资产评估项目中，资产评估人员都应当首先考虑三种方法的适用性。长期以来在我国资产评估实践中，绝大多数资产评估业务是以成本法为唯一使用的资产评估方法。随着我国资产评估理论和实践的发展，特别是市场发育状况及其他相关条件的发展。应当提倡资产评估人员根据评估对象、

---

[1] 2017年8月23日颁布的《资产评估准则——评估程序》第十九条。
[2] 2017年8月23日颁布的《资产评估准则——评估程序》第二十三条。

评估目的、资料收集情况等相关条件恰当选择资产评估方法，并说明选择资产评估方法的理由。对宜采用两种以上资产评估方法的评估项目，应当使用两种以上资产评估方法。

资产评估人员在选择恰当的资产评估方法后，应当根据评估基本原理和规范要求恰当运用评估方法进行评估，形成初步评估结论。采用成本法，应当合理确定完全重置成本和各相关贬值因素；采用市场法，应当合理确定参照物的信息资料，根据评估对象与参照物的差异进行必要调整；采用收益法，应当合理预测未来收益，合理确定收益期和折现等相关参数。

资产评估人员在形成初步资产评估结论的基础上，需要对信息资料、参数的数量、质量和选取的合理性等进行综合分析，以形成资产评估结论。当采用两种以上资产评估方法时，资产评估人员应当在初步结论的基础上，综合分析评估方法的相关性和恰当性、相关参数选取的合理性，形成资产评估结论。

资产评估机构应当建立内部复核制度，对资产评估结论进行必要的复核工作。

七、编制和提交资产评估报告书

资产评估机构和人员在执行必要的资产评估程序、形成资产评估结论后，应当按有关资产评估报告的规范编制资产评估报告书。资产评估报告书主要内容包括：委托方和资产评估机构情况，资产评估目的，资产评估结论价值类型，资产评估基准日，评估方法及其说明，资产评估假设和限制条件等内容。

资产评估机构和人员应当以恰当的方式将资产评估报告书提交给委托人。在提交正式资产评估报告书之前，可以与委托人等进行必要的沟通，听取委托人、资产占有方等对资产评估结论的反馈意见，并引导委托人、资产占有方、资产评估报告使用者等合理理解资产评估结论。

八、资产评估工作档案归档

资产评估机构和人员在向委托人提交资产评估报告书后，应当将资产评估工作档案归档。将这一环节列为资产评估基本程序之一，充分体现了资产评估服务的专业性和特殊性，不仅有利于评估机构应对今后可能出现的资产评估项目检查和法律诉讼，也有利于资产评估机构总结、完善和提高资产评估业务水平。资产评估机构和人员应当将在资产评估工作中形成的、与资产评估业务相关的有保存价值的各种文字、图表、声像等资料及时予以归档，并按国家有关规定对资产评估工作档案进行保存、使用和销毁。

鉴于资产评估程序的重要性，资产评估机构和人员在执行资产评估程序环节中应当符合以下要求：

（1）资产评估机构和人员应当在国家和资产评估行业规定的范围内，建立、健全资产评估程序制度。由于资产评估机构和人员专业胜任能力、经验各自不同，所承接的主要业务范围和执业风险也各有不同，各资产评估机构应当结合本机构实际情况，在资产评估基本程序的基础上进行细化等必要调整，形成本机构资产评估程序制度，并在资产评估执业过程中切实履行，不断完善。

（2）资产评估机构和人员执行资产评估业务，应当根据具体资产评估项目的情况和资产评估程序制度，确定并履行适当的资产评估程序，不得随意简化或删减资产评估程序。资产评估机构和人员应当而且仅当在执行必要资产评估程序后，形成和出具资产评估报 告书。

（3）资产评估机构应当建立相关工作制度，指导和监督资产评估项目经办人员及助理人员实施资产评估程序。

（4）如果由于资产评估项目的特殊性，资产评估机构和人员无法或没有履行资产评估程序中的某个基本环节，如在损害赔偿评估业务中评估对象已经毁失，无法进行必要的现场勘查，或受到限制无法实施完整的资产评估程序，资产评估机构和人员应当考虑这种状况是否会影响到资产评估结论的合理性，并在资产评估报告书中明确披露这种状况及其对资产评估结论可能具有的影响，必要时应当拒绝接受委托或终止资产评估工作。

（5）资产评估机构和人员应当将资产评估程序的组织实施情况记录于工作底稿，并将主要资产评估程序执行情况在资产评估报告书中予以披露。

第三节　资产评估中信息收集与分析方法

从资产评估的过程来看，资产评估实际上就是对被评估资产的信息进行收集、分析判断并做出披露的过程。对资产评估加以严格的程序要求，其目的也是要保证评估对信息的收集、分析的充分性和合理性。因此，资产评估人员应当了解信息的收集渠道、收集方法以及信息分析处理方法，并能熟练加以运用。

一、执行资产评估业务过程中需要收集的信息

资产评估人员应当独立获取评估所依据的信息，并确信信息来源是可靠的和适当的。资产评估人员在执行业务过程中，也需要收集包括委托方在内的各方人士提供的信息资料，但不能随意地采用那些不具有可靠来源和明显不合理的信息资料。资产评估人员在评估过程中所依据的所有信息，应当是资产评估人员本人在其力所能及的条件下认为是可靠和适当的，同时为达到这种确信程度而采取的必要措施应当是行业内所公认的。

资产评估人员在资产评估过程中，应当考虑下列相关信息：

（1）有关资产权利的法律文件或其他证明资料。

（2）资产的性质、目前和历史状况信息。

（3）有关资产的剩余经济寿命和法定寿命信息。

（4）有关资产的使用范围和获利能力的信息。

（5）资产以往的评估及交易情况信息。

（6）资产转让的可行性信息。

（7）类似的资产的市场价格信息。

（8）卖方承诺的保证、赔偿及其他附加条件。

（9）可能影响资产价值的宏观经济前景信息。

（10）可能影响资产价值的行业状况及前景信息。

（11）可能影响资产价值的企业状况及前景信息。

（12）其他相关信息。

二、执行资产评估业务过程中信息的来源

在执行资产评估业务过程中，资产评估人员所依据的信息通常由资产所有者或占有者内部的资料信息和外部的资料信息构成。

（一）收集资产所有者或占有者内部的信息资料

资产所有者或占有者的内部信息资料通常是与被评估的目标资产直接相关的信息。这些内部信息主要包括公司历史沿革、组织结构、宣传手册及目录、关键人员、客户及供应商基

数、合同义务、有关目标资产的历史经营情况及其未来发展前景的信息数据，如财务报告等。一般情况下，分析人员应收集的信息资料还包括目标资产的相关文件如产权证明、技术说明等；使资产达到目前状态（截止到评估基准日）所花费的所有成本；涉及目标资产及类似资产的交易；作为现行企业经营一部分的资产的未来应用及效用。资产的预期剩余使用寿命是评估的重要组成部分，因此应收集资产的预期剩余使用寿命的信息，以及法律、合同、物理、功能、技术、经济等影响因素的信息。

资产评估人员通常应事先编制常见的企业评估资料需求表。由资产所有者或占有者根据需求表提供这些信息。资产所有者或占有者可能并不具有现成的信息资料，则需要评估人员在资产所有者或占有者的协助下进行调查才能取得。

（二）收集资产所有者或占有者外部的信息资料

在资产评估中，应注重获得外部信息并加以应用，这些外部信息一般包括行业资料、技术发展趋势、宏观经济及人口统计资料、市场交易定价资料等。这些外部资料一般来源于公开市场和公共信息领域，有的来自市场，有的来自政府，也包括来自媒体、行业协会的信息等。

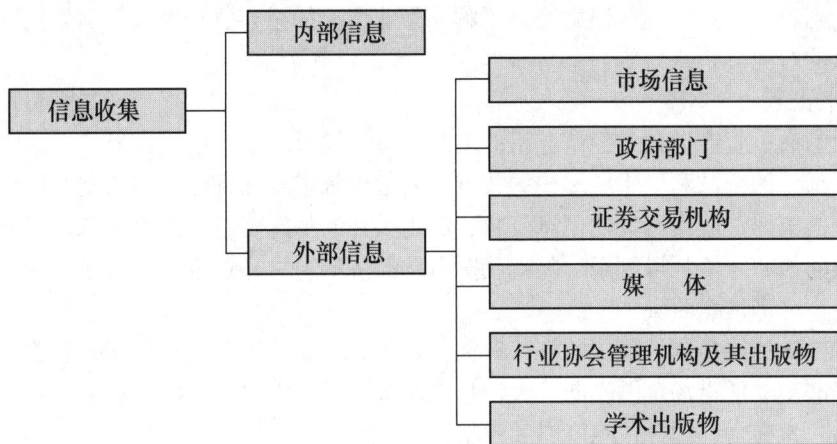

1. 市场信息

公开市场是评估人员获取信息资料的最主要来源，市场信息具有公开性、直接性等特点，同时直接获得的市场信息也可能存在未充分反映交易内容和条件的问题，因此对市场信息的收集应当尽可能全面，并进行必要的分析调整。评估人员应当掌握必要的市场信息渠道，在日常工作中收集必要的市场信息，并根据具体评估业务的需要，及时获得与评估业务相关的市场信息。

2. 政府部门

许多有关企业的信息可通过查看各级政府部门的资料获取，例如各级工商行政管理部门都保存有注册公司的基本登记信息。政府部门的资料包括有关产业的统计数据，这些数据对资产评估中分析行业及产业状况非常重要，包括详尽的库存情况、生产情况、需求情况等。政府部门的资料一般比较正式，具有较高的权威性和可信度，但在时效性等方面也可能存在问题。

3. 证券交易机构

有关上市公司的资料可在证券交易所查询。公开上市公司都必须向监管部门和有关证券交易所提交年度报告和中期报告，并予公告。上市公司的这些公开信息要接受审计师审计，反映的情况相对而言较为可靠，资产评估人员查询收集这些信息也较为方便。利用这些信息，评估人员不仅可了解资产所有者的状况，也可了解其竞争对手状况及其所处行业的情况。对于未上市公司，也可从上市公司中挑选可比的对象作为目标公司的参照物，进行类比分析，了解相关状况。

4. 媒体

媒体一般包括新闻媒介、专业杂志等。新闻媒介的信息不仅包含了原始信息，并且通常都有一些分析，有助于评估人员加深对所需信息的理解，并能节约分析时间。但应注意新闻媒介在报道一些产业、公司和政府机构时往往带有一定的倾向性，评估人员要注意对信息进行鉴别。对资产评估来说，权威的专业杂志具有重要价值。这些刊物上发表的文章专业性突出，披露的信息也更详细，分析也较有深度。

5. 行业协会管理机构及其出版物

行业协会及其出版物也是资产评估信息的重要来源。通常可从行业协会得到有关产业结构与发展情况、市场竞争情况等信息，还能咨询到有关专家的意见。行业协会一般都出版该行业的专业刊物和书籍，这些出版物是了解该行业情况的重要资料来源。例如我国的证券交易机构出版的行业分析报告等。

6. 学术出版物

已出版的有关资产评估和经济分析的文章，可以通过标准索引进行查询。这些标准索引可以从绝大部分的公共和学术图书馆中找到。还可查询学术和行业出版的文章资料，通过相关的和专业的书籍，收集有关的信息资料。利用国外的信息资料一定要谨慎，研究适用条件并做出适当的调整才能加以利用。随着我国市场经济的建立，这方面的书籍、杂志和有关资料也在增多，应当注意收集。

作为 WTO 的成员国，我国的资产评估行业也必然要与国际接轨，同时随着经济全球化的发展，资产交易的市场范围不断扩大，越来越多地超越国界。因此，在资产外部信息资料的收集方面，也应加强国外信息资料的收集。

> **小测试**
>
> 下列信息资料中属于资产所有者外部信息资料的是（　　　　）。
>
> A. 资产预期寿命　　　　　　　　　B. 客户及供应商基数
>
> C. 评估资产交易情况　　　　　　　D. 技术发展趋势

三、资产评估过程中信息的初步处理

由于资产评估中需要收集的信息量大、面广，评估人员应对收集的相关信息进行必要的分析，做到去伪存真、去粗取精。

（一）资产信息资料的分析

资产信息资料的分析是指对资产信息资料合理性和可靠性的识别。由于收集资料的方法多种多样，收集上来的资料难免有失真情况。对于失真的资产信息资料要及时鉴别并剔除。另外，对所收集的数据是否具有合理性、相关性也需进行分析，以提高评估所依据的资产信息的可靠性。资产信息资料的分析，通常可通过确定信息源的可靠性和资料本身的可靠性来解决。信息源的可靠性可通过对如下因素的考察判断：

（1）该渠道过去提供的信息的质量。

（2）该渠道提供信息的动因。

（3）该渠道是否被通常认为是该种信息的合理提供者。

（4）该渠道的可信度。

信息资料本身的可靠性可通过参考其他来源查证，必要时也可以进行适当的调查验证。实践中常采用电话询问查证和扩大调查范围的做法。

根据信息的准确度和信息源的可靠性可将收集的信息"定级"。这种"定级"不仅能帮助评估人员分析所收集的信息，而且还能帮助评估人员掌握各种信息源的概况。评估人员把对信息源的可靠性评价积累下来，对以后收集信息十分有用。通常信息源的可靠性可分为：完全可靠；通常可靠；比较可靠；通常不可靠；不可靠；无法评价可靠性。信息本身的准确度可分为：经其他渠道证实；很可能是真实的；可能是真实的；真实性值得怀疑；很不可能；无法评价真实性。

（二）资产信息资料的筛选与调整

在资产信息资料鉴定的基础上，要对资产信息资料进行筛选、整理和分类。一般可将鉴定后的资产信息资料按两种标准进行分类。

1. 按可用性原则划分

（1）可用性资产信息资料，是指在某一具体评估项目中可以作为评估依据的资产信息资料。

（2）有参考价值的资产信息资料，是指资产信息资料与评估项目有联系的一部分，是评估时需注意或考虑的一个因素。

（3）不可用信息资料，是指在某一个具体的评估项目中，与此项评估业务没有直接联系或根本无用的资产信息资料。

2. 按信息来源划分

（1）一级信息。一级信息是从信息源来的未经处理的事实。

这些信息是没有经过变动、调整或根据有关人员的观点选择处理过的。公司的年度报告、证交所的报告或其他出版物通常被认为是一级信息。此外，评估人员直接观察到的信息、政府资料也可视为一级信息。一级信息的可靠性高，是评估人员分析的最重要资料。

（2）二级信息。二级信息提供的是变动过的信息。二级信息比一级信息更容易找到，包括报纸、杂志、行业协会出版物、有关公司的学术论文和分析员的报告等提供的信息。二级信息是更大的信息源中有选择地加工过的，或按一定思想倾向改动过的信息。具有重点突出、容易理解的特点。如证券分析师的投资分析报告等可帮助评估人员更全面地了解目标公司及所处产业的状况。对这类信息，评估人员应做去伪存真和去粗取精的分析。

四、评估过程中常用的逻辑分析方法

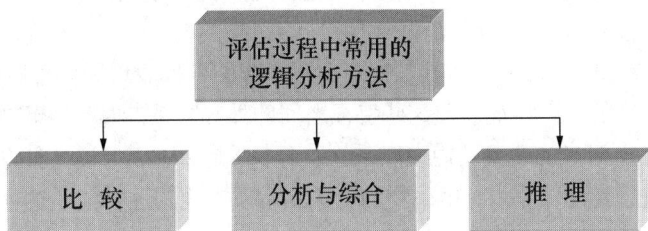

77

（一）比较

比较就是对照各个事物，以确定其间差异点和共同点的逻辑方法。事物间的差异性和同一性是进行比较的客观基础。比较是人类认识客观事物、提示客观事物发展变化规律的一种基本方法。在资产评估中，比较分析法是一种应用十分广泛的方法，如市场法就是一种通过比较分析确定资产价值的方法。通过对不同来源的信息应用比较分析，还可鉴定其可靠性和准确性。

比较通常有时间上的比较和空间上的比较两种类型。时间上的比较是一种纵向比较，即将同一事物在不同时期的某一（或某些）指标如资产的性能、成本等进行对比，以动态地认识和把握该事物发展变化的历史、现状和趋势。空间上的比较是一种横向比较，即将某一时期不同国家、不同地区、不同企业的同类事物进行对比，找出差距，判明优劣。在实际评估中，时间上和空间上的比较往往是彼此结合的。

小提示

▶ 在比较时，要注意以下几点：

（1）要注意可比性。包括时间可比性，空间可比性，内容可比性等。

（2）要注意比较方式的选择。

（3）要注意比较内容的深度。

（二）分析与综合

1. 分析

分析就是把客观事物整体按照研究目的的需要分解为各个要素及其关系，并根据事物之间或事物内部各要素之间的特定关系，通过由此及彼、由表及里的研究，以正确认识事物的一种逻辑方法。在分析某一事物时，常常要将事物逻辑地分解为各个要素。只有通过分解，才能找到这些要素，才能通过研究，找出这些要素中影响客观事物发展变化的主要要素或关键要素。例如，对不同行业的企业，有些行业的企业业绩受技术进步的影响较大，而有些行业企业业绩受营销能力影响较大。分析的基本步骤是：

第一步，明确分析的目的。

第二步，将事物整体分解为若干个相对独立的要素。

第三步，分别考察和研究各个事物以及构成事物整体的各个要素的特点。

第四步，探明各个事物以及构成事物整体的各个要素之间的相互关系，进而研究这些关系的性质、表现形式、在事物发展变化中的地位和作用等。

在实际评估中，事物之间以及构成事物整体的各要素之间的关系是错综复杂、形式多样的，如因果关系、表象和本质关系、一般和特殊关系等。

（1）因果分析。因果关系是客观事物各种现象之间的一种普遍的联系形式。引起某种现象出现的现象就是原因，由于原因的作用而产生的现象就是结果。只要当某一现象出现时，另一现象必定会接着出现，就认为这两个现象具备因果关系。

（2）表象和本质分析。表象和本质是揭示客观事物的外部表现和内部联系之间相互关系的一对范畴。表象是事物的表面特征以及这些特征之间的外部联系；本质是事物的根本性质，是构成一个事物的各种必不可少的要素的内在联系。由于本质是通过表象以某种方式表现出来的，因此，两者之间存在着一定的关系。利用事物的表象和本质之间的这种关系进行分析的方法，就是表象和本质分析。利用表象和本质分析，可达到由表及里、透过事物表象把握其本质的目的。

（3）相关分析。客观事物之间除了因果关系、表象与本质关系外，还存在着许多其他相关关系。如科技与经济发展、市场供给与需求、市场风险与收益、股票价格与业绩等。在资产评估中，需要对收集的资料作相关性分析，从而找出影响研究目标的主要因素。

（4）典型分析。典型分析是对一个或几个具有代表性的典型事例，就其核心问题进行深入分析和研究的方法。这种方法涉及面不宽，但却能使人们深入了解同类事物的性质与发展趋势。在资产评估中，如果涉及的类似目标资产数量较大，可采用典型分析法，既能准确把握其特性，又能节约时间。

2. 综合

综合是与分析相对立的一种方法。它是指人们在思维过程中将与研究对象有关的众多片面分散的各个要素联系起来考虑，从错综复杂的现象中探索它们之间的相互关系，从整体的角度把握事物的本质和规律的一种逻辑方法。

综合把对研究对象的各个要素的认识统一为整体的认识，从而把握事物的本质和规律，它是按照各个要素在研究对象内部的有机联系从总体上去把握事物。综合的基本步骤是：

第一步，明确综合的目的。

第二步，把握被分析出来的研究对象的各个要素。

第三步，确定各个要素的有机联系形式。

第四步，从事物整体的角度把握事物的本质和规律，从而获得新的认识结论。

在资产评估中，综合分析是一种行之有效的方法。它将各种来源、内容各异的分散信息按特定的目的汇集、整理、归纳和提炼，从而形成系统全面的认识。例如，影响一项资产价值的因素多种多样，评估人员通常需要收集大量的关于目标资产的信息资料，包括它的技术性能、市场前景、相关技术发展状况、所属企业经营历史与现状等。评估人员需要对这些大量的信息资料做出综合的考虑，才能准确把握目标资产的价值。

（三）推理

推理是由一个或几个已知的判断推出一个新判断的思维形式。具体来讲，就是在掌握一定的已知事实、数据或因素相关性的基础上，通过因果关系或其他相关关系顺次、逐步地推论，最终得出新结论的一种逻辑方法。任何推理都包含三个要素：一是前提，即推理所依据的一个或几个判断；二是结论，即由已知判断推出的新判断；三是推理过程，即由前提到结论的逻辑关系形式。在推理时，要想获得正确的结论，必须注意两点：一是推理的前提必须是准确无误的，二是推理的过程必须是合乎逻辑规律的。推理是一种重要的逻辑方法，在信息分析与预测中有着广泛的应用。例如，通过对某些已知事实或数据及其相关性的严密推理，可以获得一些未知的事实或数据，如科技发展的动向、技术优势和缺陷、市场机会和威胁等；通过对科技、技术经济、市场等的历史、现状的逐步的推理，可以顺势推测出其未来发展的趋势。常用的推理方法有以下几种。

1. 演绎推理

演绎推理是借助于一个共同的概念把两个直言判断联系起来，从而推出一个新结论的推理，是由一般到个别的推理方法。它以普遍性的事实或数据为前提，通过一定程式的严密推论，最后得出新的、个别的结论，因而是一种典型的必然性推理。这种推理只要前提准确无误，推理过程严格合乎逻辑，所推出的结论必然是正确的和可信的。

演绎推理由大前提（一般原理或原则）、小前提（个别对象）和结论组成。其基本的推理程序为：

大前提：M——P。

小前提：S——M。

结论：S——P。

例如，大前提：居民消费支出增长可拉动经济增长。

小前提：降低利率可刺激居民消费支出增加。

结论：降低利率可拉动经济增长。

2. 归纳推理

归纳推理是由个别到一般的推理，即由关于特殊对象的知识得出一般性的知识。在信息分析与预测中，简单枚举推理是常见的一种推理形式。它是通过简单枚举某类事物的部分对象的某种情况，在枚举中又没有遇到与此相矛盾的情况，从而得出这类事物的所有对象具有此种情况的归纳推理。其基本的推理程序是：

$$S_1 是（或不是）P$$
$$S_2 是（或不是）P$$
$$S_3 是（或不是）P$$
$$\cdots\cdots$$
未发现相矛盾的情况，从而，S 是（或不是）P

简单枚举归纳推理是一种或然性推理，推理的形式的正确性并不一定能保证由真的前提得出真的结论，它只能肯定由真的前提得出的结论有一定程度的可靠性。在运用这种推理形式时，要注意不能有矛盾的情况。

本章小结

➤ 资产评估程序是资产评估工作的内在联系和具体环节及步骤，遵守资产评估程序是保证资产评估质量的基本前提，是规避资产评估风险的重要手段。本章系统阐述了当前我国资产评估的基本程序（明确资产评估业务基本事项——签订资产评估业务约定书——编制资产评估计划——资产勘查——收集资产评估资料——评定估算——编制和提交资产评估报告书——资产评估工作档案归档）以及与资产评估程序有关的基本要求。

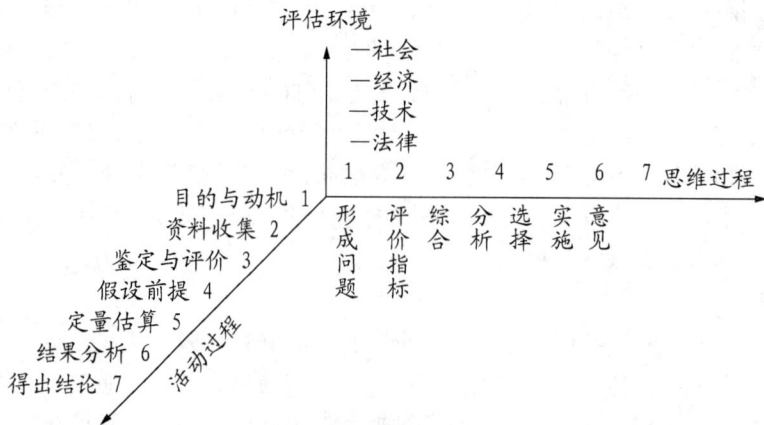

资产评估过程结构图

➢ 按资产评估程序执业不仅是资产评估行业自律主管部门对资产评估执业人员的要求，而且也应该是资产评估执业人员自觉的行动，这对于提高资产评估质量、规避资产评估风险具有重要作用。

➢ 在资产评估工作中，信息资料搜集、分析和处理是一项基础性工作，这项工作的优劣直接影响评估结果的客观性、准确性和公平性，因此掌握资产评估所需信息的搜集、分析方法，是评估人员的基本素质要求。

思 考 题

1. 什么是资产评估程序？其重要性表现在哪些方面？
2. 资产评估的具体程序有哪些？执行资产评估程序的基本要求有哪些？
3. 资产评估需要收集哪些信息？
4. 资产评估业务约定书包括哪些主要内容？
5. 资产评估项目接洽时应注意哪几个环节？
6. 资产评估委（受）托方应进行哪些准备工作？
7. 评估人员在资产清查时应注意哪些事项？
8. 如何制定资产评估计划？
9. 资产评估过程中常用的逻辑分析方法有哪些？
10. 评估项目负责人怎样对管理类工作底稿资料进行归集整理？

习 题

一、单项选择题

1. 狭义的资产评估程序（　　）。
   A. 开始于承接资产评估业务前的明确资产评估业务基本事项，终止于提交评估报告书后的文件归档
   B. 开始于资产评估机构和人员接受委托，终止于向委托人或相关当事人提交资产评估报告
   C. 开始于接受委托，终止于提交评估报告书的文件归档管理
   D. 开始于接受委托的明确资产评估基本事项，终止于提交评估报告书

2. 下列各项不属于资产评估基本评估程序的是（　　）。
   A. 明确资产评估业务基本事项　　　B. 签订资产评估业务约定书
   C. 资产评估工作底稿归档　　　　　D. 对往来业务做出账务处理

3. 对不同的评估对象和评估目的而言，评估的基本程序应该是（　　）。
   A. 相通或相同　　B. 完全不同　　C. 基本相同　　D. 部分不同

4. 《资产评估准则——评估程序》是从（　　）的角度规范资产评估程序的。
   A. 宏观　　　　B. 微观　　　　C. 狭义　　　　D. 广义

5. 与委托人签订评估业务约定书的应当是（　　）。
   A. 资产评估师　　　　　　　　　B. 资产评估机构
   C. 资产评估师和评估机构　　　　D. 均可

6. 在资产评估程序中，首先要明确资产评估业务基本事项，其中包括明确（　　）。

A．资产的价值类型及定义　　　　　B．资产评估业务约定书格式

C．资产评估计划类型　　　　　　　D．资产评估过程中的具体步骤

7．下列信息资料中属于资产所有者外部信息资料的是（　　　）。

A．资产预期寿命　　　　　　　　　B．客户及供应商基数

C．委估资产交易情况　　　　　　　D．技术发展趋势

8．（　　　）是评估基本原则之一的评估时点原则在评估实务中的具体体现。

A．评估基准日　　　　　　　　　　B．价值类型

C．评估对象的基本状况　　　　　　D．评估限制条件

9．以下不属于资产评估报告主要内容的是（　　　）。

A．评估范围和对象　　　　　　　　B．评估基准日

C．评估结论　　　　　　　　　　　D．资产评估收费

10．我国国有资产评估程序一般为（　　　）。

A．业务受理双方准备工作评定估算核准备案整理归档

B．双方准备工作业务受理评定估算整理归档核准备案

C．业务受理核准备案双方准备工作评定估算整理归档

D．业务受理双方准备工作评定估算整理归档核准备案

11．资产评估业务约定书中，委托人的权利包括（　　　）。

A．为评估提供必要的工作条件及合作

B．支付评估费用

C．取得评估报告

D．取得评估报酬

12．资产评估业务中，属于委托方需要做的准备工作（　　　）。

A．成立评估项目小组　　　　　　　B．资产清查

C．制定评估综合计划　　　　　　　D．召集多方碰头会议

13．资产评估业务中，是资产评估机构的准备工作的是（　　　）。

A．成立评估工作小组　　　　　　　B．资产清查

C．制订资产评估计划　　　　　　　D．准备企业的经营潜力资料

14．（　　　）国务院发布了《国有资产评估管理办法》，为评估行业的发展奠定的基础。

A．1990 年　　　　B．1991 年　　　　C．1992 年　　　　D．1993 年

15．根据国家有关法律、有关行业管理规定，从评估基准日算起，上市公司的评估档案至少应保存（　　　）。

A．三年　　　　　B．八年　　　　　C．十年　　　　　D．十五年

二、多项选择题

1．明确资产评估业务基本事项具体包括（　　　）。

A．评估目的　　　　　　　　　　　B．评估委托方的基本情况

C．评估计划　　　　　　　　　　　D．评估业务约定书

E．评估基准日

2．属于资产评估报告包括的内容有（　　　）。

A．评估目的　　　　　　　　　　　B．评估对象和评估范围

C．评估基准日   D．评估方法

E．评估结论

3．资产评估程序通常包括的主要环节除明确资产评估业务基本事项、编制和提交资产评估报告书、评定估算和资产评估工作底稿归档外，还应该包括（　　）。

A．签订资产评估业务约定书   B．编制资产评估计划

C．收集资产评估资料   D．现场调查

E．评估报告备案审核

4．广义资产评估程序与狭义资产评估程序相比差异主要表现在（　　）。

A．明确资产评估业务基本事项 B．评定估算

C．编制评估计划   D．资产评估工作底稿归档

E．签订资产评估业务约定书

5．比较分析法是一种应用十分广泛的方法，在比较时应注意（　　）。

A．可比性   B．比较方式的选择

C．比较的程序   D．比较内容的深度

E．比较的现状

6．关于资产评估程序说法正确的有（　　）。

A．《资产评估准则——基本准则》从狭义的角度来进行规范的

B．《资产评估准则——评估程序》是从广义的角度来进行规范的

C．广义的资产评估程序不包括资产评估工作底稿归档

D．狭义的资产评估程序不包括编制资产评估计划

E．狭义的资产评估程序不包括明确资产评估业务基本事项和资产评估工作底稿归档

7．执行资产评估程序环节中，应注意以下哪些要求（　　）。

A．评估机构和人员应该建立健全自己的评估程序

B．评估机构和人员应该认真履行适当的评估程序

C．评估机构应该指导和监督评估程序的实施

D．评估程序部分无法履行，应考虑对评估结论的影响并在报告中披露，必要时拒绝接受委托

E．评估人员应当将评估程序的组织实施情况记录于工作底稿

8．信息源的可靠性可以通过下列（　　）因素考虑判断。

A．该渠道的可信度   B．该渠道提供信息的动因

C．该渠道过去提供信息的质量 D．该渠道过去提供信息的多少

E．该渠道是否被通常认为是该种信息的合理提供者

9．评估中常用的逻辑分析方法主要有（　　）。

A．比较   B．联系   C．分析与综合   D．推理

E．判断

10．下列关于资产评估程序的重要性表述正确的有（　　）。

A．资产评估程序是规范资产评估行为、提高资产评估业务质量和维护资产评估服务公信力的重要保证（质量保证）

B．资产评估程序是相关当事方评价资产评估服务的重要依据（服务质量评价依据）

C．执行什么样的评估程序是据以确定评估工作量的大小，商谈评估收费的基础

D．资产评估程序是资产评估机构和人员防范执业风险、保护自身合法权益、合理抗辩的重要手段之一（评估机构和人员维权手段）

E．资产评估程序是编制资产评估计划的依据

11．注册资产评估师在明确资产评估基本事项的基础上，应当分析（　　），确定是否承接资产评估项目。

A．评估目的　　　　B．评估项目风险　　C．价值类型　　　　D．独立性分析

E．专业胜任能力

12．下列事项中属于签订评估业务约定书基本内容的是（　　）。

A．资产评估对象　　　　　　　　B．评估报告使用范围

C．评估收费　　　　　　　　　　D．资产勘察方式

E．评估项目风险

13．下列信息中属于资产所有者或占有者内部信息资料的是（　　）。

A．财务报告　　　B．市场信息　　　C．产权证明　　　D．技术说明

E．证交所出版的行业分析报告

第四章
机器设备评估

拓展资源

● 建筑是用石头写成的史书。

——雨果

● "内在价值"是一个非常重要的概念,它为评估投资和企业的相对吸引力提供了唯一的逻辑手段。

——沃伦·巴菲特

● 不动产是一个市场博弈——从某种角度看,不动产行业有其参加者、博弈规则和确定获胜者的方法。

——(美)查尔斯·温茨巴奇、迈克·迈尔斯、
苏珊娜·埃思里奇·坎农

重 点 提 示

- 机器设备的内容、特点
- 利用成本法确定机器设备评估价值
- 利用市场法确定机器设备评估价值
- 利用收益法确定机器设备评估价值

本章思维导图

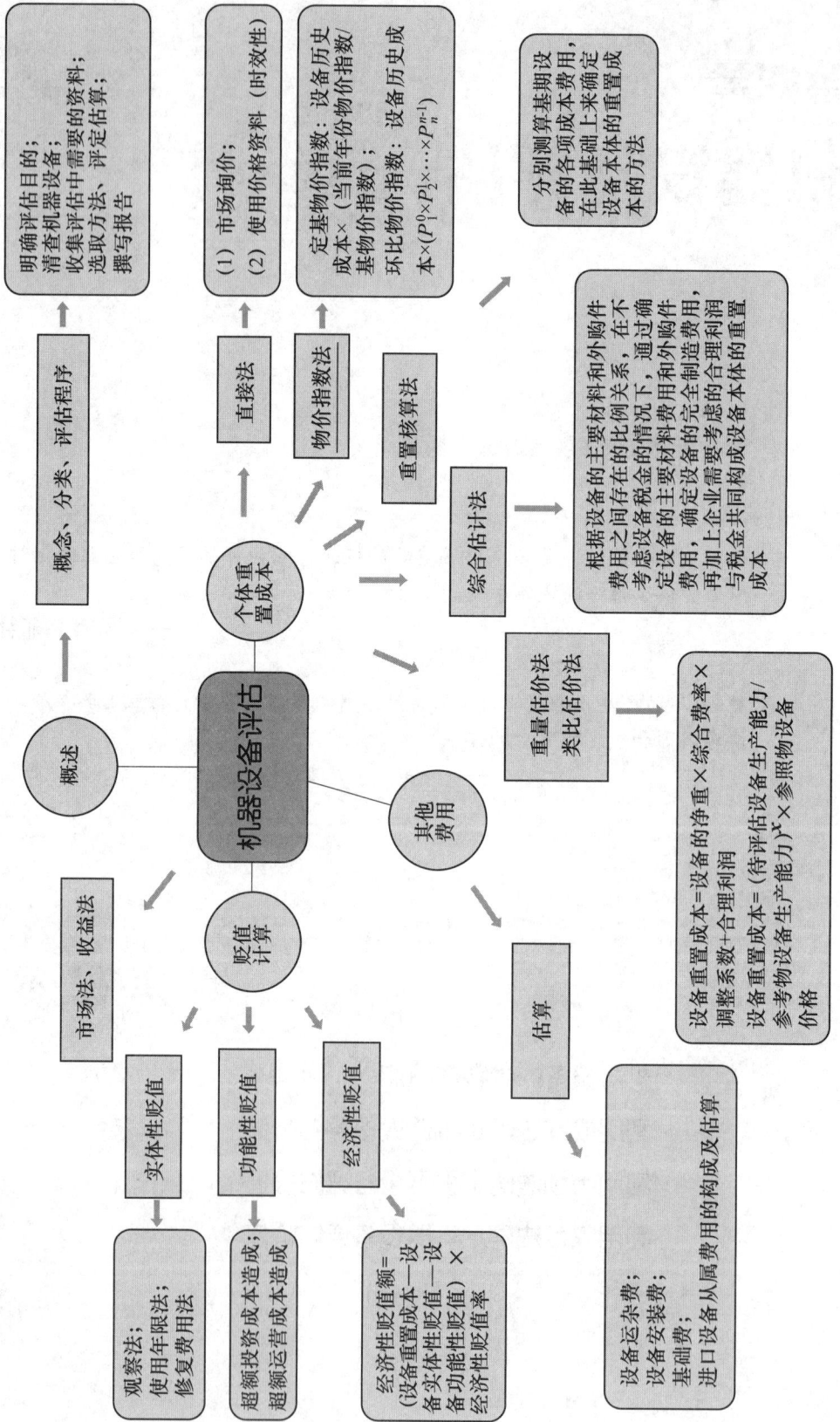

机器设备评估

- 概述
  - 概念、分类、评估程序 → 明确评估目的；清查机器设备；收集评估中需要的资料；选取评估方法、评定结论；撰写评估报告

- 个体重置成本
  - 直接法 → (1) 市场询价；(2) 使用价格资料（时效性）
  - 物价指数法 → 定基物价指数：设备历史成本×（当前年份物价指数/基期物价指数）；环比物价指数：设备历史成本×$(P_1^0 \times P_2^1 \times \cdots \times P_n^{n-1})$
  - 重置核算法 → 分别测算基期设备的各项成本费用，在此基础上来确定设备本体的重置成本的方法
  - 综合估计法 → 根据设备的主要材料和外购件费用之间存在的比例关系，在不考虑设备税金的情况下，通过确定设备的主要材料费用和外购件费用，确定设备的主要材料费用完全制造费用，再加上企业需要参照的合理利润与税金共同构成设备本体的重置成本
  - 重量估价法 类比估价法 → 设备重置成本＝设备的净重×综合费率×调整系数＋合理利润；设备重置成本＝(待评估设备生产能力/参照物设备生产能力)×参照物设备价格

- 其他费用
  - 估算 → 设备运杂费；设备安装费；基础费；进口设备从属费用的构成及估算

- 贬值计算
  - 市场法、收益法
  - 实体性贬值 → 观察法；使用年限法；修复费用法
  - 功能性贬值 → 超额投资成本造成；超额运营成本造成
  - 经济性贬值 → 经济性贬值额＝(设备实体性贬值－设备功能性贬值)×经济性贬值率

第一节　机器设备评估概述

一、机器设备定义与范围

在自然学科领域所说的机器设备，主要是指能够将机械能或者非机械能转换成为便于人们使用的机械能，以及将机械能转换成为某类非机械能，或者利用机械能完成一定的工作、任务的器具或者装备。

这里所说的机械是机器和机构的统称，一般来说，所有机械都具备共同的特征，主要包括：第一，机械均由零部件组成；第二，机械的使用会有机械能的转换或者利用；第三，在零件和部件之间存在相对确定的运动和力的传递。

需要注意的是，对于机器设备的定义，在资产评估领域和在自然科学领域是不同的。在资产评估中，所说的机械设备除了包括利用机械原理制造的装置意外，还包括了利用电工、电子、光学等各种科学原理制造的装置。将这些泛称为机器设备、电工设备、电子设备、仪表、仪器、容器以及器具等。

小提示

▶ 在《资产评估准则》中对机器设备的定义为：是指人类利用机械原理以及其他科学原理制造的、由特定主体拥有或者控制的有形资产，主要包括机器、仪器、装置、器械以及附属的特殊建筑物资产。

在资产评估中，主要强调的是机器设备的资产属性，即是指被特定主体拥有或控制的，因为要用于生产经营或管理等目的而持有的有形资产。

二、机器设备的分类

在资产评估中，对机器设备的分类一般是按照其资产属性划分的，主要包括以下几种分类。

（一）按照固定资产国家分类标准

目前，我国固定资产管理中使用的是国家标准 GB/T 14885—1994《固定资产分类与代码》。该标准规定了固定资产的分类、代码及计算单位，主要适用于任何机构（企业、事业单位、社会团体、行政机关、军队及各管理部门等）的固定资产管理、清查、登记、统计等工作。主要可以分为：土地、房屋及构筑物（土地、房屋、构筑物）；通用设备（锅炉、起重设备、输送设备）；专用设备（工程机械、武装设备）；交通运输设备（铁路运输设备、陆路运输设备）；电气设备（电机、电子专用生产设备）；电子产品及通信设备（通信设备、广播电视设备）；仪器仪表、计量标准器具及量具、衡器（仪表、电子通信测量仪器）；文艺体育设备（体育、娱乐设备）；图书文物及陈列品（图书资料、文物）；家具用具及其他类（家具用具、被服装具）。

目前，在我国大部分企业对固定资产的管理已经采用上述分类方法，为了便于进行资产评估，评估机构设置的资产清单也要符合该分类标准，所以这种分类标准是资产评估中使用的最基本的分类标准。

（二）按照现行的会计准则

根据我国目前的会计准则，对企业的机器设备按照性质分为：

（1）生产经营用机器设备，是直接为生产经营使用的机器设备，一般包括动力能源设备、生产工艺设备等。

（2）非生产经营用机器设备，是不能直接服务于生产经营，一般所属于企业的非生产经营部门管理的机器设备。

（3）租出机器设备，是企业将机器设备的使用权让渡给其他企业或者单位使用，并收取一定租金的机器设备。

（4）不需用机器设备，是本企业多余或者不适用的，需要调配处理的机器设备。

（5）未使用机器设备，是企业尚未投入使用的、尚处于修理、改造过程中的机器设备。

（6）融资租入机器设备，是企业以融资租赁方式租入企业使用的机器设备。这类机器设备也应该被企业视为自有机器设备。

小提示

▶ 融资租入机器设备从其经济实质看，该设备实质上的所有权和风险已经转移到承租企业，所以按照会计准则的要求，设备已经属于承租企业所有。

（三）按照机器设备的组合程度

资产评估中根据设备的组合程度可以将机器设备分为：

（1）单台机器设备，也称为独立设备，是指以独立形态存在的并且可以独立发挥作用或者以独立的形式进行销售的机器设备。

（2）机器设备组合，是为了实现特定功能，由若干功能相似的机器设备共同组成的有机整体。在确定机器设备组合的价值时，组成机器设备的每台机器设备在组合中能够实现的价值一般是由该机器设备对组合的贡献程度。机器设备组合的价值不一定等同于组合中每个单台设备价值的数值相加。

在实际的生产经营中，除了少数单台设备可以独立实现生产、经营管理并且获利的功能外，大部分单台设备所能够实现的价值形态是该设备独立销售的变现价值。

（四）按照机器设备的来源

（1）自制机器设备，是由企业根据需要，自行组织建造以满足企业生产经营需要的机器设备。该类设备一般没有统一的标准和设计图纸，不能批量生产。

（2）外购机器设备，是企业按照需要选择市场上出售的具有统一标准的机器设备。该类机器设备具有统一的国家或者行业标准和设计图纸，这类设备的价值一般可以直接从市场上得到。

三、机器设备的特点

在进行评估时，机器设备自身所具有的特点会对机器设备的评估价值产生影响，机器设备主要具有以下特点：

（1）单位价值较高，使用期限较长。

无论是购入还是自行建造，机器设备的价值都相对较高，也就是说取得机器需要消耗较高的资金。同时机器设备的寿命周期也相对较长，一般都是超过一年的。

（2）机器设备价值的高低一般与其所处的地域并没有直接关系。

机器设备的价值一般是由其功能、成本以及在机器设备组合中的作用等多方面因素共同决定的，设备所在的地域不会对设备价值产生直接的影响。也就是说同样的设备不会因为其地域的差别而在价值上也产生差别。

（3）机器设备中依附着无形资产。

机器设备的更新速度越快，科技含量越高，其所依附的无形资产的价值就越高。因此在对这该类机器设备进行价值的评估时，就应该同时考虑到它所依附的无形资产的价值。

对于技术含量比较高的设备其价值受无形资产的影响就较大，而技术含量比较低的设备价值受无形资产的影响就相对较小。总之，对机器设备评估时要注意将该设备所包含的无形资产因素一同考虑进去。

（4）机器设备更新速度较快。

因为绝大多数机器设备都包含必要的技术条件，因此在技术或者无形资产进行更新时，机器设备就会随之更新，只有这样才能使机器设备更好的发挥作用，使其使用价值得到最大程度的体现。

四、机器设备评估的特点

在对机器设备进行评估时，受机器设备自身特点的影响，使机器设备的评估也具有一定的特点。

（1）一般而言，单台机器不具有独立获利的能力，因此也不对单台机器设备进行价值的评估。这里所说的独立的获利能力是针对整体资产而言的，这里强调的是单台的机器设备，一般将其理解为单项资产，单台或者单件设备一般不具备获利能力。

（2）对于整体性的机器设备在进行评估时要考虑设备之间对相互价值的影响。在评估一项设备时，尤其是对整体设备来说，评估时充分要考虑设备各个部分之间的相互影响、相互作用的情况。

（3）针对个别贬值差异性较大的机器设备，确定贬值金额时应该单台单件分别确定。每个机器设备的价值改变规律、磨损程度、个体差异均不同因此在对机器设备评估时，应该单台单件进行，而不能同一批量或者同一类别进行，以免影响评估设备价值的准确性。

（4）评估时既要考虑设备的功能性贬值也要考虑设备的经济性贬值。在对设备的价值进行评估时，需要考虑设备的实体性贬值，因为设备中依附着很多无形资产，因此也就存在功能性贬值，而同时还需要考虑设备的经济性贬值。这样才能更加准确的确定设备的评估价值。

五、机器设备评估的程序

评估人员在对机器设备进行评估的过程中，应该遵守机器设备评估的一般程序。

（1）明确评估目的。在对机器设备进行评估之前，工作人员首先要明确此次评估目的。明确的评估目的是做好评估后续工作的基础。

（2）清查机器设备，明确评估对象。在明确评估目的的基础上，要对待评估的设备进行清查，确定设备数量是否账实相符；明确所要评估的是单台设备还是组合设备；对于与机器设备相关的低值易耗品的清查尤其要保证做到不重不漏。

（3）收集评估中所需要的资料和书籍。对待评估的机器设备进行技术和经济性的鉴定，确定设备的适用性、可用性和主要的技术指标，为评估收集所需数据。

（4）研究确定合理的评估方法，进行评估。在评估过程中选择不同的评估方法所得到的评估结果有时会有很大的不同。因此，为了保证评估结果的准确性，评估人员在确定评估方法时一定要谨慎地选择与评估目的相符合的评估方法来对机器设备的价值进行评估。

（5）根据评估结果，撰写评估报告。评估报告是一项资产评估工作的最后一步，是确实评估资产价值的有力证据和充分说明，具有指导意义和作用。因此评估人员要严格遵照评估结果和相关的评估信息准确的撰写评估报告，保证评估报告的真实性和准确性，以便达到为评估报告使用者使用的目的。

机器设备评估的程序如下：

第二节　成本法在机器设备评估中的应用

成本法是指通过估算机器设备的重置成本，在扣减了设备的各种贬值以后估测机器设备评估价值的方法。成本法对机器设备进行评估的方法是对机器设备价值评估中最常用的一种方法。

利用成本法确定设备评估价值的计算公式可以表示为

机器设备评估值＝重置成本－实体性贬值－功能性贬值－经济性贬值

一、机器设备重置成本的构成

机器设备的重置成本一般由购置或购建设备所发生的必要的、合理的直接成本费用、间接成本费用和因资金占用所发生的资金成本、相关税费、利润等构成。

机器设备的重置成本就是指重新自制或者购置同类设备所需要的全部费用支出。

设备的直接成本一般包括：设备本体的重置成本，即购买或建造设备发生的费用、运杂费（运输费和其他杂费）和安装费、基础费及其他合理成本。间接成本一般包括：管理费用、设备的设计费、工程监理费、保险费等。其中直接成本费用和每台机器设备直接对应；间接成本费用和资金成本在一些时候不能完全对应到每一台设备上，比如这些费用是为整个项目所发生的，因此在计算每一台设备的重置成本时一般就要按照比例分摊计入设备成本中。

机器设备重置成本构成要素的具体内容受机器设备的类型、设备的安装方式、设备的技术含量等因素的影响。例如，如果设备是不需要安装的，那么其重置成本包括该设备的买价和相关税费；对于需要安装的设备其重置成本除了包括买价和相关税费以外，还要考虑设备的安装费、调试费等。

对于工厂、车间等整体资产，重置成本还应该包括将这些单项资产进行组合成整体资产发生的设计费、调试费，设备管理费等；对于进口设备，应该根据国家的有关，在购买设备时交纳的除设备价款以外的进口税金和其他相关费用，也要包括在设备的重置成本中。

（一）设备本体的重置成本的确定

设备本体的重置成本指的是设备本身的价值，不包括设备所发生的运输费、安装费等费用。在确定设备本体的重置成本时，如果是通用设备一般可以直接根据现行同类设备的市场价格确定，也可以通过其他合理的方法计算确定设备本体的重置成本；对于企业自制设备一般按照建造设备所发生的直接材料费、直接人工费、直接机械费、燃料动力费、制造费用、分摊的期间费用、合理利润、税金以及设备的设计费用等的现行市场价格确定设备本体的重置成本。现行确定设备本体重置成本的方法包括六种，下面分别进行介绍。

1. 直接法

直接法是根据市场交易数据直接确定设备本体重置成本的方法。采用这种方法确定重置成本的关键看是否能准确地取得设备的市场价格资料。对于绝大部分的通用设备来说，其市场价格资料的取得是相对比较容易的。但对于非标准专用设备的价格资料一般是不能从市场上直接取得的，这就需要评估人员注意收集企业获得该设备时发生费用的相关单据，从而准确确定设备的本体价值。

一般取得设备市场价格的渠道主要包括：

（1）市场询价。有公开市场价格的机器设备，大多数可以通过市场询价来确定设备的现行价格。一般来说在这种情况下，评估人员可以直接从市场上通过了解相同设备的现行市场售价确定待评估设备的价值。

需要注意的是，对于同类或者相类似的机器设备，制造商和销售商以及不同销售商之间给出的设备价格也可能是不相同的。根据替代性原则，在同等条件下，评估人员应该选择能够取得的设备的最低售价作为评估设备的本体价值。

例如某个待评估的机器设备在市场上有同类正在出售的设备，该类设备主要有四个生产厂家。目前在市场上的该类设备的价款分别是 5.6 万元、5.58 万元、5.69 万元、5.62 万元。按照替代性原则，在确定评估设备的价值时就要以能够取得的最低售价作为评估设备的价值，因此应该选择四个价款中最低的 5.58 万元作为设备的本体价值。

对于市场交易较少，是由少数厂家才能生产的专用设备或者特殊设备，一般没有公开的市场价格可以参考。因此，在确定这些设备的现行价格时，就需要评估人员向生产厂家直接询价。

需要注意的是，由于是这样的情况，市场的透明度相对会较差，厂家所提供的价格和实际的成交价格可能存在较大的差异，所以评估人员应该本着谨慎的原则确定设备价格。只有在有确定的交易单据的情况下才能确定设备的价值。

（2）使用价格资料。与设备相关的价格资料的数据是确定机器设备市场价格的重要渠道之一。这些资料主要包括设备生产厂家所提供的产品目录以及价格表；设备经销商提供的价格目录；电视、广播、报纸等媒体或刊物上刊登的设备的价格目录等。

评估人员在使用价格资料确定设备价格时要特别注意这些数据的时效性。对于失去时效性的价格资料就不能作为确定设备价格的依据。

例如评估人员在 2020 年对设备进行评估，在确定设备价值时，最好是能够取得当期设备的价值资料，这样才能保证所使用的价格资料的时效性。如果使用 2017 年，甚至更早的价格资料就显然不具备时效性，这样确定的价值也就无法正确反映设备的真实价值。

2. 物价指数法

物价指数法是指以待评估设备的历史成本作为基础，再根据同类设备的价格上涨指数来确定机器设备本体的重置成本的方法。

如果待评估的设备是二手设备，那么设备的历史成本应该是该设备最初使用者的账面价值，而并非当前使用者的购置成本。

【例 4-1】 企业准备对企业所拥有的机器设备进行评估，该设备是企业与两年前从二手交易市场购入的。购入时设备的成交价格为 12.5 万元。根据进一步的调查，评估人员掌握了该设备最初使用者购入时设备的成交价格为 15 万元。

在这种情况下，评估人员在选择设备的历史成本时，应该以该设备初次购入时的价格 15 万元作为设备的成本。而并非是 12.5 万元。

上面所提到的物价指数主要包括两种：定基物价指数和环比物价指数。

（1）定基物价指数，是指以固定的某时期作为基期确定的指数，一般用百分比来表示。例如以 100% 为基础，当物价指数大于 100%，表明物价上涨；当物价指数小于 100%，表明物价下跌。

采用定基物价指数计算设备本体的重置成本的公式是

设备本体重置成本＝设备历史成本×（当前年份物价指数÷基期物价指数）

【例 4-2】 企业 2016 年购置的设备，历史成本为 40 000 元，计算 2020 年该设备本体的重置成本。其中 2020 年的定基物价指数为 115%，2016 年的定基物价指数为 105%。求 2009 年该设备本体的重置成本。

解   2020 年该设备本体的重置成本＝40 000×（115%÷105%）＝43 809 元

（2）环比物价指数，是指每次都以上一期的物价指数作为基期的指数。例如，环比期以年为单位，那么环比物价指数表示该类产品本年较上年价格的变动幅度。该指数通常用百分比表示。

采用环比物价指数计算设备本体的重置成本的公式是

$$设备本体的重置成本＝设备历史成本×（p_1^0×p_2^1×\cdots×p_n^{n-1}）$$

公式中 p_n^{n-1} 表示 n 年对 $n-1$ 年的环比物价指数。

【例 4-3】 企业 2017 年购置的设备，历史成本为 35 000 元，从 2017 年到 2020 年，各年的环比物价指数分别为 102%、102.6%、102.3%、103%。求 2009 年该设备本体的重置成本。

解   2020 年该设备本体的重置成本＝35 000×（102.6%×102.3%×103%）＝37 838 元

在机器设备的评估中，对于难以获得市场价格的机器设备一般采用物价指数法确定重置成本。在使用该方法时，评估人员应该注意以下几个问题：

第一，选择的物价指数要与评估设备相匹配。是指对某类设备进行评估，一般就采用该类设备的分类物价指数，而并非使用综合物价指数。

第二，设备历史成本中如果包括运杂费、安装费等费用，物价变化指数与设备价格指数就是不同的，要分别计算确定。

第三，要保证所评估设备的历史成本的真实性和有效性。

第四，对于进口设备，在进行评估时要使用设备出口国的产品分类物价指数。

第五，物价指数法只适用于确定设备的复原重置成本，对于更新的设备，则不能使用该方法确定设备的重置成本。

3. 重置核算法

重置核算法是需要通过分别测算机器设备的各项成本费用，在此基础上来确定设备本体的重置成本的方法。

这种方法尤其适用于非标准设备和企业自制设备重置成本的确定。机器设备一般由生产成本、销售费用、合理利润、税金组成。在进行估计时根据设备性质可以以设备材料费作为估计基础，也可以以设备人工费作为估价基础。

在选择设备估价基础时，可以根据设备的构成来确定，对于材料消耗较多的设备可以以设备的材料费作为设备的估计基础；对于设备耗用人工较多的则可以以设备的人工费作为设备的估计基础。

4. 综合估计法

综合估计法是指根据设备的主要材料和外购件费用之间存在的比例关系，在不考虑设备税金的情况下，通过确定设备的主要材料费用和外购件费用，确定设备的完全制造费用，再加上企业需要考虑的合理利润和税金共同构成设备本体的重置成本。

采用综合估计法计算设备本体的重置成本的公式是

$$RC = （M_{rm} \div K_m + M_{pm}） \times （1 + K_p） \times （1 + K_d \div n）$$

式中　RC——设备本体的重置成本；

M_{rm}——设备的主要材料费；

K_m——成本中主要材料的费用率；

M_{pm}——设备主要外购件费用；

K_p——设备的成本利润率；

K_d——非标准设备的设计费率；

n——非标准设备的生产数量。

（1）M_{rm} 为设备主要材料费，主要材料是指在设备中所占价值和比重均比较大的材料，该材料可以是一种也可以是多种。如果是多种材料可以根据设备的设计图纸分别计算确定材料的净消耗量，再根据各种主要材料的利用率计算出材料的总消耗量，并按照材料的市场价格确定各类材料的费用。其计算公式为

$$M_{rm} = \sum \left（ \frac{某主要材料净消耗量}{某主要材料利用率} \times \frac{材料含增值税市场价格}{1 + 增值税税率} \right）$$

$$\frac{材料含增值税市场价格}{1 + 增值税税率} = 材料的不含税市场价格$$

（2）M_{pm} 为设备主要外购件费，主要外购件是指设备中外购件的比重相对较大的设备需要单独考虑其外购件的价值，如果外购件价值比重较小时，可以不单独考虑。外购件的计算公式为

$$M_{pm} = \sum 某主要外购件的数量 \times \frac{外购件含税市场价格}{1 + 增值税税率}$$

【例 4-4】　企业某设备为自制设备，构建时间为 2011 年 12 月，评估基准时间为 2020 年 9 月 30 日。根据设计图纸可知，该设备主要材料为钢材，净消耗量为 25.9t，评估基准日钢材不含税的市场价格为 3800 元/t，设备外购件的不含税市场价格为 55 680 元，主要材料的利用率为 90%，成本主材费用率为 56%，成本利润率为 15%，设计费用率为 16%，产量一台，计算该设备的重置成本。

解　　　　　设备主材费 $M_{rm} = 25.9 \div 90\% \times 3800 = 109\ 355$（元）

设备主要外购件费用 $M_{Pm} = 55\ 680$（元）

设备本体重置成本 $RC = （109\ 355 \div 56\% + 55\ 680） \times （1 + 15\%） \times （1 + 16\% \div 1）$

$\approx 334\ 77$（元）

5. 重量估价法

重量估价法是指以设备的重量作为估价基础，用设备的重量乘以综合费率，同时考虑合理利润来确定设备本体重置成本。

使用该方法确定设备重置成本时不考虑设备的税金，在最后根据设备的综合费率系数进行一定的调整即可。

一般来说，综合费率可以根据相似设备的统计资料确定。对于设备构成材料单一、制造简单、技术含量低的设备采用该方法较为适合。采用综合重量估计法计算设备本体的重置成本的公式是

$$RC=W\times R_w\times K+P \quad 或者 \quad RC=W\times R_w\times K(1+r_p)$$

式中　RC——设备重置成本；

　　　　W——设备的净重；

　　　　R_w——综合费率；

　　　　K——调整系数；

　　　　P——合理利润；

　　　　r_p——利润率。

6. 类比估价法

类比估价法又称为指数估计法，是指对于一些特定的设备，比如化工、石油设备等的价值确定的方法。对同一系列不同生产能力设备的重置成本变化与生产能力变化会呈现出某种指数关系，评估人员就可以利用这一指数关系估算设备本体的重置成本。类比估计法计算设备本体的重置成本的公式是

$$RC=(A_1\div A_2)^x\times S_2$$

式中　RC——设备重置成本；

　　　　A_1——待评估设备的生产能力；

　　　　A_2——参考物设备的生产能力；

　　　　S_2——参照物设备的价格；

　　　　x——规模指数。

规模指数是利用指数估价法确定设备重置成本的一个重要的指数。目前，我国对这方面的资料仍然相对缺乏，根据国外的一些参考资料，其取值一般在 0.4～1.2 之间。

【例 4-5】某企业的石油提取设备，生产能力为月产 25t 石油产品，目前市场上已经没有相同生产能力的设备。生产能力为每月 35t 的同类设备的市场售价为 200 万元。采用国家相关部门公布的规模指数为 0.6，确定设备的重置成本。

解　　　$RC=(A_1\div A_2)^x\times S_2=(25\div 35)^{0.6}\times 200=163.44$（万元）

（二）设备运杂费

设备的运杂费会因设备的来源的不同而有所差别。主要包括国产设备和国外进口设备两种情况。

1. 国产设备运杂费

国产设备运杂费是指设备从生产厂家到设备安装、使用地点所发生的采购、装卸、运输、保管、保险及其他有关费用。

设备运杂费的计算方法有两种：第一种是根据设备的生产地点、使用地点以及设备的质量、体积、运输方式，同时根据运输部门（公路、铁路、航空等）的运输计费标准确定。第二种是按设备的原价的一定比率作为设备的运杂费率，以此计算设备的运杂费。具体的计算公式是

国产设备运杂费＝国产设备原值×设备的运杂费率

例如，我国机械行业国产设备运杂费率，建设单位所在地在北京、天津、河北、山西等地的为一类地区，运杂费率为 5%；建设单位所在地在湖南、湖北、福建、江西等地的为二类地区，运杂费率为 7%。

2. 进口设备运杂费

在这里所说的是进口设备的国内运杂费，进口设备的国内运杂费是指进口设备从出口国运抵我国后，从国内的港口、车站、机场等地，将设备运至使用目的地现场所发生的运输费、装卸费、包装费国内运输保险费等所有费用。需要注意的是，这些费用中不包括运输设备时发生的特殊措施费。

进口设备的国内运杂费的计算公式是

进口设备国内运杂费＝进口设备的到岸价×进口设备国内运杂费率

式中，进口设备国内运杂费率受设备运输方式的影响而不同，一般来说设备的运输方式包括海运和陆运方式，具体的运杂费率可以按照国家相关部门的规定执行。

注意这里所提到的设备运杂费是指设备从装运港运至设备目的地处的费用支出，这项费用以进口国本位币作为计算基础。

（三）设备安装费

如果企业购入的是需要安装的设备，那么设备的价值除了包括买价、运杂费以外还包括安装费用。设备的安装工程一般包括以下部分：

（1）所有机器设备、电子设备的装配、安装工程；

（2）锅炉和其他各种工业锅窑的砌筑工程；

（3）设备附属设施的安装工程（例如，梯子）；

（4）设备附属管线的铺设；

（5）设备及附属设施、设备管线的防腐、绝缘、油漆、保温等工程；

（6）为测定安装工作质量进行的单机试运转和系统联动无负荷试运转等。

设备的安装费就是上述安装工程中所发生的所有人工费、材料费、机械费和全部取费。设备安装费一般根据设备的安装费率来确定。设备包括国产设备和国外进口设备，因此安装费用的确定也有所差别。

1. 国产设备安装费

国产设备安装费的计算公式是

国产设备安装费＝设备原价×设备安装费率

式中，设备安装费率是根据所在行业概算指标中规定的费率来确定的。例如，机械加工车间设备安装费率一般为 1%～2%；装配车间设备安装费率一般为 2%～4%；电镀车间设备安装费率一般为 7%～9%。

小提示

▶ 设备原价就是设备的买价。国产设备一般按照标准设备和非标准设备两种。其中国产设备的原价就是该设备订货价、合同价或者出厂价；国产非标准设备的原价一般要求用特定的方法进行确定，常用的方法是以设备的直接制造成本作为基数确定设备成本。

2. 国外进口设备安装费

国外进口设备安装费一般按照以下公式确定

$$进口设备安装费＝相似国产设备原价×国产设备安装费率$$

或者

$$进口设备安装费＝进口设备到岸价×进口设备安装费率$$

由于进口设备的原价一般高于国产设备，进口设备的安装费率一般低于国产设备的安装费率。对于机械行业建设项目概算指标中的规定：进口设备的安装费率可按相同类型国产设备的30%～70%选取，进口设备的机械化、自动化程度越高的，取值越低；反之，则越高。

（四）基础费

设备的基础是指为安装设备而建造的特殊构筑物。因此，设备的基础费就是指建造设备基础所发生的所有人工费、材料费、机械费以及全部取费。同样基础费也安装国产设备和国外进口设备的不同有所不同。

1. 国产设备基础费

国产设备基础费计算公式如下

$$国产设备基础费＝国产设备原价×国产设备基础费率$$

式中，设备基础费率是根据所在行业发布的概算指标中规定的费率来取值的。例如，机械加工车间设备基础费率一般为1.4%～3.4%；装配车间设备基础费率（固定式装配）一般为0.8%～1.4%；电镀车间设备基础费率一般为0.8%～1.2%。

2. 国外进口设备基础费

国外进口设备基础费一般按以下公式确定

$$进口设备基础费＝相似国产设备原价×国产设备基础费率$$

或者

$$进口设备基础费＝进口设备到岸价×进口设备基础费率$$

进口设备基础费率一般低于国产设备的基础费率，机械行业项目概述指标中做了这样的规定：进口设备的基础费率可以按照国产设备基础费率的30%～70%选取，进口设备的自动化、机械化程度越高，基础费取值越低，反之，则取值越高。

（五）进口设备从属费用

对于进口设备还包括设备的从属费用。进口设备的从属费主要包括：国外运费、国外运输保险费、进口关税、消费税、增值税、财务费用、外贸手续费等。如果所购设备是车辆，则还包括车辆购置附加费。

1. 国外运费

国外运费一般按照设备的重量、体积以及运输公司的收费标准进行计算，也可以按一定比例计取，取费基数为设备离岸价。计算公式是

$$国外运费＝设备离岸价×国外运费率$$

一般设备的运输多采用海运。其中，远洋费率为5%～8%；近洋费率为3%～4%。

2. 国外运输保险费

国外运输保险费是指在境外运输途中的保险费用，该费用的取费基数是设备离岸价和国外运费的合计金额。计算公式为

$$国外运输保险费＝（设备离岸价＋设备国外运费）×保险费率$$

公式中的保险费率一般是由保险公司费率表确定的，一般在 0.4% 左右。

3. 进口关税

这里所谈到的进口关税是国家向进口设备的纳税人征收的税款。关税的取费基数为该设备的到岸价（CIF）。关税的计算公式是

$$关税＝设备到岸价×适用的关税税率$$

关税税率根据国家颁布的进口关税税率表确定。

4. 消费税

消费税是政府向消费品征收的税项，是消费行为的流转税。消费税的计税基数为关税完税价和进口关税的合计金额。计算公式为

$$消费税＝\frac{（关税完税价＋进口关税）×消费税税率}{1－消费税税率}$$

消费税的税率按照国家颁布的消费品和对应的消费税税率确定。

关税完税价是指海关根据有关规定对进出口货物进行审定或估定后通过估价确定的价格，它是海关征收关税的依据。

5. 增值税

增值税是对销售货物或者提供加工、修理修配劳务，以及进口货物的单位和个人就其实现的增值额征收的一个税种。增值税的取费基数是设备的关税完税价和关税、消费税的合计金额。增值税的计算公式是

$$增值税＝（关税完税价＋关税＋消费税）×增值税税率$$

一般情况下，如果设备是免关税的，那么同时也会减免增值税。

6. 银行财务费

银行财务费的取费基数是设备的离岸价（FOB），但是是设备的货价人民币金额。计算公式为

$$银行财务费＝设备离岸价×银行财务费费率$$

目前，我国银行财务费的费率一般是 4‰～5‰。

7. 外贸手续费

外贸手续费也称为公司手续费，取费基数为设备的到岸价人民币金额。计算公式为

$$外贸手续费＝设备到岸价×外贸手续费费率$$

目前，我国进出口公司的进口费率一般为 1%～1.5%。

8. 车辆购置附加费

车辆购置附加费的取费基数是到岸价的人民币金额和关税以及消费税的合计。计算公式为

$$车辆购置附加费＝（到岸价人民币金额＋关税＋消费税）×适用费率$$

【例 4-6】 某进口设备离岸价是 14 000 000 美元，国外运输费率 5%，国外运输保险率 0.4%，关税税率为 16%，银行财务费率为 0.5%，国内运杂费率为 1%，设备安装费率为 0.6%，基础费率为 1.6%。设备从订货到安装完成投入使用需要 2 年时间，第一年投入的资金比例为 30%，第二年投入剩余的 70%。假设每年的资金投入是均匀的，银行贷款利率为 5%，美元与人们币的兑换比例为 1∶7，不考虑增值税，确定设备的重置成本。

解 设备的重置成本主要包括以下部分：设备的货价、设备的国外运输费、设备的国外

运输保险费、进口关税、银行财务费用、国内运杂费、安装费、基础费、建设期利息。计算过程见表 4-1。

表 4-1 计 算 过 程

项　　目	计费基数①	费率②	计算公式③	金额④
（1）设备离岸价（外币）				14 000 000 美元
（2）设备离岸价（人民币）	④	7	外币离岸价×7	98 000 000 元
（3）设备的国外运输费（外币）	设备离岸价	5%	①×②	700 000 美元
（4）设备的国外运输保险费（外币）	设备离岸价＋国外运费	0.4%	①×②	58 800 美元
（5）设备到岸价合计（外币）	设备离岸价＋国外运费＋国外运输保险费			14 758 800 美元
（6）设备到岸价合计（人民币）	14 758 800 美元	7	①×②	103 311 600 元
（7）进口关税	到岸价（人民币）	16%	到岸价×关税	16 529 856 元
（8）银行手续费	离岸价（人民币）	0.5%	离岸价×费率	490 000 元
（9）国内运杂费	到岸价（人民币）	1%	到岸价×费率	1 033 116 元
（10）设备安装费	到岸价（人民币）	0.6%	到岸价×费率	619 869.6 元
（11）基础费	到岸价（人民币）	1.6%	到岸价×费率	1 652 985.6 元
（12）合计			（6）＋（7）＋（8）＋（9）＋（10）＋（11）	123 637 427.2 元
（13）设备建设期利息		5%	（12）×30%×5%×1.5＋（12）×70%×5%×0.5	2 781 842.112＋2 163 654.976＝4 945 497.088 元
设备重置成本			（12）＋（13）	128 582 924.288 元

总结：设备重置成本的构成

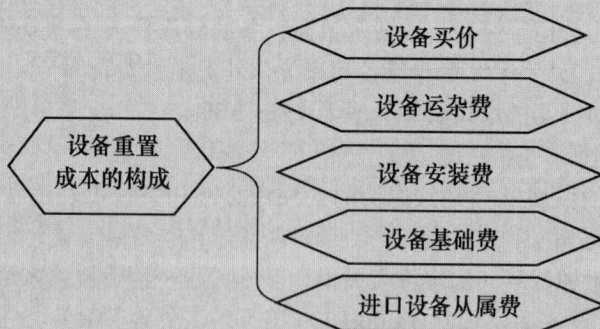

设备重置成本的构成
- 设备买价
- 设备运杂费
- 设备安装费
- 设备基础费
- 进口设备从属费

二、实体性贬值

企业的设备在使用的过程中，零部件均会受到摩擦、冲击、振动以及交变载荷的作用，这将会使零部件发生磨损、消耗等破坏，其结果就是使零部件的尺寸发生改变，进而使其精度降低、使用寿命缩短。

设备在闲置过程中，同样会受自然界的温度、雨水、气体、射线等的侵蚀，出现腐蚀、生锈、老化等变质现象。

对于设备的实体性贬值有时也会将其称为物理性贬值。

设备实体性贬值的程度可以用设备的价值损失与重置成本之比来反映，称为设备的实体性贬值率。

> **小提示**
>
> ▶ 一般认为，全新的设备其实体性贬值率为 0，完全报废的设备其实体性贬值率为 100%。

在确定设备的实体性贬值的具体金额时，评估人员要通过设备的状态判断设备的贬值程度。用公式表示为

$$\alpha_p = (D_p/RC) \times 100\%$$

式中　α_p——设备的实体性贬值率。

评估人员在确定设备的实体性贬值率时，通常的方法主要包括观察法、使用年限法、修复费用法。下面分别进行说明。

（一）观察法

设备的磨损程度一般会引起一些宏观的变化，例如设备在工作过程中会出现噪声、振动、温度升高、精准程度下降、生产效率下降、耗能增大等情况。观察法就是要评估人员通过现场观察，翻阅设备的历史记录，向设备操作人员询问设备各方面情况等，同时对所获得的信息进行分析、归纳、综合，依据经验判断设备的磨损程度以及贬值率的方法。有时在必要的情况下，也会使用一些简单的测量手段作为判断设备贬值的参考依据。

观察法是资产评估人员通过观察，凭借视觉、听觉、触觉等感官系统，或者借助于少量的检测工具对设备进行检查，根据经验对鉴定对象的状态、损耗程度等做出判断。在不具备测试条件的情况下，观察法是最常使用的一种方法，大型设备可以采用专家会议的方式。

例如，美国评估协会使用的设备实体性贬值率参考表中，设备是全新的，尚未使用，状态极佳的情况下，其实体性贬值率为 0、5%；设备很新，只被轻微使用过，目前还无需更新任何零部件或进行修理的情况下，其实体性贬值率为 10%、15%；设备处于可运行状态，需要大量维修或者更换零部件的情况下，其实体性贬值率为 65%、70%、75%或者 80%。具体的实体性贬值率还要评估人员根据已有的经验进行判断。

> **小提示**
>
> ▶ 对于大型设备，为了避免个人主观判断带来的误差，可以采用德尔菲法或模糊综合判断法。
>
> ▶ 德尔菲法是在个人判断和专家会议的基础上形成的另一种直观判断方法，他是采取匿名方式向专家征求意见，并将这些意见进行综合、归纳、整理，然后再反馈给每个专家，作为下一轮分析判断的参考依据。这种方式的反馈进行若干次，直到意

见将逐步趋于一致为止。

▶ 模糊综合判断法是利用模糊数学原理，对各种模糊信息进行处理，量化设备损耗状态的方法。机械设备在整个使用寿命的过程中，每一时点都会对应一个消耗状态。

（二）使用年限法

使用年限法也称为寿命比率法，是指从设备使用寿命的角度来估算设备贬值的方法。这种方法假设机器设备有一定的使用寿命，在使用过程中，设备的价值随着设备使用寿命的消耗而同比例损耗。这样一来，设备的实体性贬值率也可以根据设备的使用寿命与总使用寿命之比来表示，在不考虑设备残值的情况下，设备实体性贬值率的计算公式是

$$\alpha_p = (L_1/L) \times 100\%$$

式中　α_p——设备的实体性贬值率；

　　　L_1——设备已经使用的寿命；

　　　L——设备总的使用寿命。

如果设备存在残值的情况下，设备实体性贬值率的计算公式是

$$\alpha_p = (L_1/L) \times (1-x) \times 100\%$$

式中　x——设备的残值率。

有些设备的使用寿命可以用时间模板计量，如汽油机、柴油机、电子设备等；有些设备的使用寿命可以用次数计量，如模具、模板等；有些机器设备的使用寿命可以用工作或者行驶里程计量，如汽车。

【例4-7】　某设备按时间计量使用寿命，该设备的总使用年限为15年，目前已经使用了9年，不考虑设备的残值，计算确定该设备的实体性贬值率。

解　　　　　　　　$\alpha_p = (L_1/L) \times 100\% = (9/15) \times 100\% = 60\%$

需要强调的是，对于复杂的机械设备，即各个部件都可以独立的拆分以及更换，这样的设备各个组成部件的使用寿命就可能是不同的，因此在确定整个机器设备的实体性贬值率时，计算公式是

$$\alpha_p = \sum K_i \alpha_{pi}$$

式中　K_i——设备第i个零部件占整个设备的权重；

　　　α_{pi}——设备第i个零部件的实体性贬值率。

【例4-8】　某设备主要有4个能够独立拆分的部件构成，经评估人员测定四个部件的实体性贬值率分别为12%，18%，24%和30%；设备的总价值为100万元，各个部件的价值分别为40万元，20万元，30万元和10万元。计算设备的实体性贬值率。

解　各个部件的权重分别为

$$40/100 = 40\%$$
$$20/100 = 20\%$$
$$30/100 = 30\%$$
$$10/100 = 10\%$$

实体性贬值率 $= \sum K_i \alpha_{pi} = 40\% \times 12\% + 20\% \times 18\% + 30\% \times 24\% + 10\% \times 30\% = 18.6\%$

（三）修复费用法

修复费用法是指假设设备所发生的实体性损耗是可以修复、补偿的，则设备的实体性贬

值就应该等于修复实体性损耗所发生的全部费用。所用的补偿方式一般是通过修理或者更换损坏部分。比如，某设备的电机损坏，同时该设备不存在其他贬值，那么更换电机的费用就可以看作是该设备的实体性贬值的部分。

使用修复费用法时，评估人员要注意区别补偿性损耗和不可补偿性损耗。其中，可补偿性损耗是指可以用经济上可行的方法修复的设备损耗，即修复这些损耗在经济上看是合理的，对于技术上是否可行在这里是不被强调的，对于有些损耗尽管在技术上是可以修复的，但是在经济上是不划算的，将这种损耗就称之为不可补偿性损耗。对于不可补偿性损耗，就不能用修复费用法确定设备的贬值，而需要使用观察法或者是使用年限法。

【例 4-9】 一台数控设备，设备的重置成本为 150 万元，已经使用了 3 年，设备的总使用年限为 15 年，不考虑设备的残值。目前设备的机器控制系统发生了损坏，修复需要花费 14 万元，该项费用属于可补偿性损耗，其他部分均正常，确定设备的实体性贬值。

解 设备包括可修复性损耗和不可修复性损耗两部分，可修复性损耗是 14 万元，可以直接用修复费用法确定这部分贬值就是 14 万元；另外不可修复性损耗可以用使用年限法确定，则

$$设备的贬值率＝（3/15）×100\%＝20\%$$
$$不可修复性损耗引起的贬值＝（150-14）×20\%＝27.2（万元）$$
$$该设备的实体性贬值＝14+27.2＝41.2（万元）$$

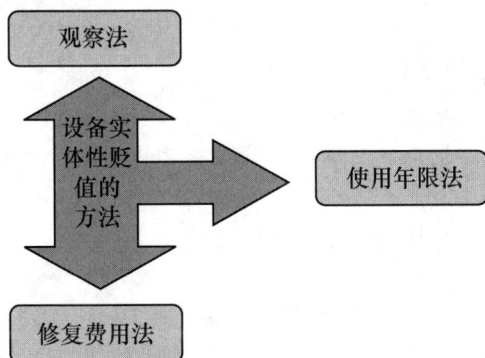

三、功能性贬值

设备除了存在实体性贬值以外，因为设备技术的下降，也就是无形损耗引起的设备价值的损失称为设备的功能性贬值，也就是前面谈到的 D_f。一般来说，设备的功能性贬值主要体现在超额投资成本和超额运营成本方面。

设备的功能性贬值一般可以分为两种情况，称其为第Ⅰ种功能性贬值和第Ⅱ种功能性贬值。

（一）第Ⅰ种功能性贬值

第Ⅰ种功能性贬值也称为"超额投资成本"，主要反映在设备的超额投资成本上。造成这种功能性贬值的原因主要是由于技术的进步，会出现新技术、新工艺、新材料，这些新技术的出现就使得功能相同的设备制造相同产品的成本降低，因此在确定评估设备的重置成本时就会出现设备的更新重置成本低于设备的复原重置成本。因此设备复原重置成本与更新重置成本之间的差额就是第Ⅰ种功能性贬值。

在对设备的评估过程中，如果能够直接确定设备的更新重置成本，那么就没必要再计算设备的复原重置成本，超额投资成本引起的功能性贬值也就不需要单独计算。

对于大部分的通用设备，重置成本一般根据现行市场价格确定，这个价格中已经反映了第Ⅰ种功能性贬值。例如，某设备一年前的购置价格为 35 000 元，由于技术的进步使得生产该产品的成本降低，该设备目前的市场价格为 32 000 元。如果使用现行的市场价格作为重置成本，就不需要再考虑第Ⅰ种功能性贬值，因为在使用现行市场价格 32 000 元作为设备的重置成本时就已经将第Ⅰ种功能性贬值考虑进去了；但是如果使用的是设备的复原重置成本，因为没有考虑第Ⅰ种功能性贬值，这时评估人员则应该考虑是否存在超额投资成本引起的功能性贬值。

（二）第Ⅱ种功能性贬值

超额运营成本是指由于新技术的发展，使得新设备在运营时所发生的运营费用明显低于旧设备。一般将超额运营成本引起的设备功能性贬值称为第Ⅱ种功能性贬值。

设备的第Ⅱ种功能性贬值的确定一般是以该设备未来超额运营成本的折现值作为衡量基数。

分析研究设备的超额运营成本，应该考虑以下因素：

新旧设备相比较，新设备能否使生产率有所提高；维修保养费用能否降低；生产材料的消耗、能源消耗能否降低；所需工人的数量能够降低等。

小提示

▶ 计算超额营运成本的步骤：
1. 分析比较待评估设备的超额运营因素；
2. 确定被评估设备的剩余使用寿命，计算每年的超额运营成本；
3. 计算净超额运营成本；
4. 确定折现率，计算超额运营成本的现值。

【例 4-10】 根据所给资料，计算某设备的超额运营成本引起的功能性贬值。

解 （1）经过分析比较，待评估设备与新型同类设备相比较，引起超额运营成本的原因主要为老产品的能耗比新产品高。通过分析，按照每天设备工作 8h 计算，那么每年 300 个工作日，每台老设备比同类型的新设备多消耗 6000 度电。

（2）根据设备的现状，评估人员预计该设备尚可使用 10 年，如果每度电按照 0.5 元计算，那么

设备每年的超额运营成本＝6000×0.5＝3000（元）

（3）计算净超额运营成本，假设企业的所得税税率为 30%，那么

设备税后每年净超额运营成本＝税前超额运营成本×（1－所得税税率）
＝3000×（1－30%）＝2100（元）

（4）计算超额运营成本的折现值，假设折现率为 10%，那么通过年金现值公式得到

净超额运营成本的现值＝2100×6.145＝12 904.5（元）

结论：该设备由于超额运营成本引起的功能性贬值为 12 904.5 元。

四、经济性贬值

机器设备的经济性贬值是由于设备本身以外的因素所引起的设备贬值，即设备的 D_e。设

备的经济性贬值主要是由于外部因素引起的，这些因素主要包括：由于市场竞争的加剧，产品供给超过产品需要，从而导致设备开工不足，生产能力相对过剩；原材料、能源等消耗品的价格上升，造成生产成本的提高，但是生产的产品售价没有相应提高；国家相关能源消耗、环境保护等方面的法律规范也使产品成本升高；国家对不符合标准的设备强制报废，缩短了设备的正常使用时间等。以上这些因素都会对设备的价值产生影响。这些影响主要包括以下方面。

（一）设备使用寿命缩短

引起机器设备使用寿命缩短的外部因素，主要是由于国家有关能源、环境保护等方面的法律、法规的出台。近些年，由于环境污染问题越发严峻，国家对机器的环保要求也逐步提高，对于落后的、耗能较高的机电产品施行强行淘汰政策，这样做的结果就是缩短了设备的正常使用寿命。设备使用寿命的缩短是经济性贬值的首要因素。

【例 4-11】 某设备已使用 9 年，按照目前的技术状态还可以再正常使用 6 年，确定该设备的贬值率。

按年限法确定该设备的贬值率为

$$9÷（9+6）×100\%=60\%$$

解 受到国家对耗能的要求，该设备必须在 3 年后强制报废，在这种情况下，设备的贬值率为

$$9÷（9+3）×100\%=75\%$$

由于耗能的要求引起该设备的经济性贬值率为

$$75\%-60\%=15\%$$

假设该设备的重置成本为 20 万元，则该设备的经济性贬值为

$$20×15\%=3（万元）$$

（二）运营费用的提高

能源使用成本的增加也是引起机器设备运营成本增加的主要外部因素之一，国家对超过排放标准排污的企业征收高额的排污费，设备能耗超过限额的，按超限额浪费的能源量加价收费，这些措施也将导致高污染、高耗能设备的运营费用提高。

【例 4-12】 某设备的年产量为 1000t，实际可比单耗是 730kWh/t，政府为环保考虑提出的可比单耗指标为 650kWh/t，超额消耗部分政府将加价收费。假设每千瓦小时电的价格为 1.5 元，计算确定政府对超限额耗能加价收费增加的运营成本。

解 设备超限额的百分比＝（设备实际可比单耗－限额可比单耗）
÷限额可比单耗×100\%
＝（730－650）÷650×100\%＝12\%

政府规定超限额 10\%～20\%的加价 2 倍，因此，因超限额部分加价收费使企业增加的运营成本为

增加的运营成本＝（730－650）×1.5×1000×2＝240 000（元）

（三）激烈的市场竞争

当前市场竞争日益剧烈，产品供大于求，导致产品销售数量的减少，从而引起企业设备开工不足，生产能力相对过剩，这也是引起设备经济性贬值的主要原因。

综上所述，受一些外界因素的影响会使设备出现经济性贬值。对于这类贬值的确定方法

类似于前面向大家介绍过的指数估价法，又称为规模经济效益指数法。下面以例题加以说明。

【例 4-13】 企业的某产品生产线，根据构建时的需要，设计生产能力为年产量 100 万 t 产品，随后由于市场发生变化，设备每年有 40%的生产能力闲置。该生产线的重置成本为 150 万元，规模经济效益指数是 0.75，在不考虑生产线实体性损耗的情况下，确定该设备的经济性贬值。

解 在该生产线开工不足的情况下，生产能力每年为

$$100 \times (1-40\%) = 60 （万 t）$$

则，按照该生产能力生产线的重置成本为

$$(60 \div 100)^{0.75} \times 150 = 102.26$$

生产线的经济性贬值为

$$150 - 102.26 = 47.74 （万元）$$

第三节 市场法在机器设备评估中的应用

市场法，是根据公开市场上与被评估对象相似或者可比的参照物的价格来确定被评估对象的价格。如果参照物与被评估对象并不完全相同，就需要根据被评估对象与参照物之间的差异对价值的影响做出调整。

根据市场法的特点，该法比较适用于已经存在成熟市场、交易活跃的机器设备价值的评估。

一、比较因素

比较因素，是指可能会对机器设备市场价值产生影响的因素。在使用市场法评估的过程中，很重要的一项工作就是将评估的参照物与被评估对象进行比较。在进行比较之前，评估人员首先要确定哪些因素可能是影响机器设备价值的因素，哪些因素对机器设备的价值不会产生影响。

一般来说，设备的比较因素可分为四大类，包括个别因素、交易因素、地域因素和时间因素。

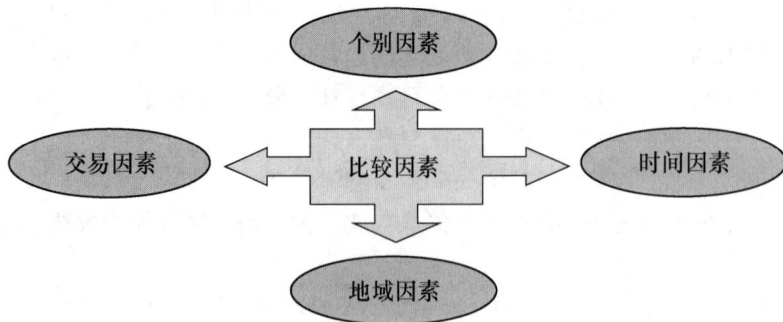

（一）个别因素

设备的个别因素一般指反映设备形状、结构、性能、尺寸、生产能力、质量、经济性能等方面差异的因素。不同设备差异因素也不同。在评估中，常用于描述机器设备的指标一般

包括：设备名称、设备型号规格、生产能力、制造厂家、技术指标、出场日期、附件状况、安装方式、实体状态、设备工作时间。

（二）交易因素

设备的交易因素，是指设备的交易动机、背景对设备价格的影响，不同的交易动机和交易背景都会对设备的成交价格产生影响。

例如，以清偿、快速变现或者带有一定优惠条件的出售，其售价一般都会低于正常的设备交易价格。另外，设备的交易数量也是影响设备售价的重要因素，大批购买的价格都会低于单台购买的价格。

（三）地域因素

同类型的设备在不同的地区，受地域因素的影响，设备价格也会有所不同。由于不同地区市场供求等条件的不同，就会影响设备的交易价格，因此所选择的评估参照物应尽可能的与被评估设备处于同一地区。对于有些设备因为受条件的影响实在无法从同一地区选取，那么就需要对评估参照物进行调整。

（四）时间因素

不同的时间也可能会对设备的交易价格产生影响。不同交易时间的市场供求、物价水平都会有所不同，进而就会影响设备的交易价格。评估人员在进行工作时尽量选择与评估基准日最为接近的交易案例作为参考，并且对评估参照物的时间影响因素做出合理的调整。

二、运用市场法评估机器设备的具体操作

运用市场法评估机器设备是通过对市场上评估参照物进行价值调整来实现的。常用的方法有三种，分别是直接匹配法、成本比率调整法、因素调整法。下面分别进行介绍。

（一）直接匹配法

直接匹配法是根据与被评估对象基本相同的市场参照物，通过用参照物与被评估对象的直接比较确定被评估对象的价值。

例如，在对某一辆汽车进行评估时，如果二手汽车交易市场能够找到与被评估对象基本类似的汽车。除了车辆的行驶里程有些差别外，其他情况都相同。在这种情况下，评估人员就可以直接将评估对象与市场上正在销售的同样的汽车进行比较，来确定评估对象的价格。

直接匹配法对市场的反应最为直观和真实，能够精确的反映设备的市场价值，同时操作相对比较简单。

采用直接匹配法确定设备重置成本的公式是

$$V = V' \pm \Delta_i$$

式中　　V——被评估对象的评估值；

　　　　V'——参照物的市场价值；

　　　　Δ_i——差异调整。

【例 4-14】 评估人员拟对一辆汽车进行评估，市场上与被评估车辆相同品牌、型号、行驶里程、购置时间、发动机等主要部分的状况基本相同。被评估车辆只是多加了车内导航，价值 3500 元。如果参照物车辆的市场价值为 68 000 元，那么被评估车辆的价值为：

该题中被评估车辆与参照物车辆的情况绝大部分一样，可以使用直接比较法确认被评估车辆的价值

$$V = V' \pm \Delta_i = 68\,000 + 3500 = 71\,500（元）$$

在机器设备评估时，使用直接比较法确定该设备价值的前提是被评估对象与市场参照物基本相同，需要进行调整的项目少且简单。否则就不能使用这个方法。

（二）成本比率调整法

成本比率调整法是评估人员通过对大量市场交易数据的统计分析，在掌握相似的市场参照物交易价格与新设备价格比率关系的基础上，用该比率作为确定被评估设备价值的依据，再进行设备价值确认的方法。

例如，某设备的统计数据显示该类设备的售价都是其重置成本的60%～70%，被评估设备的状况和该设备的基本一致，同时在市场上不存在相同或类似的参照物，那么评估人员就可以大概估计出被评估的设备的售价也应该是其重置成本的60%～70%。

（三）因素调整法

因素调整法是通过比较分析与被评估设备相似的市场参照物的可比因素差异，并对这些因素逐项进行调整，由此确定被评估设备的价值的方法。

例如，企业需要评估一台车床，市场上没有同一厂生产的相似的车床，但是有其他工厂生产的相似的车床。评估人员就可以通过确定市场上与被评估车床相似车床的信息，通过调整因素差异，最终确定被评估车床的价值。

因素调整法所使用的参照物有差异，造成方法在操作的过程中会受更多主观因素的影响，因此需要评估人员更加的谨慎。为了尽可能减少调整时因主观因素影响产生的误差，评估人员选择的参照物应该尽可能的与评估对象相近。从地域上，应该尽可能与评估对象在同一地区；从时间上，应该选择与评估对象评估基准日尽量接近的参照物交易时间；评估对象与参照物应该具有较强的可比性，实体形态方面比较接近等。

第四节　收益法在机器设备评估中的应用

利用收益法评估机器设备是通过预测设备的获利能力，对外来资产带来的净利润或者净现金流量按照一定折现率确定的折现值作为被评估设备的价值的方法。

使用收益法对机器设备进行评估需要满足一定的条件：

第一，要能够确定出被评估设备的获利能力，比如刚才提到的净利润或者净现金流量；

第二，能够取得该项设备较为合理的折现率。

现在主要介绍的是收益法在评估机器设备中的应用。

对外出租的设备，所取得的租金收入就是收益，如果租金收入和资本化率不会改变，那么设备的评估值可以用公式表示为

$$P=A/(1+r)^1+A/(1+r)^2+\cdots+A/(1+r)^n$$
$$=A\times[1-1/(1+r)^n]/r$$

式中　P——设备的评估值；

　　　A——每年的收益，即设备的租金；

　　　n——收益年限；

　　　r——折现率。

用收益法评估租赁设备的价值时，首先要对租赁市场上类似设备的租金水平进行市场调查，分析市场参照物设备的租金收入，在进行比较调整后再确定被评估设备的预期收益值。

需要评估人员进行调整的因素主要包括：时间、地域、设备的规格，使用时间等。其次，要根据被评估机器设备的状况，估计设备剩余的可使用寿命，以此作为确定收益时间的依据。最后，根据类似设备的租金和市场售价确定设备的折现率，通过公式计算确定设备的评估值。

小提示

▶ 需要注意的是，绝大部分单项设备不具有独立的获利能力，因此单项设备不符合收益法的使用条件。另外，通常在使用成本法评估整体企业价值时，收益法经常会被作为一种补充方法，主要用来判断机器设备是否存在功能性贬值或者是经济性贬值。

【例 4-15】 要求评估人员使用收益法评估确定出租设备的价值。

解 根据市场调查，评估人员确定被评估设备的年租金收入是 22 500 元，年租赁费用是 3300 元，则年租金净收益＝22 500－3300＝19 200（元）。

根据被评估设备的状况，该设备的剩余使用寿命为 9 年。

评估人员对与被评估设备类似的设备进行市场调查，得到数据如下：

（1）设备Ⅰ市场售价 44 000 元，年收入 10 500 元，预计可使用 10 年，资本化率为 20.01%。

（2）设备Ⅱ市场售价 67 500 元，年收入 20 000 元，预计可使用 8 年，资本化率为 240.48%。

（3）设备Ⅲ市场售价 63 700 元，年收入 16 700 元，预计可使用 10 年，资本化率为 22.85%。

计算确定上述设备的投资回收系数分别是 23.68%、29.63%、26.22%。由于参照物的使用年限与被评估设备的使用年限有一定的差异，因此不可对参照物设备的投资回收系数取平均值作为被评估设备的投资回收系数。通过计算确定被评估设备的资本化率为 22.45%。因此，

$$被评估设备的评估值＝A \times [1-1/(1+r)^n]/r$$
$$＝19\,200 \times [1-1/(1+22.45\%)^9]/22.45\%＝71\,700（元）$$

本 章 小 结

➤ 本章主要向大家介绍了机器设备评估的相关知识，在对机器设备的价值进行评估时，要结合机器设备所处的状态选择适当的方法确定其价值。

➤ 常用的机器设备评估的方法主要包括成本法、市场法、收益法。在这些方法中常用的评估方法是成本法。

思 考 题

1．机器设备的三种贬值是什么？

2．机器设备评估中应用成本法时，其基本思路和基本数学表达式是什么？

3．估算机器设备的实体性贬值主要有哪些方法？

4．如何理解和测算机器设备的功能性贬值？

5．应用成本法评估机器设备，如何估算经济性贬值？

习　题

一、单项选择题

1. 机器设备评估中的直接法是确定设备的（　　）最直接的方法。

    A．更新重置成本
            B．可修复部分实体性贬值

    C．净价
                D．设备复原重置成本

2. 物价指数法一般只能用于确定设备的（　　）。

    A．复原重置成本
            B．更新重置成本

    C．实体贬值
               D．功能性贬值

3. 进口机器设备消费税的计税基数是设备的（　　）。

    A．FOB＋关税
            B．FOB＋关税＋增值税

    C．CIF＋关税
             D．CIF＋关税＋增值税

4. 设备的（　　）属于进口设备的从属费用。

    A．到岸价
    B．离岸价
    C．国内运杂费
    D．国外运杂费

5. 机器设备重置成本中的直接费用包括（　　）。

    A．各种管理费用
            B．总体设计费用

    C．人员培训费用
            D．安装调试费用

6. 计算重置成本时，不能计入重置成本的费用是（　　）。

    A．维修费用
    B．购建费用
    C．安装费用
    D．调试费用

7. 进口设备的到岸价是指（　　）。

    A．设备的离岸价＋进口关税

    B．设备的离岸价＋海外运杂费＋进口关税

    C．设备的离岸价＋海外运杂费＋境外保险费

    D．设备的离岸价＋境外保险费

8. 设备成新率是指（　　）。

    A．设备综合性陈旧贬值率的倒数

    B．设备有形损耗的倒数

    C．设备有形损耗率与 1 的差率

    D．设备现实状况与设备重置成本的比率

9. 机器设备经济寿命是指（　　）。

    A．机器设备从使用到报废为止的时间

    B．机器设备从使用到运营成本过高而被淘汰的时间

    C．从评估基准日到设备继续使用在经济上不合算的时间

    D．机器设备从使用到出现了新的技术性能更好的设备而被淘汰的时间

10. 进口设备的外贸手续费的计费基数是（　　）。

    A．FOB＋关税
    B．CIF＋关税
    C．CIF
    D．CIF＋增值税

11. 需安装的设备，且安装调试周期很长，其重置成本不仅需要考虑正常费用，且需要考虑（　　）。

    A．调试费用
    B．安装费用
    C．资金成本
    D．运输费用

12. 运用价格指数法评估机器设备的重置成本仅仅考虑了（　　）。

    A．技术因素　　　　B．功能因素　　　　C．地域因素　　　　D．时间因素

13. 决定设备成新率的关键因素是（　　）。

    A．设备的技术水平　　　　　　　　B．设备的功能

    C．设备的购置时间　　　　　　　　D．设备的使用程度

14. 由于社会对产品的需要量降低使产品销售困难，从而导致生产该产品的设备开工不足，并由此引起设备贬值，这种贬值成为（　　）。

    A．功能性贬值　　B．实体性贬值　　C．经济性贬值　　D．无形损耗贬值

15. 设备的有形损耗率等于（　　）。

    A．1－成新率　　B．1÷成新率　　C．成新率－1　　D．1＋成新率

二、多项选择题

1. 在设备评估中，重置核算法主要适用于（　　）设备重置成本的估算。

    A．通用　　　　　　B．进口　　　　　　C．非标准　　　　D．企业自制

    E．了解市场行情

2. 进口机器设备的从属费用包括（　　）。

    A．进口关税　　　　　　　　　　　B．设备 FOB

    C．公司代理手续费　　　　　　　　D．国外运费

    E．设备 CIF

3. 机器设备的重置成本应该包括（　　）。

    A．机器设备日常维修费用　　　　　B．机器设备的购置费用

    C．设备的大修理费用　　　　　　　D．设备操作人员的培训费用

    E．设备的调试费用

4. 构成机器设备重置成本的间接费用主要有（　　）。

    A．购建设备所发生的管理费用　　　B．购建设备所发生的运输费用

    C．购建设备的保险　　　　　　　　D．购建设备所发生的总体设计费用

5. 影响机器设备自然寿命的因素有（　　）。

    A．机器设备的使用强度　　　　　　B．机器设备的经济用途

    C．同类设备技术更新速度　　　　　D．机器设备维修保养水平

    E．设备的自身质量

6. 进口设备的重置成本包括（　　）。

    A．设备购置价格　　　　　　　　　B．设备运杂费

    C．设备进口关税　　　　　　　　　D．银行手续费

    E．设备安装调试费

7. 运用市场法评估设备，需要比较因素一般包括（　　）因素。

    A．地域　　　　　　B．行业　　　　　　C．一般　　　　　D．交易

    E．个别

8. 当利用参照物及比较法估测被评机组的重置成本时，需要考虑的重要参数有（　　）。

    A．设备交易的时间差别因素环境等

    B．设备的生产能力因素，包括年产量、单位时间产量

C．设备所在地与参照物所在地的地区自然景观

D．被评估设备所在地与参照物所在地同设备供应地的距离和通达条件

9．运用使用年限法估测设备的成新率涉及的基本参数是（　　）。

A．设备的总使用年限　　　　　　B．设备的技术水平

C．设备的使用时间　　　　　　　D．设备的负荷程度

E．设备的尚可使用年限

10．安装周期很短的通用设备，其重置成本一般包括（　　）。

A．设备购置费　　　B．运输费用　　　C．利息费用　　　D．安装费用

11．收益法一般适用于（　　）的价值评估。

A．单台设备　　　B．成套设备　　　C．通用设备　　　D．生产线

12．设备的功能性贬值通常要表现为（　　）。

A．超额重置成本　　　　　　　　B．超额投资成本

C．超额运营成本　　　　　　　　D．超额更新成本

E．超额复原成本

13．可以引起设备经济性贬值的有（　　）。

A．产品滞销　　　　　　　　　　B．设备价格上升

C．竞争加剧　　　　　　　　　　D．境外途中保险费

E．设备磨损

14．运用市场法评估设备价值，选择参照物时，应注意参照物的（　　）。

A．时间性　　　B．地域性　　　C．同质性　　　D．可比性

E．效益性

15．在机器设备的评估中，重置成本法一般适用于（　　）的评估。

A．续用设备　　　　　　　　　　B．非续用设备

C．非标准设备　　　　　　　　　D．专用设备

E．自制设备

三、计算题

1．企业被评估设备为 2015 年从美国引进设备，进口合同中的 FOB 价为了 20 万英镑。2015 年 10 月进行评估时英国厂家不再生产这种待估设备了，其替代产品的 FOB 报价为 35 万英镑，而国内其他企业 2020 年 6 月从美国进口同种设备的 CIF 报价为 30 万美金。按照通常情况，设备的实际成交价格是报价的 90%，境外运杂费为 FOB 价格的 5%，保险费约为 FOB 的 0.5%，被评估设备的所在企业，以及与之交易的企业均属于进口关税、增值税免税单位，银行手续费按照 CIF 价格的 0.8% 计算，国内运杂费按照 CIF 价格加上银行手续费之和的 3% 计算，安装调试费包含在设备价格之中不另行计算，设备尚可使用 5 年，年运营成本比其替代设备每年超支 20 000 元人民币，被评估设备所在企业的正常投资回报率为 10%，所得税税率为 33%。评估时人民币与美元的汇率为 8：1，2020 年 6 月～2020 年 10 月进口设备价格没有变化。

要求：

（1）计算被评估进口设备的更新重置 CIF 价格；

（2）计算被评估进口设备的重置成本；

（3）计算被评估设备的评估值。

2．被评估生产线年设计能力为 12 000t，评估时，由于受政策调整因素影响，产品销售市场不景气，如不降价销售产品，企业必须减产至年产量 6000t，或者采取降价措施以保持设备设计生产能力的正常发挥，假设政策调整将会持续 3 年，降价造成每吨产品净损失 100元，该企业正常报酬率为 10%，生产线的规模经济效益指数 x 为 0.55。

要求：

（1）估测所能出现的经济性贬值率；

（2）计算该设备的经济性贬值额。

3．被评估机组为 4 年前购置，账面价值为 18 万元人民币，评估时该机组已经不再生产了，已经被新型的机组所取代。经过调查和咨询了解到，在评估时点，其他企业所购置新型机组的取得价格为 25 万元人民币，专家认定被评估机组与新型机组的功能比为 0.8，被评估机组尚可使用 8 年。假定其他费用可以忽略不计。

要求：

（1）估测该机组的现时全新价格；

（2）确定该机组的成新率；

（3）确定该机组的评估值。

4．机器设备 1 台，3 年前购置，据了解，该设备尚无替代产品。该设备的账面原值为10 万元，其中买价为 8 万元，运输费为 0.4 万元，安装费用（包括材料）为 1 万元，调试费用为 0.6 万元。经调查，该设备的现行价格为 9.5 万元，运输费、安装费、调试费分别比 3年前上涨了 40%、30%、20%。求该设备的重置成本。（保留两位小数）

5．2020 年 1 月评估设备一台，该设备于 2016 年 12 月购建，账面原值为 20 万元，2018年进行一次技术改造，改造费用（包括增加设备）为 2 万元。若定基物价指数 2011 年 1.05，2018 年为 1.20，2020 年为 1.32，求该设备的重置成本。

第五章
房屋建筑物及在建工程评估

- 建筑是凝固的音乐。

——歌德

- 价格是你付出的，价值是你得到的。

——沃伦·巴菲特

- 在经济运行中，创造价值最重要最基础的就是通过信息创造价值的过程，不仅要着眼于整个国家，还要跨越不同国家。

——罗伯特·厦皮罗

重 点 提 示

- 房地产评估的市场法
- 房地产评估的收益法
- 房地产评估的剩余法
- 基准地价修正系数法

本 章 思 维 导 图

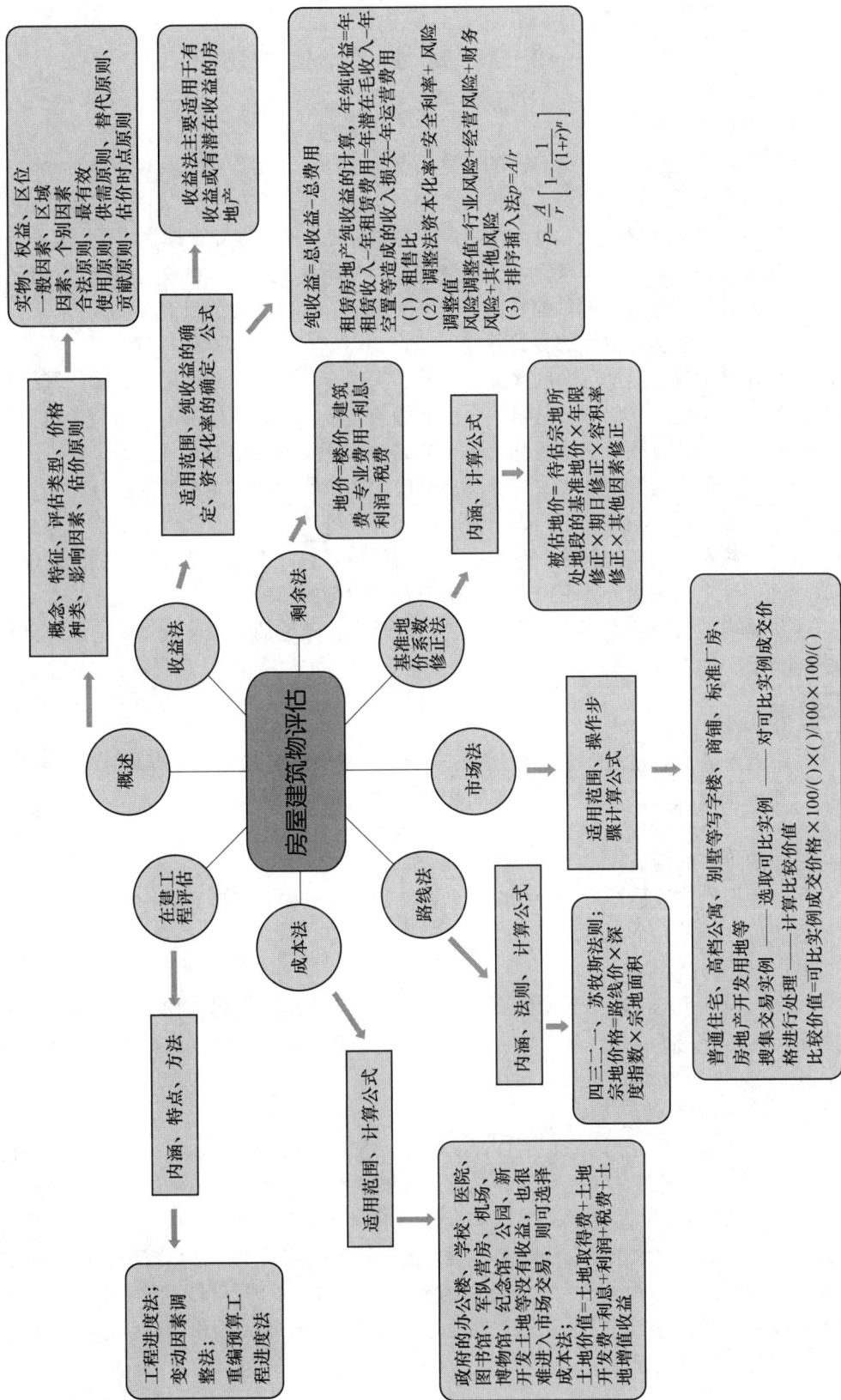

概念、特征、评估类型、价格种类、影响因素、估价原则

实物、权益、区位
一般因素、区域因素、个别因素
合法原则、最有效使用原则、供需原则、替代原则、贡献原则、估价时点原则

收益法

适用范围、资本化率的确定、纯收益的确定、公式

收益法主要适用于有收益或有潜在收益的房地产

纯收益=总收益−总费用
租赁房地产纯收益的计算，年纯收益=年潜在毛收入−年租赁费用
租赁收入−年租赁费用=年潜在毛收入−一年空置等造成的收入损失−年运营费用
(1) 租售比
(2) 调整法 资本化率=安全利率＋风险
调整值 风险调整值=行业风险＋经营风险＋财务风险＋其他风险
(3) 排序插入法

$$P=\frac{A}{r}\left[1-\frac{1}{(1+r)^n}\right]$$

剩余法

地价=楼价−建筑费−专业费用−利息−利润−税费

基准地价系数修正法

计算公式

内涵

被估地价=待估宗地所处地段的基准地价×年限修正×期日修正×容积率修正×其他因素修正

房屋建筑物评估

概述

市场法

适用范围、操作步骤、计算公式

对可比实例成交价

普通住宅、高档公寓、别墅等写字楼、商铺、标准厂房、房地产开发用地等
搜集交易实例 —— 选取可比实例 —— 计算比较价值
格法进行处理 —— 对比实例成交价
比较价值=可比实例成交价×100/( )×( )/100×100/( )

路线法

内涵、法则、计算公式

四三二一、苏牧斯法则；宗地价格=路线价×深度指数×宗地面积

成本法

在建工程评估

内涵、特点、方法

工程进度法；
变动因素调整法；
重编预算法；
工程进度法

适用范围、计算公式

政府的办公楼、学校、医院、图书馆、军队营房、机场、博物馆、纪念馆、公园、新开发土地等没有收益，也很难进入市场交易，则可选择成本法
土地价值=土地取得费＋土地开发费＋利息＋利润＋税费＋土地增值收益

第一节 房地产评估概述

一、房地产的含义

房地产是房屋财产和土地财产的总称，又称不动产。房地产是一种不能移动，或移动后会引起性质、形状改变的财产，具体指土地、附着于土地之上的建筑物及其地上定着物。

房产主要包括住房房产和营业性房产；地产主要包括土地和土地资本。土地具有有用性、稀缺性和社会的有效需求等特点。土地资本是为使土地达到一定的使用标准而进行的开发投资，这种投资要转化为一定量的物化劳动和活劳动，其本身必然具有商品属性。

二、房屋建筑物评估标的物的界定

房屋建筑物包含两个层面的含义，其一是房地合一状态下的房屋建筑物；其二是不包含土地的纯粹地上建筑物部分。从第一个层面的角度看，作为评估标的的房屋建筑物是指建筑物与所占用的土地及固着在建筑物上不可分离的部分及其附带的各种权益。其中不可分离部分是指那些不能与建筑物分离，或分离后会破坏建筑物功能或完整性的部分，如安装在建筑物上的水、暖、电、卫生、通信、消防、电梯等设施。房地合一状态下资产权益是指与其所有权有关的权利和利益的总称。从第二个层面的角度看，作为评估标的物的房屋建筑物仅指不含土地的地上建筑物及其不可分离的部分及其附带的各种权益。

不论是房地合一状态下的房屋建筑物，或是不含土地的地上建筑物，它们都具有房地产的共同特征。

小提示

▶ 购房五证分别为：建设用地规划许可证、建设工程规划许可证、国有土地使用证、建筑工程施工许可证、商品房销售（预售）许可证。

三、房地产的特征

每一类资产的评估都有其特殊性，这种特殊性与该类资产自身的特性相联系。房地产的特殊性表现在以下几个方面。

1. 位置固定性

房地产也称不动产。由于土地不可位移，固着于土地上的建筑物亦不可移动。房地产的位置固定性，导致了房地产带有明显的区域性特点和个别性特征。这种区域性特点和个别性特征是影响房地产价值的重要因素。

2. 使用的长期性

从某种意义上讲，土地的利用具有永续性。建筑物一经建造完成，其寿命也是相当长的。房地产使用的长期性决定了其用途、功用可以随社会的进步不断地加以改善、调整，以达到最佳利用的状态。值得注意的是，国家土地使用制度规定，公司、企业、其他组织和个人通过政府出让方式取得的土地使用权是有限期的。国家规定的土地使用权出让最高年限按不同用途予以规定：居住用地 70 年，工业用地 50 年，商业、旅游、娱乐用地 40 年等。土地使用权的有限年期对房地产自然的使用长期性是一种限制。土地使用权的剩余使用年限是影响房地产价值的一个重要因素。

3. 影响因素多样性

房地产效用的发挥，以及其价值的实现要受到诸多因素的制约。除了房地产自身的自然的、物理的、化学的因素以外，社会因素以及周边环境等都会对房地产效用的发挥及其价值的实现起到非常大的影响作用。从社会因素来看，政府的城市规划、具体规定了房地产的用途和使用强度（容积率、覆盖率、建筑高度、绿地率等）。另外，政府可以从满足社会公共利益的角度，对任何房地产实施强制征用，对某些房地产实施课税，等等。从周边环境的角度来看，任何房地产的效用和价值都要受到其周边环境、特别是周边房地产用途的影响。良好的周边环境可以提高该区域房地产的价值；而恶劣的周边环境，则可使该区域内的房地产价值下降。

4. 投资大量性

不论是房地产中的土地或建筑物，其投资的数额都是可观的，不论是国家投资者、企业投资者或个人投资者，投资房地产都需要较大数额的资金。房地产投资大量性特点不仅说明了房地产投资应事先做好可行性研究，要有的放矢、有效地进行投资；另一方面也说明房地产变现也不是一件轻而易举的事情。

5. 保值增值趋势

在社会经济发展正常的情况下，随着人口及社会生产力的发展，社会对土地的需求与日俱增。由于土地资源特别是城市土地面积的有限性，从长远的观点来看，土地供给一般会滞后于土地需求而出现房地产价格上升趋势。如果出现通货膨胀现象，房地产的保值性则会更为明显。房地产保值增值是一种趋势，而并非每一时点房地产价值都会上涨，需要结合每宗房地产的具体情况来理解其保值增值趋势。

四、房地产评估的类型

房地产估价全称房地产价格评估，就是对房地产进行估价，根据估价目的，遵循估价原则，按照估价程序，运用估价方法，在综合分析，影响房地产价格因素的基础上，结合估价经验及对影响房地产价格因素的分析，对房地产的特定权益，在特定时间最可能实现的合理价格所作出的估计、推测与判断。房地产交易、租赁、抵押、担保、商品房开发与销售等环节都离不开对房地产的估价。

1. 一般评估

这类评估一般是在交易双方发生分歧意见或有争议时，求助于评估机构，以解决分歧和争议，使之趋于一致的手段，一般不具备法律效力，是参考性评估，它反映的是某一地域、某一时间点、某一特定物业一般的价值水平。

2. 房地产抵押贷款评估

这类评估是购房者寻求金融支持时，对自己所抵押的房屋的价值而进行的评估，它必须由金融部门指定或委派的评估机构进行评估，评估一经确定，具备法律效力、形成法律文件、对双方有约束力。这种评估值一般较低。

3. 特定评估

这种评估是房地产交易管理部门，对买卖双方交易价格明显低于市场价格水平而做的评估，为了求其公正合理，须采用两种以上的评估方法进行评估，评估结果一经确定，具有法律效力，交易双方须按确定后的评估值，计算缴纳税费。

第二节 房地产价格及其影响因素

房地产评估必须明确两个概念，即房地产价格和房地产价值。

房地产价格，通常称之为房地产市价，它是房地产交易双方的实际成交价格。作为成交价格，它是一种历史事实。同一宗房地产的成交价格，即使在同一时点上，也会因交易双方的地位、心态、偏好、动机、素质的不同而不同。资产评估中的房地产价值并不是一种历史事实。而是在该房地产尚未进入市场之前，由评估人员根据评估对象的自身状况、周边环境及市场条件，经过一系列假设或限定，将评估对象置于一种既符合客观实际、又不完全是客观事实的境地中所给出的公正性价值判断。为了避免在概念上混淆，房地产价格是泛指在市场上实现了交换的成交价格，而房地产的评估结果或结论称之为房地产价值。

一、房地产价格的种类

尽管房地产评估并不是直接去评估房地产的实际成交价格，但房地产的评估值是不可以完全脱离房地产的市场价格，它应非常接近房地产的市场价格。因此，每一位评估人员都应熟悉房地产价格的种类和每一种房地产价格的确切含义。

按照房地产三种形态为标准划分，有以下三种价格形态。

1. 土地价格

土地价格，简称地价。通常是指空地的价格。根据目前我国的地价体系，地价又可以具体划分为基准地价、标定地价、出让底价、转让地价和其他地价（如出租价格、抵押价格等）若干种。

2. 建筑物价格

建筑物价格，是指纯建筑物部分的价格，不包含其占用的土地价格。在人们日常生活中纯粹的建筑物价格并不多见。人们脑海中的建筑物价格通常是包含地价的。

3. 房地价格

房地价格，是指建筑物连同其占用的土地的价格在一起的价格。房地价格情况比较复杂，以住宅为例，在房改之后，住宅价格包括职工购买现住房价格、动迁房价、安居工程房价和商品房价等。从形式上看上述几种房价大都是在市场上形成的，而价格却相差很大。除以上基本的房地产价格外，还有以下几种价格形态：

（1）房地产单位价格。它可以是土地的单位面积价格，建筑物单位面积的价格和房地合一状态下的单位面积价格。对于单位价格首先应弄清面积单位和面积的含义。我国在房地产计量方面通常使用每平方米作为面积单位。面积含义因房地产的种类不同也有所差异。如住宅面积含义包括建筑面积和使用面积等。

（2）楼面地价，又称单位建筑面积地价，是平均到每单位建筑面积上的土地价格。用数学式表示为

$$楼面地价 = 土地总价格 \div 建筑总面积$$

或

$$楼面地价 = 土地单价 \div 容积率$$

以上房地产单位价格和楼面地价都是反映房地产价格水平高低的指标。其中楼面地价在反映某一具体宗地地价时，往往比单位地价更能说明地价水平。

（3）拍卖价格，是指采用拍卖方式出让或交易的房地产成交价格。

（4）招标价格，是指采用招标方式出让或交易的房地产价格。

拍卖、招标与正常的协商交易不同，竞买者或竞标者的出价动机在很大程度上会影响拍卖价格和招标价格。从形式上看，拍卖价格和招标价格也是在公开市场上形成的，其实，拍卖价格和招标价带有很大的随机性和偶然性。

二、影响房地产价格的因素

房地产的市场价格受到许多因素的影响。这些因素对房地产价值的影响方向、影响程度都不尽相同。为了便于了解影响房地产价格的因素，可以将其进行适当的归类。通常将影响因素分为自然因素、社会因素、行政因素和经济因素四个方面。此外还可以将影响因素划分为一般因素、区域因素和个别因素。这里着重介绍后一种分类方法中的各类影响因素。因为这种分类方法是采用市场比较法进行对比分析影响因素时通常采用的分类方法。

1. 一般因素

一般因素，是指对房地产价格及其变化具有普遍性和共同性的影响因素。或者说是对某市场范围内房地产价格总体水平发挥影响作用的因素。这些因素又具体包括：

（1）行政因素。影响房地产价格的行政因素，是指影响房地产价格的制度、政策、法规、行政措施等方面的因素。如土地制度、住房制度、房地产价格政策、城市规划、城市发展战略、税收政策、交通管制等。

（2）经济因素。影响房地产价格的经济因素较为复杂。它包括国民经济的发展速度、发展规模，企业、事业单位、居民的收入和消费水平，政府的财政收入和支出的规模和结构，金融状况和物价水平等。上述因素通常集中表现在房地产的供求状况上，通过房地产的供不应求、供求平衡或供过于求影响房地产价格。

（3）社会因素。影响房地产价格的社会因素主要是指社会发展状况、社会安定程度、社会环境等因素。社会发展状况是国民经济发展状况的一种反映，它直接关系到社会的安定，包括政治安定和人民安居乐业的程度。社会环境包括人们的生活工作环境、自然和人文环境、也包括社会治安状况。好的社会环境有助于房地产价格的提高。

（4）其他因素。影响房地产价格的其他因素是指人口因素、人的心理因素、国际因素等其他一般因素。

2. 区域因素

区域因素，是指房地产所在地区的自然条件、社会条件、经济发展状况和行政条件相结合所形成的地区性特点或区域性特点。这些特点集中表现区域的繁华程度、交通通达程度、公共公用配套设施状况、地区或区域环境、城市规划限制等。由于房地产的种类较多，上述各区域因素对不同用途的房地产的价格影响程度是不同的。例如，繁华程度对商业用途的房地产的价格影响程度最大。而区域环境对住宅价格影响较大。交通通达情况则可能是影响工业房地产价格的重要因素之一。但不论是何种用途的房地产，规划限制（包括建筑高度、建筑容积率、建筑密度等）的影响都是不容忽视的。

在规划限制方面，建筑高度是指地上建筑物可达及的最高限度，建筑物的实际高度应在城市规划限定的建筑高度以下（包括相等）。

建筑容积率是指建筑物面积与建筑占地面积之比。用公式表示为

$$容积率＝建筑物面积÷建筑占地面积×100\%$$

建筑密度是指某一房地产的底层建筑面积与建筑占地总面积之比。用公式表示为

$$建筑密度＝建筑物底层面积÷建筑占地总面积×100\%$$

3. 个别因素

个别因素，是指某具体房地产所表现的个别特性，如面积大小、地形地貌、临街情况、朝向、楼层、土地使用权年限、容积率、土地生熟程度、建筑结构、装修水平、新旧程度等。

三、房地产估价的原则

房地产评估应遵循的资产评估原则有以下几个。

1. 供需原则

商品的价格由该商品供给和需求的均衡点来决定。供小于求时，则价格上升，否则下降。房地产的价格由类似房地产的供求状况决定。

2. 替代原则

在同一市场上效用相同或相似的房地产，价格趋于一致。

3. 最有效使用原则

最有效使用原则是指房地产评估应以估价对象的最佳使用为前提。这种最佳使用的含义是法律上允许、技术和功能上可能、经济上可行，经过充分合理的论证，并能给估价对象带来最高价值。在评估实践中，房地产的最佳使用通常是选择能使估价对象获利最多的用途。当估价对象在评估时点的具体用途为最佳，评估就可以按此用途进行。

4. 贡献原则

它是收益法和剩余法的基础。

5. 合法原则

房地产评估要在法律规定的条件下进行。测算房地产的纯收益时，不能以临时建筑或违章建筑的收益为测算基础。也就是说，房地产评估必须以房地产的合法取得、合法使用、合法交易、合法处分等为前提。房地产的合法取得通常是以房地产的合法产权证明文件为依据；合法使用一般是以城市规划为准绳；合法交易和合法处分主要是以房地产有关法规以及有关文件、批件、合同、协议为根据。在房地产评估中，合法使用是需要评估人员着重掌握的。在房地产用途、容积率、覆盖率、建筑高度和建筑风格等方面，必须符合城市规划的要求及其他有关的政府规定。

6. 估价时点的原则

估价时点又称估价基准日、估价期日、估价时间，是一个具体的日期，通常年、月、日表示，估价额是该日期的价格。房地产市场是不断变化的，房地产价格有很强的时间性，它是某一时点的价格，不同的时点，同一宗房地产往往会有不同的价格，也就是说，估价实际上只是求取某一时点上的价格，所以估价一宗房地产的价格时，必须假定市场情况停止在估价时点上，同时估价对象房地产的状况通常也是以其在该时点的状况为准。

第三节　房地产评估的收益法

一、基本思路

收益法在国外被广泛地运用于收益性不动产价格的评估，在我国也是最常用的评估方法之一，以收益法求取的不动产价格通常称为收益价格。

随着不动产所有者权利的让渡，不动产的收益转归不动产购买者。不动产购买者必须一次性支付一定的金额，补偿不动产所有者失去的收益。这一货币额每年给不动产所有者带来的利息收入，必须等于他每年能从不动产获得的纯收益。这个金额就是该项不动产的理论价格，用公式表示为

$$不动产价格＝纯收益/资本化率$$

这种理论的抽象，包含着三个假设前提：纯收益每年不变；资本化率固定；收益为无限年期。例如，假设有一宗地产每年能产生 200 万元的纯收益，同时在年利率为 10% 的前提下，存入银行 2000 万元也能产生 200 万元的年收益，因此，对土地所有者来说，1000 万元的资本与土地每年所能带来的 200 万元的纯收益是等价的，则该宗土地价格为 2000 万元。

二、适用范围

收益法适用于有收益的不动产价格评估，如商场、写字楼、旅馆、公寓用地等，对于政府机关、学校、公园等公建设施的土地价格评估大多不适用。

三、纯收益

（一）纯收益的含义

纯收益是指归属于地产的除去各种费用后的收益，一般以年为单位。在确定纯收益时，必须注意地产的实际纯收益和客观纯收益的区别。实际纯收益是在现状下待估地产实际取得的纯收益，由于实际收益受到多种因素的影响，通常不能直接用于评估。

（二）客观总收益

总收益是指以收益为目的的地产在一年内所产生的所有收益。在求取总收益时，要以客观收益即正常收益为基础，而不能以实际收益计算。

在计算以客观收益为基础的总收益时，地产必须处于最佳利用状态下。最佳利用状态是指该不动产处于最佳利用方向和最佳利用程度。在现实经济中，客观收益应为正常使用下的正常收益。如果某人因特别的技能而产生的特别收益，就不视为客观收益。

由于现实经济过程的复杂性，呈现在估价人员面前的收益状况也非常复杂，因而收益的确定较难。如某种经营能带来的收益虽较丰厚，但在未来存在激烈竞争或存在潜在的风险，使现实收益具有下降趋势，在这种情况下，就不能用现实收益进行估价，而必须加以修正。

（三）客观总费用

总费用是指取得该收益所必需的各项支出，如维修费、管理费等。也就是为创造总收益所必须投入的正常支出。在估价时总费用也应该是客观费用。

总费用所应包含的项目随待估地产的状态不同而有区别。有些费用支出是正常支出，有些是非正常支出。作为从总收益中扣除的总费用，要做认真分析，剔除不正常的费用支出。

四、资本化率

资本化率是决定评估价格最关键的因素。这是因为评估价格对资本化率最为敏感。资本化率的每个微小变动都会使评估价格发生显著改变。

（一）资本化率的实质

收益性不动产的购买实际上是一种投资行为。投资的目的是为了赚取利润。在收益性不动产交易中，投资者购买不动产所支付的价格就是他的投资，不动产带来的纯收益就是利润。因此，资本化率的大小同投资风险的大小成正相关的关系。一般来说，银行存款的风险很小，因而存款利息率较低。

（二）求取资本化率的方法

1. 纯收益与售价比率法

评估人员从市场上搜集近期交易的与待估地产相同或相近似的地产的纯收益、价格等资料，反算出它们各自的资本化率，这种方法称为纯收益与售价比率法。该方法运用的是地产商品的替代性，选取的交易案例均来自市场，它最直接地反映了市场供求状况。

2. 安全利率加上风险调整值法

首先选择市场上无风险的资本投资的收益率作为安全利率，通常选择银行一年期存款利率作为安全利率。然后根据影响待估地产的社会经济环境，估计投资风险程度，确定一个调整值，在安全利率基础上加风险调整值。

3. 各种投资风险、收益率排序插入法

评估人员搜集市场上各种投资的收益率资料，然后把各项投资按收益率的大小排列，估计待估地产投资风险在哪个范围内，并把它插入其中，然后确定资本化率的大小。

（三）资本化率的种类

1. 综合资本化率

这是把土地和附着于其上的建筑物看作一个整体评估所采用的资本化率。此时评估的是房地产整体的价格，采用的纯收益也是房、地合一的纯收益。

2. 建筑物资本化率

建筑物资本化率用于评估建筑物的价格。这时采用的纯收益是建筑物自身所产生的纯收益，把房地产整体收益中的土地纯收益排除在外。

3. 土地资本化率

土地资本化率用于求取土地自身的价格。这时采用的纯收益是土地自身的纯收益，把房地产整体收益中的建筑物纯收益排除在外。综合资本化率、建筑物资本化率和土地资本化率的关系，可用公式表示如下

$$r=\frac{r_1L+r_2B}{L+B}$$

或

$$r_1=\frac{r(L+B)-r_2B}{L}$$

式中　r——综合资本化率；

　　　r_1——土地资本化率；

　　　r_2——建筑物资本化率；

　　　L——土地价格；

　　　B——建筑物价格。

五、计算公式

（一）纯收益不变

（1）在收益永续，各因素不变的条件下，有以下计算式

$$P=\frac{A}{r}$$

其成立条件是：纯收益每年不变；资本化率固定且大于零；收益年期无限。

（2）在收益年期有限，资本化率大于零的条件下，有以下计算式

$$P=\frac{A}{r}\left[1-\frac{1}{(1+r)^n}\right]$$

这是一个在估价实务中经常还用的计算公式，其成立条件是：纯收益每年不变；资本化率固定且大于零；收益年期有限为 n。

（3）在收益年期有限，资本化率等于零的条件下，有以下计算式

$$P=A\times n$$

其成立条件是：纯收益每年不变；收益年期有限为 n；资本化率为零。

上述公式中字母所代表的含义：

P ——地产价格；

A ——纯收益；

r ——资本化率；

n ——收益年期。

（二）纯收益在若干年后保持不变

（1）无限年期收益，基本公式为

$$P=\sum_{i=1}^{t}\frac{A_i}{(1+r)^i}+\frac{A}{r(1+r)^t}$$

其成立条件是：纯收益在 t 年（含第 t 年）以前有变化；纯收益在 t 年（不含 t 年）以后保持不变；收益年期无限；r 大于零。

（2）有限年期收益，计算公式为

$$P=\sum_{i=1}^{t}\frac{A_i}{(1+r)^i}+\frac{A}{r(1+r)^t}\left[1-\frac{1}{(1+r)^{n-t}}\right]$$

其成立条件是：纯收益在 t 年（含第 t 年）以前有变化；纯收益在 t 年（不含第 t 年）以后保持不变；收益年期有限为 n；r 大于零。

这里要注意的是，纯收益 A 的收益年期是（$n-t$）而不是 n。

以上式中　P ——地产价格；

A ——纯收益；

r ——资本化率；

n ——收益年期。

（下同）

（三）纯收益按等差级数变化

（1）在纯收益按等差级数递增，收益年期无限的条件下，有以下计算式

$$P=\frac{A}{r}+\frac{B}{r^2}$$

其成立条件是：纯收益按等差级数递增；纯收益逐年递增额为 B；收益年期无限；r 大于零。

（2）在纯收益按等差级数递增，收益年期有限的条件下，有以下计算式

$$P=\left(\frac{A}{r}+\frac{B}{r^2}\right)\left[1-\frac{1}{(1+r)^n}\right]-\frac{B}{r}\times\frac{n}{(1+r)^n}$$

其成立条件是：纯收益按等差级数递增；纯收益逐年递增额为 B；收益年期有限为 n；r 大于零。

（3）在纯收益按等差级数递减，收益年期无限的条件下，有以下计算式

$$P=\frac{A}{r}-\frac{B}{r^2}$$

其成立条件是：纯收益按等差级数递减；纯收益逐年递减额为 B；收益年期无限；r 大于零。

（4）在纯收益按等差级数递减，收益年期有限的条件下，有以下计算式

$$P=\left(\frac{A}{r}-\frac{B}{r^2}\right)\left[1-\frac{1}{(1+r)^n}\right]+\frac{B}{r}\times\frac{n}{(1+r)^n}$$

其成立条件是：纯收益按等差级数递减；纯收益逐年递减额为 B；收益年期有限为 n；r 大于零。

六、净收益

1. 净收益测算的基本原理

收益性房地产获得收益的方式，主要有两种，出租和营业。因此，净收益测算的途径也可以分为两种：①基于租赁收入来测算净收益，它适用于可租赁的房地产。例如，住宅、公寓、写字楼、商铺、标准厂房、仓库等；②基于营业收入来测算净收益，它适用于有经营行为的房地产。例如，旅馆、影剧院、娱乐场所，加油站、餐馆等。

（1）基于租赁收入的测算净收益

净收益＝潜在毛收入－空置等造成的收入损失－运营费用
＝有效毛收入－运营费用

净收益占有效毛收入的比率，称为净收益率，是运营费用率的补集，即

净收益率＝1－运营费用率

（2）基于营业收入的测算净收益

当业主自行经营时，该收益性房地产的净收益按营业收入来测算。按营业收入测算净收益与按租赁测算净收益的主要区别是：其一潜在的毛收入变成了经营收入；其二要扣除归属于其他资本或者经营的收益，如商业、餐饮、工业、农业等经营者正常的利润（为劳动创造的，而不是房地产产生的）。应注意的是按租赁收入测算净收益，由于归属于其他资本或者经营的收入在房地产租金之外，即实际上已扣除，所以不再扣除归属于其他资本或者经营的收益。

2. 不同收益类型房地产净收益的求取方法

不同收益类型的房地产主要分为：出租型房地产；营业型房地产；自用或者尚未使用的房地产；混合收益的房地产。

（1）出租型房地产的净收益求取方法。

出租型房地产的净收益＝租赁收入－由出租人负担的费用
租赁收入＝租金收入＋租赁保证金或者押金的利息收入

（2）营业型房地产净收益的求取方法。

营业型房地产最大的特点是业主与经营者合一，租金与经营者的利润没有分开。

（3）自用或尚未使用房地产的净收益求取。

自用或尚未使用房地产是指住宅、写字楼等目前为业主自用或者暂时空置的房地产，而不是指写字楼、宾馆的大堂、管理用房等必要的空置或者自用部分。写字楼、宾馆的大堂、管理用房等的价值是通过其他用房的收益体现出来的。

（4）混合收益的房地产净收益求取有以下几种：

1）将费用分为变动费用和固定费用，将测算出的各种类型的收入分别减去相应的变动费用，然后加总，再减去总固定费用。

2）首先测算各种类型的收入，然后测算各种类型的费用，再将总收入减去总费用。

3）将混合收益的房地产看作各种单一收入类型房地产的简单组合，然后依据各种的收入和费用求各自的净收益，最后将所有净收益求和。

【例5-1】某商店的土地使用年限为40年，从2013年10月1日起计。该商店共有两层，每层可出租面积各为200m²。一层于2014年10月出租，租赁期为5年，可出租的月租金为180元/m²，且每年不变；二层现暂时空置。附近类似商场一、二层可出租面积的正常租金分别为200元/m²和120元/m²，运营费用为25%。该类房地产的报酬率为9%。测算该商场2017年10月1日带租约出售时的正常价格。

解　（1）要测算2017年的正常价格，可以将始时点设在2017年，因为从2014年10月1日开始出租，租期为5年。因此，2017年后剩余租期为2年，即2018年、2019年，从2020年后认为是空置。

（2）因为要测算2017的价格，所以剩余期限为

$$40-4=36（年）$$

（3）从下图很容易得出A_1和A_2均为32.40万元；A为36万元，$t=2$年，n为36年。

1）商店一层价格测算

$$租赁期限内年净收益=200×180×（1-25\%）×12=32.40（万元）$$
$$租赁期限外年净收益=200×200×（1-25\%）×12=36（万元）$$

一层的现金流量图如下

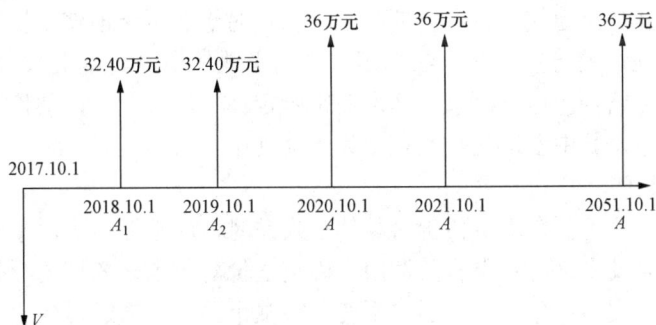

选用公式为

$$V=\sum_{i=1}^{t}\frac{A_i}{(1+Y)^i}+\frac{A}{Y(1+Y)^t}\left[1-\frac{1}{(1+Y)^{n-t}}\right]$$
$$=\frac{32.40}{1+9\%}+\frac{32.40}{(1+9\%)^2}+\frac{36.00}{9\%(1+9\%)^2}×\left[1-\frac{1}{(1+9\%)^{40-4-2}}\right]$$
$$=375.69（万元）$$

2）商店二层价格测算

$$年净收益 = 200 \times 120 \times (1-25\%) \times 12 = 21.60（万元）$$

选用公式及计算

$$V = \frac{A}{Y}\left[1 - \frac{1}{(1+Y)^n}\right] = \frac{21.60}{9\%} \times \left[1 - \frac{1}{(1+9\%)^{40-4}}\right] = 229.60（万元）$$

3）计算该商店的正常价格

$$375.69 + 229.60 = 604.90（万元）$$

【例 5-2】 某公司 3 年前与该写字楼所有权人签订了租赁合同，租用其中 500m^2，约定租赁期为 10 年，月租金固定不变，为 75 元/m^2。现市场上类似写字楼的月租金为 100 元/m^2。假设折现率为 10%，计算目前承租人权益的价值。

解 承租人约定租金与市场类似写字楼的租金差值，可视为承租人的净收益。承租人目前的权益价值，即为剩余租期的现值。从题意也可以得出：

（1）n = 剩余租期 = 10 - 3 = 7（年）

（2）年净收益 A = （100 - 75）× 500 × 12 = 15（万元）

（3）Y = 折现率 = 10%

（4）计算 V

$$V = \frac{A}{Y}\left[1 - \frac{1}{(1+Y)^n}\right] = \frac{12.00}{10\%} \times \left[1 - \frac{1}{(1+10\%)^7}\right] = 73.03（万元）$$

注意：有租约限制下的价值、无租约限制下的价值和承租人权益价值三者的关系是：有租约限制下的价值 = 无租约限制下的价值 - 承租人权益价值

七、净收期限和净收益流模式

1. 收益期限的确定

收益期限是估价对象自估价时点起至未来可以获取收益的时间，一般是根据建筑物的剩余经济寿命和土地使用权的剩余期限来确定。建筑物剩余经济寿命是自估价时点起至建筑物经济寿命结束的时间。土地使用权剩余期限是自估价时点起至土地使用权期限结束的时间。

收益期应在房地产的自然寿命、法律规定（如土地使用最高年限）、合同约定（如租赁合同）等的基础上，结合房地产剩余经济寿命来确定。一般情况下，估价对象的收益期为房地产的剩余经济寿命，其中土地的收益期限为土地使用剩余年限。

2. 净收益流模式

运用报酬资本化估价，在求取估价对象的净收益时，应根据估价对象的净收益在过去和现在的变动情况，以及未来可获得收益期限，确定估价对象未来各期的净收益，并判断未来净收益属于下列哪种类型：每年基本固定不变；按某个固定数额递增或递减；按某个固定比率递增或递减；其他有规则变动，例如呈指数增长等。

年净收益的求取方法主要有：

（1）过去数据简单算术平均法。方法是通过调查，求取估价对象过去若干年（例如过去 3 年或 5 年）的净收益，然后将其简单平均值作为 A 值。

（2）未来数据简单算术平均法。方法是通过调查，预测估价对象未来若干年（例如未来 3 年或 5 年）的净收益，然后将其简单平均值作为 A 值。

（3）未来数据资本化公式法。方法是通过调查，预测估价对象未来若干年（例如过去 3 年或 5 年）的净收益，然后利用报酬资本化公式推导出的公式来求取 A 值（可视为一种加权平均数），公式为

$$\frac{A}{Y}\left[1-\frac{1}{(1+Y)^i}\right]=\sum_{i=1}^{t}\frac{A_i}{(1+Y)^i}$$

或

$$A=\frac{Y(1+Y)^t}{(1+Y)^t-1}\times\sum_{i=1}^{t}\frac{A_i}{(1+Y)^i}$$

【例 5-3】某宗房地产的收益期限为 40 年，判断其未来每年的净收益基本保持固定不变，通过测算得知未来 4 年的净收益分别为 25 万元、26 万元、24 万元、25 万元，报酬率为 10%。求该宗房地产的收益价格。

分析：本题只给出了 4 年的净收益，但其他年份的净收益 A 没有给出，因此应先求出其他年份的净收益 A 值，求 A 的方法，可以用 4 年的净收益求简单算术平均值，也可以用资本化公式计算。

解 （1）求取 A 值。

简单算术平均法求 A 值

$$A=（25+26+24+25）/4=25（万元）$$

利用资本化公式计算 A 值

$$A=\frac{Y(1+Y)^t}{(1+Y)^t-1}\times\sum_{i=1}^{t}\frac{A_i}{(1+Y)^i}$$

$$=\frac{10\%\times(1+10\%)^4}{(1+10\%)^4-1}\times\left[\frac{25}{1+10\%}+\frac{26}{(1+10\%)^2}+\frac{24}{(1+10\%)^3}+\frac{25}{(1+10\%)^4}\right]$$

$$=25.02（万元）$$

由此，可见两种方法计算出的 A 值相差不大。

（2）计算收益价格 V

按 A 值固定不变计算 V

$$V=\frac{A}{Y}\left[1-\frac{1}{(1+Y)^n}\right]=\frac{25.02}{10\%}\times\left[1-\frac{1}{(1+10\%)^{40}}\right]=244.67（万元）$$

小提示

▶ 当有较多预期收益相似的可比实例信息时，直接资本化法精度较高；当有较多的等风险投资实例信息时，报酬资本化法较高。

第四节 房地产评估的市场法

一、基本思路

市场法是不动产估价方法中最常用的基本方法之一，市场法又称买卖实例比较法、交易实例比较法、市价比较法、市场资料比较法、现行市价法等。

市场法的基本含义是：在求取一宗待估不动产价格时，依据替代原理，将待估不动产与类似不动产的近期交易价格进行对照比较，通过对交易情况、交易日期、区域因素和个别因素等修正，得出待估不动产在评估期日的价格。由市场法估价得到的价格，称为比准价格。

市场法的理论依据，就是经济学中的替代原理。根据替代原理，在市场上任何经济主体都谋求以最小的代价取得最大利润或效用。因此效用均等的物品或服务其价格应该相等。在一个完全竞争的市场上，两个以上具有替代关系的商品同时存在，商品的价格就会由于替代关系而通过相互竞争，最终促使商品的价格趋于一致。在地产市场上也是这样，从理论上讲，效用相等的地产经过市场的竞争，其价格最终会基本趋于一致。

二、适用范围

市场法只要有类似地产的适合的交易实例即可应用。因此在地产市场比较发达的情况下，市场法得到广泛应用。在同一地区或同一供求范围内的类似地区中，与待评估地产相类似的地产交易越多，市场法应用越有效。而在下列情况下，市场法往往难以适用：

第一，没有发生地产交易或在地产交易发生较少的地区。

第二，对某些类型很少见的地产或交易实例很少的地产，如古建筑用地等。

第三，对那些很难成为交易对象的不动产，如教堂、寺庙用地等。

第四，风景名胜区土地。

第五，图书馆、体育馆、学校用地等。

三、操作步骤

运用市场法评估地产价格，一般经过下列程序：收集交易资料，确定可比交易案例，修正交易情况、交易日期、区域因素、个别因素、容积率、土地使用年期，确定地产价格。

其中土地容积率修正和土地使用年期修正也可并入区域因素与个别因素修正以下对操作步骤作一具体介绍。

（一）交易资料收集

运用市场法评估地产的价格，必须有充裕的交易资料，这是市场法运用的基础和前提条件。这就要求评估人员必须注意日积月累，在平时就要时刻关注地产市场变化，随时搜集有关地产交易实例。如果等到需要时才去临时找案例，往往因为时间紧迫，很难来得及搜集到足够的交易案例。而交易案例太少，用市场法评估出的价格难免不够客观、合理，甚至会使市场法无法使用。

（二）可比交易案例确定

在进行一宗地产价格评估时，需要针对待估地产的特点，从平时搜集的众多地产交易实例中选择符合一定条件的交易实例，作为供比较参照的交易实例。比较实例选择是否适当，直接影响运用市场法评估的结果精度，因此对比较实例的选择应特别慎重。从国外有关资料来看，如果地产市场较为稳定，估价期日与案例交易日期可相差较远，但所选取的交易案例资料不应该超过5年。如果市场变动剧烈，变化较快，则只宜选取较近时期的交易实例，最好是近两年以内的。

（三）因素修正

因素修正包括：情况修正、期日修正、区域因素修正、个别因素修正、容积率修正、土地使用年期修正等。

1. 交易情况修正

由于地产的独特特性，决定了地产市场不能成为完全竞争市场，而是一个不完全竞争市场。在地产市场上，地产价格的形成往往具有个别性，因此运用市场法进行地产估价，需要对选取的交易实例进行交易情况修正，将交易中由于个别因素所产生的价格偏差予以剔除，使其成为正常价格。

2. 交易日期修正

交易实例的交易日期与待评估地产的评估基准日往往有一段时间差。在这一期间，房地产市场可能不断发生变化，地产价格可能升高或降低。因此需要根据地产价格的变动率，将交易实例地产价格修正为评估基准日的地产价格。这就是期日修正。地产价格的变动率一般用地价指数来表示。利用价格指数进行期日修正的公式如下

评估基准日交易实例价格＝交易实例价格×（评估基准日指数/交易日期指数）

【例 5-4】　现选取到一可比实例，成交价格为 6000 元/m^2，成交日期为 2018 年 7 月。假设 2018 年 1 月～2019 年 7 月，该类地产价格平均每月上涨 1%。2019 年 7 月～2020 年 1 月，该类地产价格平均每月下降 0.2%，则对该可比实例进行交易日期修正后 2020 年 1 月的地产价格为多少？

解　$P=6000×（1+1\%）^{12}×（1-0.2\%）^6=6000×1.127×0.988=6680.86（元/m^2）$

3. 区域因素修正

对交易实例进行交易情况修正和交易日期修正后，还需要对交易实例进行区域因素修正。区域因素是影响地产价格的重要因素，进行区域因素修正，是市场法的难点和关键之一。

交易实例地产与待评估地产如果不是处于同一地区，应将交易实例地产所处地区与待评估地产所处地区的区域因素加以比较，找出由于区域因素的差别而引起的交易实例地产与待评估地产价格的差异，对交易实例地产价格进行修正。如果交易实例地产与待评估地产处在同一地区，则不必进行此项修正。

4. 个别因素修正

对交易实例进行交易情况修正、交易日期修正和区域因素修正后，还需要对交易实例进行个别因素修正。个别因素修正是否适当，对地产价格评估结果也有重大影响。

将交易实例地产与待评估地产的个别因素加以比较，找出由于个别因素的差别而引起的交易实例地产与待评估地产价格的差异，对交易实例地产价格进行修正。

5. 容积率修正

容积率与地价相关关系并非呈线性关系，需根据具体区域的情况分析。

容积率修正可采用下式计算

$$经容积率修正后可比实例价格＝可比实例价格×\frac{待估宗地容积率修正系数}{可比实例价格容积率修正系数}$$

6. 土地使用年限修正

【例 5-5】若选择的比较案例成交地价为每平方米 1000 元，对应使用年期为 30 年，而待估宗地出让年期为 20 年，土地还原率为 8%，则年期修正如下

$$土地使用年期修正后地价＝1000×\frac{1-1/(1+8\%)^{20}}{1-1/(1+8\%)^{30}}=872（元/m^2）$$

（四）地产价格的确定

经过上述的交易情况修正、期日修正、区域因素修正、个别因素修正、容积率修正、土地使用年期修正，就可得到在评估基准目的待估地产的若干个价格，如果交易实例选取 5 个，就可能有 5 个价格。

通过计算公式求取的若干个价格，可能不一定完全一致。但是要评估的地产的价格却只能有一个。求取最终的地产价格可采用统计学方法，如简单算术平均数法、加权算术平均数法、众数法、中位数法、混合法。

市场法应用案例

1. 评估对象概况

评估对象房地产为某市如意河南路 8 号青州小区第 9 号楼一层公建，建筑面积 1400m²。具体情况如下：

（1）位置与环境。评估对象房地产位于某市如意河南路 8 号青州小区。小区北面靠山，南面俯瞰大海，地势北高南低，倚山望水。小区南靠滨海市主要交通干道黄海南路，总建筑面积 16 万 m²，各类住宅共 1300 套，规划为南北向 30 栋多层和小高层住宅。小区中央设有宽阔的中央公园，各种配套设施齐全，小区内的交通组织体系采用完全人车分流设计，车道全部设置在社区的外围，真正确保住宅区内部居住生活环境的安静与安全。小区周边交通发达，通过此地的有十几路交通线路。

（2）占用土地的基本情况。评估对象所在的住宅小区总占地面积 98 000m²，其中商服用地 9900m²，住宅用地 88 100m²。根据某政府〔2000〕40 号文件，该地块土地级别为六级。该土地已取得了国有土地使用证，证号为某市国用（2005）字第 58 号。

（3）评估对象房屋的基本情况。评估对象房屋位于青州小区第 9 号楼，建于 2015 年，9 号楼共 13 层，总建筑面积 11 000m²，其中一层公建 1400m²。公建层高 3.3m，全部为框架结构，按八级抗震烈度设防。9 号楼位于整个小区的中心，中央公园的北侧。评估对象房屋的外装修为塑钢门窗，西班牙瓦，进口高档外墙黏土砖；内装修为水泥地面，墙面、天棚刮大白。评估对象房屋有完善的水、暖、电设施，冷水采用无毒、无味、无腐蚀性的进口塑料管，热水管采用紫铜管，并设置了结构化布线系统，主干线采用室外光缆。

2. 评估要求

评估该房地产 2017 年 4 月 1 日的市场价值。

3. 评估过程

（1）选择评估方法。该类房地产有较多的交易实例，故采用市场法进行评估。

（2）搜集有关的评估资料，选择可比实例。通过对所选择的类似房地产交易资料的分析和筛选，确定可比性较强的三个交易案例作为可比实例。

可比实例 A：青州小区 12 号楼一层公建。该建筑建于 2015 年，位于评估对象房地产东面，中央公园的东北角；框架剪力墙结构；外装修为塑钢门窗，西班牙瓦，进口高档外墙黏土砖；内装修为水泥地面，墙面、天棚刮大白；水、暖、电设施完善，冷水采用无毒、无味、无腐蚀性的进口塑料管，热水管采用紫铜管，并设置了结构化布线系统，主干线采用室外光缆。其售价为 5300 元/m²，成交日期为 2014 年 4 月，当时为期房。

可比实例 B：光明住宅小区的步行商业街一层公建。光明小区位于青州小区东侧 900m，南靠某市主要交通干道黄海南路，东邻幸福路，小区临幸福路一侧有多家店铺。可比实例位于阳光小区中部，建于 2014 年，其建筑结构、装修水平及设备状况与评估对象房地产基本相同，售价为 5800 元/m²，成交日期为 2016 年 9 月，交易情况为清盘。

可比实例 C：青州小区西侧，靠近如意河南路的一层公建。该可比实例为一临街公建，建于 2014 年，其建筑结构、设备状况与评估对象房地产基本相同，该建筑室内进行了精装修，售价为 7000 元/m²，成交日期为 2016 年 11 月。

（3）对可比实例进行交易情况、时间因素、区域因素和个别因素修正。评估对象房地产与三个可比实例各种因素比较情况见表 5-1。

表 5-1   因素条件说明表

比较因素		评估对象	可比实例 A	可比实例 B	可比实例 C
交易日期			2014.4	2016.9	2016.11
交易情况		正常	期房	清盘	正常
区域因素	商服繁华度	一般	一般	一般	好
	离市中心距离	相同	相同	稍近	相同
	交通便捷度	较好	较好	好	好
	道路通达度	较好	较好	好	好
	土地级别	六级	六级	六级	六级
	环境质量优劣度	较好	较好	较好	较好
	绿地覆盖度	较好	较好	较好	较好
	基础设施完善度	较好	较好	较好	较好
	公用设施完备度	较好	较好	较好	较好
	规划限制	相同	相同	相同	相同
个别因素	小区内所处位置	较好	较好	较好	好
	临街状况	较好	较好	较好	好
	新旧程度	优	优	优	优
	楼层	一层	一层	一层	一层
	朝向	南北	南北	南北	南北
	建筑结构	框剪	框剪	框剪	框剪
	建筑质量	较好	较好	较好	较好
	建筑物用途	相同	相同	相同	相同
	权利状况	较好	较好	较好	较好
	装修水平	较好	较好	较好	好
	设备状况	好	好	好	好
	物业管理	优	优	优	优

1）进行交易情况修正。经分析，三个可比实例中，可比实例 A 为期房，与正常交易相比，交易价格偏低 10%，交易情况修正系数为：100/90；可比实例 B 为清盘房，与正常交易相比，交易价格偏低 5%，交易情况修正系数为：100/95；可比实例 C 为正常交易，交易情况修正系数为：100/100。

2）进行交易日期修正。经调查分析，某市 2017 年 4 月该类房地产的市场价格与 2014 年 4 月、2016 年 9 月和 2016 年 11 月相比分别上涨了 15%、5% 和 3%。则可比实例 A、可比实例 B 和可比实例 C 的交易日期修正系数分别为：115/100、105/100、103/100。

3）进行区域因素修正。将可比实例 A、可比实例 B 和可比实例 C 的各区域因素分别与评估对象房地产进行比较，然后打分，并通过加权平均分别得到综合得分，最后得出可比实例 A、可比实例 B 和可比实例 C 的区域因素修正系数分别为：100/100、100/101.5、100/101.6，具体打分及计算情况见表 5-2。

表 5-2 区域因素直接比较表

区域因素	权　　重	评估对象	可比实例 A	可比实例 B	可比实例 C
商服繁华度	0.15	100	100	105	103
离市中心距离	0.13	100	100	101	100
交通便捷度	0.12	100	100	103	105
道路通达度	0.11	100	100	102	105
土地级别	0.07	100	100	100	100
环境质量优劣度	0.10	100	100	100	100
绿地覆盖度	0.08	100	100	100	100
基础设施完善度	0.10	100	100	100	100
公用设施完备度	0.09	100	100	100	100
规划限制	0.05	100	100	100	100
比较结果	1	100	100	101.5	101.6

4）进行个别因素修正。将可比实例 A、可比实例 B 和可比实例 C 的各个别因素分别与评估对象房地产进行比较，然后打分，并通过加权平均分别得到综合得分，最后得出可比实例 A、可比实例 B 和可比实例 C 的个别因素修正系数分别为：100/99.6、100/100.2、100/101.4，具体打分及计算情况见表 5-3。

表 5-3 个别因素直接比较表

个别因素	权　　重	评估对象	可比实例 A	可比实例 B	可比实例 C
小区内所处位置	0.12	100	98	100	105
临街状况	0.15	100	99	101	105
新旧程度	0.10	100	100	100	100
楼层	0.08	100	100	100	100
朝向	0.07	100	100	100	100
建筑结构	0.13	100	100	100	100
建筑质量	0.10	100	100	100	100

续表

个别因素	权重	评估对象	可比实例 A	可比实例 B	可比实例 C
建筑物用途	0.09	100	100	100	100
权力状况	0.06	100	100	100	100
装修水平	0.02	100	100	100	103
设备状况	0.05	100	100	100	100
物业管理	0.03	100	100	100	100
比较结果	1	100	99.6	100.2	101.4

5）计算评估对象房地产价值。首先计算三个可比实例的比准价值，计算过程见表 5-4。通过对三个可比实例的可比性分析，对可比实例 A、可比实例 B 和可比实例 C 分别给出不同的权重 0.5、0.2、0.3，采用加权平均法计算评估对象房地产的单价为

$$6799\times0.5+6303\times0.2+6998\times0.3=6760（元/m^2）$$

表 5-4　　　　　　　　　　　房地产价值计算表

项　目 \ 可比实例	可比实例 A	可比实例 B	可比实例 C
实际成交价格（元/m²）	5300	5800	7000
交易情况修正	100/90	100/95	100/100
交易日期修正	115/100	105/100	103/100
区域因素修正	100/100	100/101.5	100/101.6
个别因素修正	100/99.6	100/100.2	100/101.4
比准价值（元/m²）	6799	6303	6998

4. 评估结果

房地产单价 6760 元/m²

房地产总价 1400×6760＝9 464 000（元）

第五节　房地产评估的成本法

一、房地产评估的成本法基本思路

建立在重置成本的理论基础之上，成本法是以假设重新复制被估房地产所需要的成本为依据而评估房地产价值的一种方法，即以重置一宗与被估房地产可以产生同等效用的房地产，所需投入的各项费用之和为依据再加上一定的利润和应纳税金来确定被估房地产价值。

二、房地产评估的成本法适用范围

成本法一般适用新开发土地的估价，特别适用于土地市场不发育，土地成交实例不多，无法利用市场法等方法进行土地的估价。同时，对于既无收益又很少有交易情况的学校、公园等公共建筑、公益设施等特殊性的土地估价也比较适用。但由于土地的价格大部分取决于它的效用，并非仅仅是它所花费的成本，也就是说，由于土地成本的增加并不一定会增加它的使用价值，所以，成本法在土地估价中应用范围受到一定限制。

三、计算公式

用成本法评估地价必须分析地价中的成本因素。土地作为一种稀缺的自然物，即使未经开发，由于土地所有权的垄断，使用土地也必须支付地租。同时，由于开发土地投入的资本及利息也构成地租的一部分，因此，成本法的基本公式为

土地价格＝土地取得费＋土地开发费＋税费＋利息＋利润＋土地增值收益

四、操作步骤

用成本法评估地价的程序一般为计算土地取得费用，计算土地开发费用，计算投资利息，计算投资利润，确定土地增值收益，测算土地使用权价格。

（一）计算土地取得费用

土地取得费是为取得土地而向原土地使用者支付的费用，分为两种情况。

（1）国家征用集体土地而支付给农村集体经济组织的费用，包括土地补偿费、地上附着物和青苗补偿费及安置补助费等。

一般认为，土地补偿费中包含一定的级差地租。地上附着物和青苗补偿费是对被征地单位已投入土地而未收回的资金的补偿，类似地租中所包含的投资补偿部分。安置补助费是为保证被征地农业人口在失去其生产资料后的生活水平不致降低而设立的，因而也可以看成具有从被征土地未来产生的增值收益中提取部分作为补偿的含义。

土地征用是国家依法为公益事业而采取的强制性行政手段，不是土地买卖活动，征地费用自然也不是土地购买价格。征地费用可能远高于农地价格，这是与农地转为建设用地而使价格上涨有关。

（2）为取得已利用城市土地而向原土地使用者支付的拆迁费用，这是对原城市土地使用者在土地上投资未收回部分的补偿，补偿标准各地均有具体规定。

背景资料

关于征地费用各项标准，《中华人民共和国土地管理法》有明确规定：

征用耕地的补偿费用包括土地补偿费、安置补助费以及地上附着物和青苗的补偿费。征用耕地的土地补偿费，为该耕地被征用前3年平均产值的6~10倍；征用耕地的安置补助费，按照需要安置的农业人口数计算。需要安置的农业人口数，按照被征用的耕地数量除以征地前被征用单位平均每人占有耕地的数量计算。每一个需要安置的农业人口的安置补偿费标准，为该耕地被征前3年平均年产值的4~6倍。但是，每公顷被征用耕地的安置补助费，最高不得超过被征用前3年平均年产值的15倍。

土地补偿费和安置补助费的标准规定：

被征用土地上的附着物和青苗的补偿标准，由省、自治区、直辖市规定。

征用城市郊区的菜地，用地单位应当按照国家有关规定缴纳新菜地开发建设基金。

按照以上规定支付土地补偿费和安置补助费，尚不能使需要安置的农民保持原有生活水平的，经省、自治区、直辖市人民政府批准，可以增加安置补助费。但是，土地补偿费和安置补助费标准的总和不得超过土地被征用前3年平均年产值的30倍。

在特殊情况下，国务院根据社会经济发展水平，可以提高被征用耕地的土地补偿费和安置补助费标准。

（二）计算土地开发费用

一般来说，土地开发费用涉及基础设施配套费、公共事业建设配套费和小区开发配套费。

1. 基础设施配套费

对于基础设施配套常常概括为"三通一平"和"七通一平"。"三通一平"指通水、通路、通电，平整地面。"七通一平"指通上水、通下水、通电、通信、通气、通热、通路，平整地面。作为工业用地，"三通一平"只是最基本的条件，还不能立即上工业项目，只有搞好"七通一平"，项目才能正常运行。因此，作为基础设施配套费用应以"七通一平"为标准计算。

2. 公共事业建设配套费

公共事业建设配套费主要指邮电、图书馆、学校、公园、绿地等设施的费用。这与项目大小、用地规模有关，各地情况不一，视实际情况而定。

3. 小区开发配套费

同公共事业建设配套费类似，各地根据用地情况确定合理的项目标准。

（三）计算投资利息

投资利息就是资金的时间价值。在土地评估中，投资者贷款需要向银行偿还贷款利息，利息应计入成本；投资者利用自有资金投入，也可以看作损失了利息，从这种意义上看，也属于投资机会成本，也应计入成本。

在用成本法评估土地价格时，投资包括土地取得费和土地开发费两大部分。由于两部分资金的投入时间和占用时间不同，土地取得费在土地开发动工前即要全部付清，在开发完成销售后方能收回，因此，计息期应为整个开发期和销售期。土地开发费在开发过程中逐步投入，销售后收回，若土地开发费是均匀投入，则计息期为开发期的一半。

（四）计算投资利润

投资的目的是为了获取相应的利润，作为投资的回报，对土地投资，当然也要获取相应的利润。该利润计算的关键是确定利润率或投资回报率。利润率计算的基数可以是土地取得费和土地开发费，也可以是开发后土地的地价。计算时要注意所用利润率的内涵。

（五）土地增值收益确定

土地增值收益主要是由于土地的用途改变或土地功能变化而引起的。由于农地转变为建设用地，新用途的土地收益将远高于原用途土地，必然会带来土地增值收益。由于这种增值是土地所有权人允许改变土地用途带来的，应归整个社会拥有。如果土地的性能发生变化了，提高了土地的经济价值，也能使土地收益能力增加，这个增加的收益，是由于土地性能改变而带来的，同样应归土地所有者所有。

根据计算公式，前四项之和为成本价格，成本价格乘以土地增值收益率即为土地所有权收益。目前，土地增值收益率通常为 10%～25%。

五、应用举例

【例 5-6】　某市经济技术开发区内有一块土地面积为 15 000m²，该地块的土地征地费用（含安置、拆迁、青苗补偿费和耕地占用税）为每亩 10 万元，土地开发费为每平方千米 2 亿元，土地开发周期为两年，第一年投入资金占总开发费用的 35%，开发商要求的投资回报率为 10%，当地土地出让增值收益率为 15%，银行贷款年利率为 6%，试评估该土地的价格。

解 该土地的各项投入成本均已知，可用成本法评估。

（1）计算土地取得费

$$土地取得费＝10 万元/亩＝150 元/m^2$$

提示：1 亩＝667m²

（2）计算土地开发费

$$土地开发费＝2 亿元/km^2＝200 元/m^2$$

提示：1km²＝10⁶m²

（3）计算投资利息

土地取得费的计息期为 2 年，土地开发费为分段均匀投入，则

$$土地取得费利息＝150×[(1+6\%)^2-1]＝18.54（元/m^2）$$

$$土地开发费利息＝200×35\%×[(1+6\%)^{1.5}-1]+200×65\%×[(1+6\%)^{0.5}-1]$$
$$＝6.39+3.84＝10.23（元/m^2）$$

（4）计算开发利润

$$开发利润＝[（1）+（2）]×10\%＝35（元/m^2）$$

（5）计算土地出让增值收益

$$土地出让增值收益＝[（1）+（2）+（3）+（4）]×15\%$$
$$＝（150+200+18.54+10.23+35）×15\%$$
$$＝62.07（元/m^2）$$

（6）计算土地价值

$$土地单价＝（1）+（2）+（3）+（4）+（5）$$
$$＝150+200+18.54+10.23+35+62.07$$
$$＝475.84（元/m^2）$$

$$土地总价＝475.84×15\ 000＝7\ 137\ 600（元）$$

该宗地单价为 475.84 元/m²，总价为 7 137 600 元。

背景资料

采用成本法估价时，各种结构房屋的经济耐用年限，可参考以下数据确定：

1. 钢筋混凝土结构（包括框架结构、剪力墙结构、简体结构、框架—剪力墙结构等）：生产用房50年，受腐蚀的生产用房35年，非生产用房60年。

2. 砖混结构一等：生产用房40年，受腐蚀的生产用房30年，非生产用房50年。

3. 砖混结构二等：生产用房40年，受腐蚀的生产用房30年，非生产用房50年。

4. 砖木结构一等：生产用房30年，受腐蚀的生产用房20年，非生产用房40年。

5. 砖木结构二等：生产用房30年，受腐蚀的生产用房20年，非生产用房40年。

6. 砖木结构三等：生产用房30年，受腐蚀的生产用房20年，非生产用房40年。

7. 简易结构：10年。

各种结构房屋的建筑物残值率，可参考以下数据：钢筋混凝土结构：0；砖混结构一等：20%；砖混结构二等：2%；砖木结构一等：6%；砖木结构二等：4%；砖木结构三等：3%；简易结构：0。

第六节　路　线　法

一、路线价法的含义和理论依据

（一）路线价法的含义

路线价估价法是根据土地价值高低随距街道距离增大递减的原理。在特定街道上设定单价，并依此单价配合深度百分率表及其他修正率表，用数学方法来计算临接同一街道的宗地地价的一种估价方法。与市场法、收益法等估价方法相比，这种方法能对大量土地迅速估价，是评估大量土地的一种常用方法。

（二）路线价法的理论依据

（1）市区内各宗土地的价值与其临街深度大小关系很大，土地价值随临街深度而递减，离开街道越远价值就会递减。

（2）路线价法实质上也是市场法的一种，因此路线价的是理论基础也是替代原理。根据上述原理，路线价估价法的关键是标准宗地的确定、路线价的附设和深度修正率的确定。路线价估价结果的可信度，取决于路线价深度百分率及各种修正率的准确性。路线价法是否运用得当，还依赖于较为完整的道路系统和排列整齐的宗地以及完善合理的深度修正率表和其他条件修正率。

小提示

▶ 路线价是标准宗地的单位地价，可看作比较实例，是指对面临特定街道而接近距离相等的市街土地设定标准深度，求取的该标准深度的若干宗地的平均单价。对路线价进行的各种修正可视为因素修正。

二、路线价法的计算公式

路线价法的计算公式有不同的表现形式，下面是常用的一种表达式

$$宗地总价＝路线价×深度百分率×临街宽度$$

如果宗地条件特殊，如宗地属街角地、两面临街地、三角形地、梯形地、不规则形地、袋地等，则需依下列公式计算

$$宗地总价＝路线价×深度百分比×临街宽度×其他条件修正率$$

或

$$宗地总价＝路线价×深度百分比×临街宽度×其他条件修正率$$

三、路线价估价法的适用范围

路线价法适宜于同时对大量土地进行估价，特别适宜于土地课税、土地重划、征地拆迁等需要在大范围内对大量土地进行估价的场合。路线价法运用是否得当，还依赖于较为完整的道路系统和排列整齐的宗地，以及完善合理的深度修正率表和其他条件修正率。

四、路线价估价法的程序

路线价估价法的操作步骤主要包括以下内容：路线价区段的划分、标准宗地的确定、路线价的评估、深度百分率表和其他修正率表的制作、计算土地宗地价格。

（一）路线价区段划分

地价相等、地段相连的地段一般划分为同一路线价区段。路线价区段为带状地段，街道

两侧接近性基本相等的地段长度称为路线段长度。路线价区段一般以路线价显著增减的地点为界。原则上街道不同的路段，路线价也不相同。如果街道一侧的繁华状况与对侧有显著差异，同一路段也可划分为两种不同的路线价。繁华街道有时需要附设不同的路线价，住宅区用地区位差异较小，所以住宅区的路线段较长，甚至几个街道路线段都相同。

路线价区段划分完毕，对每一路线段求取该路线段内标准宗地的平均地价，附设于该路线段上。

（二）标准宗地的确定

路线价是标准宗地的单位价格，路线价的设定必须先确定标准宗地面积，标准宗地是指从城市一定区域中沿主要街道的宗地中选定的深度、宽度和形状标准的宗地。标准深度是指标准宗地的临街深度。临街深度是指宗地离开街道的垂直距离。标准宗地的面积大小随各国而异。实际估价中的标准深度，通常是路线价区段内临街各宗土地深度的众数。

（三）路线价的评估

路线价的决定，主要采取两种方法，第一种是由熟练的估价员依买卖实例，用市场法等一般市场估价方法确定；第二种是采用路线价系数法或称评分方式，将形成土地价格的各种因素分成几种项目加以评分，然后合计，换算成附设于路线价上的点数。

第一种方法是各国通用的方法。根据选定的标准宗地的形状、大小评估标准宗地价格，根据标准宗地价格水平及街道状况、公共设施的接近情况、土地利用状况，划分地价区段，附设路线价。标准宗地价格计算适用宗地地价计算方法，如收益法、市场法等方法，或依市场买卖实例评定其价格。因此，对评价区域调查的买卖实例宗地，进行地价影响因素分析。实例宗地条件如果与标准宗地条件不同，应对不同条件部分进行因素修正，由此求得标准宗地的正常买卖价格。不同地段标准宗地价格应能反映区位差异，互相均衡。

（四）深度百分率表的制作

深度百分率又称深度指数。深度百分率表，又称深度指数表。深度百分率是地价随临街深度长短变化的比率。深度百分率表制作，是路线价法的难点和关键所在。路线价法在美国由来已久，长久以来根据丰富的实际资料，制订了各种路线价法则，著名的有四三二一法则、苏慕斯法则（克利夫兰法则）、霍夫曼法则等，英国有哈伯法则、爱迪生法则等。

（五）计算土地宗地价格

依据路线价和深度百分率及其他修正率表，运用路线价法计算公式，即可以计算得到宗地价格。

五、深度百分率表

临接同一街道的土地，路线价虽然相同，但由于宗地的宽度、深度、形状、面积不同，单位面积的价格不同。在影响地价的因素当中，深度对地价影响较大。现在假设有一临街宽度 m，深度 n 的长方形宗地，每平方米平均单价为 A，则该宗地的总价格为 mnA 元（其中 m、n 单位为 m，A 单位为元）。

（1）单独深度百分率如将确定路线价的标准宗地为标准，大小为标准宗地深度一定比例的各小地块（该地块的深度是确定的）面积价格占路线价的百分率，即为单独深度百分率。

注意：这里的单独深度百分比实质上指的是在标准宽度下，各个小的地块的深度不同，则该地块的价格不同，深度越深（举例道路越远），则价格越低。单独深度百分率为 40%，表示该深度的价格占标准深度的价格的 40%，即如果标准深度的价格是 100［元/（标准宽度）米·100m 标准深度］，忽略标准宽度，就可以写作：100［元/100m 标准深度］。则该深度的价格是 40［元/（标准宽度）m·该地块深度］，忽略标准宽度，就可以写作：40［元/该地块深度］，所以该地块的单独深度百分率为 40%。

（2）制作深度百分率表，需要考虑以下几个方面：

1）确定标准深度。

2）确定级距。

3）确定单独深度百分率。

4）根据需要采用累计或者平均深度百分率。

（3）深度百分率分三种：

第一种：单独深度百分率。如第一段 A1，第一个 7.62m，单独深度百分率，40%；第二段 A2，7.62m，30%；第三段 A3，20%；第四段 A4，10%；第五段 A5，9%；第六段 A6，8%，呈递减。

第二种：累计深度百分率。第一段 A1 单独深度百分率是 40%。它的深度百分率也是 40%，如果加上第二段，A2 是 30%，那么累计深度百分率是 70%。

$$累计深度百分率 = \Sigma 各段单独深度百分率$$

第三种：平均深度百分率。

一般来说，将标准深度的平均深度百分率设为 100%，平均浓度百分率与累计深度百分率之间的关系就表现为

$$平均深度百分率 = 累计深度百分率 \times 标准深度 \div 宗地深度$$

平均深度百分率可用来衡量平均临街的程度。

举例：标准深度 30.48m 的普通临街地，与街道平行区分四等分，即由临街面算起，第一个 7.62m 的价值点路线价的 40%，第二个 7.62m 的价值占路线价的 30%，第三个 7.62m 的价值占 20%，第四个 7.62m 的价值为 10%，如果超过 30.48m，则需九八七六法则来补充。即超过 30.48m 的第一个 7.62m 价值为路线的 9%，第二个 7.62m 为 8%，第三个 7.62m 为 7%，第四个 7.62m 为 6%。求其深度百分比累计、平均深度百分率计算示例：

15.24m 的累计深度百分率等于前 7.62m 的百分率加上后 7.62m 的单独深度百分率，即

$$40\% + 30\% = 70\%$$

15.24m 的平均深度百分率等于

$$平均深度百分率 = 累计深度百分率 \times 标准深度 \div 宗地深度$$
$$= 70\% \times 100 \div 50 = 140\%$$

38.1m 的平均深度百分率等于

$$平均深度百分率 = 累计深度百分率 \times 标准深度 \div 宗地深度$$
$$= 109\% \times 100 \div 125 = 87.2\%$$

60.96m 的平均深度百分率等于

$$平均深度百分率 = 累计深度百分率 \times 标准深度 \div 宗地深度$$
$$= 130\% \times 100 \div 200 = 65\%$$

深度百分率表制作示例见表 5-5。

表 5-5   深度百分率表制作示例

临街深度（m）	7.62	15.24	22.86	30.48	38.1	45.72	53.34	60.96
单独深度百分率（%）	40	30	20	10	9	8	7	6
累计深度百分率（%）	40	70	90	100	109	117	124	130
平均深度百分率（%）	160	140	120	100	87.2	78	70.86	65

小测试

宗地甲的深度为 125m，若标准深度为 100m，按照"四三二一"法则，宗地甲的单独深度百分率为 40%、30%、20%、10%和 9%，则宗地甲平均深度百分率的计算结果为（   ）。

A. 19.5%   B. 58.5%   C. 87.2%   D. 117%

六、路线价法则介绍

（一）四三二一法则

四三二一法则是将标准深度 30.48m 的普通临街地，与街道平行区分为四等分，即由临街面算起，第一个 7.62m 的价值为路线价的 40%，第二个 7.62m 的价值为路线价的 30%，第三个 7.62m 的价值为路线价的 20%，第四个 7.62m 的价值为路线价的 10%；如果超过 30.48m，则需九八七六法则来补充，即超过 30.48m 的第一个 7.62m 的价值为路线价的 9%，第二个 7.62m 的价值为路线价的 8%，第三个 7.62m 的价值为路线价的 7%，第四个 7.62m 的价值为路线价的 6%。应用四三二一法则估价，简明易记，但因深度划分过分粗略，故会有估价不准确现象。

（二）苏慕斯法则

苏慕斯法则是由苏慕斯根据其多年实践经验，并经对众多的买卖实例价格调查比较后创立的。苏慕斯经过调查证明，30.48m 深的土地价值，前半临街 15.24m 部分占全宗地总价 72.5%，后半 15.24m 部分占 27.5%，若再深 15.24m，则该宗地所增的价值仅为 15%。其深度百分率即在这种价值分配原则下所拟定。由于苏慕斯法则在美国俄亥俄州克利夫兰市应用最著名，因此一般将其称为克利夫兰法则。

（三）霍夫曼法则

霍夫曼法则是 1866 年纽约市法官霍夫曼所创造的，它是最先被承认对于各种深度的宗地估价的法则。霍夫曼法则认为，深度 30.48m 的宗地，最初 15.24m 的价值应占全宗地价值的三分之二。在此基础上，则深度 30.48m 的宗地，最初的 7.62m 等于 37.5%，最初的一半，即 15.24m 等于 67%，22.86m 等于 87.7%，30.48m 等于 100%。

在霍夫曼之后，有尼尔修正霍夫曼法则，由此创造所谓霍夫曼——尼尔法则。

（四）哈柏法则

哈柏法则创设于英国，是一种算术法则。其理论根据是一宗土地的价值与其深度的平方根成正比，即深度百分率为 30.48m 的深度平方根的十倍，即

$$深度百分率 = 10 \times \sqrt{深度} \times 100\%$$

例如一宗 15.24m 深土地价值，即相当于 30.48m 深土地价值的 70%。因为深度百分率 = $10 \times \sqrt{50}$% 深度，约等于 70%。但标准深度不一定为 30.48m，所以经修订的哈柏法则认为

$$深度百分率 = \frac{\sqrt{所给深度}}{\sqrt{标准深度}} \times 100\%$$

七、路线价法的应用举例

【例 5-7】　估价对象为一面临街的矩形宗地，临街宽度为 20m，临街深度为 75m，假设标准的临街宽度为 25m，临街深度为 100m，总价格为 400 万元。根据"四、三、二、一"法则，该估价对象的单价为多少元/m²？

解　临街宽度为 25m，临街深度 75m 的总价为

$$400 \times (40\% + 30\% + 20\%) = 360（万元）$$

则临街宽度为 20m，临街深度为 75m 的宗地总价为

$$360 \div 25 \times 70 = 288（万元）$$

单价为

$$288 \div (20 \times 75) = 1920（元/m^2）$$

第七节　在建工程评估

一、在建工程的含义与特点

（一）在建工程的含义

在建工程是评估时尚未完工或虽然已经完工，但尚未竣工验收、交付使用的建立项目。

（二）在建工程的特点在建工程作为一类评估对象具有自身的特点

1. 在建工程种类多，情况复杂

在建工程是一类范围很广的资产，以建筑工程为例，它包括建设中的各种房屋建筑物，而且建筑工程又都包含有设备安装内容，范围涉及各个行业，情况比较复杂，具有较强的专业技术性。

2. 在建工程的形象进度以及资产功能差别很大

在建工程涵括了从刚刚投资兴建的工程到已完成建设但尚未交付使用的工程。这些完工程度差异巨大的在建工程，其资产功能的差异也是巨大的。这就造成了在建工程之间可比性较差，评估时不易找到合适的参照物。

3. 在建工程的投资完成额与其实际完成工作量较难一致

由于在建工程的投资方式和会计核算要求，其账面价值往往包括预付材料款和预付设备款，同时也记录在建工程中的应付材料款及应付设备款等。因此，在建工程的投资并不能完全体现在建工程的形象进度，也就是说，在建工程投资与在建工程的实际完工量之间总存在着时差和量差。

4. 在建工程的建设工期长短差别较大

有些在建工程如厂区内的道路、设备基础等，一般工期较短；而有些在建工程如高速公路、港口码头等的建设工期就很长。建设工期长短上的差别，直接与建造期间材料、工费价格变化、设计变化等相联系，对评估估价标准的选择有直接地影响。

二、在建工程评估的主要方法

（一）工程进度法

工程进度法是指以工程预算为依据，按勘察时确定的完工程度评估在建工程价值的一种方法。这种方法主要适用于施工期较短且价格变化较小的在建工程。该方法的数学表达式为

在建建筑工程评估值＝在建建筑工程预算造价×在建建筑工程完工程度

在建建筑工程完工程度＝∑［各部位完成进度（%）×各部位占建筑工程预算的比例（%）］

在建设备安装工程评估值＝设备价值＋安装工程价×工程完工程度（%）

（二）变动因素调整法

对于工期较长，设计变更及价格变化对在建工程影响较大的项目不宜采用工程进度法，不宜直接用工程预算造价作为评估的基础，而需要对设计变更的价格变化作出相应的调整。变动因素调整法就是采用对在建工程实际完成部分因价格变化和设计变更因素，分别计算各调整数额，经归集加总后与在建工程实际支出相加减，确定在建工程的评估值。其数学表达式为

在建工程评估值＝在建工程实际支出±∑（已完工程部分材料、人工费因价格变化造成的增减额）±∑（已完工部分各项间接费、银行贷款利率变化造成的增减额）±∑（已完工部分设计变更影响造价的金额）

（三）重编预算工程进度法

对于建设工期较长、设计变更较大、价格变化较大、实际工程成本与工程预算差距较大的在建工程，可采用重新编制工程预算，然后再按工程进度法估测在建工程评估值。

在建工程评估是一项比较复杂的工作，评估前应对若干问题进行研究，以便在评估过程中谨慎处理。

（1）在建工程前景。在建工程项目是否具有效益性，是否具有发展前途，将直接影响评估人员对在建工程的价值判断，以及评估估价标准的选择。

（2）建设工期为依据，对超过正常建设工期所引起的贷款利息增加以及其他费用超支等不能作为在建工程评估值的组成内容。

（3）在建工程贷款利率水平。利率水平基本平稳时，可根据实际贷款利率计算；如果利率水平波动很大，或存在若干种贷款利率时，原则上应选择最低的一种贷款利率来计算利息。

（4）计算贷款利息的投资额应按统一口径核算。计算资金成本的投资额，应按合理的投资额为基数。合理的投资额就构成而言，主要包括在建工程的前期费用、建筑安装工程费用和其他必须支出的费用。

◎ 背景资料

在建工程评估所需资料清单

1. 委托方企业法人营业执照。

2. 拟抵押在建工程建筑面积（需与《商品房销售窗口表》中的面积一致）。

3. 项目规划总平面图。

4.《建设工程规划许可证》。

5.《国有土地使用证》。

6.《建设工程施工许可证》。

7.《商品房销售许可证》。

8. 评估委托书。

9. 法定优先受偿权调查记录。

10. 拟抵押在建工程施工进度情况说明。

11. 拟抵押在建工程施工款支付情况说明。

本 章 小 结

➢ 房地产是房屋财产和土地财产的总称。房地产是一种不能移动，或移动后会引起性质、形状改变的财产。房产主要包括住房房产和营业性房产；地产主要包括土地和土地资本。土地具有有用性、稀缺性和社会的有效需求等特点。

➢ 房地产的市场价格影响因素、分为自然因素、社会因素、行政因素和经济因素四个方面；还可以将影响因素划分为一般因素、区域因素和个别因素。

➢ 房地产评估收益法、市场法、成本法、路线法以及在建工程评估的内容。

思 考 题

1. 房地产评估有哪些方法，适用范围是怎样的？
2. 遵循房地产评估中的合法原则应具体体现在哪些方面？
3. 房地产评估应遵循哪些原则？
4. 试说明收益法、市场法、成本法的计算方法和应用。
5. 什么是基准地价和标定地价？地价的特征有哪些？
6. 在建工程评估应注意哪些问题？
7. 房地产的市场价格与房地产的评估值有什么联系和区别？

习 题

一、单项选择题

1. 已知一年期国债利率为 3.31%，贷款利率为 5.43%，投资风险补偿为 2.23%，管理负担补偿为 1.32%，缺乏流动性补偿为 1.42%，所得税抵扣为 0.5%，则报酬率为（　　）。
   　A. 7.78%　　　　　B. 8.28%　　　　　C. 13.21%　　　　　D. 14.21%

2. 实际估价中设定未来净收益每年不变条件下，求取净收益最合理的方法是（　　）。
   　A. 过去数据简单算术平均法　　　　B. 过去数据加权算术平均法
   　C. 未来数据简单算术平均法　　　　D. 未来数据加权算术平均法

3. 单位建筑物面积地价是指平均每单位建筑面积上的土地价格，它称为（　　）。
   　A. 楼面地价　　　B. 总价格　　　C. 单位价格　　　D. 土地使用权价格

4. 下列影响房地产价格因素中不属于区位因素的是（　　）。
   　A. 商服繁华因素　　　　　　　　B. 道路通达因素
   　C. 环境状况因素　　　　　　　　D. 产业结构因素

5. 用成本法评估土地价格时，土地取得费的计息期应为（　　）。
   　A. 整个开发期　　　　　　　　　B. 整个销售期
   　C. 整个开发期和销售期　　　　　D. 整个开发期和销售期的一半

6. 在影响商业房地产价格的区域因素中，对价格影响最大的是（　　）。
   　A. 交通通达程度　　　　　　　　B. 公共公用配套设施状况
   　C. 区域的繁华程度　　　　　　　D. 城市规划限制

7. 对于正常的在建工程，一般应当按照在建工程的（　　）来评估。
   　A. 市场价格　　　B. 账面价值　　　C. 重置成本　　　D. 收益价格

8. 在房地产评估中，当无参照物和无法预测未来收益时，则运用（   ）评估较为合适。

    A．成本法   B．市场比较法   C．残余估价法   D．收益法

9. 在一宗土地上，建有一栋10层的写字楼，每层楼的面积相同，关于容积率和建筑密度的数据，最有可能的是（   ）。

    A．9.8 0.8   B．5 0.5   C．5.2 0.5   D．6.5 0.6

10. 不论采用什么方法评估在建工程，其基本前提条件是（   ）。

    A．项目仍然在建设中   B．建成后的项目有效益性

    C．预计项目能够建成   D．建成后能够形成生产能力

11. 采用成本法评估建筑物是以（   ）为依据的。

    A．预算定额合理   B．建筑物客观投入合理

    C．建材价格变化不大   D．人工费率变化不大

12. 由于土地用途改变而带来的增值收益应当归（   ）拥有。

    A．转让人   B．占有人   C．使用人   D．所有人

13. 某宗土地，土地单价为 10 000 元/m²，规划容积率为8，建筑密度为0.5，则其楼面地价为（   ）元/m²。

    A．5000   B．1250   C．800   D．20 000

14. 评估房地产时需要考虑的主要风险是（   ）。

    A．不可位移   B．不容易变现   C．使用时间长   D．规划很严格

15. 若反映宗地地价水平，（   ）指标更具有说服力。

    A．楼面地价   B．土地单价   C．建筑单价   D．基准地价

16. 土地市场的不完全竞争性是由土地的（   ）决定的。

    A．稀缺性   B．位置固定性   C．用途多样性   D．价值增值性

二、多项选择题

1. 运用市场法评估地上建筑物部分时，选择的参照物应该在（   ）方面与待估资产大致相同。

    A．外观   B．结构   C．用途   D．坐落位置

    E．功能

2. 土地的经济特性是（   ）。

    A．供给的稀缺性   B．可垄断性

    C．不可再生性   D．土地利用多方向性

    E．效益级差性

3. 下列因素中属于影响房地产价格一般因素的是（   ）。

    A．经济因素   B．社会因素   C．环境状况因素   D．心理因素

    E．技术因素

4. 下列因素中属于影响房地产价格的个别因素是（   ）。

    A．区位因素   B．交通便捷因素   C．面积因素   D．容积率因素

    E．时间因素

5. 运用成本法对房地产价格评估，其使用范围主要是（   ）。

A．新开发地　　　B．学校用地　　　C．公园用地　　　D．商业用地

E．工业用地

6．通常"七通一平"中七通指的是（　　　）。

A．通气　　　B．通水　　　C．通电　　　D．通路

E．通暖

7．地价的特征包括（　　　）。

A．地价是地租的资本化　　　　　　　B．地价是权益价格

C．土地具有增值性　　　　　　　　　D．效益级差性

E．地价与用途有关

8．关于土地使用权正确的表述是（　　　）。

A．土地使用权转让时，其地上建筑物、附着物所有权随之转让

B．土地使用权抵押时，其地上建筑物、附着物所有权随之抵押

C．土地使用者通过转让方式获得土地使用权时，其土地出让年限应为法律规定的最高年限

D．土地使用者转让地上建筑物、其他附着物（不动产）所有权时，其使用范围内的土地使用权随之转让

E．抵押地上建筑物及其他附着物所有权时，其使用范围内的土地使用权随之抵押

9．房地产评估的原则包括（　　　）。

A．供需原则　　　　　　　　　　　　B．替代原则

C．最有效使用原则　　　　　　　　　D．贡献原则

E．合法原则

10．不动产指的是（　　　）。

A．地产　　　B．机器设备　　　C．空调　　　D．在建工程

E．房产

11．国家征用集体土地而支付给集体经济组织（包括支付给农民）的费用包括（　　　）。

A．土地补偿费　　　　　　　　　　　B．拆迁费

C．安置补助费　　　　　　　　　　　D．地上附着物补偿费

E．青苗补偿费

12．根据净收益求取的不同，收益法可分为（　　　）。

A．直接资本化法　　　　　　　　　　B．投资法

C．收益乘数法　　　　　　　　　　　D．利润法

E．现金流量折现法

13．收益性房地产的价值到底主要取决于（　　　）。

A．已经获得净收益的大小　　　　　　B．未来获得净收益的风险

C．未来获得净收益的大小　　　　　　D．目前总收益的大小

E．未来获得净收益期限的长短

三、计算题

1．有一宗土地，出让年期为40年，资本化率为6%，预计未来5年的纯收益分别为30万元、32万元、35万元、33万元、38万元，从第6年开始，大约稳定在40万元左右，

试评估该宗宗地价格。

2．有一宗房地产，假设使用年期为无限，未来第一年年纯收益为 100 万元，资本化率为 10%，若：

（1）未来各年的纯收益在上一年的基础上增加 1 万元；

（2）未来各年的纯收益在上一年的基础上增长 1%。

两种情况下该宗房地产的评估值为多少？

3．某土地面积为 $1000m^2$，每平方米征地费 100 元、开发费 150 元，土地开发期为两年，开发费在开发期内均匀投入，开发商要求的回报率为 10%，当地土地出让增值收益为 12%，银行贷款利率为 6%。试用成本法评估土地价格。

4．有一宗"七通一平"待开发建筑用地，面积为 $1000m^2$，使用期限为 50 年，容积率为 5，拟开发建设写字楼，建设期 2 年，建筑费用 3500 元 $/m^2$，专业费用为建筑费用的 10%，建筑费用和专业费用在整个建设期内均匀投入，写字楼建成后拟对外出租，租金水平预计为 2 元/（m^2·日），管理费用为年租金的 2%，维修费用为建筑费用的 1.5%，保险费用为建筑费用的 0.2%，税金为年租金的 17.5%，贷款利率为 6%，房地产综合还原利率为 7%，开发商要求的利润率为地价和开发成本（建筑费用和专业费用）之和的 20%。试评估该宗地地价（1 年按 360 天计算）。

5．某房地产公司于 2017 年 1 月以有偿出让的方式取得一块土地 50 年使用权，并于 2019 年 1 月在此地块上建成一座框架结构的写字楼，经济耐用年限为 60 年，残值率为 0。评估基准日，该类建筑物重置价格为每平方米 2500 元。该建筑物占地面积为 $1000m^2$，建筑面积为 $1800m^2$，现在用于出租，实际每年收到租金为 72 万元。另据调查，当地同类写字楼出租租金一般为每月每建筑平方米 50 元，空置率为 10%，每年需要支付的管理费为年租金的 3%，维修费为重置价格的 1.5%，土地使用税以及房产税为每建筑平方米 25 元，保险费为重置价格的 0.2%，土地资本化率为 6%，建筑物资本化率为 8%。根据以上资料评估该宗土地 2020 年 1 月土地使用权的收益价格。

第六章
资源资产评估

拓展资源

- 一个东方老国的城市，在建筑上，如果完全失掉自己的艺术特性，在文化表现及观瞻方面都是大可痛心的。

——梁思成

- 当适当的气质与适当的智力结构相结合时，你就会得到理性的行为。

——沃伦·巴菲特

- 市场经济是唯一自然、合理和能够带来繁荣的经济，因为它是唯一能反映生活本质的经济。生活的精髓就在于它无穷无尽和神秘多样。因而，就生活的完美性和变幻性而言，任何中心人物的智慧都无法加以涵盖和设计。

——维克拉夫·哈韦尔

重点提示

- 资源性资产评估的特点
- 森林资源资产价格的构成及评估方法
- 影响矿产资源资产价值的因素及其评估方法

145

本 章 思 维 导 图

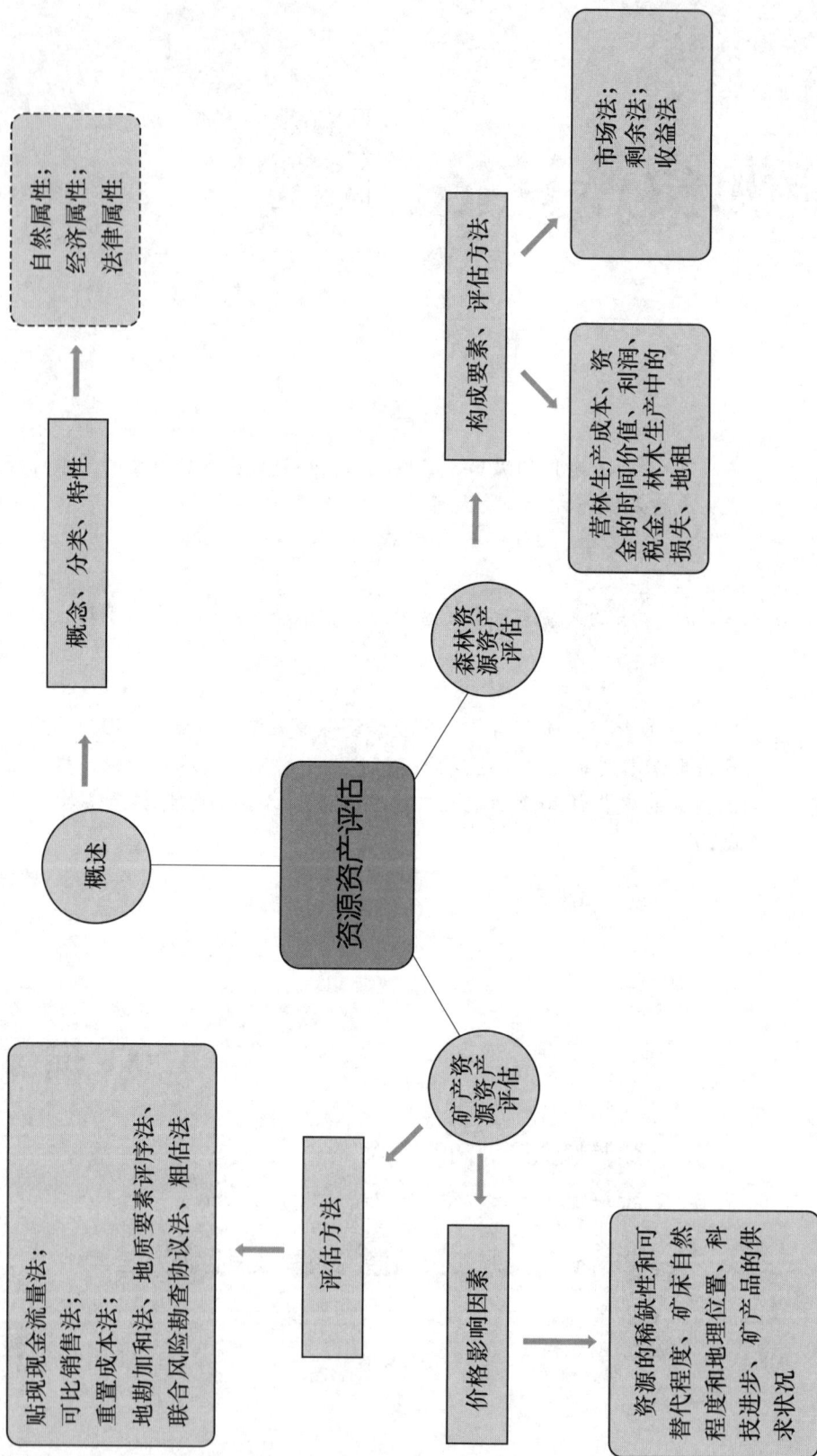

```
                              自然属性；
                              经济属性；
                              法律属性
                                 ↑
概述 ──→ 概念、分类、特性

                                                市场法；
                                                剩余法；
                                                收益法
                                                  ↑
                    森林资源资产评估 ──→ 构成要素、评估方法
                                                  ↘
                                                营林生产成本、资
                                                金的时间价值、利润、
                                                税金、林木生产中的
资源资产评估                                      损失、地租

          矿产资源资产评估 ──→ 评估方法
                 ↘
              价格影响因素
```

贴现现金流量法；
可比销售法；
重置成本法；
地勘加和法、地质要素评序法、
联合风险勘查协议法、粗估法

资源的稀缺性和可
替代程度、矿床自然
程度和地理位置、科
技进步、矿产品的供
求状况

资源是人类赖以生存和发展的基础，是可供人类利用的宝贵财富。资源性资产是在现有认识和科学技术水平条件下，通过开发利用，能够为产权主体带来一定经济利益的自然资源。社会越进步，对于资源的节约、合理利用和持续发展的愿望就越高。对资源的价值体现、价值计量和价值评估是人类认识和利用资源的必要手段。广义的资源包括自然资源、经济资源和人文社会资源，狭义的资源是指自然资源，包括矿产资源、森林资源、土地资源、水资源等。本章讨论的资源性资产是指由狭义的自然资源转化而成的资产。

第一节 资源性资产概述

一、自然资源及其分类

自然资源●（Natural Resource）是指自然界中人类可以直接获得的用于生产和生活的物质要素。未被发现或发现了但不知其用途的物质不是资源，因而也没有价值。自然资源是一个动态的概念，信息、技术和相对稀缺性的变化都能把以前没有价值的物质变成宝贵的资源。按照研究的角度和目的不同，根据自然资源的自然属性、经济属性和生态属性，可以对自然资源进行多种分类。

根据自然资源在开发过程中能否再生，可划分为耗竭性资源和非耗竭性资源。

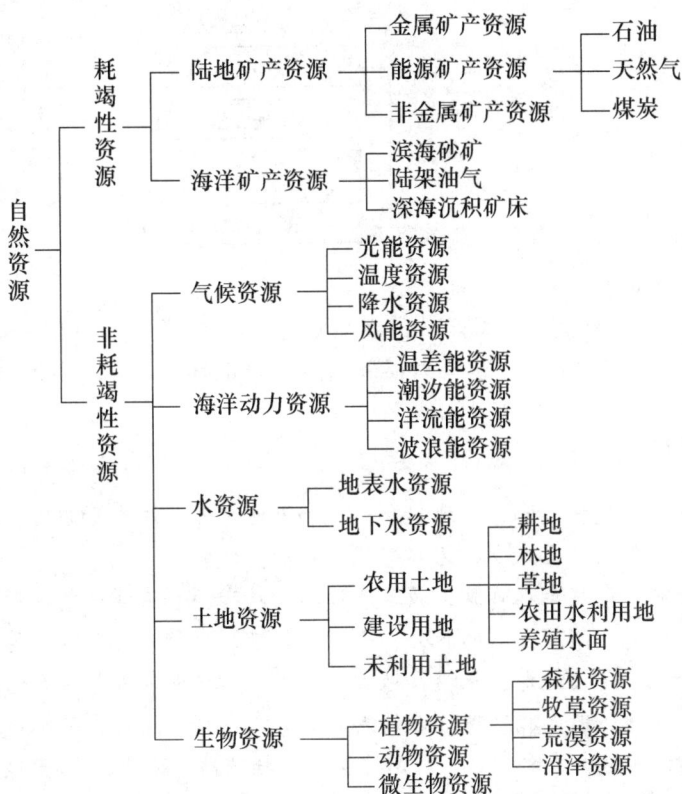

耗竭性资源的主体是矿产资源，是经过漫长的地质过程形成的，随着人类的开发利用，

● 联合国环境规划署的定义为：在一定的时间和技术条件下，能够产生经济价值。提高人类当前和未来福利的自然环境因素的总称，大英百科全书的定义为：人类可以利用的自然生成物，以及形成这些成分源泉的环境功能。

其绝对数量和质量有明显的减少和下降的现象，是不可再生资源。

非耗竭性资源基本上是由环境要素构成，在合理开发利用的限度内，人类可以永续利用。非耗竭性资源又分为三种：

（1）恒定的非耗竭性资源。不受或基本不受人为因素的影响，具有恒定特性，如气候资源和海洋动力资源。

（2）可再生非耗竭性资源。在人为因素的干预下可以发生增减变化，虽然数量减少，但可以恢复，如生物资源。森林资源只要适度采伐，就可不断更新，不会导致资源枯竭。

（3）不可再生的非耗竭性资源。土地资源只要合理利用，就可永续使用，如果不合理开发，就会造成沙化、盐碱化、荒漠化。

想一想

1. 常见的耗竭性资源有哪些，影响耗竭性资源的价格因素有哪些？
2. 资源资产评估在市场经济中的地位和作用？

按照资源的性质，从自然资源与人类的经济关系，可划分为环境资源、生物资源、土地资源、矿产资源和景观资源等。

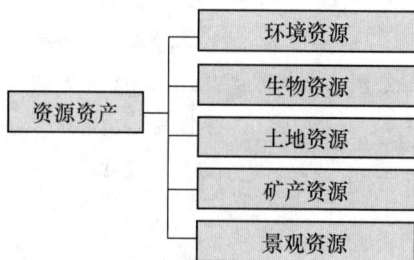

二、资源性资产的特性

资源性资产是一部分自然资源资产化的表现形式。资源性资产与自然资源相比，其物质内涵是一致的，除了具有自然资源的基本特性外，根据资产的含义，还具有经济属性和法律属性。

背景资料

（1）环境资源：包括太阳光、地热、空气和天然水等，这类资源比较稳定，一般不会因人类的开发利用而明显减少，为非耗竭性资源。

（2）生物资源：包括森林资源、牧草资源、动物资源和海洋生物资源等。生物资源吸收太阳能和水资源，消耗土壤的养分。一般情况下，生物资源是可以再生的。

（3）土地资源：是由地形、土壤、植被、岩石、水文和气候等因素组成的一个独立的自然综合体。土地一般是指地球陆地的表面部分，包括滩涂和内陆水域。土地可以划分为农用地、建设用地和未利用地。农用地主要包括耕地、林地、草地、农田水利用地、养殖水面等。

（4）矿产资源：是经过一定的地质过程形成的，赋存于地壳或地壳上的固态、液态或气态物质，包括各种能源和各种矿物等。矿产资源分陆地矿产资源和海洋矿产资源。

陆地矿产资源包括金属矿产资源、能源矿产资源和非金属矿产资源，海洋矿产资源包括
滨海砂矿、陆架油气、深海沉积矿床等。
（5）景观资源：主要是指自然景物、风景名胜等，可以供人们游览、观光、度假、
探险、考察研究等，一般附着在其他资源之上而存在。

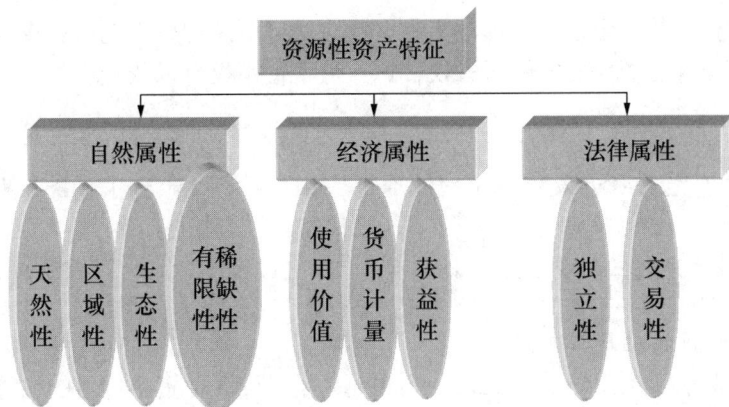

（一）自然属性
（1）天然性。自然资源是天然形成的，由自然物质组成，最初完全是由自然因素形成的，
处于自然状态。随着人类对自然干预能力的加强，部分资源性资产表现为人工投入与天然生
长的共生性。
（2）有限性和稀缺性。资源性资产的有限性和稀缺性主要表现在三个方面：一是资源性
资产的数量是有限的，人类活动使某些自然资源数量减少、枯竭或耗尽；二是自然资源和自
然条件的贫化、退化和质变；三是自然资源的生态结构、生态平衡被破坏。如矿产资源随着
开发利用，消耗一点少一点。再如土地资源，其自然总量是一定的，不会有所增加。
（3）生态性。各种资源如太阳、大气、地质、水文、生物等构成了一个复杂的体系，形
成特定的生态结构，构成不同的生态系统。不同的资源间互相依存，具有一定的生态平衡规
律。如果毫无顾忌地开采资源，使消耗超过补偿的速度，会导致这些资源毁灭；向陆地圈、
水圈、大气圈以超过自然净化能力的速度排放废物，就会破坏生态系统的平衡，从而导致某
些自然资源难以持续利用。
（4）区域性。资源性资产在地域上分布不均衡，存在显著的数量或质量上的地域差异。
比如，在我国金属矿产资源基本上分布在西部高原到东部山地丘陵的过渡地带，森林资源也
呈集中分布的状态，长白山林地面积和木材蓄积量就分别占全国总量的11%和13.8%。
（二）经济属性
（1）自然资源具有使用价值，是经济发展的基础。自然资源具有使用价值与效用，能够
转化为经济资源，成为人类的生活资料和生产资料。经济增长与经济发展必然要耗费一定的
资源，所以自然资源是人类发展的物质基础，全部物质财富必须以自然资源为物资基础，其
相对丰度影响着经济发展速度。
（2）资源性资产能够以货币计量。资源性资产除了能够用实物单位计量以外，还可以用
价值量表示，这是资源性资产评估的基础。对于无法用货币计量的自然资源，如空气、太阳

光等就不能成为资产。

（3）资源性资产具有获益性。只有具有经济价值的自然资源才能成为资产。没有经济价值或在当今知识与技术条件下尚不能确定其有经济利用价值的因素不能成为资产。

（三）法律属性

（1）资源性资产必须能够为特定的产权主体所拥有和控制。资源性资产产权在法律上具有独立性。

（2）资源性资产的使用权可以依法交易。我国实行资源性资产的所有权和使用权相分离的制度，法律不允许资源性资产的所有权转让，但是使用权可以依法交易。

想一想

1. 按照自然资源在开发过程中的能否再生性，资源性资产可划分为几类，分别是什么？
2. 资源性资产的三大属性是什么？

三、资源性资产评估及其特点

资源性资产评估（Resources Asset Evaluation）是对资源性资产价值的估算。资源性资产评估，不仅为国民经济资源价值核算服务，还可以在资源性资产产权的出让、转让、资产经营、抵押、环保等经济活动中，为有关权益各方包括国家和企业等提供专业服务。资源性资产评估的基本方法有三种：收益法、成本法、市场法，但在具体方法运用以及参数确定上，评估人员应针对不同类型资源性资产的特点选择特定的资产评估方法。目前在资源性资产评估的理论研究中，对土地资源资产、矿产资源资产、森林资源资产和水资源资产的评估较为深入。资源性资产由于具有独特的自然、经济和法律属性，因而与其他资产相比，资源性资产的评估具有一定的特点。

（一）资源性资产价格是自然资源的使用权价格

我国自然资源大部分属于国家所有，只有一部分属于集体所有，如矿产资源属于国家所有，大部分森林资源属于国家所有，并实行所有权和使用权相分离的制度。由于法律不允许资源性资产的所有权转让，因此资源性资产评估的对象，不是物质实体本身，而是资源性资产的使用权，是对资源性资产权益的价值评估。

（二）资源性资产价格一般受资源的区位影响较大

由于资源性资产的有限性、稀缺性和区域性，资源性资产价格受自然资源所在区位影响很大。

（三）资源性资产评估须遵循自然资源形成和变化的客观规律

资源条件包括资源的质量品位、资源的赋存开采条件和产地至销地的运输距离和运输条件（运输工具和地貌等）。资源性资产类别多种多样，不同资产其资源条件、经营方式、市场供求等都不相同。因此在资产评估中，要充分了解资源性资产实体和资产使用权的专业特点，从而合理评估资源性资产的价值。

想一想

与其他类型资产相比，资源性资产评估有何特点？

总结：资源性资产概述

◆ 根据自然资源在开发过程中能否再生，资源性资产可划分为耗竭性资源和非耗竭性资源；

◆ 非耗竭性资源又可划分为恒定的非耗竭性资源、可再生非耗竭性资源、不可再生非耗竭性资源；

◆ 按照资源的性质，从自然资源与人类的经济关系，可划分为环境资源、生物资源、土地资源、矿产资源和景观资源等；

◆ 资源性资产的三大属性为自然属性、经济属性和法律属性；

◆ 资源性资产评估价格是自然资源的使用权价格，资产价格一般受资源的区位影响较大，资源性资产评估须遵循自然资源形成和变化的客观规律。

第二节　森林资源资产评估

一、森林资源资产概述

森林资源是一种可再生的自然资源，包括森林、林木、林地，以及依托森林、林木、林地生存的野生动物、植物和微生物。森林资源资产是以森林资源为物质财富内涵的资产，是在现有认识和科学技术水平条件下，进行经营利用，能够为产权主体带来一定经济利益的森林资源。森林资源资产是一种特殊资产，除具有一般资产的属性外，还具有可再生性、生长周期长、受自然因素影响大、兼具生态、社会和经济效益于一体的特性，因此，它的培育过程风险大、管护难度大、投资回收期长。现阶段由于野生动植物及微生物资源、森林生态资源等能给人们带来实际收益而价值暂时难以计量，森林资源资产主要包括由投资及投资收益所形成的人工林以及依法认定的天然林、林地、森林景观资产等。因此，森林资源资产评估主要是林木资产评估、林地资产评估和森林景观资产评估。

（一）林木资产

林木资产是指林地内所有的林木。按林木的用途可分为用材林、经济林、薪炭林、防护林、竹林、特种用途林和未成林造林地上的幼树。用材林可分为幼龄林、中龄林、近熟林、成熟林、过熟林。

（二）林地资产

林地资产是森林生长的承载体，林地资产是指依法确认的用于林业用地中具有货币表现属性的资产。林地，包括乔木林地、疏林地、未成林造林地、灌木林地、采伐迹地、火烧迹地、苗圃地和国家规划的宜林地。

（三）森林景观资产

森林景观资产包括风景林、部分名胜古迹和纪念林等。

二、森林资源资产价格的主要构成要素

森林资源资产的价格，除了市场供求因素以外，主要是由恢复它的劳动量决定。因此，人工林和天然林统一纳入林木资产进行评估。森林资产价格主要由下列因素构成：

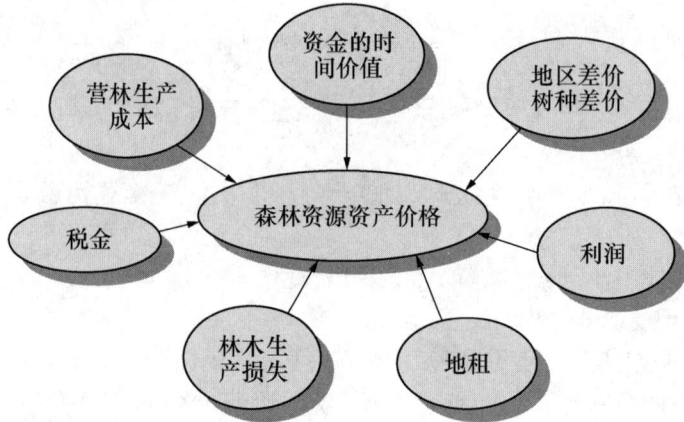

1. 营林生产成本

营林生产成本是确定森林价格的基础。营林生产成本应以能够提供商品材的劣等宜林地的营林生产成本为依据。

2. 资金的时间价值

由于培育森林资源的长期性，森林资源的生产周期长，从栽植到采伐往往需要几年、十几年或几十年的时间。在营林生产过程中，需不断投入资金，森林资源资产价格的评估应充分考虑资金时间价值对林木价值的影响，充分考虑资金占用的利息，营林的生产成本应以复利计算。同时，林木在不同的时间有不同的价值，同一树种在不同树龄林木价值不同，从而形成森林的时序成本和时序价格。

3. 利润

森林资源资产的价格中应当包括营林利润和税金。在森林资源资产评估中，营林利润的确定，应当以社会平均资本利润率为基准，同时考虑到营林生产的周期长，风险大，应加上风险收益。

4. 税金

森林资源资产经营过程中应缴纳的各种税费。

5. 林木生产中的损失

在漫长的森林培育过程中，森林可能会遭受各种各样的自然灾害，如火、风、雷、水、病虫害等，会带来一定的经济损失。在评估中，必须以森林保险的形式，考虑可能发生的意外损失。

6. 地租

在我国，森林资源属于国家和农村集体经济组织所有，林地所有权和使用权相分离，森林资源资产的价格中还应包括绝对地租和级差地租，如气候条件、土地肥沃程度、交通条件、宜林性质等因素，地租量应根据不同林地、不同树种、不同经营水平等因素确定。

7. 地区差价和树种差价

林木是在一定的自然地理条件下，经过人类劳动而生产出来的，因此，林木的成本与价格，既受自然条件的制约，又受林木本身生态特性的影响，形成了林木的地区差价和树种差价，因此差价是森林资源资产价格的重要特征。

小提示

> 森林资源主要评估依据:《中华人民共和国森林法》
> 《国有资产评估管理办法》
> 《森林资源资产评估管理暂行规定》
> 《森林资源资产评估技术规范》
> 《中共中央国务院关于加快林业发展的决定》

三、森林资源资产评估资料收集与资产核查

(一)森林资源资产评估资料收集

1. 森林资源资产评估所需材料

(1)森林资源资料。

1)森林资源资产清单(以小班一览表或调查簿形式按小班提供)。

2)各类森林资源统计表。具体包括各类土地面积统计表,各类森林蓄积统计表,用材林各优势树种各龄组面积、蓄积统计表,用材林各经营类型各龄组面积、蓄积统计表,人工林各经营类型各年度面积、蓄积统计表,经济林、竹林面积统计表,近、成、过熟林各树种面积、蓄积统计表。

3)图面资料。具体包括森林资源分布图、林场林相图、林场小班地形图(1:10 000,1:25 000,1:50 000 比例尺)。

(2)森林资源权属资料。

1)县以上人民政府颁发的山林权属证书及林权证书清册。

2)山林权权属图。

3)有关森林经营的合同、协议书等。

4)县以上人民政府山林权属纠纷处理办公室的有关山林权处理决定、证明。

(3)森林经营资料。

1)林场概况资料。

2)林场森林经营方案。

3)林场森林采伐限额指标及说明。

4)木材销售及价格(含产量、树种、材种及不同径级的价格说明)。

5)各树种、材种、不同胸径、树高的出材率及主要材种的平均出材率。

6)森林采伐成本(采伐工价,各阶段生产工序的定额,难度系数,各工序的生产成本,集材及林道修筑的情况及成本)。

7)营林生产成本(营林工价,苗木及肥料,各工序生产难度,定额,平均生产成本,护林防火成本)。

8)销售及税费(仓储及销售成本,各种税收及计税方式,各种税金及计算方法)。

9)管理费用分摊情况。

10)各种树种及经营用表(各树种、各材种出材率表,立木材积表,森林经营类型设计表)。

2. 经济林资源资产评估报告所需资料

(1)资源资料。

1)经济林资源资产清单(以小班一览表或调查簿形式按小班提供)。

2）经济林分树种、年度的面积统计表。

3）林地地形基本图（1∶10 000，1∶25 000，1∶50 000 比例尺）。

4）各种经济林资源资产的发育阶段划分标准。

（2）森林资源权属资料。

1）县以上人民政府颁发的山林权属证书及林权证书清册。

2）山林权权属图。

3）有关森林经营的合同、协议书等。

4）县以上人民政府山林权属纠纷处理办公室的有关山林权处理决定、证明。

（3）森林经营资料。

1）各种经济林产品近年价格。

2）待评估资产近年各经济林产品的产量。

3）各经济林营林标准、定额与成本。

4）经济林的采集及资料成本。

5）经济林产品的税费标准及计算方法。

6）管理费用分摊情况。

3. 景观资源资产评估报告所需资料

（1）资源资料。

1）景观资源清单。

2）景观资源分布图。

3）景观资源基本图。

4）景观资源资产评估资料（包括地质、水文、地貌、动植物、天文等评价及区位、交通、适游期、知名度、市场需求等资料）。

（2）森林资源权属资料。

1）山林权证书。

2）山林权属图。

3）附属设施产权证书。

4）景观经营有关各种协议、证书。

（3）经营材料。

1）景区经济地理资料（附近地区主要城市、人口及经济状况）。

2）距主要城市距离及旅游成本。

3）景区近年经营财务会计资料（景区近年各类经营收入、各类经营成本、原投资及投资收益、税收交纳情况、景区近年经营净收益）。

4）景区近、远期发展规划。

5）近期游客动态资料预测资料。

6）现有附属设施的投资额及收益率。

（二）森林资源资产核查

森林资源资产的实物量是价值量评估的基础，评估机构在森林资源资产价值量评定估算前，应由林业专业技术人员对被估的森林资源资产进行实地核查。根据不同的评估目的、评估对象特点和委托方要求，可选择使用抽样控制法、小班抽查法和全面核查法进行核查。

森林资源资产核查项目主要包括权属、林地或森林类型的数量、质量和空间位置等，具体项目如下。

（1）林地：所有权、使用权、地类、面积、立地质量等级、地利等级等。

（2）林木：树种权属、树种组成、林龄、平均胸径、平均树高、幼龄林的单位面积株数、中龄林单位面积活立木蓄积、近、成、过熟林的立木蓄积、材种出材率等级、经济林的单位面积产量、薪炭林的单位面积立木蓄积量、未成林造林地上的幼树的造林成活率、造林保存率、竹林的立竹度、均匀度、整齐度、产笋量等。

（3）其他与评估有关的内容。

想一想

不同森林资源资产评估在资料收集方面有何异同？

背景资料

国家对于森林资源资产评估项目的管理，目前实行核准制和备案制。

➤ 其中东北、内蒙古重点国有林区森林资源资产评估项目实行核准制，由国务院林业主管部门核准或授权核准。

➤ 其他地区国有森林资源资产评估项目，涉及国家重点公益林的，实行核准制，由国务院林业主管部门核准或授权核准。

➤ 对其他国有森林资源资产评估项目实行核准制或备案制，由省级林业主管部门规定。对其中实行核准制的评估项目，由省级林业主管部门核准或授权核准。

➤ 非国有森林资源资产评估项目涉及国家重点公益林的，实行核准制，由国务院林业主管部门核准或授权核准。

➤ 其他评估项目是否实行备案制，由省级林业主管部门决定。

四、森林资源资产评估主要方法

森林资产评估[1]的基本方法主要是市场法、收益法和成本法。由于森林资源资产的特殊性，根据具体的评估对象和资料情况，针对林木资产、林地资产和森林景观资产，又有相对应的具体评估方法。其中林地资产评估主要是林地使用权评估，其评估方法与土地使用权的评估方法原理相同，本章重点阐述林木资产评估的主要方法。

林木资产评估方法要根据不同的林种，选择适用的评估方法和林分质量调整系数进行评定估算。目前主要的评估方法有市场法、剩余法、收益法和成本法等。林木资产评估中林分质量调整系数需综合考虑林分的生长状况、立地质量和经济质量等来确定。

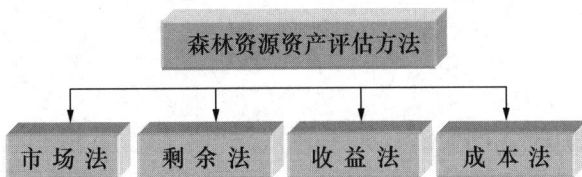

森林资源资产评估方法

市 场 法　剩 余 法　收 益 法　成 本 法

---

[1] 《森林资源评估管理暂行规定》于 2006 年 2 月发布，2007 年 1 月 1 日施行。

（一）市场法

市场法是以相同或类似林木资产的现行市价作为比较基础，评估待评估林木资产价值的方法。

$$P=K \times KB \times G \times Q$$

式中　　P——林木资产评估值；

　　　　K——林分质量调整系数；

　　　KB——物价指数调整系数；

　　　　G——参照物单位蓄积的交易价格；

　　　　Q——被估林木资产的蓄积量。

小提示

▶ 所谓林分是指内部特征大体一致而与邻近地段又有明显区别的一片林子。一个林区的森林，可以根据树种组成、森林起源、林相、林龄、疏密度、地位级、林型及其他因素的不同，划分成不同的林分。不同的林分，常要求采取不同的森林经营措施。

（二）剩余法

剩余法又称市场价倒算法，是用被评估林木采伐后所得的木材市场销售总收入，扣除木材经营所消耗的成本（含有关税费）及合理利润后，将剩余部分加林木资源的再生价值作为林木资产评估价值。其计算公式为

$$P=W-C-F+S$$

式中　　P——林木资产评估值；

　　　　W——销售总收入；

　　　　C——木材经营成本（包括采运成本、销售费用、管理费用、财务费用及有关税费）；

　　　　F——木材经营合理利润；

　　　　S——林木资源的再生价值。

【例 6-1】 假设某片森林的林木被采伐后市场销售总收入为 1000 万元，木材经营成本总计为 300 万元，木材经营合理利润为 100 万元，该森林资源的再生价值为 150 万元，则该森林资源的技术资产评估是多少？

解　根据剩余法

$$P=W-C-F+S =1000-300-100+150=750（万元）$$

（三）收益法

收益法又称收益净现值法，是将被评估林木资产在未来经营期内各年的净收益按一定的折现率折现为现值，然后累计求和得出林木资产评估价值的方法。

$$P=\sum_{t=1}^{N} \frac{(A_t-C_t)}{(1+r)^t}$$

式中　　A_t——第 t 年的年收入；

　　　　C_t——第 t 年的营林生产成本；

　　　　N——经营期；

　　　　r——资本化率。

（四）成本法

成本法是按现时工价及生产水平，重新营造一块与被评估林木资产相类似的林分所需的成本费用，作为被评估林木资产评估价值的方法。其计算公式为

$$P=K\sum_{t=1}^{N}C_t\times(1+r)^{n-t+1}$$

式中　P——林木资产评估值；

K——林分质量调整系数；

C_t——过去第 t 年以现时工价及生产水平为标准计算的生产成本，主要包括各年投入的工资、物质消耗、地租等；

r——资本化率；

n——林分年龄。

【例 6-2】　某块面积为 65 公顷的毛竹林，全部为新造 5 年的新毛竹，竹林培育成本见表 6-1，投资收益为 6%/年。

表 6-1　　　　　　　　　　　竹 林 培 育 成 本

成本项目	作业内容	计价单位	计价数量	单　价	成　本
1．整地	劈草去杂，炼山挖茅根，挖穴购买或挖取母竹，运送至造林地	日/公顷	90	20 元/日	1800 元/公顷
2．竹苗	母竹栽植	株/公顷	450	1.8 元/株	810 元/公顷
3．种竹		日/公顷	60	20 元/日	1200 元/公顷
4．竹林抚育					
①新造竹林抚育	除草劈杂松土	日/（公顷·年）	22.5	20 元/日	450 元/（公顷·年）
②新垦复及已投产成年竹抚育	除草劈杂深挖垦复	日/（公顷·年）	30	20 元/日	600 元/（公顷·年）
5．施肥	①挖沟、施肥、复土	日/（公顷·年）	7.5	20 元/日	150 元/（公顷·年）
	②购买肥料	公斤/公顷元/公斤	400	1.5 元/公斤	600 元/（公顷·年）
6．竹林防护	①新造竹林管护				90 元/（公顷·年）
	②新垦复及已投产竹林管护、护笋养竹				225 元/（公顷·年）

要求：评估该块毛竹林的价值。

解　根据已知条件适合用重置成本法评估该块毛竹林的价值。

$$P=K\sum_{t=1}^{N}C_t\times(1+r)^{n-t+1}$$

（1）年度营林成本计算。

1）第 1 年造林、抚育、管护、施肥、地租成本为

1800＋810＋1200＋450＋750＋90＋525＝5625（元/公顷）

2）第 2 年抚育、管护、施肥、地租成本为

450＋750＋90＋525＝1815（元/公顷）

3）第3年、第4年、第5年成本同第二年。

（2）新造毛竹林重置成本价值因新造竹林生长较好，接近当地参照竹林生长标准，故取 $K=1$，则

$P=5625×（1+0.06）^5+1815×[（1+0.06）^4+（1+0.06）^3+（1+0.06）^2+（1+0.06）]$
$=7527.5+8416.3=15\,944$（元/公顷）

所以，该块毛竹林的价值为 $15\,944×65=103.636$（万元）

背景资料

从事国有森林资源资产评估业务的资产评估机构，应具有财政部门颁发的资产评估资格，并有2名以上（含2名）森林资源资产评估专家参加，方可开展国有森林资源资产评估业务。资产评估机构出具的森林资源资产评估报告，须经2名注册资产评估师与2名森林资源资产评估专家共同签字方能有效。签字的注册资产评估师与森林资源资产评估专家应对森林资源资产评估报告承担相应的责任。

森林资源资产评估专家由国家林业局与中国资产评估协会共同评审认定。经认定的森林资源资产评估专家进入专家库，并向社会公布。可以申请成为森林资源资产评估专家的主要条件：年龄应在60周岁以下，身体健康，具有高级职称，且从事林业调查规划设计、林业经济管理和林业科研教学相关专业工作20年以上；或具有注册资产评估师执业资格，专职从事森林资源资产评估工作5年以上（含5年）。

五、森林资源资产评估方法的适用范围

市场法从理论上讲适合各种有交易的森林资源资产的评估，采用该方法时，至少应选取三个以上参照物进行测算。但由于市场条件限制，有些情况下，如防护林的评估，市场法就并不适用。剩余法特别适合于成熟林木资产评估。收益法适合用于有经常性收益的林木资产，如经济林资产、竹林资产、实验林资产、母树林资产等。幼龄林常用成本法评估。

总结：森林资源资产评估

◆ 森林资源资产评估主要是林木资产、林地资产评估和森林景观资产评估。
◆ 森林资源资产价格的主要构成要素有营林成本、资金的时间价值、利润、税金、林木生产中的损失、地租、地区差价和树种差价。
◆ 林木资产的评估方法主要有市场法、剩余法、收益法和成本法。

第三节 矿产资源资产评估

一、矿产资源资产评估概述

我国的矿产资源属于国家所有，由国务院行使国家对矿产资源的所有权，矿产资源物质实体及其所有权属于国家所有。国家实行探矿权、采矿权有偿取得制度，矿产资源的探矿权

和采矿权可以依法出让和转让。勘查、开采矿产资源，必须依法分别申请，经批准取得探矿权、采矿权，并办理登记。探矿权和采矿权通常合称矿业权，简称矿权。在我国探矿权和采矿权是分别设置的，必须依法分别申请，但是，已经依法申请取得采矿权的矿山企业在划定的矿区范围内为本企业的生产而进行的勘查除外。所谓矿业权是指在依法取得勘查或采矿许可证的情形下，在许可证允许的范围和期限内，对矿产资源进行勘查、开采等一系列生产经营活动的权利，因此，矿业权也是一种特许经营国家所有的矿产资源的权利。矿业生产是一个包括矿产资源勘查、开发、采选的连续过程，涉及资源所有者、地质勘查部门和矿山经营者的利益。

探矿权人有权在划定的勘查作业区内进行规定的勘查作业，有权优先取得勘查作业区内矿产资源的采矿权。探矿权人在完成规定的最低勘查投入后，经依法批准，可以将探矿权转让他人。矿产资源由取得采矿权的国有矿山企业和其他经济成分的矿山企业开采使用，已取得采矿权的矿山企业，因企业合并、分立，与他人合资、合作经营，或者因企业资产出售，以及有其他变更企业资产产权的情形而需要变更采矿权主体的，经依法批准可以将采矿权转让他人。开采矿产资源，必须按照国家有关规定缴纳资源税和资源补偿费。矿床勘探报告及其他有价值的勘查资料，按照国务院规定实行有偿使用。

矿业市场流通的是探矿权和采矿权，本节讨论的矿产资源资产评估是指探矿权价值和采矿权价值的评估。

▶ 小提示

> ▶ 矿产资源主要评估依据：《中华人民共和国矿产资源法》
> 《探矿权采矿权转让管理办法》
> 《矿产资源勘查区块登记管理办法》
> 《矿产资源开采登记管理办法》
> 《探矿权采矿权评估管理暂行办法》

二、矿产资源资产价格的影响因素

矿产资源资产价格的影响因素主要包括：矿产资源本身的稀缺程度和可替代程度、矿产品的供求状况、矿床自然丰度和地理位置、科技进步、资本化率和社会平均利润率等。

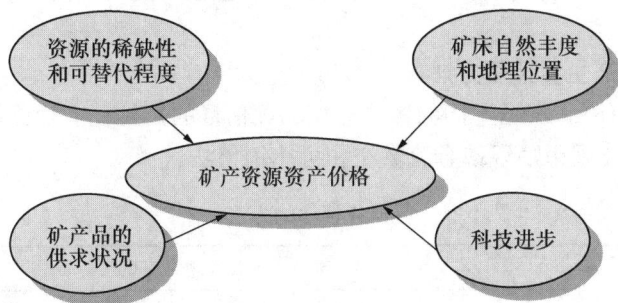

（一）资源本身的稀缺程度和可替代程度

在我国，不同的矿种，资源的稀缺程度差别很大。在市场需求一定的情况下，占有和经营质量好、使用价值高的矿产资源，往往能获得更多的超额利润。同时，由于国家一般对稀缺资源实行保护性开采政策，稀缺的矿产资源就会有更高的价格水平。

一般而言，资源的稀缺程度越高，其可替代程度往往越低，凡是可替代程度低的矿产资源，其资产价格也较高。

（二）矿产品的供求状况

矿产品供求状况决定矿产品价值的实现程度，决定何种等级的矿产资源将被投入生产过程，从而决定矿产资源资产价格水平。

（三）矿床自然丰度和地理位置

矿床的自然丰度是通过矿体规模、形态、产状、厚薄、品位、埋深等一系列指标综合反映出来的。在一定的技术经济条件下，矿床的自然丰度越高，开采所需投入的成本越低，企业的超额利润会越大，从而影响矿产资源资产价格。金属矿石的选冶性能、矿床含有的有益伴生组分以及矿床地质构造的复杂程度等，都会直接影响矿产品的产出率，从而影响企业的利润率。矿床的地理位置对矿产资源资产价格的影响有时甚至超过矿床本身的丰度。矿床距离加工消费地的远近和运输条件的优劣，会影响企业的生产成本。因此，矿床丰度与地理位置综合作用，影响矿产资源资产价格。

（四）科技进步

科技进步对矿产资源资产价格的影响主要有下列几个方面：

（1）会使一些没有被利用的或者原先认为无法利用的伴生元素或矿物被开发和利用，从而使矿产资源总规模扩大，市场供给增加。

（2）可以发现已被使用的矿产资源新的或更有效的利用价值，从而改变、增加和提高矿产资源资产的价格。

（3）可以发现和创造对矿产资源开发、利用更有效的方法，使采掘企业的技术经济指标发生显著变化，如采矿损失率、矿石贫化率等降低；采矿回采率、选矿回收率、有益组分综合利用率、尾矿处理水平等上升，降低了矿产资源的耗减速度，使采矿企业增加收益，也使矿产资源的资产价格上升。

（4）可以发现和创造更加有效的或现代化的找矿方法，使矿产资源普查和详查的成本和风险降低，环境治理的费用水平下降，从而改变矿产资源资产的价格构成和价格水平。

（五）资本化率和社会平均利润率

资本化率和社会平均利润率影响资金流向和矿山企业的经营利润，从而影响矿产资源资产的价格。

三、矿产资源资产主要评估方法

矿产资源资产评估[1]，根据不同的评估对象和评估目的，具有多种评估方法（表6-2、表6-3）。采矿权评估主要采用贴现现金流量法和可比销售法。

表6-2 采矿权评估的方法

采矿权评估	贴现现金流量法
	可比销售法

探矿权可在不同精度勘查阶段转让，评估师应针对不同精度勘探阶段合理选择评估方法。

---

[1] 《探矿权采矿权评估管理暂行办法》由国土资源部于1999年3月30日颁布实施。

表 6-3	不同精度勘探阶段合理选择的评估方法
低精度勘查阶段	地质要素评序法
	联合风险勘查协议法
	粗估法
高精度勘查阶段	约当投资——贴现现金流量法
	重置成本法
	地勘加和法

小提示

▶ 评估方法的选择要考虑这样几个因素：

▶ 采矿权处在什么样的使用期，如待建期、建设期、改扩建建设期或改扩建生产期、生产期等；

▶ 是否进行项目可行性研究或矿山开发设计；

▶ 待采用的评估方法的财务模型所要求数据是否可取得；

▶ 矿产资源储量是否具备可供开采程度。

矿产资源资产评估

◆ 矿业权，简称矿权，分为探矿权和采矿权；

◆ 矿产资源资产价格的影响因素主要包括：矿产资源本身的稀缺程度和可替代程度，矿产品的供求状况，矿床自然丰度和地理位置，科技进步，资本化率和社会平均利润率等；

◆ 采矿权评估主要采用贴现现金流量法和可比销售法；

◆ 高精度勘查阶段的探矿权评估方法主要包括约当投资——贴现现金流量法、重置成本法和地勘加和法，低精度勘查阶段的探矿权评估方法主要包括地质要素评序法、联合风险勘查协议法和粗估法。

本 章 小 结

➢ 资源是人类赖以生存和发展的物质基础，它包括自然资源、经济资源和人文社会资源。资源资产具有三大属性——自然属性、经济属性和法律属性。

➢ 根据自然资源在开发过程中能否再生，自然资源可划分为耗竭性资源和非耗竭性资源。

➢ 耗竭性资源的主体是矿产资源，非耗竭性资源可分为三种：恒定的非耗竭性资源、可再生的非耗竭性资源和不可再生的非耗竭性资源。按照资源的性质，从自然资源与人类的经济关系角度，可划分为环境资源、生物资源、土地资源、矿产资源和景观资源等。

➢ 森林资源资产价格构成的因素包括营林生产成本、资金的时间价值、利润、税金、林木生产中的损失、地租、地区差价和树种差价等，采用的评估方法有市场法、收益法、成本法、剩余法。

➤ 我国的矿产资源属于国家所有，矿产资源物质实体及其所有权属于国家所有。国家实行探矿权、采矿权有偿取得制度。探矿权和采矿权通常合称矿权。矿产资源资产价格的影响因素主要包括：矿产资源本身的稀缺程度和可替代程度、矿产品的供求状况、矿床自然丰度和地理位置、科技进步、资本化率和社会平均利润率等。

➤ 采矿权评估主要采用贴现现金流量法和可比销售法。高精度勘查阶段的探矿权评估方法主要包括约当投资——贴现现金流量法、重置成本法和地勘加和法，低精度勘查阶段的探矿权评估方法主要包括地质要素评序法、联合风险勘查协议法和粗估法。

思考题

1. 资源性资产的含义、特征？
2. 资源性资产的属性？
3. 森林资产价格的主要构成要素有哪些？
4. 简述资源性资产的评估内涵和评估思路。
5. 资源性资产评估的目的？
6. 什么是非耗竭性资源？
7. 矿产资源资产价格的主要影响因素及评估方法选择？
8. 矿产资源资产评估中可比销售法的基本思路？
9. 从劳动价值论角度谈谈你对资源价值问题的理解。
10. 林木资产评估有哪些方法？

习题

一、单项选择题

1. 下列关于资源资产的说法中，不正确的是（   ）。

　A. 资源资产具有天然性、有限性、稀缺性和生态性

　B. 自然资源具有使用价值，是经济发展的基础，其就等同于资源资产

　C. 资源资产能够以货币计量

　D. 资源资产具有获益性

2. 下列各项中，不属于森林资源资产特征的是（   ）。

　A. 森林资源资产培育过程风险大

　B. 森林资源资产的投资回收期长

　C. 森林资源资产的管护难度小

　D. 森林资源资产兼具生态、社会和经济效益于一体

3. 森林资源资产的价格评估应充分考虑资金时间价值对林木价值的影响，充分考虑资金占用的利息，营林的生产成本应以（   ）计算。

　A. 单利　　　　　　B. 复利　　　　　　C. 单利或复利　　　D. 以上都不正确

4. 资源性资产是指（   ）。

　A. 自然界存在的、能被用来产生使用价值或影响劳动生产率的天然物质财富

　B. 土地、矿藏、草原、森林、水体、海洋等

C. 包括自然资源、社会经济资源和人文历史资源等

D. 在当前技术经济条件下，开发和利用某类自然资源，能给投资者带来一定的经济价值的自然界物质和能量

5. 资源性资产的资产属性不包括（   ）。

A. 是一种在一定条件下的经济资源

B. 可以用货币计量

C. 进入生产过程，为经济主体占有和控制

D. 有限性和稀缺性

6. 可再生资源性资产和不可再生资源性资产的划分是根据（   ）。

A. 自然资源的稀缺性　　　　　　B. 自然资源再生产的特点

C. 自然资源的自然属性　　　　　D. 自然资源的资产属性

7. 资源性资产由于其稀缺性和可排他性地占有而具有的价值是（   ）。

A. 使用价值　　　B. 租金价值　　　C. 交换价值　　　D. 补偿价值

8. 自然资源变为资产往往需要追加一定的人类劳动，从而形成各种劳动投入产生的价值，具体表现为（   ）。

A. 市场价格

B. 价值

C. 勘探、开发和保护费用，再生性资源的再生费用，替代资源的开发费用等

D. 成本

9. 矿产资源资产属于（   ）。

A. 固定资产　　　　　　　　　　B. 无形资产

C. 不可再生性资源资产　　　　　D. 可再生性资源资产

10. 矿产资源的使用权的价值即矿业权价值是一种（   ）。

A. 无形资产　　　　　　　　　　B. 流动资产

C. 资源性资产　　　　　　　　　D. 不可再生性资源资产

11. 作为一项特殊的资产，森林资源资产评估的对象主要是指（   ）。

A. 所有的森林资源

B. 现有的森林资源

C. 产权变动或经营主体变动的森林资源资产

D. 消失的森林资源

12. 矿产、地质资源属于（   ）。

A. 可再生资源　　B. 经济资源　　C. 不可再生资源　　D. 人文社会资源

13. 耗竭性资源的主体是（   ）。

A. 水资源　　　　B. 经济资源　　C. 人文社会资源　　D. 矿产资源

14. 影响资源性资产评估价值相对的重要因素是（   ）。

A. 资源的性质　　B. 资源的品牌　　C. 资源的区位　　D. 资源的本质

二、多项选择题

1. 资源性资产的个别属性有（   ）。

A. 天然性　　　　　　　　　　　B. 有限性和稀缺性

    C．地区差异性   D．生态性和与其他资源的高度相关性

2．资源性资产的资产属性有（　　　）。

    A．它是一种在一定条件下的经济资源

    B．可以用货币计量

    C．进入生产过程，为经济主体占有和控制

    D．可以实现产权或使用权的让渡和流转

3．资源性资产按照自然资源再生产的特点可划分为（　　　）。

    A．常见资源   B．可再生资源性资产

    C．不可再生资源性资产   D．稀有资源

4．我国资源性资产评估的目的主要有（　　　）。

    A．国家出让资源性资产的使用权

    B．拥有使用权的单位或个人转让使用权或以使用权为资本投资入股以及抵押、出租等

    C．了解掌握资源的现况

    D．对资源性资产征税

5．影响矿产资源资产和矿业权资产价值的因素主要包括（　　　）。

    A．矿产资源的稀缺程度和可替代程度

    B．矿产资源产品的供求状况和科技进步的水平

    C．矿产资源的自然丰度及赋存条件等自然因素

    D．社会的平均资金利润率和矿业的资本利润率

6．矿业权资产的评估方法有（　　　）。

    A．贴现现金流量法   B．市场比较法

    C．重置成本法   D．地学排序法

    E．联合风险勘查协议法

7．森林资源资产的价值主要表现在（　　　）。

    A．经济效益   B．生态效益   C．社会效益   D．营利效应

8．森林资源资产的评估方法有（　　　）。

    A．现行市价法   B．剩余价值法   C．收获现值法   D．重置成本法

9．属于一般性资源资产的性质和特征是（　　　）。

    A．有用性   B．天然性   C．有限性   D．可取性

10．资源资产评估目的有（　　　）。

    A．使用权出让   B．融资   C．所有权转让   D．企业兼并

11．矿产资源的经济寿命取决于（　　　）。

    A．设计能力   B．矿产储量   C．生产规模   D．开采方式

12．地质勘查风险主要包括（　　　）。

    A．找矿风险   B．技术进步   C．技术风险   D．储量减少风险

13．以下属于非耗竭性资源的是（　　　）。

    A．气候资源   B．天然气   C．水资源   D．土地资源

    E．海洋矿产资源

14. 资源资产的自然属性包括（　　）。

    A．天然性   B．有限性和稀缺性

    C．生态性   D．区域性

    E．可收益性

15. 以下属于林木资产的有（　　）。

    A．用材林   B．经济林   C．防护林   D．苗圃地

    E．特种用途林

16. 影响矿产资源资产价值的因素有（　　）。

    A．矿产资源本身的稀缺程度和可替代程度

    B．矿产产品的供求状况

    C．科技进步

    D．资本化率

    E．社会平均利润率

17. 从自然资源与人类的经济关系角度，自然资源可分为（　　）。

    A．可再生的非耗竭性资源   B．不可再生的非耗竭性资源

    C．生物资源   D．土地资源

    E．矿产资源

18. 应用可比销售法，评估采矿权价值时需要对作为参照物的采矿权价格进行（　　）调整。

    A．矿床规模差异调整   B．品位调整

    C．矿产品价格调整   D．采矿权差异要素调整

    E．利润率调整

第七章
无形资产评估

拓展资源

● 如果房间与自然界隔绝的话，就无异于坟墓。

——贝聿铭

● 知识是一种快乐，而好奇则是知识的萌芽。

——培根

● 一项评估只是某人根据其所拥有的技巧、训练、数据、专业知识、客观性对价值所做的一种个人判断。

——理查德·贝兹（美）

重点提示

- ☀ 无形资产的概念、特点、分类
- ☀ 应用收益法确定无形资产评估价值
- ☀ 应用成本法确定无形资产评估价值
- ☀ 应用市场法确定无形资产评估价值
- ☀ 对专利权和非专利技术评估价值的计量
- ☀ 对商标权评估价值的计量
- ☀ 对商誉评估价值的计量

本章思维导图

特定主体所控制的、不具有实物形态的资源。
不同划分方式
明确评估目的 → 鉴定无形资产 → 确定评估
→ 搜集相关资料 → 整理撰写报告得出评估
方法 → 结论

概念、特征、分类、评估程序

思路、公式、参数确定

"逐利返本"
评估值 $=\sum R_i/(1+r)^i$
预期收益额：直接估算法、差额
法、分成率法、要素贡献法
折现率
收益年期：最短原则

公式、成新率确定

无形资产评估值＝无形资产重
置成本×成新率
成新率确定方法：专家鉴定法、
剩余经济寿命预测法

内涵、类型、特点、评估方法

发明专利、实用新型和外观设计；
收益法：收益额、折现率；
成本法：成本加总

内涵、特点、评估方法

是企业所有无形资产扣除各单项可
确指无形资产以后的剩余部分；
割差法：商誉评估值＝企业整体资产
评估值－企业各单项资产评估值之和
(含可确指无形资产)；
超额收益法：超额收益本金化价格
法

内涵、分类、影响因素、评估方法

商品或服务的标记，为企业带来
超额收益；
不同分类标准；
商标的知名度、商标设计与宣
传、商标的法律状况、类似商品、
交易情况、商标所依托的商品、
评估目的、宏观经济状况；
收益法

概述　收益法　成本法　专利权和非专利技术　商标权评估　商誉评估

无形资产评估

第一节　无形资产评估概述

一、无形资产的含义及其分类

（一）无形资产的概念

无形资产是指由特定主体所拥有或者控制的，不具有实物形态的，能够持续发挥作用并且带来经济利益的资源。无形资产是不具有实物形态，但是可辨认的非货币性资产。需要注意一定要强调无形资产的可辨认性。

（二）无形资产的特点

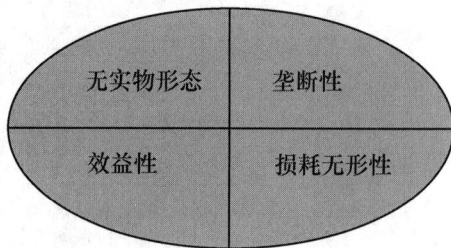

从无形资产的使用期限上区分，无形资产属于企业的长期资产，但是与企业的固定资产相比，无形资产又具有与固定资产不同的属于自身的特点，主要包括以下几点。

1.　不具有实物形态

相对于有形资产而言，无形资产没有物质实体，不具有实物形态。因此，也就不会像有形资产那样，价值会因为其实体的磨损而贬值。无形资产与有形资产的根本区别就是，有形资产的价值取决于有形要素的贡献，无形资产的价值则受无形要素贡献的影响。

2.　垄断性

无形资产应为特定主体所控制。无形资产应当为特定的主体拥有或者控制。因此对于有一些尽管能够产生效益，但是不能给特定主体带来效益的技术，也不能被确认为无形资产。

另外无形资产的垄断性还表现为只为特定主体拥有或者控制，其他企业则无权使用其获得收益。

3.　效益性

能够成为无形资产的前提是无形资产必须能够以一定的方式，直接或者间接地为无形资产的拥有者带来持续时间相对较长的经济效益。

4.　损耗的无形性

无形资产的显著特点是不具有实物形态，除了没有实物形态以外，无形资产的无形性还主要表现在无形资产的拥有者在使用无形资产时，无形资产的价值会出现损耗，而无形资产的损耗同样也是无形的。因此在确定无形资产的价值时，评估人员要特别考虑无形资产的无形损耗。

一般来说，企业要对无形资产进行摊销，但是期限不确定的无形资产则无法进行摊销。

（三）无形资产的功能特性

无形资产的特点决定了它在发挥作用时的方式明显区别于有形资产，因而在评估时评估人员需要把握其固有的特性。

1. 共益性

无形资产区别于有形资产的一个重要特点就是无形资产可以作为多个主体的共同财产。简单的说就是，一项无形资产可以在不同的地点、相同时间，被不同的主体所使用。但如果是一项有形资产却不能做到这一点。

例如，一项专利技术在为一个企业服务时，不会影响将其再转让给另一个企业使用。

上面提到的无形资产的共益性中需要注意的是，无形资产的公益性并非绝对，会受到市场竞争的制约，无形资产的使用也会受到合同的限制等。因此，可以得到这样的结论，有形资产是直接通过物质实体界定的，但是无形资产的评估需要根据其权益范围确定。

2. 替代性

无形资产的另一个功能性特征是具有替代性。替代性是指新技术代替旧技术，新工艺替代旧工艺。显而易见，一项新技术取代原有的旧技术，一种落后的工艺被新的工艺所取代等都是替代性的体现。

【例 7-1】 评估人员在对企业的无形资产进行评估的过程中了解到，企业的某项无形资产法律规定的年限为 15 年，尚可使用 10 年。但是根据实际情况评估人员发现目前市场上存在能够代替该项无形资产的技术已经出现，因此从替代性的方面考虑，评估人员认为该项无形资产的合理使用年限为 8 年。

3. 积累性

无形资产的积累性主要体现在两个方面：第一，任何无形资产的形成都是基于其他无形资产的发展的结果；第二，无形资产本身的发展也是一个不断积累，演变的过程。所以，无形资产是在使用中发挥作用，其影响范围和获利能力都会受到条件的变化而变化。

（四）无形资产的分类

目前，我国的相关规定对无形资产的分类存在很多不同的标准，主要包括以下几种。

1. 按照取得无形资产的方式不同分类

按照取得无形资产的方式可以将无形资产分为自创无形资产和外购无形资产。前者是指有企业自行研发取得无形资产，例如，企业研发创造的非专利技术、商标等。后者是指企业以一定代价从其他企业或者个人取得的，包括购入的或投资转入的。例如，购入的商标权，接受投入的专利权等。

2. 按照无形资产能否独立存在分类

按照无形资产是否可以独立存在可以将无形资产分为可确指无形资产和不可确指无形资产。可确指无形资产是指具有指定的名称，可以独立取得、使用、转让、处置的无形资产。例如，专利技术，著作权等。如果是不可单独取得，脱离企业后就影响其继续存在的无形资产称为不可确指无形资产。

3. 按照无形资产的构成不同分类

按照构成无形资产的内容的不同可以将无形资产分为单项无形资产和无形资产组合。凡是只有一项无形资产的都是单项无形资产，凡是由若干项无形资产组成的无形资产整体则称为无形资产组合。例如，若干项专利权，同时包含专利权，商标权，著作权等的组合。

二、影响无形资产评估价值的因素

在对无形资产进行评估时，评估人员首先要明确影响无形资产价值的因素。这样才能更为准确地确定无形资产的评估价值。一般而言，影响无形资产评估价值的主要因素可以总结为以下内容。

（一）无形资产的原始价值

无形资产的原始价值就是无形资产的初始成本。对于任何一个企业来说，外购无形资产的成本相对容易确定，就是取得这项无形资产的一切费用支出。

【例 7-2】 企业以 5.2 万元购入一项专利技术，另外支付相关税金 6000 元。确定该项无形资产的价值。

解析 该项专利技术属于企业外购的无形资产，因此该专利技术的原始价值就是取得该专利技术时的一切费用支出 5.8 万元。

企业外购无形资产的价值由无形资产的买价、无形资产的相关税费和取得无形资产时发生的测试费用。

对于自创无形资产在确认成本时就会比较困难。因为无形资产具有独特的特点，使其在研发过程中所消耗的劳动等不具有横向可比的性质，同时无形资产的研发和其在研发过程中的阶段性成果密切相关。一般这些成本项目包括创造发明成本、法律保护成本、发行推广成本都是很难确定的成本部分。

（二）预期效益

考虑无形资产的成本是从对其补偿的角度来看的，但是企业更重视的是无形资产所能为企业带来的价值，也就是其创造的收益。无形资产的价值体现了无形资产所拥有的超额获利能力。

一项无形资产在社会、环境、制度等条件许可的情况下，能够带来效益的能力越强，它的评估价值就会越高，反之，则越低。在实际的评估中能够看到这样一类无形资产，成本很高，但是确不能为市场所接受或者需要、收益能力不强，对于这样的无形资产来说，即使其成本较高但是评估价值也会很低。

（三）寿命期限

无形资产与有形资产一样，一般也都有一定的寿命期限。一般来说，无形资产使用期限的长短主要受两个因素的影响：第一，无形资产在使用过程中的损耗程度；第二，无形资产自身的先进程度。

一般来说，在使用过程中无形资产的损耗越小，可使用的期限就越长；反之，则越短。无形资产所具备的技术水平越先进，所能使用的期限就越长；反之，则越短。

评估人员在考虑无形资产的期限时，除了考虑法律保护期限以外，更主要的是考虑无形资产具有的实际超额收益期限，并且以超额收益期为准。

【例 7-3】 一项无形资产的法律保护期为 10 年，但是考虑到这项无形资产在使用过程中实际能够获得超额收益的期限仅为 8 年，那么在评估过程中就应该以 8 年作为该项无形资产的寿命期限。

（四）技术程度

任何技术都会经历发展—成熟—衰退的过程。技术成果的成熟程度是怎样的也会直接影响评估价值的高低。无形资产的技术越先进，开发程度越高就表明运用该无形资产的风险就越低，评估值则会越高；反之，一项技术不太先进，成熟度偏低的无形资产，相对给使用者带来的风险就会偏高，这样就会影响其评估价值的大小。

因此，评估人员在进行评估时就要充分考虑这些情况，分析无形资产的技术成熟程度，正确估计无形资产的使用风险，确定出合理的评估价值。

（五）无形资产的机会成本

无形资产的机会成本是指因转让、投资、出售等处置无形资产的行为所失去的市场以及损失收益的大小。在确定无形资产的评估价值时，这部分内容也要合理的考虑。

（六）所转让的内容

无形资产的转让一般包括转让无形资产的所有权和使用权两种情况。转让的方式和转让过程中相关条款的规定，都可能影响无形资产的评估值。

一般情况下，转让所有权的无形资产其评估值会高于转让使用权的无形资产的评估值。在技术贸易中，同是使用权转让，由于其许可程度不同，也会对评估价值的大小有影响。

（七）无形资产的发展趋势、更新情况和更新速度

无形资产的寿命周期主要受资产损耗程度的制约，损耗越快，寿命期越短，反之则会越长。某项无形资产的更新换代越快，无形损耗越大，评估价值就越低。因此可见，无形资产的价值的损耗和贬值，不取决于无形资产自身的使用损耗，而是受自身以外的更新情况快慢的影响。

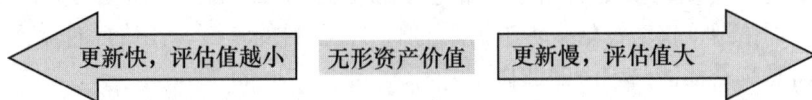

更新快，评估值越小　无形资产价值　更新慢，评估值大

（八）无形资产的市场供求情况

无形资产市场供需状况从两个方面反映：一是无形资产市场需求情况。对于可转让、出售的无形资产，评估值会随市场需求的变化而变化。市场需求旺盛，无形资产的评估值就高，反之，市场需求萎靡，同时存在可替代性的无形资产，其评估值就低。二是无形资产对使用者的适用程度。无形资产的适用范围越广，适用性越强，其评估值就相对越高，反之评估值就越低。

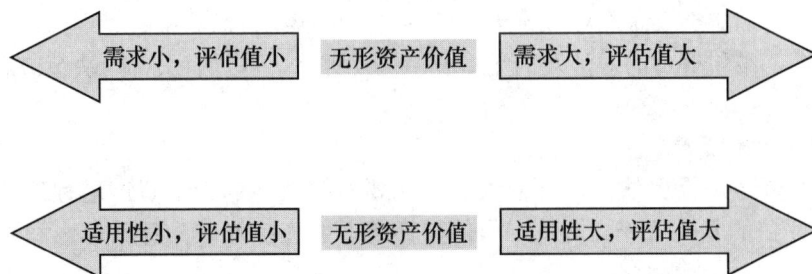

需求小，评估值小　无形资产价值　需求大，评估值大

适用性小，评估值小　无形资产价值　适用性大，评估值大

（九）无形资产的交易方式

无形资产的交易方式主要是指同行业同类型无形资产的交易方式。无形资产的交易方式以及交易价格、转让的价格，以及支付方式、提成基数、提成比例等因素也会影响无形资产的评估值，因此在对无形资产进行评估时，评估人员应该将这些因素予以综合考虑。

三、无形资产的评估程序

无形资产的评估程序是对无形资产进行评估时的操作程序，任何评估人员在进行评估时

都要遵守并且严格执行。评估程序是评估工作规律的体现，也是提高评估效率，是评估准确性的保证。

（一）明确评估目的

无形资产的评估目的是直接影响无形资产评估价值的首要因素。无形资产评估目的不同，会影响评估的价值类型和对其评估的具体方法，进而影响到评估的结果。因此首先就是要确定无形资产的评估目的。

一般评估目的会由发生的经济行为决定，从目前的情况看，无形资产评估的目的一般有这样几种：无形资产的转让、许可使用无形资产、无形资产的拍卖、质押、诉讼、损失赔偿等。

无形资产是包含有经济利益的智力成果，是由法律或者契约所赋予的一种财产权利，可以与有形资产一样在商业交易中形成复杂的权利与义务关系。

对无形资产的评估主要是委托方将要进行商业交易等经济行为而提出的需要价值估计服务的要求。评估结论仅对评估报告中披露的唯一评估目的有效。评估目的会决定选取的价值类型，进而影响具体评估方法的选择。

评估人员在进行评估工作时应该向委托方就相关经济行为将怎样使用评估报告等充分的进行了解和熟悉，这样才能准确把握无形资产的评估目的，恰当选择价值类型和评估方法，保证评估工作的顺利开展。

根据《中华人民共和国公司法》、《中华人民共和国公司登记管理条例》的规定，当有限责任公司或者股份有限公司登记、变更资本、股东或者公司发起人以实物、知识产权、土地使用权等非货币资产出资，均应进行资产评估。

企业可以以无形资产质押融资，也可以授权其他企业许可使用本企业的无形资产，有时相关税务管理部门也会要求企业核定无形资产价值的应纳税额。根据管理部门的要求，可能需要以质押、纳税等目的对涉及的无形资产进行评估，以供有关部门决策或者办理相关手续。

（二）确认无形资产

在对无形资产进行评估前，评估人员首先要对被评估的无形资产进行确认。这是进行无形资产评估的基础工作，这项工作的好坏与否会直接影响到评估范围和评估价值的准确性。

评估人员在对无形资产进行确认时应该从三个方面进行考虑：

第一，确认无形资产是否存在；
第二，明确无形资产的种类；
第三，确定被评估无形资产的使用寿命。

第一，确认无形资产是否存在。这项工作主要是需要评估人员验证待评估无形资产的来源是否合法，产权是否明确，经济行为是否合法、有效。这些内容主要从以下几个方面考量。

（1）查询确定被评估无形资产的内容、相关部门的规定、专业人员的评价、法律证明等相关资料的真实性、权威性和可靠程度。

（2）查询无形资产评估的委托方是否拥有该无形资产的所有权。拥有无形资产的所有权是指无形资产要满足两个条件：第一该项无形资产由委托方拥有或者控制；第二该项无形资产是过去的交易或者事项形成的。

（3）分析无形资产被使用时对该项无形资产所要求的与之相适应的技术、经济条件是否存在，明确其具体的应用能力。

（4）确定委托进行评估的资产是否形成了无形资产。例如，有些专利虽然取得了专利证书，但是不具备实际的经济利益，这样的专利就没有形成无形资产，也就不能评估其价值。

第二，明确无形资产的种类。这项工作要求评估人员确定无形资产的种类、具体名称、存在形式。有一些无形资产是由若干无形资产共同构成的，应确定合并或者分离的各个部分的无形资产，避免在评估过程中漏掉或重复评估。

例如，企业对其所拥有的专利技术进行评估，这项专利技术在使用时必须与相配套的另外一项专利技术共同使用，否则就不能发挥其技术作用，因此在评估时，评估人员就需要将这两项专利技术视为一项无形资产进行评估，而不能将其划分为两项无形资产。

第三，确定被评估无形资产的使用寿命。无形资产的使用寿命对无形资产的评估值同样有重要的影响。

例如，对于商标权而言，时间越长被认可的程度就越高，自然其评估价值就越高，反之，则低。

可以说无形资产的使用寿命是无形资产存在的前提，如果某项专利权已经超过法律保护期限，就不能作为专利资产进行评估。

（三）收集与评估相关的资料

收集与评估有关的无形资产资料主要要做到以下几点：

（1）有关无形资产权利的法律文书、权属有效性文件或者其他证明文件。

（2）无形资产是否能带来显著的、持续的、可辨认的经济利益。

（3）无形资产的性质和特点，历史和目前的发展情况。

（4）无形资产实施的范围、领域、获利能力以及获利方式。

（5）无形资产剩余的使用寿命、保护措施。

（6）无形资产转让、出资、质押等的可行性。

（7）无形资产以往的评估和交易情况。

（8）无形资产实施过程中所受到国家法律、法规或者其他资产的限制。

（9）无形资产的大致市场价格。

（10）所处的宏观经济环境。

（11）行业状况和发展前景。

（12）企业状况和发展前景。

（13）其他信息。

（四）确定评估方法

评估人员应该根据无形资产的具体类型、特点、评估的目的、前提条件、原则和外部市场环境等情况，综合考量后选择出适用的评估方法，评估方法的不同会直接影响到无形资产的评估价值。无形资产的评估方法主要包括收益法、市场法、成本法。

收益法评估
无形资产

评估人员采用收益法对无形资产进行评估时，需要注意合理确定无形资产带来的超额获利能力和预期收益，分析与其有关的预期变动、受益期长短，与收益相关的资金多少、配套资产、现金流量及其现值、风险因素等。注意被评估无形资产收益金额的计算口径与选择的折现率要保持一致；充分考虑法律规范、宏观经济环境、技术发展程度、行业发展状况、企业经营管理、产品的更新换代一系列因素对无形资产收益期、收益金额、折现率的影响等。

市场法评估
无形资产

评估人员采用市场法对无形资产进行评估时，首先要保证被评估无形资产必须适用于市场法进行评估的前提条件，确定合理比较基础的类似无形资产交易参照对象，收集被评估无形资产以往的交易资料和与被评估无形资产相似的无形资产交易的市场信息。根据宏观经济、行业和无形资产变化情况，综合考虑时间、交易条件、交易地点等会对价值产生影响的因素，调整后确定被评估无形资产的评估值。

成本法评估
无形资产

评估人员采用成本法对无形资产进行评估时，需要注意根据现行条件下重新或者取得该项无形资产所需要的全部费用扣除实际存在的功能性贬值和经济性贬值后，确定被评估无形资产的评估值。

（五）确定评估结论，整理并撰写评估报告

无形资产评估报告应该符合《资产评估准则——评估报告》的要求。无形资产的评估报告是无形资产评估过程的总结，同时也是评估人员完成评估工作、承担法律责任的依据。评估报告要简洁、明确、避免造成误导。

🙋 小提示

▶ 无形资产评估报告中要注意对评估过程的叙述，明确阐述评估结论产生的前提、基本条件、参数选择、评估方法选择的理由以及具体操作等。

第二节　无形资产评估中的收益法

一、收益法在无形资产评估中的应用形式

根据被评估无形资产转让或许可使用选取参数的渠道的不同，收益法的应用可以表示为两种方式

$$无形资产评估值 = \sum_{i=1}^{n} \frac{KR_i}{(1+r)^i}$$

式中　K——无形资产分成率；

R_i——第 i 年使用无形资产取得的收益；

r——选择的折现率；

n——收益期限。

$$无形资产评估值 = \sum_{i=0}^{n} \frac{R_i}{(1+r)^i}$$

式中　R_i——无形资产第 i 年取得的超额收益；

r——选择的折现率；

n——收益期限。

二、收益法应用中各项参数指标的确定

（一）无形资产超额收益的确定

无形资产超额收益的测算，是采用收益法评估无形资产的关键内容。评估人员在确定无形资产的超额收益时，应当注意区分并扣除无形资产以外的其他因素所带来的超额收益。

评估人员在评估超额收益常用的方法主要包括以下几种。

1. 直接估算法

直接估算法是通过使用无形资产前后的收益情况进行对比分析，确定无形资产带来的收益金额。从无形资产为特定持有主体带来的经济利益上分析，可以将无形资产划分为收入增长型和成本费用节约型两种。

收入增长型无形资产是指无形资产应用于生产经营过程，能够使产品的销售收入有大幅度的提高。提高原因在于：

（1）所生产的产品采用与类似产品相同价格的情况下，销售数量会发幅度提高，增大市场占用率，因而获得超额收益。

在产品的单位价格和单位成本不变的情况下，无形资产形成的超额收益可以通过以下公式确定

$$R = (Q_2 - Q_1)(P - C)(1 - T)$$

式中　R——无形资产带来的超额收益；

Q_2——使用无形资产后产品的销量；

Q_1——未使用无形资产产品的销量；

P——产品价格表；

C——产品的单位成本；

T——企业适用的所得税率。

（2）所生产的产品在销售价格高出同类产品价格的前提下依然畅销。

在销售量和单位成本不变的情况下，无形资产形成的超额收益可以通过以下公式确定

$$R=（P_2-P_1）Q（1-T）$$

式中　R——无形资产带来的超额收益；

P_2——使用无形资产后产品的单位售价；

P_1——未使用无形资产产品的单位售价；

Q——产品销售量；

T——企业适用的所得税率。

成本费用节约型无形资产，是指由于应用无形资产会使所生产的产品的成本费用降低，在销售价格不变的情况下，形成超额收益。

在产品销售量不变，单位售价不变的情况下无形资产形成的超额收益可以通过以下公式确定

$$R=（C_1-C_2）Q（1-T）$$

式中　R——无形资产带来的超额收益；

C_1——未使用无形资产生产单位产品的成本；

C_2——使用无形资产后生产单位产品的成本；

Q——产品销售量；

T——企业适用的所得税率。

可以看出，对收入增长型和成本费用节约型无形资产的划分，是有一定前提条件的，这就是要假设其他资产因素不变。这样的假设主要是为了区分形成无形资产超额收益来源情况人为进行的划分。实际上，无形资产应用后，其他资产因素也会发生变化，超额收益是各资产因素共同作用的结果。评估人员应该根据实际情况，综合性地加以测算得到超额收益，决不能简单地把超额收益看成单单是由无形资产形成的。

2. 分成率法

分成率法是将无形资产的收益通过分成率来获得，是目前国际和国内技术交易中常见的一种实用方法。可用公式表示为

无形资产收益金额＝销售收入（利润）×销售收入（利润）分成率×（1－所得税率）

式中，销售收入（利润）的确定可以解决，关键是确定分成率。由于销售收入与销售利润有内在的联系，因此可以根据销售收入分成率推算出销售利润分成率，反之，同样成立。

销售收入分成率＝销售利润分成率×销售利润率

销售利润分成率＝销售收入分成率÷销售利润率

在无形资产转让实务中，一般评估人员是通过确定销售收入分成率，进而确定销售利润分成率。销售收入分成率俗称"抽头"。例如，在国际市场上一般技术转让费不超过销售收入的 1%～10%，如果按照社会平均销售利润率 10%进行推算，技术转让费为销售收入的 3%时，销售利润分成率为 3%÷10%＝30%。从销售利润分成率就可以比较直接的判断出转让价格的合理性与否。

评估人员在利用分成率法确定无形资产收益额时，要根据实际情况进行分析，确定合理的分成收益。

3. 差额法

当无法对被评估无形资产使用和未使用时取得的收益情况进行对比时，采用无形资产和其他类型资产在经济活动中的综合收益与行业平均水平进行比较，可得到无形资产的获利能力，也就是需要确定的超额收益。具体的操作步骤是：

（1）收集有关使用无形资产的产品生产经营财务资料，对其进行盈利分析，得到经营利润和销售利润率等基本数据情况。

（2）对上述生产经营活动中资金的占用情况进行统计，主要包括固定资产、无形资产、流动资产等。

（3）收集行业平均收益率指标。

（4）计算无形资产能够带来的超额收益。

$$超额收益＝净利润－净资产总额×行业平均净利润率$$

使用该方法确定无形资产超额收益时，要注意这样计算得到的超额收益，有时不是完全由被评估无形资产所带来的，多数情况下该超额收益是一种组合无形资产的超额收益，还需要评估人员进行合理的分解。

4. 要素贡献法

有些无形资产虽然已经成为了生产经营的必要条件，但是由于一些原因不能或者很难确定其所能够带来的超额收益，这时就需要根据构成生产经营的各要素在生产经营活动中的贡献，通过正常利润大致估算出无形资产可以带来的收益。我国的相关学者认为采用"三分法"确认生产经营中的要素，分别是资本、技术、管理，这三要素的贡献在不同的行业会有一定的差别。

（二）无形资产评估中折现率的确定

折现率是计算确定无形资产带来的收益现值的利息率。一般折现率由无风险报酬率和风险报酬率两个部分构成。对于无形资产而言，其投资收益高，风险大，所以无形资产评估时的折现率一般会高于有形资产评估所选取的折现率。在确定折现率时，评估人员应该根据无形资产的不同种类和情况，对其能够带来的收益和风险因素进行分析，科学的测算风险利率，从而得到适当的折现率。同时要注意收益金额和所选折现率要保持口径的一致。

（三）无形资产收益期限的确定

无形资产的收益期限就是指无形资产的有效期限，是指无形资产发挥作用，并且能够带来超额收益的时间长短。一些无形资产在发挥作用时存在一定的损耗，无形资产损耗的价值量，是确定无形资产有效期限的基础。无形资产因为不具有物质实体，因此其价值不会像有形资产那样随着使用期限的延长发生实体上的损耗，但是无形资产价值降低是由于无形损耗形成的，具体的说主要包括以下三种情况：

（1）技术等更先进、更经济的无形资产，这种新的无形资产可以代替原有的无形资产，使无形资产，那么继续使用原有的无形资产就会造成收益能力的下降，原有无形资产的价值也会随之丧失。

（2）由于无形资产的传播广泛，会使更多的企业普遍合法掌握这种无形资产，使得拥有这种无形资产的所有者所能够取得超额收益下降，该无形资产的价值就会降低。

（3）企业拥有的无形资产所决定的产品需求大幅度下降，该无形资产的价值也会减少，甚至完全丧失。

上述几点都是确定无形资产使用寿命的依据，因为无形资产具有获得超额收益的能力才是无形资产真正的有效期限。在无形资产评估的实践中，预计无形资产的有效时间可以根据以下的方法：

（1）与无形资产相关的法律或者合同分别确定无形资产的法定有效期限和受益年限的，按照法定有效年限与受益年限孰短的原则确定无形资产的使用寿命。

（2）法律为规定有效期限，合同或者企业申请书中规定有受益年限的，按照规定的受益年限确定无形资产的使用寿命。

（3）法律和合同以及企业申请书均未规定无形资产的有效期限和受益年限的，按照无形资产的预计受益期限确定。预计受益期限可以采用统计分析或者与同类无形资产相比较来得到。

在确定五项资产的使用寿命时，一般来说，无形资产在使用过程中会受许多因素的影响，例如宏观经济形势的变化、消费者消费偏好的改变、无形资产更新速度的加快等。因此无形资产的有效期限可能少于其法定的保护时间。评估人员对这些情况，在进行评估时一定要给予足够的重视。

【例 7-4】 甲和乙两企业于 2019 年 12 月 31 日签订组建新企业的协议，协议商定甲有限责任公司以其拥有的一项实用新型专利 A 出资，乙有限责任公司以货币资金，总投资为 3800 万元，合作期 20 年，新企业全部生产 A 专利产品，从 2020 年 1 月 1 日正式开工建设，建设期 2 年。甲公司拟投资的专利 A 于 2015 年 12 月 31 日申请，2017 年 12 月 31 日获得专利授予权及专利证书，并且按时缴纳了年费。

经充分分析论证后，预计新企业投产后第一年销售量为 12 万件，含税销售价格为每件 150 元，增值税税率为 17%，可抵扣进项税税额平均为每件 6 元，生产成本、销售费用、管理费用、财务费用为每件 80 元。投产后第二年起达到设计规模，预计每年销售量为 20 万件，年利润总额可达 1100 万元。从投产第六年起，为保证市场份额，实行降低价格销售，预计年利润总额为 470 万元。企业所得税税率为 25%。企业所在地的城市维护建设税税率为 7%，教育费附加为 3%。假设技术的净利润分成率为 25%，折现率为 10%，评估基准日为 2019 年 12 月 31 日。试计算评估甲公司拟投资的实用新型专利 A 的价值。

解 （1）按照我国专利法的规定，发明专利的保护期限为 20 年，实用新型与外观设计的保护期限为 10 年，均自申请日开始计算。

确定该项专利技术的收益期为

$$10-4-2=4（年）$$

（2）专利技术投产后第一年收益

1）净收入

$$（150×12）/1.17=1538.46（元）$$

2）城市维护建设税及教育费附加

$$[（150×12）/1.17×0.17-6×12]×10\%=189.54×10\%=18.95（元）$$

3）利润总额

$$1538.46-12×80-18.95=559.51（元）$$

4）净利润

$$559.51 \times (1-25\%) = 419.63 （元）$$

5）专利技术分成额

$$419.63 \times 25\% = 104.91 （元）$$

（3）专利技术在投产后第二至第四年年分成额

$$1100 \times 0.75 \times 25\% = 206.25 （元）$$

（4）专利评估值

$$[104.91/(1+10\%) + 206.25/(1+10\%)^2 + 206.25/(1+10\%)^3 + 206.25/(1+10\%)^4]$$
$$\times 1/(1+10\%)^2 = 464.17 （元）$$

第三节　无形资产评估中的成本法

一、无形资产成本的特性

利用成本法对无形资产进行评估首先要明确无形资产成本的特性和组成内容。无形资产的成本主要包括研制、取得，以及持有期间与无形资产的形成和使用有直接关系的所有物化劳动和活劳动的费用支出。其成本特性和有形资产尤其在研制、形成费用部分存在明显的不同。

1. 不完整性

研发或者购买无形资产时，所发生的各项费用是否计入无形资产成本，是以费用支出是否符合资本化条件作为基本前提的。

在企业的经营过程中，科研费用一般都是比较均衡的支出的，并且相对稳定的为生产经营服务，因此我国现行财务制度一般把与无形资产有关的科研费在企业当期的生产经营费用中列支，而不是对费用资本化处理之后再按无形资产折旧或者摊销的办法从生产经营费用中补偿。采用这种办法既简便易行又基本符合实际，不影响无形资产的再生产。

但这样做就会使企业的账簿反映的无形资产成本不完整，大量账外无形资产的前期成本的存在是不可忽视的客观事实。即使是按照国家规定进行费用支出资本化的无形资产的成本核算一般也会不完整。无形资产的研究阶段的费用支出在企业的期间费用中列支。

2. 虚拟性

由于无形资产的成本具有不完整性的特点，因此无形资产的成本一般是相对的。特别是一些无形资产的内涵已经超出了它的外在形式的含义，这种无形资产的成本只具有象征意义。

3. 弱对应性

一般企业想要自创一项无形资产需要经历基础研究、应用研究、工艺生产开发等一系列的过程，成果的出现带有较大的随机性和偶然性，因此无形资产的价值并不一定与其开发费用和时间产生一定的既定关系。如果在一系列的研究失败后出现一些成果，此前发生的费用全部由这些成果来承担是不合理的。而在大量的先行研究结果的积累之上，一般会产生一系列的无形资产，随之形成的这些无形资产是否应该以及如何承担先行的研发费用也是难以判断的。

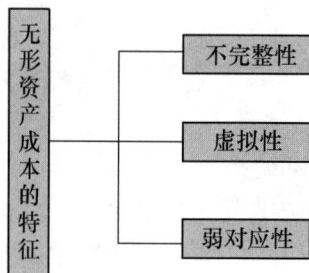

二、成本法在无形资产评估中的应用

采用成本法对无形资产进行评估，基本公式为

无形资产评估价值＝无形资产重置成本×（1－无形资产贬值率）

这是成本法评估无形资产的基本理论公式，从该公式中可以看出，科学确定无形资产的评估价值关键就是要准确的确定出无形资产的重置成本和无形资产的贬值率。这也是评估人员所面临的主要任务。

无形资产的重置成本就是指无形资产在现行市场条件下重新研发或者购置全新的无形资产所消耗的全部费用总额。

根据企业取得无形资产的来源的不同，可以将无形资产划分为两类，即自创无形资产和外来无形资产。由于无形资产的来源不同，因此其重置成本的构成和评估方式也不同，需要分不同情况估计重置成本的价值。

小提示

▶ 外来无形资产主要包括外购无形资产和接受投资转入的无形资产；自创无形资产包括研究阶段和开发阶段。

三、自创无形资产重置成本的估算

自创无形资产是指企业根据自身需要和所具备的条件，自行研究开发适用于企业生产经营需要的无形资产的行为。自创无形资产的成本是由研发该项无形资产所消耗的物化劳动和活劳动的全部费用构成的。

对于企业自创的无形资产，如果已经存在账面价值，并且在全部资产中的比重不大，那么可以以定基物价指数作为基础进行相应的调整，得到该无形资产的重置成本。实务中，自创无形资产一般没有账面价值，这就需要评估人员进行估算，对无形资产重置成本进行估算的方法主要包括两种。

1. 核算法

核算法是将无形资产自创过程中发生的相关成本、费用全部作为无形资产重置成本的方法，基本计算公式为

无形资产重置成本＝无形资产成本＋期间费用＋合理利润

式中，期间费用是指无形资产研发过程中发生的应该分摊计入无形资产中的费用金额，主要包括管理费用、财务费用、营业费用。

2. 加倍系数法

针对一些投入智力比较多的技术型无形资产，考虑到科研劳动所占的比重较大，并且所

承担的风险相对更大等情况，一般对于这类无形资产可以采用加倍系数法估算无形资产的重置成本。

$$无形资产重置成本 = \frac{C + V\beta_1}{1 - \beta_2} \times （1 + L）$$

式中　C——无形资产研发过程中的物化劳动的消耗；

　　　V——无形资产研发过程中的活劳动的消耗；

　　　L——无形资产的投资报酬率；

　　　β_1——研究人员创造性劳动倍加系数；

　　　β_2——进行科研的平均风险系数。

四、外来无形资产重置成本的确定

企业外来无形资产主要包括两种情况：一是外购无形资产，二是企业接受投资转入的无形资产。这里所说的主要是企业外购无形资产重置成本的评估。

外购无形资产一般会有购置费用的原始单据，也会存在可以参考的现行的交易价格，在估计其价值时相对较为容易。外购无形资产的重置成本一般包括无形资产的买价和相关的购置费用（税金、培训费、安装费），可以采取以下方法确定无形资产的重置成本。

1. 市价类比法

在无形资产的交易市场中选择类似的参照物，再根据功能和无形资产保护的技术先进程度、适用性等内容对价格进行调整，最终确定被评估无形资产现行的购买价格。对于购置费用则可以根据现行标准和实际情况进行确定。

2. 物价指数法

物价指数法是以无形资产的账面价值作为基础，结合当前的物价指数对其进行调整，最后确定无形资产的重置成本的方法。采用物价指数法确定无形资产重置成本的公式为

　　无形资产重置成本 = 无形资产账面成本 × （评估时物价指数 ÷ 购置时物价指数）

无形资产的价值构成主要是两部分，即物化劳动的消耗和活劳动（人工）的消耗。物化劳动费用主要受生产资料物价指数的影响，人工劳动费用则受生活资料物价指数的影响，并且通过工资、奖金、福利体现出来。

小提示

▶ 对于不同类别的无形资产这两类费用所占的比例可能会视情况有所不同。如果无形资产两类费用的物价指数差别较大时，可以按照两类费用的大致比例结构分别适用生产资料物价指数和生活资料物价指数估算。

【例7-5】　企业2017年从外购置一项专利权，其账面价值为60万元，由于需要企业在2020年对该无形资产进行评估，通过调研明确以下几点：该无形资产在研制过程中使用了较多的先进技术和实验室仪器，因此其物化劳动消耗较多，可适用于生产资料物价指数；无形资产在购置时的物价指数是150%；当前的物价指数为180%。确定该无形资产的重置成本。

解　无形资产重置成本 = 无形资产账面成本 × （评估时物价指数 ÷ 购置时物价指数）

　　　　　　　　　　 = 60 × （180% ÷ 150%）

　　　　　　　　　　 = 72（万元）

五、无形资产贬值率的确定

无形资产贬值率是确定无形资产评估价值的另外一项重要指标。一般而言，无形资产贬值率的确定企业可以采用专家鉴定法和剩余经济寿命预测法确定。下面分别对这两种方法进行介绍。

1. 专家鉴定法

专家鉴定法是邀请相关数量的专家，专家根据经验对被评估的无形资产的技术性、先进性、适用性等做出判断，进而确定该无形资产的贬值率的方法。

> **小提示**
>
> ▶ 采用专家鉴定法对无形资产的贬值率进行判定可能会受到专家主观认识的影响，所以在使用时一定要慎重。

2. 剩余经济寿命预测法

剩余经济寿命预测法是通过评估人员对被评估无形资产的剩余经济寿命进行预测和判断，通过计算确定无形资产的贬值率的方法。该方法的计算公式为

$$无形资产贬值率 = \frac{无形资产的已使用年限}{无形资产的预计使用年限} \times 100\%$$

无形资产的预计使用年限＝无形资产的已使用年限＋无形资产的剩余使用年限

该公式中，无形资产的已使用年限是已知的时间，无形资产的剩余使用年限就需要由评估人员根据无形资产的特征和使用情况进行科学合理的判断得到。

在评估实务中，评估人员一般会选择综合考虑了被评估无形资产的无形损耗后的折算比率。在确定无形资产适合的贬值率时，要充分考虑到无形资产使用效用和时间的关系，评估人员要对这种变化趋势进行分析并且给予说明。

第四节　无形资产评估中的市场法

一、采用市场法对无形资产进行评估的前提

采用市场法对无形资产进行评估首先要满足该无形资产具有标准性和普遍性，以保证能够从市场上获得相关的信息资料。

有些学者认为市场法强调的是具有合理竞争能力的资产的可比性特征。假设存在充分的源于市场的交易案例，可以从中取得作为比较分析的参照物，并能对评估对象与可比参照物之间的差异做出合理的调整，就可以采用市场法。

二、采用市场法对无形资产进行评估时需要评估人员注意的事项

（一）市场上存在合理比较基础的类似无形资产

根据国际评估准则委员会颁布的《国际评估准则》评估指南4提出的：使用市场法对无形资产进行评估必须具备比较依据和可进行比较的类似的无形资产。

参照物无形资产与被评估无形资产必须处于同一行业或者处于对相同经济变量有类似反映的行业。因此作为参照物的无形资产与被评估无形资产至少要保证满足以下基础类似：形式、功能、载体、交易条件等。

形式相似是指参照物的无形资产与被评估无形资产根据无形资产的分类方式可以被划分为一类；功能相似是指参照物的无形资产和被评估无形资产在功能和效用上相同或者相近；载体相似是指参照物的无形资产与被评估无形资产所依附的产品或者提供的服务满足同质性要求，所依附的企业应满足同行业与同规模的要求；交易条件相似是指两个无形资产的成交条件在宏观、微观等层面上都大体相似。

（二）收集类似的无形资产交易的市场信息，提供横向比较的依据

评估人员在参照与被评估无形资产在形式、功能、载体等方面满足可比性的基础上，还要尽量收集达成交易的市场信息。

这些市场信息都有助于提供无形资产横向比较的资料和依据，主要包括涉及市场结构、供求关系、产业政策、企业行为和市场绩效等内容。尤其是对市场结构的分析，在分析买方、卖方、买卖双方在市场中的行为等获得相关的资料。为了能够获得准确可靠地资料，需要评估人员熟悉市场结构，经济学等相关知识。

（三）收集被评估无形资产以往的交易信息，提供纵向比较的依据

评估人员要看到无形资产具有依法实施多元和多次授权经营的特点，就会使得过去的交易资料成为未来交易的参照依据，同时交易的时间、地点、主体等的不同也会影响被评估无形资产的未来交易价格。这些交易资料都能够对无形资产的评估价值的确定产生影响。

（四）其他事项

无论是横向比较还是纵向比较，参照物与被评估无形资产会因为时间、空间、条件的变化产生差异，出现这种情况时评估人员要能够对此做出合理的调整。

三、市场法在无形资产评估中的应用

作为市场法应用的基础是价格信息，这些关键的信息要保证做到相关、合理、可靠和实效等要求。所收集的无形资产的价格信息要与被评估无形资产有较强的关联性；能够反映无形资产载体结构和市场结构特征；收集到的价格信息能够有效的反映评估基准日被评估无形资产在模拟条件下的可能价格水平，可靠程度要高。

【例 7-6】 市场法在无形资产评估中（　　　）。

A．广泛应用　　　　　　　　B．不能使用

C．运用不普遍　　　　　　　D．要与其他方法结合

解析 通过对市场法评估无形资产的前提条件的学习，可以发现采用市场法对无形资产的价值进行评估需要满足很多条件，因此其使用不太普遍，该题的答案为 C 运用不普遍。

第五节　专利权和非专利技术评估

一、专利资产的特点以及评估目的

（一）专利权资产的特点

在我国 2008 年颁布的《专利资产评估指导意见》中明确了专利权资产的概念。专利权资产是指专利权人所拥有的，能够持续发挥作用并且能够给使用者带来经济利益的权利。专利权资产属于无形资产的范畴，因此具备一切无形资产的特点，除此之外还具有自身的

特征。

专利资产的特点可以表现为以下几个方面。

1. 专利资产的确认复杂

专利资产是对专利权资产的简称。专利权想要成为资产，必须要满足能够为所有人带来特定的经济利益，同时该获利能力受到法律保护。法律在对专利技术提供保护的同时，也对专利技术能够获得保护的条件做出了规定，除了要满足条件以外，权利受保护的范围和时间也有相关的规定。也就是说专利权要想成为资产，必须要符合法律的相关规定，由此可见专利权资产与一般的有形资产相比，在资产的确认方面相对复杂。

小提示

▶ 对于专利资产的确认除了要核实专利证书以外，还要检查与评估基准日相近的专利登记簿副本所记载的事项、专利权要求书、说明书、附图、专利年费的缴纳等内容。

2. 专利权资产的获利能力具有一定的不确定性

专利资产的收益能力和有形资产相比，具有一定的不确定性。这种不确定性主要表现在专利资产在应用过程中存在的风险要远远超过有形资产的风险。专利权资产的风险主要包括：技术风险、资金风险、市场风险和管理风险。

除此之外，由于专利资产是无形资产，在交易过程中与有形资产相比具有一定的困难，这也就增加了专利资产价值现实的难度。例如，专利技术的交易价格的不确定、专利技术移植的难度、专利技术交易的多样性等，这些都会增加专利资产价值的确定。因此要求评估人员在对专利资产进行评估时，必须要充分考虑其收益能力不确定的特点，并且将其体现在参数的选择上。

以上是专利资产所具备的无形资产的基本特点，除此之外专利资产自身的特点有：

（1）时间性。专利权资产的时间性是指其权利具有一定的时限，并且该时限是由法律明确规定的。《中华人民共和国专利法》中对三种专利权的保护期限做了明确的规定，这就意味着专利权资产的期限超过了《专利法》规定的保护期限后，将不再享有被法律保护的权利，该项技术也就成为了公知技术，不会再为其所有者带来超额的经济收益，因此也就丧失了其作为无形资产的价值。无形资产所具有的时间性的特点，在资产评估中的无形资产价值不应该包括专利资产所带来的社会价值。

（2）排他性。专利资产的排他性是指由法律赋予专利权所有人在法律规定的期限内对该项专利资产的垄断，而对专利资产的垄断就是该专利可以给使用者带来超额经济收益的前提。

（3）共享性。专利权资产的共享性是指在专利权人许可的前提下，专利权资产可以供多个使用者在同一时间内使用该项专利资产。

（4）地域性。专利权资产的地域性是指一项专利技术仅在其获得专利权的地区或者国家，根据当地专利法的规定获得相应的保护。这一特点的形成主要是由于专利法是一个国家的国内法，专利资产的地域性特征对国外专利技术以及国内专利技术在国际市场的价值会起到决定性作用。

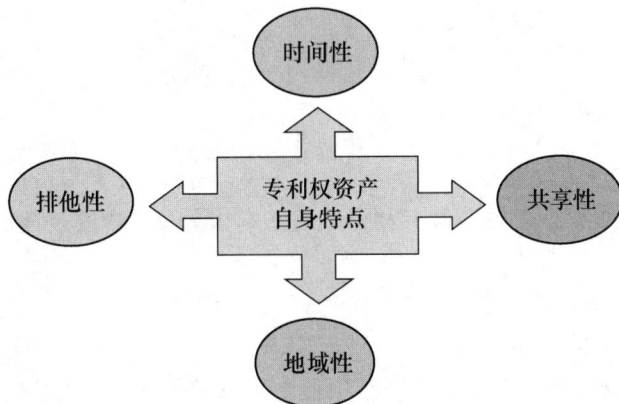

（二）专利资产的评估目的

专利资产评估依照专利权发生的不同经济行为，按照特定目的确定该资产评估的价值类型和方法。在不同情况下的专利权以及不同转让形式，选择的评估方法也各不相同。

专利权的转让一般会出现两种情况。第一种情况是属于新近研发出的新专利技术，这种情况下专利权人尚未投入使用就直接转让给接收方；第二种情况是转让的专利已经经过了近一段时间，甚至是长期的为生产提供服务，是被证明了的成熟的技术。

专利权的转让形式多种多样，大致可以将其分为全权转让和许可使用权转让。许可使用权转让一般通过专利许可贸易的形式进行，这种使用权的权限范围、时间期限、地域等都是在专利许可合同中明确规定的内容。

1. 权限范围

权限范围，是指使用专利权的程度，根据专利使用权限的大小可以做如下划分：

（1）独占使用权，是指在许可合同所规定的时间和地域范围内，卖方只把专利权许可给某一特定买主使用，购买方无权再次卖给第二家买主。同时卖方自己也不得在合同规定的范围内使用该项专利权或者销售利用该项专利权生产的产品。

（2）排他使用权，也可以称为独家使用权，是指出售专利权一方在合同规定的时间和地域范围内只能把专利权授予买方使用，不得再将该专利权转让给第三方，而卖方自己可以保留使用该专利权的权利并可以出售其专利所生产的产品。

（3）普通使用权，是指卖方在合同规定时间和地域范围内可以将该专利权出售给多家买方，同时卖方自己也保留对该专利的使用权和其专利所生产的产品的销售权。

2. 时间期限

时间期限是指一般专利许可合同都会明确规定使用的有限期限。一般来说，使用时间的长短，会因专利技术的程度有所不同，一项专利技术的许可期限一般要和该专利受法律保护的时间长短相适应。

3. 地域范围

大多数专利许可合同都会明确的对专利的使用范围做出规定。例如，在合同中确定允许在某个国家或者地区使用，买方在使用该专利时就不能超过这个地域范围。

二、专利资产的评估程序

资产评估机构按照受托者的委托，对专利资产进行评估时，一般要严格按照评估程序对专利资产进行评估，具体程序如下。

| 确认专利资 | 收集资料并 | 利用资料确 | 编写并完成 |
| 产的存在 | 确定方法 | 定评估价值 | 评估报告 |

（一）确认专利资产的存在。

确认专利资产是否存在包括明确专利资产的基本状况及其核实被评估专利权的有效性。具体包括以下方面。

1. 明确专利资产的基本状况

需要评估人员完成的工作主要有：

（1）明确专利名称，专利名称是指专利申请保护的主题名称，其中不应包含非技术词汇。

（2）明确专利类别，专利类别包括发明专利权、实用新型专利权、外观设计专利权。

发明专利权。我国《专利法》中对发明的界定是指对产品、方法或者其改进所提出的新的技术方案。发明的表现形式虽然有很多种，但一般可以将其分为两类：一类是产品，另一类是方法。

实用新型专利权。在一些国家的专利资产法律中并没有实用新型的概念。采用实用新型制度的大多数国家对实用新型保护的客体，主要是具备"型"的发明。

我国《专利法》对实用新型的定义是，对产品形状、构造以及所提出的适用于实用的新的技术方案。

外观设计专利权。我国《专利法》对外观设计的解释为，对产品的形状、图案或者其结合以及色彩和形状、图案的结合所做出的富于美感同时适用于工业应用的新设计。

（3）专利申请的国别或者地区。专利申请的国别或者地区是指申请专利的地域范围。一个国家或者地区所授予和保护的专利权一般仅在该国或者该地区的范围内有效，在哪个国家或者地区申请，就在该地区受保护，对其他国家和地区则不发生法律效率，其专利权是不会自动被其他国家和地区确认与保护的。如果想要受到保护，则需要在相应的国家和地区另外进行申请。

（4）专利号和专利申请号。专利号以及专利申请号是指专利申请经国务院专利行政主管部门受理，授予其专利申请号，也就是在申请人提交专利申请时主管部门给出的编号。专利申请经审查不存在被驳回的理由时，相关部门就可以做出授予专利的决定，同时授予该专利相应的专利号。

小提示

> ▶ 专利号就是在授予专利权时给出的编号，一般其专利号就会沿用其专利申请号。用 ZL（专利的首字母）+ 申请号表示。

（5）专利的法律状态。专利的法律状态通常包括所有权人（在专利权的申请阶段为专利申请人，授权后为专利权人）以及其变更情况，专利所处的专利审批阶段、年费缴纳情况、专利权的终止、专利权的恢复以及质押等是否涉及法律诉讼或者处于复审、宣告无效状态等。

（6）专利申请日。专利申请日是指国务院专利行政部门收到专利申请的请求书、说明书（实用新型必须包括附图）和权利要求书的日期。

如果申请文件是需要邮寄的，则以寄出邮件的邮戳日作为申请日。信封上寄出的邮戳日不清晰，除当事人能够提出相关证明的以外，以国务院专利行政部门收到日作为其递交日。

专利申请人享有优先权，以优先权日作为其申请日。

按有关规定应该授予最先申请的一方，即授予甲方

专利申请日是专利保护期限的起始时间，也是专利审查员及其评估人员判断申请技术创造性和新颖性的时间点，因此该时间点是极其重要的。该时间将记录在专利申请受理通知书和专利证书上。

（7）专利授权日。专利授权日是指实用新型专利申请和外观设计专利申请经过初步审查合格后国务院专利行政主管部门所指定的法定公告日期，以及发明专利申请根据发明专利申请人的请求，经过实质审查合格后国务院专利行政部门所指定的法定公告的日期，这是专利权的生效日。

（8）专利权要求书所记载的权利要求。发明或者实用新型专利权的保护范围以其权利要求的内容为准，说明书及其附图可以用于解释权利要求，因此权利要求是发明和实用新型专利权保护范围的依据。

（9）专利使用权利。专利使用权利也就是专利许可使用的权利，包括供专利权人使用和他人使用。他人使用主要是指使用专利权独占许可、普通许可、独家许可以及其他许可形式。

2. 确认专利权的有效性

专利资产凭借法定的垄断权，为特定权利主体带来经济效益。评估人员对专利资产有效性的分析，是对专利权的核实，也就是判断该技术是否享有法定的垄断权。判断主要包括两个方面：

（1）确认该项专利是否为有效专利，著录项目是否属实。对专利权的核实，不能仅凭《专利证书》判断该专利的有效性。因为《专利证书》在授权后，该项专利权随时可能因各种原因失效，例如未交年费而终止权利。

🎯 **背景资料**

根据我国专利管理制度的规定失效后的《专利证书》国家并不会收回，只是在《专利公报》公告作废，而原始的《专利证书》仍然会保留在原专利权人的手中。由此评估人员不能仅以专利证书判断某项专利权的有效性，还必须要求委托方提供专利局或省、直辖市、自治区、国务院有关部委专利管理机关出具的确认证明，或者直接通过检索确认被评估专利权的法律状态的有效性。对于已向专利局提出专利申请，正在受理中的专利申请权，还要核实中国专利局发出的《受理通知书》及其缴费凭证等有效资料。专利权有效的证明资料包括证明文件、受理通知书、缴费凭证。

（2）确认该项专利是否具有专利性。我国对于实用新型专利实行"初步审查"制度，目前很多已授权的实用新型专利是不符合专利法的实质性要求的。因此，即使是有效的实用新型专利仍有可能因不具备"三性"（新颖性、创造性、实用性），丧失专利权。

（二）收集相关资料，确定评估方法

根据无形资产评估的操作规程，我国对专利权资产的评估一般可以采用以下方法：收益法、成本法、市场法。

在评估专利资产时，由于专利资产的特性在选取评估方法时有必要考虑方法的使用前提条件和评估的具体情况。在评估操作实务中，评估人员在确定评估方法时要注意以下问题的影响：

（1）对于处于研制试验阶段，技术研制仍未完成，但可以预见其技术能获得成功，但对于未来投资参数、市场参数和财务参数均不确定性较大时，不宜采用收益法进行评估。

（2）对于委托评估专利资产的发明和研制成本无关而重要的是发明思想的情形，不宜选择成本法进行评估。

（3）对于还不能确认为资产的技术，例如尚处于研制阶段，对评估技术能否达到发明目的不确定的，不能进行评估。

目前，专利资产评估中适应用收益法的情形较多。收益法的运算过程在前面已经详述过，其重要的任务之一是收集相关资料，以确定方法运用中的各项技术参数和指标。因此评估人员应注意收集以下资料。

1. 专利资产的专利权人和申请评估企业的基本情况

专利权人：如果专利权人是企业，就应该对企业营业执照上的信息进行披露，主要掌握企业的性质、历史沿革、主营业务、经营绩效、生产能力、产品的市场占有率等；如果专利权人是自然人，就应该对其身份证上的信息进行披露，主要了解专利权人的受教育程度、工作以及科研经历等相关情况。

申请评估企业：主要针对专利权人是企业，了解企业的性质、历史沿革、主营业务、经营绩效、生产能力、产品的市场占有率等。

评估人员通过对专利权人基本情况的收集，做到掌握专利权主体的必要情况；通过收集申请评估企业的基本情况，掌握该企业对专利实施的能力和专利权获利能力的影响。

2. 专利证书、专利费缴纳凭证

根据我国《专利法》的相关规定，在国务院专利行政部门决定向专利申请人授予专利权后，应由专利权人办理登记手续后，国务院行政主管部门将向专利权人颁发专利证书。每个专利证书的正本为一份，一旦颁发后便不再补发。颁发证书后，因其他原因需要变更的，也不再补发新的专利证书，其变更的事项仅记载在专利登记簿中。

🧑‍🏫 **小提示**

▶ 在评估时专利登记簿副本是证明专利权更为有效的文件。专利证书是专利权获得授权的标志，评估人员可以通过最近一期的专利缴费凭证掌握专利权人缴纳专利权费的情况。如果专利权人未能按期缴纳费用，该权利很可能已经被终止使用，因此评估人员在进行评估时要特别注意。

3. 专利权说明书、要求书以及说明书附图

我国《专利法》明确规定，凡是发明专利权和实用新型专利权的受保护范围应该以其权

利要求的内容为准，专利权说明书以及附图可以用于解释专利权的要求。因此，专利权要求书是申请人要求给予专利保护范围的重要文件，同时也是专利申请文件的重要组成部分。

专利申请一旦得到批准，其权利要求书就是确定专利权范围和判断他人是否侵权的依据。所以，在专利权评估时，要求评估人员对专利权要求书、专利权说明书以及附图进行深入的分析，以确保评估的准确。

4. 专利技术的研发过程、与专利技术有关的技术实验报告、专利产品检测报告

在评估时，收集专利研发过程的资料，评估人员可以基本的掌握专利的复杂程度。通过专利的技术实验报告和专利产品检测报告的了解，可以掌握专利产品的性能和当前已经达到的标准。

评估人员通过对专利资产所属技术领域的发展状况、技术水平、技术成熟情况以及同类技术的竞争状况、技术更新速度等信息和资料的掌握，进而可以判断待评估专利技术在该领域的技术地位，用以确定技术的获利能力和收益期限、折现率等参数的选取。

5. 专利产品的适用范围

评估人员收集分析专利产品的适用范围、获利能力这些相关信息和资料，可以确定专利产品的适用性和所属行业。同时，专利产品的使用范围和领域的差异也会影响产品获利能力和获利方式，在专利评估中使用范围和领域的确定对专利价值的确定会起到重要的影响。

6. 专利产品的市场前景、市场需求、市场寿命同类产品的市场竞争状况以及相关的行业发展状况和政策

评估人员通过获取这些信息，可以了解专利产品所属行业的发展水平、现有市场的规模和容量，以及国家对该行业发展实施的政策导向、行业同类或者类似产品的竞争状况等信息。

小提示

▶ 专利产品的市场前景、市场需求、市场寿命同类产品的市场竞争状况以及相关的行业发展状况和政策这些信息是评估人员运用收益法预测该专利权未来获利能力、收益期限和折现率的重要参考依据。

7. 专利产品获利能力的相关信息和资料

对专利产品以往收入、费用等的分析是评估人员运用收益法预测专利权未来盈利水平的前提。

8. 该专利以往的评估和交易情况

同一专利在是否经许可，或者在不同形式的许可使用情况下，价值也会有所不同。因此，专利权以往的交易情况会对自身的价值产生重大的影响。

另外，了解专利权以往的评估和交易状况，有利于评估人员结合当前评估的相关情况，进行对比分析。这样做也可以提高评估结果的准确性。

在运用市场法评估时，收集专利以往的交易情况和评估情况，可以帮助评估人员了解专利的可交易性、实施范围、交易条件和当前的权利情况等，而且专利的历史交易本身就是很好的参考资料。

在运用收益法评估时，了解专利以往的评估和交易情况，有助于评估人员分析过去评估中所做的盈利预测分析和当时的实际情况是否相符，对存在差异的情况进行分析，从而避免

在本次评估中出现类似的情况。

9. 宏观经济政策和数据

专利权的实施需要通过企业实现，企业的运营会受到宏观经济环境的影响。

小提示

> ▶ 国家的宏观政策一般包括：国家财政政策、货币政策、税收政策、产业政策和国民生产总值等因素。
>
> ▶ 宏观经济政策的变化都会影响到专利实施产品的市场供求、持有专利权企业的费用，进而影响专利权价值的实现。因此，评估人员有必要了解国家的宏观经济政策。

（三）信息资料的分析、核查和评定估算

前面的资料都是在对专利权进行评估时的基础数据，为了保证评估结果的可靠性，评估人员应该进行认真地分析、核实，以确保这些资料的价值。

这些资料是资产清查工作的目的和成果，会为以后的进一步评定估算工作做好充分的准备。评估人员在对这些信息资料进行核查分析时，主要要做到以下几点：

（1）核实专利权要求书、专利权说明书及其附图的内容。

（2）核实专利资产的技术、经济、法律等因素对该专利资产价值的影响。

（3）核查专利权要求书所记载的专利技术产品与该实施企业所生产的产品是否具有对应性。

（4）核实专利产品所处的经营条件对该专利资产价值的影响。

（5）核实该专利权与其他专利资产共同发挥作用时的影响。

（四）编写完成评估报告，进行详细说明

评估报告是专利资产评估结果的最终说明，这种结果要建立在各种分析、论证、假设的基础上，为了能够说明评估结果的有效性和适用范围，评估人员在评估报告中要对一些必要的内容做详尽的说明。

小提示

> ▶ 评估人员需要说明的主要内容包括专利号和专利申请号；专利申请的国别或者地区；专利证书、专利费缴纳凭证；专利权说明书、要求书以及说明书附图等内容。

三、专利资产的评估方法

专利资产的评估方法也和前面介绍的评估方法一致，主要包括收益法，市场法和成本法。在这三种方法中收益法和成本法常用于对专利资产进行评估。在下面的内容中主要对在进行专利资产评估时常用的收益法和成本法进行介绍。

（一）收益法

收益法在应用于专利资产评估时，基于前面对该评估方法的了解，利用该方法的根本问题还是怎样寻找、判断、选择以及测算评估中的各项技术指标和参数，也就是该专利资产的收益金额、获利期限和折现率等指标。

专利资产的收益金额是指直接由该专利资产带来的预期收益金额，对于收益金额的测算，评估人员通常可以直接测算超额收益或者通过利润率测算取得。

一般而言专利资产取得收益的方式不同，根据这种情况就可以将专利资产划分为费用节约型专利资产和收入增长型专利资产进行测算，当然也可以用分成率方法进行测算。

专利资产取得收益方式分：

费用节约型专利资产

收入增长型专利资产

采用利润分成率测算法预测专利资产的收益额，要以专利资产投资后所能产生的收益为基础，按照一定比例的利润分成率确定该专利资产产生的收益。由于利润分成率是反映专利资产对整个利润额贡献大小的指标，因此利润分成率具体数值的确定就是极为重要的。

利用利润分成率实际是对利润进行分成。利润分成是将资产组合中专利对利润额所贡献的部分分出来。在实际的操作过程中，可以采取简化的方法，以销售收入分成率代替利润分成率，这样相应的分成基础也就由利润变成了销售收入。需要注意的是，使用销售收入分成率的基础仍然是利润分成率。

采用收益法对专利资产进行价值评估的主要步骤如下。

1. 专利资产分成率的确定

综合评价是对评价对象的多种因素的综合价值进行权衡比选的活动，也可以称为多属性效用理论。

利用综合评价法确定分成率，通过对分成率的取值产生影响的各个因素，例如，技术、经济、法律等，进行预测和评价，确定每个因素对分成率取值的影响程度，然后根据专家确定的每个因素的权重，最终确定得到分成率。

在确定评价指标体系时，首先对分成率以及各种影响因素进行系统的划分。

一般专利资产价值主要会受到四方面因素的影响，即技术、经济、法律和风险。其中，风险因素对专利资产价值的影响主体反映在折现率上，其余三个因素都可以在分成率中有所体现。

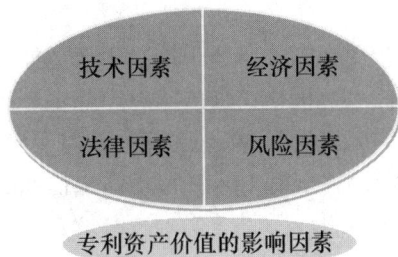

| 技术因素 | 经济因素 |
| 法律因素 | 风险因素 |

专利资产价值的影响因素

2. 专利资产折现率的确定

前面提到影响专利资产价值的因素中风险因素的影响主要反映在折现率上，因此折现率的确定也是确定专利资产价值的重要部分。

折现率的预测可以由资产评估的特点和收集资料的情况，采用国际上通用的社会平均收益率法模型估测适用的折现率，即

$$折现率＝无风险报酬率＋风险报酬率$$

式中，无风险报酬率一般要考虑社会平均报酬率，对我国的资产进行评估时一般选择评估当年的国债利率，换算成复利计算的年利率。

风险报酬率的确定，对专利资产投资来说，风险系数由技术风险系数、市场风险系数、资金风险系数以及管理风险系数之和确定。

根据无形资产的特点和目前对专利权评估的惯例，各个风险系数的取值在一定范围之内，而具体的数值则需要根据测评表进行计算。

小提示

> 当任何一项风险达到一定程度，无论该项风险在总风险中的比重多小，该项目都没有意义。即任何风险达到一定程度都是否定性指标。

【例 7-7】 某市科技发展企业 5 年前自行研发一大功率电热转换处理技术，并已获得发明专利权证书，专利保护期为 20 年。现在，该企业准备将该项专利资产出售给 A 单位，现需要对该项专利资产进行评估。

解析 评估人员进行评估分析和计算的过程为：

（1）确定评估对象和评估目的。

从题意中可知该科技发展企业出售该项专利技术，因此转让的是专利技术的所有权。

（2）专利资产的确认。

从题意中可知，该项技术已经申请了专利，该技术所具备的基本功能可以从专利说明书以及有关专家鉴定书中得到。此外，该项技术已经在该科技发展企业使用了 5 年，与该技术有关的产品已经进入市场，受到了广大消费者的欢迎，市场潜力很大。因此，该项专利技术的有效功能较好。

（3）选择合适的评估方法。

通过上面的分析可知该项专利技术具有较强的获利能力，而且，市场上同类型的技术被授权使用的情况很多，分成率较容易取得，从而为测算收益金额提供了可行的保证。因此，评估人员决定使用收益法对该项专利技术进行评估。

（4）判断确定评估参数。

根据对该类专利技术的更新周期以及市场上产品更新周期的分析，可以确定该项专利技术的剩余使用期限为 4 年。评估人员根据该项技术对产品生产的贡献分析和该类技术的交易实例分析，确定采用销售收入的分成率为 3%（为简化核算手续假设该收入免税）。

评估人员根据过去的经营业绩情况和对未来市场需求情况的分析，预测专利资产未来 4 年的销售情况，见表 7-1。

表 7-1　　　　　　　　　　　　未来预期销售收入测算表

年　度	销售收入（万元）	年　度	销售收入（万元）
第一年	600	第三年	900
第二年	750	第四年	900

根据当期的市场投资收益率，可以确定该项专利资产评估中采用的折现率为 10%。

（5）根据上述资料计算确定评估值，见表 7-2。

表 7-2 专利资产评估值计算表

年 度	销售收入（万元）	分成额＝销售收入×3%	收益现值（10%）
第一年	600	18	16.36
第二年	750	22.5	18.60
第三年	900	27	20.29
第四年	900	27	18.44
合计			73.69

因此，可以得到结论该项专利资产的评估值为 73.69 万元。

（二）成本法

成本法应用于专利资产的评估，主要在于分析计算专利资产重置完全成本的构成、数额以及相应的贬值率。

一般来说企业的专利资产按照来源的不同分为外购资产和企业自创资产两种，外购专利资产的重置成本确定比较容易。

企业自创专利资产的成本相对复杂，主要包括以下内容。

1. 研发成本

研发成本包括直接成本和间接成本两部分的费用支出。

（1）直接成本，是指研发过程中直接投入发生的费用，一般包括：

材料费，是指为完成技术研制所耗费的各种材料费用；

薪酬费，是指参与研发工作的技术人员和相关人员的费用；

资料费，是指研制开发技术所需要的图书、文献、资料、印刷制品等支出的费用；

专用设备费，是指为研制开发技术所购置额定专用设备的折旧；

培训费，是指为完成成本项目，企业委派相关人员接受技术培训的各项费用；

咨询鉴定费，是指为完成该项目发生的技术咨询、鉴定等的费用；

差旅费，是指为更好地完成项目研发所发生的差旅费用；

协作费，是指项目在研发过程中某些部分的外加工费或者使用外单位资源支付的费用；

其他费用，是指应该归属于技术研发过程中的其他费用。

（2）间接成本，是指专利资产研发相关的费用，主要包括：

管理费用，是指为更好的管理、组织项目研制开发所负担的费用；

非专业设备折旧费，是指研发过程中采用通用设备、其他设备所负担的设备折旧费。

2. 交易成本

交易成本是指发生在专利资产交易过程中的费用支出，主要包括：

技术服务费，是指卖方为买方提供专家指导，技术服务、培训等的费用；

手续费，是指交易过程中需要公证、审查、律师咨询发生的公证费、审查费和法律咨询费等；

交易过程中的管理费和差旅费，在专利资产交易过程中参与交易的谈判和管理人员在技术洽谈等工作中发生的交通费、餐饮费等；

税金，是指专利资产在交易、转让等过程中按照法律规定应该缴纳的营业税。

3. 专利费

专利费是为申请和维护专利权所发生的费用，具体包括专利代理费、专利申请费、实质性审查请求费、证书费、维护费、专利权年费等。

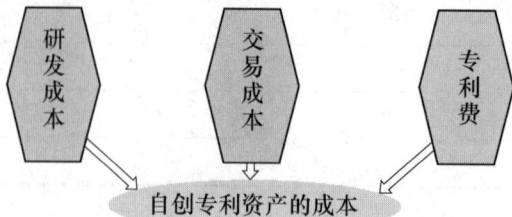

总之，在专利资产的评估中，由于评估目的的不同，其成本构成的内涵也会有所差别，在评估时，评估人员就要根据具体情况选择适用的成本费用的构成内容。

【例 7-8】 某实业有限责任公司 B 因经营需要，要转让一项专利资产，在此过程中就需要对该公司的无形资产进行评估，该公司准备转让的是一项专利技术，为两年前该公司自行研发并取得专利证书的实用新型专利权。评估人员对该项专利资产进行评估时的步骤如下：

（1）确定评估对象。

该项专利资产是该公司的自行研发并申请专利的无形资产，该公司对专利资产拥有所有权，目前公司要将该专利资产出售，因此，要确定该项专利资产的完全价值，即评估对象为该专利资产的完全产权。

（2）技术功能鉴定。

评估人员对该项专利资产的相关证书进行了查验，该项专利资产的专利权证书、说明书及其附图、缴纳费用凭证、技术检验报告书等证件齐全。根据专家鉴定和现场勘查，表明该专利资产还未应用于实际生产，技术还需要完善，技术产品的售价、成本参数还难以取得，但是从实验的结果来看，该专利资产一旦投入生产将会为未来的产品生产带来较好的效果。

（3）根据实际情况确定评估方法。

评估人员根据对该项专利技术所做的鉴定结论，结合该专利资产的实际情况，认为使用成本法能够更准确的反映该项专利资产的价值。

（4）各项评估参数的估算。

首先，分析预测该专利资产的重置成本，该项专利技术为企业自行研发形成，评估人员收集了该专利技术研发过程中的费用支出资料，见表 7-3。

表 7-3   费 用 支 出 资 料

费 用 项 目	费用金额（元）	费 用 项 目	费用金额（元）
材料费	40 000	培训费	2400
工资费	10 000	非专用设备折旧费分摊	9800
资料费	1000	管理费分摊	2000
专用设备费	6000	其他费用	4200
咨询鉴定费	4500	合计	83 100
差旅费	3200		

随后，评估人员根据对该项专利技术开发过程的分析，各类消耗仍旧按照过去实际发生定额确定，对其价格可按照现行价格计算。根据考察、预测分析，这两年生产资料的价格上涨指数分别为 6% 和 8%。由于生活资料物价指数资料难以确定，该专利技术开发过程中工资费用与材料费用相比所占的份额较少，因此可以将全部成本按照生产资料的价格指数进行调整，估算出完全重置成本。

专利资产的完全重置成本＝83 100×（1＋6%）×（1＋8%）＝95 132（元）

其次，还需要确定该项专利资产的贬值率，该项实用新型专利技术的法律保护期限为 10 年，专家根据实际情况分析并预测，该项专利技术的使用期限为 8 年，目前已经使用了 2 年，因此该项实用新型的剩余使用期限为 6 年，由此可以计算出该项专利资产的贬值率为

贬值率＝（2/8）×100%＝25%

（5）计算确定该实用新型专利的评估值，并给出评估结论。

该专利资产的评估值＝完全重置成本－资产贬值＝95 132×（1－25%）＝71 349（元）

四、非专利技术的特点

非专利技术又称为专有技术或者技术秘密，是指为特定人所知并持有的未公开其完整形式，处于保密状态，但却未申请专利的具有一定价值的知识或者信息。

小提示

▶ 一般非专利技术主要包括技术规范、设计资料、工艺流程、材料配方、经营诀窍以及图纸、数据等技术资料。

非专利技术和专利权的不同之处在于，从法律角度来看，非专利技术不属于一项法定的权利，仅是一种自然的权利，是一项收益性无形资产。

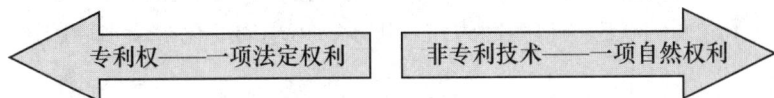

专利权——一项法定权利　　非专利技术——一项自然权利

因而，对非专利技术进行评估时，首先要对其专有技术进行鉴定，分析，判断存在的客观性。这种判断受非专利技术自身的影响，显然要比对专利权的判断要复杂。

一般来说，企业中的某些设计资料、技术规范、工艺流程、材料配方等之所以存在价值，作为技术秘密存在，是由于其具有以下特点。

（一）保密性

保密性是非专利技术最主要的特点，原因在于，非专利技术不是一项法定的权利，因此其不受法律保护，一旦公开便会失去其获利的能力，所以其自我保护是通过保密性体现的。

非专利技术与专利技术的主要区别为：

（1）非专利技术是保密的，专利权却是在专利法规定的范围内可以公开的。一项技术一旦公开，获取技术所耗费的时间和投资额都远远低于研制该技术所花费的时间和投资。因此必须要有法律手段保护发明者的所有权。而对于没有公开且没有专利权的，所有者就只能通过保密的手段来保护自身的权利。

（2）非专利技术的范围相对较为广泛，包括设计资料、工艺流程、技术规范、材料配方、经营诀窍和图纸等。而专利权的内容明显没有如此的宽泛。

（3）非专利技术的保护一般是《中华人民共和国合同法》《中华人民共和国反不正当竞争法》等，而没有针对性的法律规范。专利权的保护有专门的《中华人民共和国专利法》的保护。

（4）非专利技术没有保护的具体期限，技术只要处于保密状态就可以持续为其所有者带来超额收益。专利技术有明确的法律保护期限。

（二）获利性

任何非专利技术存在都势必具有一定的价值，这些价值表现为它能够为企业带来一定的超额收益，具有价值是非专利技术进行转让的基础。

（三）实用性

非专利技术的价值取决于是否能够在实际生产中可操作，无法应用于实践的技术不能称其为专有技术。

五、影响非专利技术价值的因素和评估方法

（一）影响非专利技术价值的因素分析

在对非专利技术进行评估的过程中，评估人员应该注意研究可能会对非专利技术价值产生影响的各项因素。这些影响因素主要包括以下方面。

1. 非专利技术的预期获利能力

非专利技术的价值主要在于其可以给使用者带来超额的收益。因此，在评估时要充分研究分析非专利技术的直接和间接的获利能力，这是评估过程中的难点，同时也是确定非专利技术评估价值的关键。

2. 非专利技术的使用期限

非专利技术不受《专利法》的保护，只能依靠保密手段进行自我保护，因此其没有法定的保护期限，也就没有明确的使用期限。但是也要看到，非专利技术作为一种技巧和知识存在，即使一直处于保密的状态，也会因为技术进步、市场的变化等诸多原因逐渐被新技术、新工艺所取代。

作为非专利技术本身，一旦成为一项公认的技术，就会失去其自身的价值。因此，非专利技术也应该根据实际情况，确定合理的使用期限。

小提示

▶ 一般来说，非专利技术的使用期限应由评估者根据该领域的技术发展状况，市场需求情况和技术保密情况等进行估计，也可以根据双方合同的规定期限、协议情况进行估算。

3. 分析非专利技术的市场状况

技术商品和其他商品一样，其价格也取决于市场的供求情况。市场上供大于求，产品的价格就下降，反之，市场上供小于求，产品价格就上涨。

就非专利技术自身来说，其价值高低取决于其技术水平在同类技术中的领先程度。现今在科学高速发展的情况下，技术的更新速度越来越快，造成的直接结果就是无形损耗的加快，一项非专利技术也很难保证持久的先进水平。

同时，非专利技术的可靠以及成熟程度对技术的价值也会有很大的影响。技术发展的越成熟，可靠性越高，获利能力也就越强，价值也会越高，反之，则价值就会受到明显的影响而下降。

4. 非专利技术所采用的保密措施

非专利技术所采取的保密措施的强弱也会直接影响该技术的价值。对非专有技术保密措施的核查，主要是核查非专利技术是否处于保密的状态以及易于公开的环节。

在评估的过程中，评估人员判断此项目可以从核心技术人员的流动情况、保密协议和保密机制等相关内容进行核查得出结果。

5. 非专利技术的开发成本

非专利技术的成本也会对其价值产生重大的影响。评估人员要根据实际情况和技术的不同特点，研究技术的开发成本和获利能力的相互关系，并作出正确的判断和结论。

（二）非专利技术的评估方法

对非专利技术进行的评估与对专利技术的评估方法是基本一致的，主要采用成本法和收益法。方法在前面已经做过详细的介绍，在此不再赘述。

下面举例说明采用成本法对非专利技术价值的评估。

【例7-9】 企业存在不同类型的产品设计图纸6.2万张。企业决定对其进行评估，确定这些工艺图纸的评估价值。评估人员经过对实际情况的分析，决定利用成本法对工艺设计图纸进行评估，具体的评估过程如下：

首先，分析确定这些工艺设计图纸的当前使用情况。评估人员根据需要对这些图纸进行必要的分析和整理，主要确定工艺设计图纸的尺寸、产品的周期、产品的种类。按照确定图纸类型的一般标准，并结合分析结果评估人员将这些图纸分成四种类型，分别是：

（1）活跃/当前型：4.8万张，属于目前正在生产，可以随时订货的产品零部件、组合件的工程图纸及其他工艺文件。

（2）半活跃/当前型：0.8万张，属于目前已经不再成批生产但仍旧可以订货的产品零部件、组合件的工程图纸及其他工艺文件。

（3）活跃/陈旧型：0.5万张，属于计划停产但目前仍然可供销售的产品零部件、组合件的工程图纸及其他工艺文件。

（4）停止生产而且不再销售的产品零部件、组合件的工程图纸及其他工艺文件，数量为0.1万件。

通过以上分析可以确定，目前该企业可以继续使用并带来收益的产品图纸共5.6万件。

其次，采用成本法确定这些设计图纸的完全重置成本。根据设计图纸、制作耗费及其现行价格分析确定，这些工艺图纸的每张完全重置成本为125元。由此，可以确定出这些图纸的完全重置成本为

有效图纸的数量×单位完全重置成本＝56 000×125＝7 000 000（元）

第六节 商 标 权 评 估

一、商标权评估对象的确认

（一）商标及其分类

商标是商品或者服务的标记，是商品生产者或者经营者在自己的商品上或者服务中所使

用的一种特殊标记，主要是为了将自己的商品或者服务更好地区别于他人的同类商品或者服务。

小提示

▶ 一般来说，商标权这种标记可以由文字、图形、数字、字母以及三维标志和颜色组成，或者是上述几个要素的组合。

商标可以按照不同的标准对其进行分类。

1. 按照商标是否具有法律的专用权分类

按照商标是否具有法律保护的专用权，可以将商标分为注册商标和未注册商标。我国《商标法》明确规定："经商标局核准注册的商标为注册商标，主要包括商品商标、服务商标、证明商标、集体商标；商标注册人享有商标专用权，该权利受法律保护"。

对于未经商标局核准注册的商标就是未注册商标，这种的商标不受法律的保护。通常所说的商标权的评估，就是对注册商标专用权的评估。

2. 按照商标的构成分类

按照商标的构成，可以将商标划分为文字商标、图形商标、颜色商标、符号商标、文字图形组合商标、三维标志商标等。

3. 按照商标的不同作用分类

按照商标的不同作用，可以将商标分为商品商标、服务商标、证明商标和集体商标等。其中商品商标，是商品生产者或者经营者为了将自己的商品与其他同类商品进行区分所做的标记；服务商标，是提供服务一方为了向他人明确自身的服务所做的标记；证明商标，是指对某种商品或者服务具有监督能力的组织所控制，而由该商品或者服务以外的单位或个人使用于该商品或服务，用以证明商品或者服务的原产地、制造方法、材料、质量或者其他特定品质的标志；集体商标，是指以集体、协会或者其他组织名义注册，供该组织成员在商事获得中使用，用以表明使用者在该组织中具备成员资格的标志。

（二）商标的作用

商标的作用主要表现在：商标能将一个企业所提供的商品或者服务与其他企业的同类型的商品或者服务区别开来；商标可以表明商品或者服务的来源，说明该商品或者服务来自何企业或区域；商标可以反映一定的商品或服务的质量，供消费者进行判断和选择；商标能够反映出向市场提供某种商品或者服务的企业的声誉，使用者可以通过商标了解这个企业的形象，而企业也能够借助商标宣称自己的企业形象和产品，并以此提高企业的知名度。

从经济学的角度讲，商标的这些作用最终都能够给企业带来超额的收益。从法律的角度讲，企业经营者对商标的保护也就是对其获得超额收益的保护。

（三）商标权中的经济权利

商标权是商标注册后，商标所有者依法享有的权益，它受到法律的保护，而未注册的商标却不受法律的保护。商标权一般包括非他专用权（或独占权）、转让权、许可使用权、继承权等。其中，排他专用权是指注册商标的所有者享有禁止他人未经许可而在同一种商品以及服务或类似商品以及服务上使用其商标的权利；转让权是商标所有者作为商标权人，享有将其拥有的商标转让给他人使用的权利。

我国的商标权是以申请注册的时间先后作为审批的依据，而并非是使用时间的先后。

我国的《商标法》明确规定："转让注册商标的，转让人和受让人应当签订转让协议，并共同向商标局提出申请。受让人应当保证使用该注册商标的商品质量"，"转让注册商标经核准后，予以公告"；许可使用权是指商标权人依法通过签订商标使用许可合同允许他人使用其注册商标。需要明确的是商标权人通过使用许可合同，转让的是注册商标的使用权；继承权是指商标权人将自己的注册商标交给指定的继承人继承的权利，法律规定这种继承必须依法办理相关的手续。

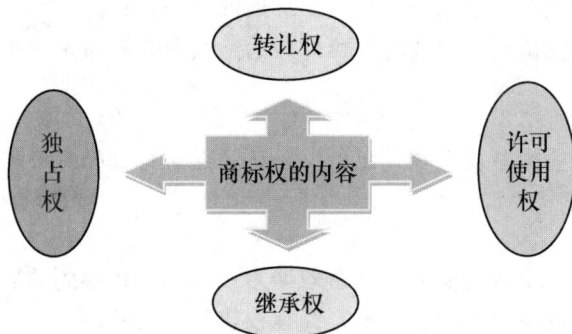

二、影响商标权价值的因素

商标权作为无形资产的一种，经济价值并非简单的由设计、制作、申请、保护等方面的消耗形成的，广告宣传同样可以扩大商标的知名度，但同时也需要花费较大的成本，这些费用对商标资产价值的影响并非是决定作用。

商标权之所以具有一定的价值，主要是由于能够给使用者带来超额的收益。换句话说，如果商标资产不能使用者带来超额收益，那么也就不具有经济价值。

商标权能够带来超额收益的原因是，该项资产能够代表使用企业的商品质量、服务、性能等，甚至是一定效用价格比的标志。可以说商标权实际上是企业品质的反映。

商标权的评估价值还会受到评估基准日的经济、社会状况的影响，所以在对商标权进行评估时要重点考虑几方面的内容：

（一）商标的知名度

商标的知名度越高，可以给使用者带来的超额收益就越大，因此商标本身的价值也就越高。这也就是很多国家和地区对于驰名商标的保护力度远远大于对一般商标的保护的原因。

因而，对于驰名商标的确认也有着高于一般商标确认的苛刻条件和复杂的审批程序。所以，评估人员在对商标权进行价值评估时，就要首先区分商标是否属于驰名商标。

一般情况下，在同一行业，驰名商标的价值要远远大于一般商标的价值，取得驰名商标认定的商标本身价值也要高于普通商标的价值。

（二）商标设计

商标的好坏可能影响的企业的兴衰成败。可以说一个好的商标设计要做到既美观又具有丰富的内涵，并且能够展现出企业不同于其他企业的风格，商标设计的基础在于商标名称的创意和设计。

（三）商标的法律情况

对商标权的法律情况的分析，主要包括以下几个方面。

1. 商标的注册情况

我国实行的是"不注册使用和注册使用并行，仅注册才能产生专用权"的商标权制度。按照这种制度的规定，只有获得注册的商标使用者才能享有专用权，才有权排斥他人在同类商品上使用相同的商标，也才可以对侵权的活动进行起诉。

因此只有注册商标才具有经济价值。没有注册的商标即使能够带来经济效益，他的经济价值也无法得到确认。

2. 商标权的续展

商标注册人需要按期对到期的商标权提出续展的申请，经商标管理局核准，商标权可以无限续展。在合法续展的情况下，商标权可以成为给其所有者带来永久性收益的资产。

小提示

▶ 商标权的价值一般与其寿命成正比，也就是说商标权的寿命越长，价值就越高。

3. 商标权的实效

我国的《商标法》规定，注册商标的有效期为 10 年，10 年到期届满时，如果持有人没有申请续展，那么商标的注册就会被注销，商标权也随之失效。

如果出现以下几种情况，也会导致商标权的失效，这些情况包括：

（1）持有者自行改变注册商标。

（2）持有者自行改变注册商标的注册人名义、地址或者其他相关的注册事项。

（3）持有者自行转让注册商标，该商标被连续 3 年停止使用。

商标权一旦失效，原商标所有者也就不再享有该商标的专用权，商标对其也就不再具有经济价值。

4. 商标权的地域范围

商标权的地域范围同样会对商标权的价值产生重要的影响。商标权有严格的地域性，商标权只有在法律认可的地域范围内才会受到法律的保护。

当前不同国家存在着不同的商标保护原则，也就是说任何一个商标权并不是在任何地方都会得到保护。

商标所有者所享有的商标权，只能在授予该项权利的国家地域内受到保护，在超出该范围的其他国家或者地区则不发生法律效力。如果需要得到其他国家或者地区的保护，就需要按照该地区的法知识产权组织律规定，在该地申请注册，或者向世界国际局申请商标的国际注册。

例如，众所周知的某著名商标，国际上的经济学家评估该商标权的价值为 434.30 亿美元，而这个商标在世界其他地区转让时的价值可能高达 700 多亿美元，可见，商标注册的地域范围也是影响商标权价值的不可忽视的因素。

5. 商标权在特定商品范围内有效

商标注册的商品种类和范围影响商标权的价值。商标注册申请采用"一类商品、一个商标、一份申请"的原则。

商标注册原则
一类商品、一个商标、一份申请

评估人员在评估商标价值时，要注意商标注册的商品种类和范围与实际的使用是否相符，商标权的使用只能在核定的商品或服务上使用才会得到法律的保护，否则便不受法律的保护。因此，对于超出注册商品范围的部分所带来的收益不能计入商标权的预期收益中。

（四）类似商标的交易情况

市场上类似商品的交易情况也会影响商标资产的价值。当使用市场法对商标权进行价值评估时，可比实例和交易情况对商标价值评估便起到了决定性的作用。这些因素包括可比实例的交易价格、自身情况、交易情况等。

（五）商标声誉的情况

商标权的价值还会受到商标声誉的影响。商标资产维护的时间越长，其价值就越大。商标的声誉除了要依靠产品或服务本身优越的质量以外，广告宣传也是扩大商标声誉，提高商标知名度的重要因素。通过必要的广告宣传，能够使更多的消费群体对商品或服务有所认识和了解，从而提高产品的销量，扩大市场占有率，为企业带来更多的超额收益。同时，商标广告的宣传费用也是构成商标成本的重要组成部分，由此可见商标的广告宣传会对商标的价值产生重大的影响。

（六）商标所依托的商品

前面已经介绍，商标权是商标所有者享有禁止他人未经许可在同一种商品或者服务上使用该商标的权利。

商标权本身不能直接产生收益，价值大都是要依托一定的有形产品来实现。商标权的价值依赖于商标所能带来的收益，收益越大，商标权的价值也就越高。而商标所带来的收益又是依托相应商品来实现的。

1. 商品所处的行业以及前景

任何一种商品都不能离开其所处的行业而独立存在，行业的发展状况会直接影响商品的生产规模、价格、利润等，进而影响商标的价值。

> **小提示**
>
> ▶ 受经济规律的制约，任何一个行业也无法做到始终的繁荣和稳定。总会有新兴的行业代替在原有的行业，所以说任何一个行业发展到一定时期后总会逐渐走向衰退，最终消亡。因此，商标所依赖的商品所在行业的发展状况，对商标的价值会产生巨大的影响。

一般来说，在销量相同的情况下，新兴行业的产品其附加值较高，因而商标价值也较高。

2. 商品的生命周期

商标资产的价值还会受商品所处的生命周期相关。商品的生命周期一般包括四个阶段：研制、发展、成熟、衰退。处于各个阶段的商品所能带来的超额收益各有不同，对应的商标资产价值也会不同。

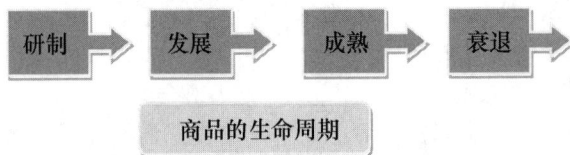

研制 ➡ 发展 ➡ 成熟 ➡ 衰退 ➡

商品的生命周期

3. 商品的市场占有率和竞争状态

商品的市场占有率标志着商标的价值范围。商品的市场占有率越高，其能够带来的超额收益也就越大，商标资产的价值就越高，反之，商标资产的价值也会因其能够取得的超额收益小而受到影响。

商品的竞争情况也会对商标价值造成影响，竞争程度低，商品相对获得的收益就高，商标价值也就越大，反之，商标资产的价值就越小。

4. 经营商品企业的素质

商标资产的价值会受到企业素质的影响，良好的企业素质可以给企业带来优秀的管理，良好的企业信誉，自然也会提升商标资产的价值。

5. 商品的获利情况

商标资产的价值最终体现在给所有者带来的收益上，商品所能带来的收益越大，能够获得的超额收益才越大，商标权的价值也越高。因此，可以说商品利润率的大小是影响商标资产价值的因素。

6. 企业的经营业绩

商品经营业绩的好坏可能会影响企业未来的收益。好的经营业绩可以带来的收益大，商标资产的价值也就高；反之，商标资产的价值则低。因此，在评估过程中就要考虑到使用商标资产的企业的经营业绩。

（七）评估目的

对于商标权的转让，可以根据转让情况的不同分为商标所有权的转让和商标使用权的转让。

转让商标的所有权是指转让方将放弃整个商标权，转让后商标权归受让方所有，实际上也就是将商标权出售。转让商标的使用权是指商标权所有者在不放弃商标所有权的前提下，按照双方签订的许可使用合同或其他相关合同将商标权特许给他人使用，并收取一定的转让费。

小提示

▶ 商标资产的评估值会因商标权转让方式的不同而不同。一般来说，商标所有权转让的评估值高于商标使用权的评估值。

（八）宏观经济状况

宏观经济形势和商标资产的价值也是密切相关的，在评估基准日宏观经济景气高涨时，评估值相对较高，而在宏观经济低迷时，评估值则较低。同时，宏观经济政策对商标价值评估也有一定的影响，财政政策、货币政策的状况，也是商标评估必须考虑的因素。

（九）其他因素

在考虑商标权价值的过程中还需要根据情况考虑以下因素：商标的注册、使用、购买成本、注册时间等重要因素。

三、商标资产的经济价值和评估程序

（一）商标资产的经济价值

商标的基本功能在于能够指明提供商品的生产销售厂商或者提供服务的企业，并表明商品或者服务的特征。仅从这个角度来说，商标就是一个标志，它所代表的权利也不具有经济价值。但是，当某个商品或者服务具有良好的声誉，并得到了消费者的认同和赞美。那么这样的商品或者服务所使用的商标的知名度也会逐渐增加，这样的商标权就具有经济价值。同时也能够为使用该商标的企业带来较高的收益。

（二）商标资产评估的程序

对商标权进行评估时，都要按照特定的程序进行，具体的程序如下：

接受委托，明确任务 → 收集相关资料 → 市场调研和分析 → 确定方法，进行评估 → 得出结论，编制报告

（1）接受委托，明确相关事项。商标评估的第一步是接受委托方的委托，明确评估中的相关事项。这些事项主要包括：

1）商标资产的评估目的。商标的评估目的，也就是商标资产发生的经济行为。从商标资产发生的经济行为方式来说，可以分为商标权转让和商标使用权转让。

2）商标资产的相关情况。这些相关情况中，一方面是商标的注册、使用情况；另一方面是商标拥有方、使用方以及评估委托方的情况。

3）商标评估的范围，主要包括待评估商标的种类、数量和应用的商品种类和地域范围。

4）确定评估基准日和待评估商标的价值时点。

5）其他情况。

（2）向商标权人收集有关资料。这些资料都是评估时，评估人员需要掌握的情况。这些情况有助于确定商标权的价值。这些资料有：

1）商标权人概况和经营业绩，主要是企业评估前3～5年的财务报表。

2）商标概况，主要包括商标注册有关的法律证件、注册时间、地点、证书号、有效期和续展条件、保护内容、商标的适用范围、种类、许可使用等情况。

3）商标权的成本费用以及收益情况，主要有商标权申报或购买成本，商标使用、许可使用以及转让所带来的历史收益。

4）商标的知名度，同类产品的名牌商标。

5）商标的预计使用期限，主要包括使用该商标产品的预期寿命、单价、销售量、市场占有率和利润率等情况。

6）宏观经济政策，主要包括相关的产业政策，税收政策等。

（3）市场调研和分析。

1）产品市场需求量的调研和分析。

2）商标产品在客户中的信誉、竞争情况的分析。

3）商标的现状和前景分析。

4）商标产品的市场占有率分析。

5）企业财务状况分析，主要分析判断商标产品当前的获利能力，未来收益发展趋势的预测。

6）市场环境变化的风险分析和其他相关信息分析。

（4）确定评估方法并进行评估。商标权的评估一般采用收益法，在允许的情况下也可以采用市场法和成本法。根据确定的评估方法，收集相关的数据，进行评估。

（5）根据评估结论，完成评估报告。

四、商标权的评估方法

对商标权的评估方法主要有三种方法，比较常用的是收益法。

下面以收益法为例分别介绍转让商标所有权和转让商标使用权对其价值的评估。

（一）转让商标所有权的商标价值评估

转让商标所有权实际就是将商标权出售。

【例7-10】 某企业准备将使用15年的一个注册商标进行出售，与该商标相关的具体资料包括：商标在目前的市场上有良好的信誉和发展趋势，所生产的产品供大于求。企业在近8年使用该商标的产品与同类产品相比每件的价格高出至少0.9元，该产品企业每年的产量为125万件。根据专家的预测，如果在生产能力得到满足的情况下，这类产品每年的产量为150万件，由于市场供应相对充足，因此每件产品可获利0.6元。根据目前的分析，该商标预计还可以继续使用10年，也就是可以继续为使用者带来15年的超额收益。

评估人员根据以上资料，对该商标权的价值进行评估，具体步骤如下：

（1）确定该商标继续使用的15年中，可以给使用者带来的超额收益。

$$超额收益＝150×0.6＝90（万元）$$

（2）根据对掌握情况的测算，认为折现率为8%较为合适。

（3）确定该商标权的评估价值

$$90×（P/A，10，8\%）＝90×6.71＝603.9（万元）$$

（二）转让商标使用权的商标价值评估

【例7-11】 某企业准备将目前的注册商标通过许可使用合同转让给另一企业使用。与该商标使用权转让相关的具体资料包括：另一企业允许使用该商标的时间为8年。该企业需要在使用商标的年6中，将每年因使用商标增加的利润中的20%支付该企业，作为商标的使用费。根据目前的市场状况，专家的预测，使用该商标后每件产品的净利润可增加5元，这6年中该产品的产量分别为：35万件，45万件，50万件，50万件，60万件和65万件。

评估人员根据以上资料，对该商标权的使用权价值进行评估，具体步骤如下：

（1）根据情况确定每年新增的净利润，见表7-4。

表7-4 确定每年新增的净利润

年 份	每件净利润（元）	产量（万件）	每年净利润（万元）
1	5	35	175
2	5	45	225
3	5	50	250
4	5	50	250
5	5	60	300
6	5	65	325
合 计		305	1525

（2）确定分成率为20%。

（3）根据情况分析，评估人员认为折现率为12%，较为合适。

（4）计算每年新增利润的折现值，见表7-5。

表7-5　　　　　　　　　　　　计算每年新增利润的折现值

年　份	每年净利润（万元）	折现系数（折现率12%）	折现值（万元）
1	175	0.892	156.1
2	225	0.797	179.325
3	250	0.711	177.75
4	250	0.635	158.75
5	300	0.567	170.1
6	325	0.506	164.45
合　计	1525		1006.475

（5）按照20%的分成率，确定该商标使用权的评估值为

$$评估值＝1006.475×20\%＝201.295（万元）$$

第七节　商誉的评估

一、商誉及其特点

商誉是指企业在一定条件下，能够取得高于正常投资报酬率的收益所形成的价值。这一般是由企业所处的地理位置优势或者是企业经营效率相关较高，管理经验丰富，人工素质优良等多个因素的综合体现。因此，与同行业比较就能够获得相对较高的超额利润。

> **小提示**
> ▶ 通常所说的商誉是企业所有无形资产扣除各单项可确指无形资产后的剩余的部分。

因此，商誉是不可辨认和确指的，基于此商誉的特点主要包括：

（1）商誉的形成是多个因素共同作用的结果，形成商誉的每个因素都不能单独进行计量。

（2）商誉本身不能理解为一项单独的，能产生收益的无形资产，他只是超出企业可确认的各单项资产价值总和的部分。

（3）商誉是企业经长期发展逐渐积累起来的一项价值。

（4）商誉不能脱离企业单独存在。

（5）商誉不能离开企业的其他可确认资产而单独出售。

二、企业商誉的评估方法

下面对商誉价值评估常用的两种方法进行介绍。

（一）超额收益法

超额收益法是指将企业的超额收益作为评估对象进行商誉评估的方法。原因在于商誉评估值是指企业超额收益的本金价值。

超额收益法在具体使用时，可以根据被评估企业的不同情况分为超额收益本金化价格法

和超额收益折现法两种。

1. 超额收益本金化价格法

超额收益本金化价格法是通过将被评估企业的超额收益本金化还原后确定该企业商誉价值的方法。计算公式为

商誉价值＝（预期年收益额－行业平均收益率×企业单项资产评估值之和）÷资本化率

或

商誉价值＝［（预期收益率－行业平均收益率）×企业单项资产评估值之和］÷资本化率

预期收益率＝（企业预期年收益金额÷企业单项资产评估价值之和）×100%

【例 7-12】 企业的预期年收益金额是 18 万元，企业各个单项资产的评估值之和为 60 万元，该企业的行业平均收益率为 12%，企业适用的资本化率为 10%。

用超额收益本金化价格法确认该企业的商誉

商誉价值＝（18－12%×60）÷10%＝108（万元）

小提示

▶ 超额收益本金化价格法适用于经营状况较好，超额收益较为稳定的企业。如果在预测企业预期收益时，企业的收益只能维持可预见的几年，那么就不易采用该方法确定商誉的价值。

2. 超额收益折现法

超额收益折现法是将企业可预见的若干时间的预期超额收益折现，然后将其折现值之和作为企业商誉价值的方法。

该方法适用于企业经营业绩不确定，超额收益稳定性不足的企业商誉价值的评估。其计算公式是

$$商誉价值 = \sum_{i=1}^{n} \frac{第 i 年预期超额收益}{(1+折现率)^i}$$

【例 7-13】 企业目前的经营稳定性差，根据目前的情况预计在今后的 5 年内将以目前的超额收益水平维持经营。企业当前的超额收益金额为 24 500 元，企业所在行业的平均收益率为 8%。采用收益额折现法计算该企业的商誉价值。

通过分析可以发现企业在今后 5 年的超额收益都会维持在 24 500 元，也就是一个年金的形式。因此，商誉的价值可简化计算为

商誉价值＝24 500×（P/A，8%，5）＝24 500×3.992＝97 804（元）

（二）割差法

割差法是通过将企业整体资产评估价值与企业可确认的各项单项资产的评估价值之和比较，两种之间的差额部分就是企业商誉的评估价值。具体的公式是

商誉价值＝企业整体资产评估价值－企业可确认的各个单项资产的评估价值之和

企业整体资产评估价值一般可以通过预测企业未来预期收益，对收益进行折现取得。如果是上市企业也可以以其股票的市价总额作为整体资产的评估价值。

企业中的各个单项资产主要是指有形资产和无形资产，由于他们都是可以独立存在并进行转让的，因此评估值在不同的企业中由于组合的不同情况。使其组合价值不同，这样就

会使各类资产组合后产生的资产价值超过各个单项资产价值的合计，超出的部分就是商誉。可见，管理效率越高，员工素质越高的企业其商誉的价值也就可能越大。

【例 7-14】 某企业进行股份制改造，根据改造后的企业情况和当前的市场情况预测，企业在改组改造后的整体评估价值为 148.65 万元，该企业的各个单项资产合计价值为 108 万元。采用割差法确定该企业的商誉为多少？

解　　　　　　　　　商誉价值＝148.65－108＝40.65（万元）

本 章 小 结

➢ 本章主要向大家介绍了无形资产的评估相关知识，无形资产的评估方法主要包括三种：市场法、成本法、收益法。

➢ 同时还以常见的无形资产为内容向大家介绍了专利权、非专利技术、商标权、商誉等价值的评估。

思 考 题

1．影响无形资产评估价值的因素有哪些？
2．如何采用收益法评估无形资产？
3．如何采用成本法评估无形资产？
4．用市场法评估无形资产应当注意哪些问题？
5．说明专利权的评估程序。
6．商誉的含义是什么？评估商誉的方法有哪些？

习 题

一、单项选择题

1．在下列无形资产中，不可确指的无形资产是（　　　）。
　　A．商标权　　　　　　　　　　　B．土地使用权
　　C．专营权　　　　　　　　　　　D．商誉

2．下列选项中，（　　　）不属于无形资产。
　　A．非注册商标　　　　　　　　　B．专利权
　　C．计算机软件　　　　　　　　　D．非专利技术

3．确定无形资产转让的最低收费额，不需要考虑的因素是（　　　）。
　　A．转让成本分摊率　　　　　　　B．重置成本净值
　　C．成新率　　　　　　　　　　　D．转让的机会成本

4．某发明专利已经使用 4 年，尚可使用 2 年，目前该无形资产的贬值率为（　　　）。
　　A．25%　　　　　B．66.7%　　　　　C．33.3%　　　　　D．50%

5．企业存在不可确指的无形资产，分别按照单项评估加总的方法和整体评估的方法所得到的评估结果会有一个差额，这个差额通常被称为（　　　）。
　　A．商标　　　　　B．专利权　　　　　C．专营权　　　　　D．商誉

6．无形资产包括自创和外购无形资产，这种分类是按照（　　　）标准进行的。
　　A．可辨识程度　　　　　　　　　B．有无法律保护

C．取得方式　　　　　　　　　　D．内容构成

7．无形损耗对无形资产的（　　）产生影响。

    A．剩余使用价值　　　　　　　　B．已使用价值

    C．实体　　　　　　　　　　　　D．已使用年限

8．我国现行财务制度一般把科研费用在当期生产经营费用中列支，因此，账簿上反映的无形资产成本是（　　）。

    A．不完整的　　　　　　　　　　B．全面的

    C．定额的　　　　　　　　　　　D．较完整的

9．因转让双方共同使用该无形资产，评估重置成本净值分摊率应当以双方利用无形资产的（　　）为标准。

    A．尚可使用年限　　　　　　　　B．设计能力

    C．账面价值　　　　　　　　　　D．最低收费额

10．对无形资产进行评估时，（　　）。

    A．收益法是唯一的方法　　　　　B．收益法、市场法、成本法都可用

    C．只能采用收益法和市场法　　　D．只能采用收益法和成本法

11．某公司的预期年收益额为 32 万元，该企业的各单项资产的重估价值为 120 万元，企业所在行业的平均收益率为 20%，以此作为本金化率计算出的商誉的价值为（　　）。

    A．40　　　　　　B．80　　　　　　C．100　　　　　　D．160

12．无形资产的最低收费额＝重置成本净值×转让成本分摊率＋无形资产转让的机会成本。假定买卖双方利用无形资产（设计）生产能力为 1000 万件，购买方运用无形资产的设计能力为 500 万件，则无形资产转让成本分摊率为（　　）。

    A．1　　　　　　B．2　　　　　　C．0.5　　　　　　D．1.5

13．（　　）是评估无形资产使用频率最高的方法。

    A．成本法　　　　　　　　　　　B．市场法

    C．收益法　　　　　　　　　　　D．市场法和成本法

14．从资产评估的角度，驰名商标权一般能为企业带来（　　）。

    A．正常利润　　　　　　　　　　B．超额利润

    C．垄断利润　　　　　　　　　　D．超额加垄断利润

15．从本质上讲，商标权的价值主要取决于（　　）。

    A．取得成本　　　　　　　　　　B．设计和宣传费用

    C．商标所能带来的收益　　　　　D．新颖性和创造性

二、多项选择题

1．非专利技术的特点是（　　）。

    A．新颖性　　　　B．实用性　　　　C．获利性　　　　D．保密性

2．无形资产能存在于其载体的前提是（　　）。

    A．能带来正常的利润　　　　　　B．能带来超额利润

    C．能带来垄断利润　　　　　　　D．能带来潜在利润

3．通过无形资产评估前的鉴定，可以解决的问题是（　　）。

    A．证明无形资产的存在　　　　　B．确定无形资产的种类

   C．确定无形资产的获利能力　　　　　D．确定无形资产的有效期限

4．无形资产评估的目的有以下类型（　　　）。

   A．无形资产的转让　　　　　　　　　B．无形资产投资

   C．无形资产摊销　　　　　　　　　　D．无形资产纳税

5．适用于无形资产评估的方法有（　　　）。

   A．市场法　　　　　B．成本法　　　　　C．收益法　　　　　D．路线价法

6．商誉的特点包括（　　　）。

   A．形成商誉的特别因素不能单独计价

   B．商誉是企业整体价值扣除全部有形资产以后的差额

   C．商誉不能与企业可确指的资产分开出售

   D．商誉是企业长期积累起来的一项价值

7．无形资产更新周期主要根据（　　　）来判断。

   A．产品更新周期　　　　　　　　　　B．经济周期

   C．技术更新周期　　　　　　　　　　D．政府政策

8．当无形资产（　　　）等情况出现时会造成无形资产的贬值。

   A．再生产费用降低

   B．传播面积逐渐扩大，社会普遍接受和掌握

   C．新的、更先进的替代型无形资产

   D．生产的产品成本下降

9．无形资产转让时的最低费用额的决定因素包括（　　　）。

   A．重置成本　　　　　　　　　　　　B．历史成本

   C．机会成本　　　　　　　　　　　　D．生产产品的成本

10．无形资产的财务成本特征表现在（　　　）。

   A．弱对应性　　　　B．共益性　　　　　C．积累性　　　　　D．虚拟性

11．专利权的特点（　　　）。

   A．独占性　　　　　B．地域性　　　　　C．通用性　　　　　D．可转让性

12．知识产权通常包括（　　　）。

   A．专利权　　　　　B．商誉　　　　　　C．商标权　　　　　D．版权

13．影响无形资产评估价值的因素（　　　）。

   A．效益因素　　　　　　　　　　　　B．机会成本

   C．技术成熟因素　　　　　　　　　　D．市场供需状况

14．商标权的特点是（　　　）。

   A．独占性　　　　　　　　　　　　　B．按照申请时间先后注册

   C．地域性　　　　　　　　　　　　　D．可转让性

15．使用割差法评估商誉价值的基本参数是（　　　）。

   A．企业整体价值　　　　　　　　　　B．企业账面价值

   C．无形资产的价值　　　　　　　　　D．企业的各单项资产评估值之和

三、计算题

1．某企业的预期年收益额为 25 万元，该企业的各单项资产的重估价值之和为 90 万元，

企业所在的行业的平均收益率为20%，并以行业的平均收益率为适用的资产收益率。请确定该商誉的评估值。

2. 某企业拟转让其拥有的某产品的商标使用权，该商标产品的单位市场售价为 1000 元/台，比普通的商标同类产品的价格高出 100 元/台，拟购买商标企业的年上产能力为 100 000 台，双方商定商标使用许可期为 3 年，被许可方按照使用该商标的产品的年销售利润的 30% 作为商标特许权使用费，每年支付一次，3 年支付完价款。被许可方的正常销售利润率为 10%，收益率按照 10%计算。

要求：根据上述条件计算该商标使用权价格。

第八章
长期投资评估

拓展资源

● 我们应把社会的大效益放在第一位，建筑师应以整个社会为最大业主，这应该是每一个建筑师的追求。

——何镜堂

● 有两种信息：你可以知道的信息和重要的信息。而你可以知道且又重要的信息在整个已知的信息中只占极少的百分比。

——沃伦·巴菲特

● 当你能衡量你所谈论的东西并能用数字加以表达时，你才真的对它有了几分了解；而当你还不能衡量，不能用数字来表达它时，你的了解就是肤浅和不能令人满意的。这种了解也许是认知的开始，但在思想上则很难说已经步入了科学的阶段。

——凯尔文 勋爵

重点提示

- ✧ 长期投资的概念、类型及特点的理解
- ✧ 长期债券投资价值衡量的关键
- ✧ 长期股票投资价值衡量的方法
- ✧ 其他长期投资价值评估的基本思想

本 章 思 维 导 图

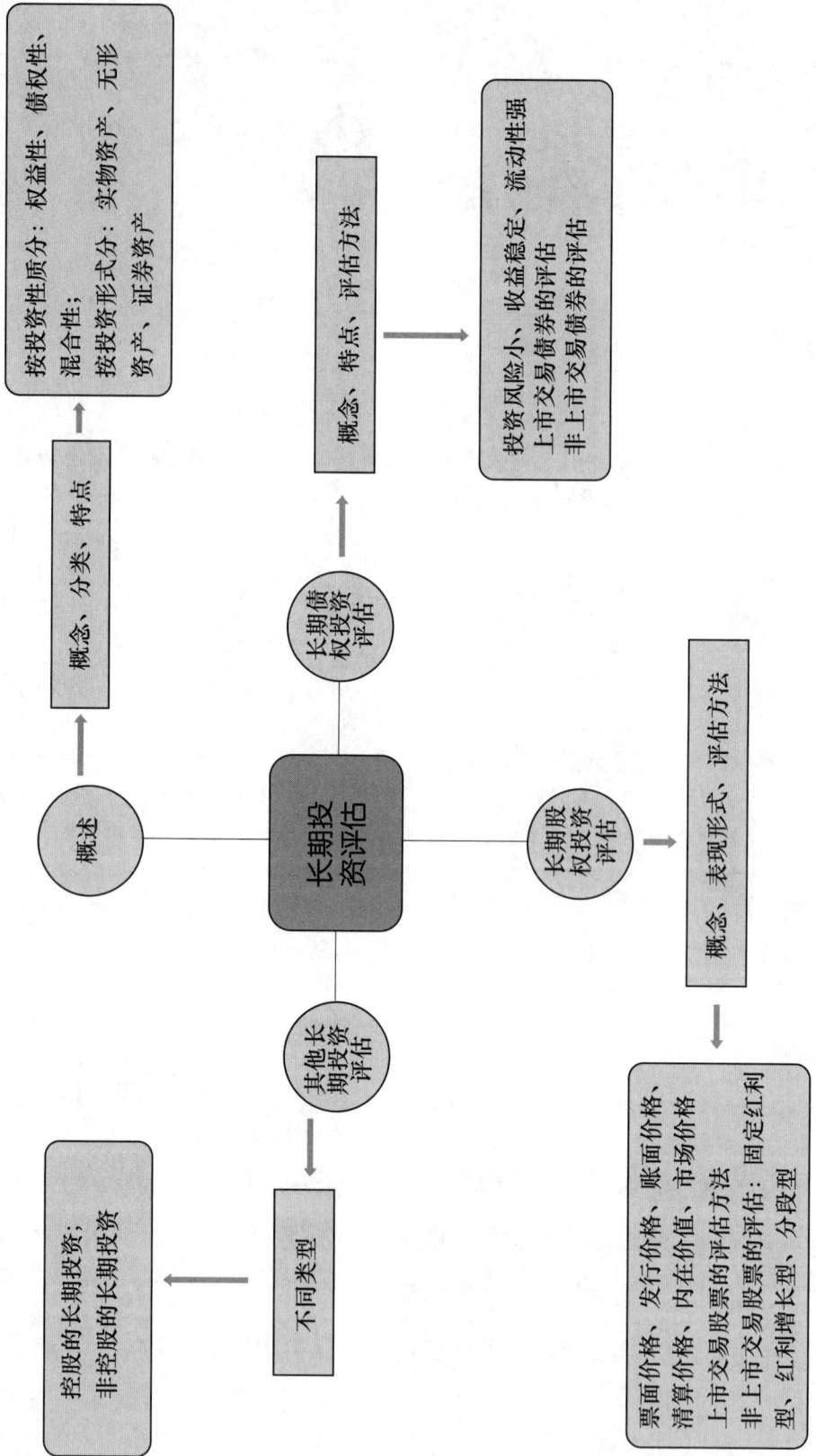

概述 —— 概念、分类、特点 → 按投资性质分：权益性、债权性、混合性；按投资形式分：实物资产、无形资产、证券资产

长期债权投资评估 → 概念、特点、评估方法 → 投资风险小、收益稳定、流动性强 上市交易债券的评估 非上市交易债券的评估

长期投资评估

长期股权投资评估 → 概念、表现形式、评估方法 → 票面价格、发行价格、账面价格、清算价格、内在价值、市场价格 上市交易股票的评估方法：固定红利型、红利增长型、分段型 非上市交易股票的评估

其他长期投资评估 → 不同类型 → 控股的长期投资；非控股的长期投资

第一节　长期投资评估概述

一、长期投资及其种类

（一）长期投资的概念

长期投资是指企业以获取投资权益和收入为目的，向那些并非直接为本企业使用的项目投入资产的行为。按投资的形式分类，可分为债券投资、股票投资和其他投资三种。债券投资是企业以购买债券的形式对外投资，主要包括国家债券投资、企业债券投资和金融债券投资三类。股票投资是企业以购买股票的形式对外投资，其他投资则是债券投资和股票投资以外的投资。

投资按其目的和持有时间的长短不同可分为短期投资和长期投资，长期投资是指企业不准备随时变现，持有时间超过一年以上的投资。

长期投资的目的有以下几点：

（1）有效利用资金，获得投资回报来积累资金。

（2）影响或控制其他企业的经济业务，建立某种协作或控制关系，为企业带来某些利益或权利。

（3）其他战略目的。

（二）长期投资的分类

1. 按投资的性质分类

（1）权益性投资。权益性投资是指为了获取其他企业的权益或净资产而进行的投资，如对其他企业的股票投资、联营投资等。

（2）债权性投资。债权性投资是指为了取得债权企业进行的投资，如购买国库券、公司债券等。

（3）混合性投资。这种投资通常兼有权益性投资和债权性投资的性质，如企业购买的优先股股票、购买的可转换公司债券等。

2. 按投资的形式分类

长期投资按投资的形式可以分为实物资产投资、无形资产投资和证券资产投资。

（1）实物资产投资。实物资产投资主要包括投资方以厂房、机器设备、材料等作为资本金的投资。

（2）无形资产投资。无形资产投资是指企业以专利权、专有技术、土地使用权等作为资本金进行的投资。

（3）证券资产投资。证券资产投资是指通过证券市场购买其他企业的股票和债券等进行的投资。

二、长期投资评估的特点

长期投资是投资企业以放弃对其拥有的资产的直接控制权来换取对其他企业资本的权利，它是以对其他企业享有的权利而存在的，所以，长期资产评估主要是对长期资产所代表的权益进行评估。它的特点主要有以下几点：

1. 长期股权投资评估是对被投资单位资本的评估

尽管长期投资的投资形式不同，可能是货币资金、实物资产、无形资产等，但它们都是被作为资本投入到其他企业去的，被作为资本的象征，对投资者来说它们发挥着资本的功能。所以说，对长期股权投资的评估实质上是对被投资单位资本的评估。

2. 长期股权投资评估是对被投资企业获利能力的评估

长期股权投资的根本目的是为了获取投资收益和实现投资增值。一项长期投资作为资产，其价值的高低主要取决于该项投资所能带来的收益，与原投资资产本身的成本或作价无太大大关系，收益的高低取决于被投资企业的获利能力。因此，被投资企业的获利能力就成为长期股权投资评估的决定因素。

3. 长期债权投资评估是对被投资企业偿债能力的评估

长期债权投资的投资者主要关注的是到期能否将投资收回，而被投资企业偿债能力的大小直接影响着投资企业债券投资到期收回本息的可能性。因此，被投资企业的偿债能力就成为长期债权投资评估的决定因素。

三、长期投资评估一般程序

（1）明确长期投资项目的有关详细内容，如投资种类、原始投资额、评估基准日余额、投资收益计算方法和历史收益额，长期投资占被投资企业实收资本的比例和所有者权益的比例，以及相关会计核算方法等。

（2）判断长期投资投出和收回金额计算的正确性和合理性，判断被投资企业资产负债表的准确性。

（3）根据长期投资的特点选择合适的评估方法。可上市交易的债券和股票一般采用现行市价法进行评估，按评估基准日的收盘价确定评估值；非上市交易及不能采用现行市价法评估的债券和股票一般采用收益现值法，根据综合因素选择适宜的折现率，确定评估值。

（4）评定测算长期投资，得出评估结论。

第二节 长期债权投资评估

一、债券及其特点

债券是政府、企业、银行等债务人为了筹集资金，按照法定程序发行的并向债权人承诺于指定日期还本付息的有价证券。从债券发行主体看，债券是筹资的手段。对债券购买者来说，债券是一种投资工具。作为一种投资工具，债券具有以下特点。

1. 投资风险较小，安全性较强

相对于股票投资及其他投资而言，债券投资风险相对较小。因为国家对债券发行有严格的规定，通常要满足发行债券的一些基本要求。例如政府发行债券由国家担保；银行发行债券要以其信誉及一定的资产作为后盾；企业发行债券也有严格条件，通常以其实力及发展潜力作为保证。当然，债券投资也不是一点风险部没有，一旦债券发行主体出现财务困难，债券投资者也有收不回投资的可能。但是，相对于其他投资而言，债券投资还是比较安全的。就是发行债券的企业破产，在破产清算时，债权人分配剩余财产的顺序也排在企业所有者之前。

2. 到期还本付息，收益稳定

债券利率通常是比较稳定的，在正常情况下要高于同期存款利率。只要债券发行主体不发生较大变故，债券的收益是相当稳定的。

3. 具有较强的流动性

在发行的债券中有相当部分是可流通债券，这些债券可随时到证券市场上流通变现。

二、长期债权投资评估的特点

长期债权投资包括债券投资和其他债权投资。债券是指政府、企业、银行等债务人为了筹集资金，按照法定程序发行的并向债权人承诺于指定日期还本付息的有价证券。根据发行主体的不同，债券可以分为政府债券、公司债券和金融债券。债券投资和股权投资相比，具有以下几个特点。

（一）投资风险小

和股权投资相比，债券投资的风险比较小，安全性较高。因为无论是政府、企业、银行等发行债券国家都对其进行了严格的规定，如政府发行的债券由国家财政担保；银行发行债券要以其信誉及实力作保证；企业发行债券国家有严格的条件，一般企业实力及发展前景都较好。而且即使债券发行者出现财务困难，或者出现企业破产，在破产清算时债券持有者也拥有优先受偿权，比股权投资的安全性高。

（二）收益稳定

债券的收益主要是由债券的面值和债券的票面利率决定的，二者在发行时就进行了约定，以后不随市场的变化而变化。一般情况下为了吸引投资，债券的票面利率比同期的银行存款利率高。所以，只要债券发行主体不发生较大的变故，债券的收益是比较稳定的。

（三）流动性强

我国目前发行的债券中，有相当部分是可流通债券，这种债券随时可以在证券市场上变现，变现能力较好，流动性较强。

三、长期债券投资评估的方法

按债券能否在公开市场上进行自由交易，有不同的评估方法。如果债券能在市场上自由买卖，债券的市场价格就是债券的评估值，因为债券作为一种有价证券，从理论上来说，它的市场价格应反映其收益现值；如果证券不能在市场上自由交易，理论上的价格就不能实现，这时就要通过其他的方法进行评估。

（一）上市交易债券的评估

上市交易的债券是指经政府管理部门批准，可以在证券交易所内买卖的证券，它可以在市场上自由交易、买卖。对此类债券一般用市场法进行评估，评估基准日的收盘价即为它的评估值。采用市场法进行评估时，应该在评估报告书中说明所用评估方法和结论与评估基准日的关系，并申明该评估结果应随市场价格变化而调整。

🔲 **小提示**

▶ 市场法的适用范围：市场法并不是万能的，债券市场也不是永久健康。比如 2008 年初我国的债券市场已经严重扭曲，这时候市场法就显得力不从心。

如果在某些特殊情况下市场价格被严重扭曲，已不能反映债券的内在价值，就不能再用市场法进行评估，而应采用非上市交易债券的评估方法进行。

市场法下债券评估值的计算公式如下

$$债券评估值＝债券数量×评估基准日债券的收盘价$$

【例 8-1】 评估公司对某企业的长期债权投资进行评估，该企业持有 5 年期的国库券 1000 张，每张面值 100 元，年利率为 8%，该债券已上市交易，评估基准日的收盘价为 120 元/张。评估人员经分析调查认为该价格比较合理，则其评估值为多少？

解　　　　　　　　　　$1000 \times 120 = 120\,000$（元）

【例 8-2】 某企业进行评估，长期投资账上有债券 1000 张，每张面值 100 元，年利率 10%，此债券为另一企业发行的三年期债券，已上市交易。根据交易市场调查，评估基准目的收盘价为 130 元。据评估人员分析，该价格比较合理，所以评估值为多少？

解　　　　　　　　　　$1000 \times 130 = 130\,000$（元）

（二）非上市交易债券的评估

非上市交易债券不能在证券市场上进行交易，不能用市场法进行评估，一般采用收益法。

（1）距评估基准日一年内到期的债券，可以根据本金加上持有期间的利息确定评估值。

（2）距评估基准日超过一年到期的债券，这时就要考虑资金的时间价值，其评估值的确定要依据本利和的现值计算。

根据债券付息方式的不同，分为到期一次还本付息债券和分次付息、一次还本债券，这两种债券的评估方法是不相同的，评估时应加以区别。

1）到期一次还本付息债券的评估。

到期一次还本付息债券的评估计算公式为

$$P = F / (1+r)^n$$

式中　P——债券的评估值；

　　　F——债券到期时的本利和；

　　　r——折现率；

　　　n——评估基准日到债券到期日的间隔（以年或月为单位）。

债券本利和 F 的计算要区分单利和复利两种情况来计算：

①债券本利和 F 用单利计算，计算公式为

$$F = A(1+mi)$$

②债券本利和 F 用复利计算，计算公式为

$$F = A(1+i)^m$$

式中　A——债券面值；

　　　m——计息期限；

　　　i——债券利息率。

上式中债券面值、计息期限、债券利息率在债券上均有明确记载，它们在债券发行时事先就已经约定，因此很容易取得数据，但折现率的确定则比较困难，需要评估人员根据评估时的具体情况和社会环境分析确定。

【例 8-3】 评估公司对某企业的长期债权投资进行评估，被评估企业的长期债权投资的账面余额为 60 000 元，为 A 企业发行的三年期的到期一次还本付息债券，年利率 6%，单利计算，评估实点距到期日还有 2 年，当时国库券利率为 4%，评估人员经对发行企业的经营状况分析调查，认为被投资企业的风险较低，取 2%的风险报酬率，无风险报酬利率按国库券利率计算。

解　该债券评估值的计算如下

$$F=A（1+mi）=60\ 000×（1+3×6\%）=70\ 800（元）$$
$$R=4\%+2\%=6\%$$
$$P=F/（1+r）^n=70\ 800/（1+6\%）^2=70\ 800×0.89=63\ 012（元）$$

2）分次付息、到期一次还本债券的评估。

分次付息、到期一次还本债券的评估适宜采用收益法，计算公式为

$$P=\sum\left[R_t（1+r）^{-t}\right]+A（1+r）^{-n}$$

式中　P——债券的评估值；

$\quad$ R_t——第 t 年的预期利息收入；

$\quad$ R——折现率；

$\quad$ A——债券面值；

$\quad$ t——评估基准日距收取利息日期限；

$\quad$ n——评估基准日距到期还本日期限。

【例 8-4】 仍以上例的资料为例，假定该债券是每年付一次利息，债券到期一次还本。评估值为多少？

解　$P=\sum\left[R_t（1+r）^{-t}\right]+A（1+r）^{-n}$

$\quad=60\ 000×6\%×（1+6\%）^{-1}+60\ 000×6\%×（1+6\%）^{-2}+60\ 000×（1+6\%）^{-2}$

$\quad=3600×0.943\ 4+3600×0.890\ 0+60\ 000×0.890\ 0$

$\quad=60\ 000.24（元）$

另外，关于债券评估，还必须注意对于不能按期收回本金和利息的债券，评估人员应在充分调查核实的基础上进行分析预测，合理确定债券的评估值。

小提示

▶ 收益法有许多具体的方法及数学表达式，运用收益法进行资产评估时，重要的不是机械套用这些数学公式，而是恰当选择运用收益法的各项参数（收益额、折现率等）。利用数学表达式表达的具体方法只是对收益法具体方法折现或资本化过程的一种抽象和概括，计算公式本身并不能保证评估结果的正确。

第三节　长期股权投资评估

长期股权投资按投资的方式的不同，可以分为股票投资和股权投资。股票投资是指企业通过购买等方式取得被投资企业的股票而实现的投资行为；股权投资则是指投资主体将现金资产、实物资产或无形资产等直接投入到被投资企业，取得被投资企业的股权，然后通过控制被投资企业来获取利益的投资行为。

一、股票投资及其特点

股票投资是对股票发行企业所发行的股票进行的投资，具有高风险、高收益的特点。如果股份有限公司破产，股票投资人不但分不到红利，而且有收不回本金的可能。按不同标准，股票可分为记名股票和不记名股票，面额股票和无面额股票，普通股、优先股和后配股，上市股和非上市股。股票的价格包括票面价格、发行价格、账面价格、清算价格、内在价格和市场价格。

二、股票投资的评估

（一）股票投资评估的特点

股票投资是指企业通过购买等方式取得被投资企业的股票而实现的投资行为。股票是由股份公司发行的，用以证明投资者股东身份及权益，并据以获得股息和红利的有价证券。股票表明股东与公司的约定关系，它其实是一种特殊的信用工具，所以股票投资虽然收益较高，但风险也大，如果被投资企业破产，投资人可能血本无归。股票的种类很多，按不同的分类标准，有以下几类：

（1）按股票有无票面金额，分为有面值股票和无面值股票。

（2）按票面是否记名，分为记名股票和非记名股票。

（3）按股票所得权益的不同，分为普通股和优先股。

（4）按股票是否上市，分为上市股票和非上市股票。

股票的价格有很多种表现形式，包括：

（1）票面价格，是股份有限公司在发行股票时标明的每股股票的票面金额。

（2）发行价格，是指股份有限公司在发行股票时的出售价格，一般同一股票只能有一种发行价格。

（3）账面价格，是指股东持有的每一股票在公司账面上所表现出来的净值。

（4）清算价格，是指公司清算时，每股股票所代表的真实价格，它是公司净资产与公司股票总数之比值。

（5）内在价值，这是一种理论价值或模拟市场价值。它是根据评估人员对股票未来收益的预测经过折现后得到的股票价格。股票的内在价值主要取决于公司的经营状况和发展前景等因素。

（6）市场价格，这是股票在证券市场上买卖股票的价格。在市场比较完善的情况下，股票的市场价格基本上能反映其内在价值，但在市场发育不健全的情况下，股票的市场价格与其内在价值就会脱节。

在以上几种股票价格中，与股票的价值评估有密切联系的是股票的清算价格、内在价值、市场价格，而另外三种价格对评估的联系并不大。

（二）股票投资评估的方法

对股票价值的评估，一般分上市交易股票和非上市交易股票来进行。

1. 上市交易股票的评估方法

上市交易股票是指企业公开发行的，可以在证券市场上自由交易的股票。由于市场情况的不同，评估方法也有所不同。

（1）正常市场条件下，可以采用市场法进行评估。这时股票的市场价格可以代表评估时点被评估股票的价值，所以被评估股票评估值等于评估基准日该股票的收盘价。所谓正常市场条件是指股票市场发育正常，股票可以自由交易，不存在各种非法歪曲股票市场价格的情况。

（2）非正常市场条件下，应采用非上市交易股票的评估方法（非上市交易股票的评估方法下面将介绍）。非正常市场条件主要是指存在政治、公众心理、人为的市场炒作等非常因素而使市场价格不能反映股票价值的情况，这时就要以股票的内在价值作为评估股票价值的依据。

这里需要注意的是以控股为目的持有的股票。以控股为目的持有的股票在评估时一般用收益法来进行评估。

依据股票市场价格进行评估时，在评估报告中应说明所用的评估方法和结论，而且由于上市股票的价格在证券市场经常处于变动之中，因此在评估报告书中还应申明评估结果应随市场价格变化而加以调整。

2. 非上市交易股票的评估

非上市交易股票的评估一般采用收益法。用收益法时评估人员要综合分析股票发行主体的经营状况及风险、历史利润水平、行业收益水平等因素，合理预测股票投资的未来收益，并选择适宜的折现率进行折现来确定评估值。

小提示

▶ 在购买股票时，要注意公司未来的获利潜力与目前股价间的关系是否合理。

非上市交易股票的评估要区分普通股和优先股来进行。普通股是最常见的一种股票，它没有固定的股利，收益大小主要取决于被投资企业的经营业绩；优先股则兼有普通股票和债券的性质，它有固定的股利，不用还本，在企业清算时的财产分配上优先于普通股，而且优先股的股利是在所得税后支付（我国企业目前还不能发行优先股）。

对非上市普通股的评估，主要是预测普通股的预期收益并折算到评估基准日，所以最主要的是确定普通股的预期收益和折现率。为此，要对股票发行企业有一个客观、全面、准确的了解与分析，具体包括：

第一，股票发行企业的经营历史，包括盈利水平、收益分配情况等。

第二，股票发行企业的发展前景，包括资产负债结构状况、资产质量、创利能力、市场竞争力、管理人员素质和创新能力等。

第三，股票发行企业所在行业和宏观经济的现状、前景、经营风险，这有助于折现率的确定。

第四，股票发行企业的股利分配政策。

股票发行企业的股利分配政策通常划分为固定红利型、红利增长型和分段型，股利分配政策直接影响着被评估股票的价值，不同类型的分配政策的评估具体方法也不相同。

①固定红利型（也称零增长型）。固定红利型股利分配政策是假定股票发行企业每年分配的股利是固定的，并且在今后也能保持原有水平固定不变，计算公式为

$$P=R/r$$

式中　P——股票评估值；

　　　R——股票未来收益额；

　　　r——折现率。

【例8-5】　A企业拥有B企业发行的非上市普通股股票1000股，每股面值10元，评估人员经过分析调查了解到，B企业生产经营状况比较稳定，企业所处的行业也相对比较稳定，在今后若干年内，股利分配能保持稳定，预计今后收益率能维持在平均16%的收益率，当前国库券预计利率4%，考虑到通货膨胀等因素确定风险报酬率为4%，则确定的折现率为8%，股票的评估价值为多少？

解 $P=R/r=1000×10×16\%/8\%=20\,000$（元）

②红利增长型。红利增长型股利分配政策是指股票发行企业有很大的发展潜力，在今后若干年，股票的收益率会逐渐提高，红利呈增长趋势。这一政策的假设前提是股票发行企业并未将剩余收益分配给股东，而是用于追加投资。红利增长型适用于成长型的企业。股票评估值的计算公式为

$$P=R/(r-g)\quad(r>g)$$

式中 P——股票评估值；

R——股票未来收益额；

r——折现率；

g——股利增长率。

在实践中对股利增长率 g 的计算方法主要有两种：统计分析法，即根据过去股利的数据，用统计学的方法进行计算；另一种是趋势分析法，即用企业剩余收益中用于在投资的比率与企业净资产利润率相乘来确定。

【例 8-6】 某企业拥有另一企业发行的非上市普通股股票 1 万股，每股面值 100 元，发行企业前三年的股票年收益率分别为 15%、17%、18%。评估人员经过分析调查了解到，B 企业经过三年的发展目前生产经营状况比较稳定，企业所处的行业也相对比较稳定，预计今后能保持每年平均 16% 的收益率，当前国库券预计利率 10%，考虑到通货膨胀等因素确定风险报酬率为 4%，折现率 14%，则股票的评估价值为多少？

解 $P=10\,000×100×16\%÷14\%=1\,142\,857$（元）

［例 8-6］中如果预计下一年股票收益率为 16%，以后每年以 2% 的比率增长，则股票的评估价值为

$$P=10\,000×100×16\%÷(14\%-2\%)=1\,333\,333$$（元）

③分段型。分段型股利政策下股票价值评估的原理是：

第一段，指能够较为客观预测股票的收益期间或股票发行企业某一经营周期。

第二段，以不易预测收益的时间为起点，以企业持续经营到永续为第二段。

将两段收益现值相加，得出评估值。实际计算时，第一段以预测收益直接折现；第二段可以采用固定红利型或红利增长型，收益额采用趋势分析法或其他方法确定，先资本化再折现。

通常随着时间的推移，股票的累积股息折现值逐渐上升，而期末出售价格的折现值则逐渐下降直至为零，但股票收益现值之和不变，由此上述公式 $P=R/r$ 得知，当股票每年所带来的收益相等或基本一致时，公式可以推导为

$$P=A/r$$

式中 A——每年的等额股利。

由于股利长期不变的假设严重脱离实际，通常并不实用。如果可以预测从某一年度开始，股利每年有一定的增长性，那么股票的评估计算公式变为

$$P=A/r+A_n/(i-g)$$

式中 A_n——被评估股票第 n 年预计股利；

n——从股票开始投资的第一年到股票收益开始变化的年份之间相隔的年数；

i——适用折现率；

g——每年股利增长率（设股利年均增长率为 g，且 $g<i$）。

【例 8-7】 某公司进行评估，其拥有另一股份公司非上市普通股股票 10 万股，每股面值 1 元。在持有期间，每年股利收益率均在 15%左右。评估人员对该股份公司进行调查分析，认为前 3 年保持 15%收益率是有把握的；第 4 年一套大型先进生产线交付使用，可使收益率提高 5 个百分点，并将持续下去。评估时国库券利率 10%，因为该股份公司是公用事业企业，所以风险利率确定为 2%，折现率为 10%，则该股票评估值为多少？

解　$P=$前三年折现值＋第四年后折现值

$=100\,000\times15\%\times(P/A,12\%,3)+(100\,000\times20\%/12\%)\times(1+12\%)^{-3}$

$=321\,327$（元）

三、优先股股票的评估

优先股股票是介于债券和普通股股票之间的证券品种，其评估方法可以参考债券的评估，但由于优先股股票的投资风险相对于债券来说比较大，因此在折现率的确定时应充分考虑这个因素。

在正常情况下，优先股在发行时就已规定了股息率。评估优先股主要是判断股票发行主体是否有足够税后利润用于优先股的股息分配，这种判断是建立在对股票发行企业的全面了解和分析的基础上，包括股票发行企业生产经营情况、利润实现情况、股本构成中优先股所占的比重、股息率的高低，以及股票发行企业负债状况等。如果股票发行企业资本构成合理，企业盈利能力强，具有很强的支付能力。评估人员可以根据事先确定的股息率，计算出优先股的年收益额，然后进行折现计算，即可得出评估值。计算公式如下

$$P=\sum_{i=1}^{\infty}\frac{R_i}{(1+r)^i}=\frac{A}{r}$$

式中　P——优先股评估值；

R_i——第 i 年的优先股收益；

r——折现率；

A——优先股的等额股息收益。

【例 8-8】 新华纺织厂拥有长兴染料厂 100 股累积性、非分享性优先股，每股面值 100 元，股息率为年息 17%。评估时，国库券利率为 10%。评估人员在对长兴染料厂进行调查过程中，了解到长兴染料厂的资本构成不尽合理，负债率较高，可能会对优先股股息的分配产生消极影响。因此，评估人员对新华纺织厂拥有的长兴染料厂的优先股票的风险报酬率定为 5%，加上无风险报酬率 10%，该优先股的折现率（资本化率）为 15%。根据上述数据，求该优先股评估值为多少？

解　　　　$P=A/r=100\times100\times17/(10\%+5\%)=11\,333$（元）

第四节　其他长期投资评估

其他投资评估，首先需了解具体投资形式、收益获取方式和投资额占被投资单位资本的比重，再根据不同情况进行评估。对于合同、协议明确约定了投资报酬的长期投资，可将按规定可获得的收益折为现值作为评估值。对到期收回资产的实物投资，可按约定或预测的收益折为现值再加上到期收回资产价值的现值计算评估值。对于不是直接获取资金收入，而是

取得某种权利或其他间接经济利益的，可尝试测算相应的经济收益折现计算评估值，或根据剩余的权利或利益所对应的重置价值确定评估值。明显没有经济利益，也不能形成任何经济权利的，应按零值计算评估值。

对控股的长期投资，应对被投资企业进行整体评估，评估人员到现场实地核查其资产和负债，全面进行评估。评估方法以收益现值法为主，特殊情况下也可单独采用加和法或现行市价法。

对于非控股的长期投资，一般应采用收益现值法进行评估，即根据历史上的投资收益情况和被投资企业的未来经营情况及风险，预测长期投资的未来收益，再用适当折现率折算为现值得出评估值。在未来收益难以确定的情况下，也可采用重置成本法进行评估，即通过对被投资企业进行整体评估，确定净资产数额，再根据投资方应占的份额确定长期投资的评估值。如果该项投资发生时间不长，被投资企业资产账实基本相符，则可根据核实后的被投资企业资产负债表上净资产数额，按投资方应占的份额确定评估值。

其他长期投资的主要形式是企业以货币资金、实物资产、无形资产等直接投入到其他企业而取得股权的联营投资。联营投资通常是有期限的，在联营期投资人按出资比例或事先约定承担风险、共享收益，联营期满按约定收回投资。因此对这种类型投资的评估可以应用以下公式

$$P=\sum_{t=1}^{n}\frac{A_t}{(1+i)^t}+\frac{P_n}{(1+r)^n}$$

式中　P——联营投资的评估价值；

　　A_t——投资在今后第 t 年的预期收益；

　　i——适用的折现率；

　　n——剩余的联营时间；

　　P_n——联营期满约定收回的投资额。

联营投资的投资报酬主要有两种情况，一是按被投资企业效益的一定比例分成，分成的基数按约定可以是被投资企业销售收入或实现毛利、净利等；二是按投资作价额的一定比例获得投资回报，而不受被投资企业的实际盈利水平影响。联营期满能收回的投资通常有三种情况，一是按原投资作价额，以货币资金返还；二是将原投入资产返还；三是按联营期末原投入资产的变现价格或约定以货币资金返还。如果收回投资是按原作价额或双方约定金额以货币资金收回，则在评估中 P_n 值较容易确定，当收回投资是以原投入资产返还或按资产期末变现价格以货币资金返还时，P_n 值的确定不仅要考虑原投入资产的自然损耗，还应充分考虑至联营期末资产的功能性损耗和经济性损耗。

【例 8-9】　甲企业以自有的某名牌商标的使用权向乙企业投资，协议联营期 3 年，甲企业每年按乙企业销售收入的 2%收取投资报酬，到期后甲企业收回商标使用权。评估人员经充分调查了解，乙企业近年来生产的产品平均年销售额为 400 万元，由于可以使用甲企业的商标，投入第一年的销售额将可以达到 800 万元，而且每年可以递增 10%，甲企业预期收益率 15%，折现率确定为 15%，求该高标甲企业的投资价值为多少？

解　$P=8\,000\,000\times2\%\times（1+15\%）+8\,000\,000\times（1+10\%）2\%\times（1+15\%）$
　　　　$+8\,000\,000\times（1+10\%）\times2\%\times（1+15\%）$
　　　$=139\,130+133\,081+127\,295$
　　　$=399\,506（元）$

【例 8-10】　五年前 A 企业以 10 台新印刷机作价 50 万元向月企业投资，协议联营期 10 年，A 企业投资占月企业总资本的 50%，双方约定 B 企业每年实现利润按双方投资比例进行分配，联营期满 A 企业收回原投入设备。前 5 年 B 企业每年实现净利润 10 万元，A 企业已实际收到投资报酬 25 万元。评估人员经调查分析认为，今后 5 年 B 企业生产经营比较稳定，保持前 5 年的收益水平是可以的，A 企业投入的设备使用年限为 15 年，但由于这些设备在 5 年后其技术性能将落后，存在一定的经济性、功能性损耗 20%，B 企业所在行业的平均收益率 12%，即折现率确定为 12%，求该批机器 A 企业剩余投资价值为多少？

解　$P=50\,000\times(0.8929+0.7972+0.7118+0.6355+0.5674)+500\,000\div3\times80\%\times0.5674$

$=180\,240+75\,653$

$=255\,893$（元）

本章小结

➢ 按投资的性质划分，长期投资分为长期债权投资、长期股权投资和其他长期投资；按投资的形式划分，长期投资分为实物资产投资、无形资产投资、证券资产投资。从长期投资评估特点上来看，具有其评估是对被投资单位资本的评估，对被投资企业获利能力的评估，对被投资企业偿债能力的评估。长期投资评估一般首先明确长期投资项目的有关详细内容；其次判断长期投资投出和收回金额计算的正确性和合理性，判断被投资企业资产负债表的准确性；再次评定测算长期投资，得出评估结论；最后根据长期投资的特点选择合适的评估方法。

➢ 长期债权投资具有流动性强，收益稳定，投资风险小。从评估方法看分为上市交易债券的评估和非上市交易债券的评估。上市交易债券评估值＝债券数量×评估基准日债券的收盘价。非上市交易债券不能在证券市场上进行交易，不能用市场法进行评估，一般采用收益法。

➢ 股票投资是指企业通过购买等方式取得被投资企业的股票而实现的投资行为。股票是由股份公司发行的，用以证明投资者股东身份及权益，并据以获得股息和红利的有价证券。股票表明股东与公司的约定关系，它其实是一种特殊的信用工具，所以股票投资虽然收益较高，但风险也大，如果被投资企业破产，投资人可能血本无归。对股票价值的评估，一般分上市交易股票和非上市交易股票来进行。上市交易股票的评估市场情况的不同，评估方法也有所不同。非上市交易股票的评估一般采用收益法。用收益法时评估人员要综合分析股票发行主体的经营状况及风险、历史利润水平、行业收益水平等因素，合理预测股票投资的未来收益，并选择适宜的折现率进行折现来确定评估值。

➢ 其他投资评估，首先需了解具体投资形式、收益获取方式和投资额占被投资单位资本的比重，再根据不同情况进行评估。

思考题

1．长期投资评估有哪些特点？

2．债券、股票评估有哪些主要方法？用收益现值法评估债券和股票的基本公式？

3．对控股和非控股的长期投资评估有何区别？

4. 可转换债券和优先股股票评估中的转换收益是什么？

5. 对普通股评估需要对发行企业了解的内容主要有哪些？

6. 控股股权与少数股权在评估上有哪些区别？

7. 股票的内在价值是什么？

8. 红利增长模型的假设前提是什么？

9. 简述上市股票及其评估方法。

10. 上市流通的有价证券受某些非正常因素的影响使其市场交易价格异常，此时在以产权变更为目的的评估中是否可以应用现行市价法对这些有价证券进行评估？

习　题

一、单项选择题

1. 上市交易的债券最适合运用（　　）进行评估。

　　A. 成本法　　　　　　B. 市场法　　　　　　C. 收益法　　　　　　D. 价格指数法

2. 对于距离评估基准日一年内到期的非上市债券，采用（　　）方法进行评估较为合适。

　　A. 本利和折现　　　　　　　　　　B. 市场询价

　　C. 账面价值　　　　　　　　　　　D. 本金加持有到期利息

3. 从理论上讲，无风险报酬率是受到（　　）影响的。

　　A. 资金的使用成本　　　　　　　　B. 资金的投资成本

　　C. 资金的时间成本　　　　　　　　D. 资金的机会成本

4. 被评估债券为2000年发行，面值100元，年利率为10%，3年期。2002年评估时，债券市场上同种同类债券，面值100元的交易价格为110元，该债券的评估值最接近于（　　）。

　　A. 120　　　　　　B. 98　　　　　　C. 100　　　　　　D. 110

5. 站在资产评估的角度，在股市发育不完全、交易不规范的情况下，作为长期投资中的股票投资评估应当以股票的（　　）为基本依据。

　　A. 市场价格　　　B. 发行价格　　　C. 内在价值　　　D. 票面价值

6. 股票的内在价值属于股票的（　　）。

　　A. 账面价值　　　B. 理论价格　　　C. 无面值价值　　　D. 发行价格

7. 股票的内在价值是由（　　）决定的。

　　A. 股票的净资产额　　　　　　　　B. 股票的总资产额

　　C. 股票未来收益折现值　　　　　　D. 股票的利润总额

8. 固定红利模型是评估人员对被评估股票（　　）。

　　A. 预期收益的一种假定　　　　　　B. 预期收益的客观认定

　　C. 历史受益的一种客观认定　　　　D. 预期收益的一种估计

9. 到期后一次性还本付息债券的评估，其评估的标的是（　　）。

　　A. 债券本金　　　　　　　　　　　B. 债券本金加利息

　　C. 债券利息　　　　　　　　　　　D. 债券本金减利息

10. 非上市债券的风险报酬率主要取决于（　　）。

　　A. 发行主体的具体情况　　　　　　B. 债券市场情况

C．债券购买方的具体情况　　　　　D．股票市场状况

11．作为评估对象的长期待摊费用的确认标准是（　　）。

A．是否已经摊销　　　　　　　　B．摊销方式

C．能否带来预期收益　　　　　　D．能否变现

12．在企业整体评估中，（　　）一般不应当再作为评估对象。

A．预付费用

B．固定资产大修理费用、摊余价值

C．房屋租金摊余价值　　　　　　D．书报费摊余价值

13．对长期待摊费用等其他资产的评估通常发生在（　　）。

A．资产转让时　　　　　　　　　B．企业财务检查时

C．企业整体产权变动时　　　　　D．企业纳税时

14．下列融资工具，按照风险由小到大排列，正确的排列顺序是（　　）。

A．股票、国家债券、金融债券、企业债券

B．国家债券、金融债券、企业债券、股票

C．企业债券、股票、国家债券、金融债券

D．股票、企业债券、金融债券、国家债券

15．股票的未来收益的现值是（　　）。

A．账面价值　　　B．内在价值　　　C．票面价值　　　D．清算价值

16．以下资产中风险由小到大依次是（　　）。

A．政府长期债券政府短期债券公司债券股票

B．政府长期债券政府短期债券股票公司债券

C．政府短期债券政府长期债券公司债券股票

D．政府短期债券政府长期债券股票公司债券

二、多项选择题

1．非上市债券的评估类型可分为（　　）。

A．固定红利模型　　　　　　　　B．红利增长模型

C．每年支付利息、到期还本型　　D．到期后一次还本付息型

2．按照股票的持有人享有的股利和承担的责任的角度，股票可以分为（　　）。

A．无面额股票　　B．面额股票　　C．优先股　　D．普通股

3．非上市普通股票评估的基本类型有（　　）。

A．到期一次还本型　　　　　　　B．红利增长型

C．固定红利型　　　　　　　　　D．分段型

E．逐期分红、到期还本型

4．股票评估通常与股票的（　　）估测有关。

A．内在价值　　B．账面价值　　C．市场价格　　D．清算价格

E．票面价格

5．股票的内在价值主要取决于（　　）。

A．公司的财务状况　　　　　　　B．公司的获利能力

C．公司的技术开发能力　　　　　D．公司面临的各种风险

E．公司发展潜力

6. 在确定风险报酬率时，需要考虑被评估企业的（　　）。

    A．经营风险   B．财务风险   C．倒闭风险   D．行业风险

    E．突发事件

7. 长期投资评估是对被投资方（　　）。

    A．投资品评估   B．偿债能力评估

    C．获利能力的评估   D．变现能力的评估

8. 在红利增长型中股票增长率 g 的计算方法主要是（　　）。

    A．重置核算法   B．市场法   C．统计分析法   D．趋势分析法

9. 债券评估时的风险报酬率，其高低与（　　）有关。

    A．投资者的竞争能力   B．发行者的竞争能力

    C．投资者的财务能力   D．发行者的财务能力

10. 属于直接投资的经济行为有（　　）。

    A．以现金投入到被投资企业   B．以实物资产投入到被投资企业

    C．购买被投资企业的股票   D．购买被投资企业的债券

    E．以专有技术投入到被投资企业

三、计算分析题

1. 某评估公司受托对 D 企业进行资产评估，D 企业其拥有非上市公司的普通股股票 20 万股，每股面值 1 元，在持有股票期间，每年股票收益率在 12% 左右。股票发行企业每年以净利润的 60% 用于发放股利，其余 40% 用于追加投资。根据评估人员对企业经营状况的调查分析，认为该企业具有发展前途，该企业具有较强的发展潜力。经过分析认为，股票发行企业好可以保持 3% 的发展速度，净资产收益率将保持在 16% 的水平，无风险报酬率为 4%，风险报酬率为 4%。请你计算该股票的评估值。

2. 被评估企业以机器设备向 B 企业直接投资，投资额占 B 企业资本总额的 20%，双方协议联营 10 年，联营期满 B 企业将机器设备折余价值 20 万元返还投资方。评估时双方联营已有 5 年，前 5 年 B 企业的税后利润保持在 50 万元水平，投资企业按其在 B 企业的投资额分享收益，评估人员认定 B 企业未来 5 年的收益水平不会有较大变化，折现率设定为 12%。试评估被评估企业直接投资的价值。

3. 甲企业持有乙企业的普通股票 10 000 股，每股面额 1 元，乙企业正处在收益成长阶段，过去几年有关数据见下表，市场利率为 11%，乙企业风险报酬率为 2%，试计算这批股票的评估值。

乙公司红利分配情况见表 8-1。

表 8-1　　　　　　　　　　　　　　乙公司红利分配情况

项目 ＼ 加年数	第 1 年	第 2 年	第 3 年	第 4 年	评估年	评估下一年
每股红利（元/股）	0.15	0.17	0.19	0.20	0.23	0.24
环比增长（%）	100	113	118	105	115	104

第九章
流动资产评估

拓展资源

● 最好的建筑是这样的，我们深处在其中，却不知道自然在那里终了，艺术在那里开始。

——林语堂

● 企业遭受挫折的唯一最主要的原因恐怕就是人们很少充分地思考企业的任务是什么。

——彼得·德鲁克

● 财富的增加既不保证快乐的增加；物质享受的增加，也并不意味幸福的增加。西方世界所提倡的"生活素质"，正在提醒大家：追求生活水准只是一个工具，追求生活素质才是真正的目的。案例方法之所以成为最有效的教学方法，其原因在于，它使学生成为积极的，而不是被动的参与者。

——华莱士·B·多纳姆

重 点 提 示

- ˙ᵜ˙ 流动资产的内容、特点、评估步骤
- ˙ᜒ˙ 原材料、低值易耗品、在产品、产成品、库存商品、包装物等实物类流动资产评估的步骤和方法
- ˙ᜒ˙ 现金、银行存款、应收账款以及其他流动资产的评估等非实物类流动资产评估的步骤和方法

本章思维导图

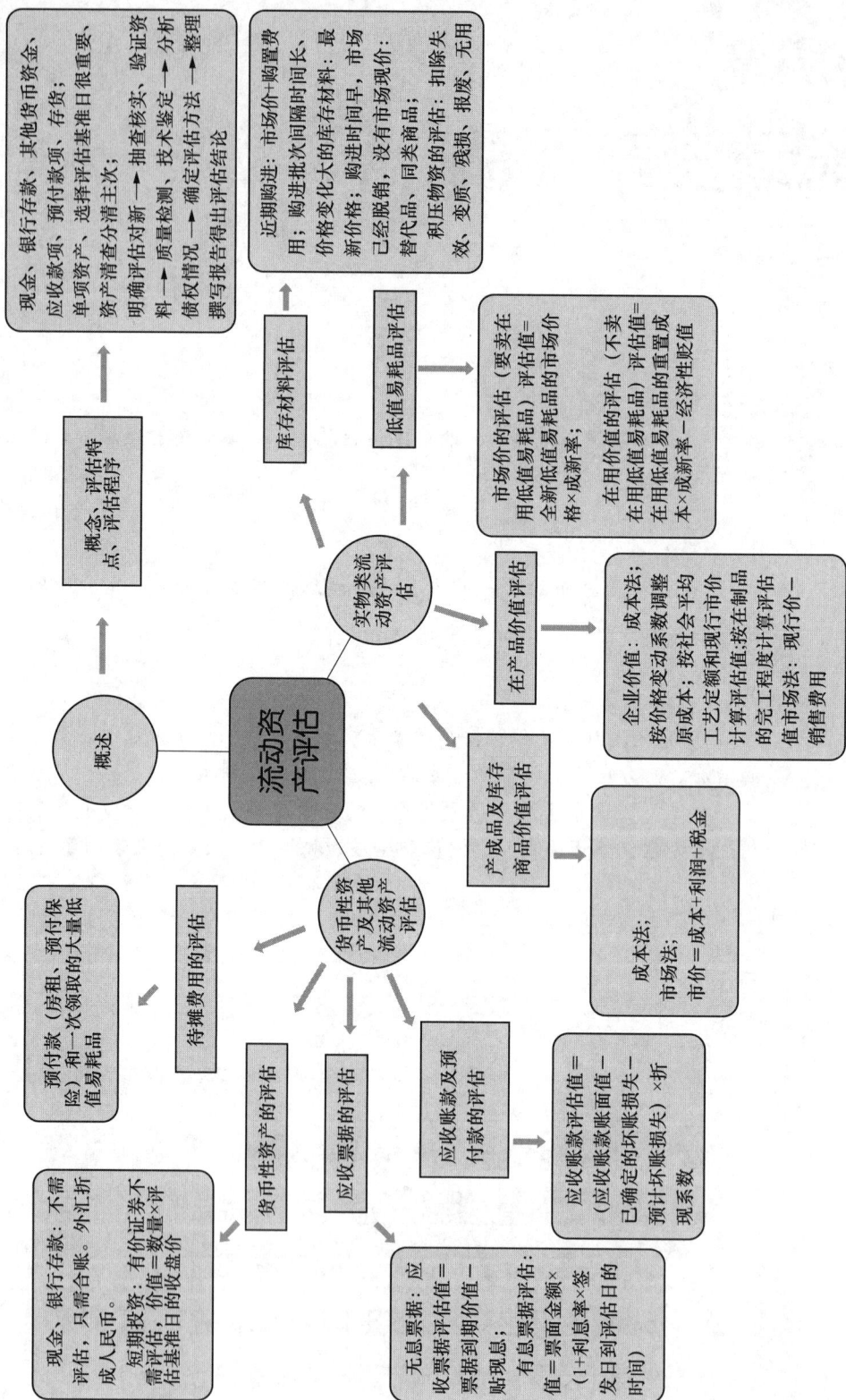

流动资产评估

- **概述** → 概念、评估特点、评估程序
  - 现金、银行存款、预付款项、存货、其他货币资金；应收款项、单项资产，选择评估基准日很重要；资产清查分清主次；明确评估对象→抽查核实、验证证料→质量检测、技术鉴定→分析债权情况→确定评估方法→整理撰写报告得出评估结论

- **实物类流动资产评估**
  - **库存材料评估**
    - 近期购进：市场价=购置费用；购进批次间隔时间长，价格变化大的库存材料：最新价格；购进时间早，没有市场现价：已经脱销、没有同类商品、替代品、同类商品，积压物资的评估：扣除失效、变质、残损、报废、无用
  - **低值易耗品评估**
    - 市场价的评估（要实在用低值易耗品）评估值=全新低值易耗品的市场价格×成新率；在用价值的评估（不实在用低值易耗品）评估值=在用低值易耗品的重置成本×成新率—经济性贬值
  - **在产品价值评估**
    - 企业价值：成本法；按价格变动系数调整；按社会平均工艺定额评估现行市价原成本；计算完成工程度计算评估值的完成工程度计算评估值市场法：现行价—销售费用
  - **产成品及库存商品价值评估**
    - 成本法；市场法；市价=成本+利润+税金

- **货币性资产及其他流动资产评估**
  - **待摊费用的评估**
    - 预付款（房租、预付保险）和一次领取的大量低值易耗品
  - **货币性资产的评估**
    - 现金、银行存款评估，只需合账。外汇折成人民币。短期投资：有价证券不需评估，价值=数量×评估基准日的收盘价
  - **应收票据的评估**
    - 无息票据：收票据评估值=票据到期价值—贴现息；有息票据评估值=票面面金额×（1+利息率×签发日到评估日的时间）
  - **应收账款及预付款项评估**
    - 应收账款评估值=应收账款账面值—已确定的坏账损失—预计环账损失×折现系数

第一节 流动资产的特点与评估程序

一、流动资产的内容和特点

对于企业拥有的资源，有明确的规定，凡是满足下列条件之一的资产，可视为企业的流动资产：

（1）企业为交易目的持有的。企业为交易目的持有是指企业会在机会或者条件允许的情况下将流动资产出售变现。企业的交易目的是流动资产的首要特点。

（2）预计可以在一个正常的营业周期内变现、被耗用或者出售的。流动资产给企业带来收益的期限一般在一个正常的营业周期内。一般来说流动资产是以一个会计年度作为衡量标准的。

（3）自资产负债表日起一年内，交换其他资产或者清偿债务的能力不受限制的现金及其等价物。

企业的流动资产一般是指，企业拥有的库存现金、银行存款、其他货币资金以及企业的应收及预付款项、存货和其他流动资产。

现金是指企业的库存现金，主要是指企业内部用于周转经营使用的备用金。一般存放于企业的保险柜中，由专门人员负责管理。

银行存款是指企业存放在银行以及其他金融机构的款项。主要用于日常的结算业务。

其他货币资金是指除了库存现金和银行存款以外的其他货币资金，主要包括：银行本票存款、银行汇票存款、外埠存款、存出投资款、存出保证金等。

应收账款是指企业因销售产品、提供劳务应该向购入产品、接受劳务一方收取的款项。

预付账款是指企业按照双方的合同约定预先支付给对方企业的购货定金或部分货款。

存货是指企业持有以备生产消耗或出售的原材料、在产品、产成品等。其他流动资产是指除以上资产以外的流动资产。

小提示

▶ 这里讨论的流动资产主要是一般性工业企业的流动资产，不包括房地产开发企业等特殊企业的流动资产。

二、流动资产的特点

企业的流动资产与固定资产相比较，具有以下特点：

（1）周转速度快。与固定资产相比，流动资产的周转速度相对较快，流动资产的实物形态只参与企业的一个生产周期，就改变了其原有的实物形态，价值也将随着形态转移到产品的价值中，在产品销售之后收回。

流动资产可以循环使用，因此循环周转的速度快是流动资产最为显著的特点。流动资产的周转速度越快，给企业带来的收益也就越多。

（2）多种形态可以同时并存，并且相继转化。企业的再生产过程中，流动资产会依次经历购买、生产、销售的各个环节，其形态也会从货币资金开始，经历储备资金、生产资金、成品资金，最后回到货币资金的状态。并且这个过程是不断循环往复的。

货币资金 ➤ 储备资金 ➤ 生产资金 ➤ 成品资金 ➤ 货币资金

可见，流动资产是以多种形态并存于企业的生产经营各个阶段，另外每个阶段的流动资产又会按照生产经营的顺序相继转化，形成循环和周转的过程。

（3）变现能力强。流动资产都可以在相对较短的时间内出售，变现能力较强，因此流动资产是企业偿还到期债务和满足支付动机的重要保证。

小提示

▶ 变现能力强是流动资产与非流动资产相区别的重要标志之一。

流动资产的变现能力虽然都强于其他资产，但是，在流动资产内部，变现速度也是有区别的。流动资产中变现能力由强到弱依次是：货币资金、近期可变现的债权性资产、短期内出售的存货、处于生产加工过程中的在产品、生产中准备耗用的原材料。

企业的流动资产越多，变现能力就越强，财务风险就越低。

（4）流动资产具有波动性。企业为了满足正常的生产经营，要不断购入和出售流动资产，因此流动资产受市场供求变化的影响也会更多。

另外，企业外部的经济环境、宏观政策、金融环境等因素也会影响流动资产使其呈波动性的特点。

三、流动资产评估的内容与特点

对企业流动资产的评估主要包括对实物类流动资产的评估和非实物类流动资产的评估。

实物类流动资产
原材料、在产品、产成品

非实物类流动资产
货币资金、应收账款、待摊费用等

前者主要包括对原材料、在产品、产成品等存货的评估；后者主要是对货币资金、应收预付款项、应收票据、待摊费用等资产的评估。

一般来说，流动资产的流动性强，容易变现，所以流动资产的账面价值和其现行的市场价格更为接近。因此，对流动资产价值的评估和其他资产价值的评估相比，具有以下的特点。

1. 对流动资产的评估主要是对单项资产的评估

对流动资产的评估主要是以单项资产为对象进行的行为。所以，对流动资产进行评估时就不需要综合其获利能力进行综合性的价值评估。

2. 对流动资产进行评估时，要做到分清主次，掌握重点

流动资产是企业进行正常的生产经营的保证。因此，与其他资产相比，流动资产的数量大，种类多。这就会给管理造成一定的难度，所以在评估过程中就要考虑到评估时间的选择和评估成本的问题。

对流动资产评估时一般要根据不同企业的生产经营的特点和流动资产的具体情况，对流

动资产分清主次，把握重点，对不同的流动资产选择恰当的方法进行评估。力求做到既保证兼顾整体全，也要做到突出重点。

3. 正确选择流动资产评估的基准日

合理确定流动资产评估的基准时间对流动资产的评估具有很重要的意义。流动资产的显著特点就是流动性强，变现能力强。

小提示

▶ 流动资产的形态可能随时都在发生改变，评估却需要保证是在某一时点上确定的资产的价值。

基于流动资产具有这样的特性，因此，在评估时就很不好对其进行把握。为了能够更准确的确定流动资产的评估价值，评估基准日的选择就显得极为重要。

一般来说，评估基准日要尽量选择在会计期末，并且要在规定的时间内对流动资产进行统一的清查、记录，确定其账面价值和数量，避免重登和漏登的情况，保证评估中工作的顺利和准确性。

四、流动资产的评估程序

对流动资产进行评估时，由于流动资产具有的不同于其他资产的特点，因此在评估程序上也与其他资产的评估程序略有不同。具体的步骤可以总结如下：

明确评估对象和范围 → 实物类资产质量核查 → 实物类资产技术调查 → 分析企业债权 → 选择评估方法 → 确定评估值和结论

（一）明确评估对象和评估范围

在对流动资产进行评估之前，首先要明确被评估资产的对象和评估范围，这是我们保证评估质量的关键因素之一。

要注意被评估对象和评估范围的确定要依据于经济活动所涉及的资产范围的具体内容。另外，在对流动资产进行评估之前，为了能够更好地确定资产的对应范围，需要做好以下工作。

1. 明确流动资产的评估范围

对流动资产进行评估时，首先要做到的就是明确被评估的流动资产的范围，这时评估人员要注意划分流动资产与非流动资产的界限，这个划分就要基于评估人员对流动资产与非流动资产的掌握程度。

只有在企业的一个正常的营业周期内可以变现的资产才能划分为企业的流动资产，反之，则为非流动资产。

流动资产 ⇔ 一个正常营业周期 ⇔ 非流动资产

在划分时一定要防止将不属于流动资产的设备、机器等作为流动资产进行评估，同时也不能将属于流动资产的低值易耗品等作为非流动资产，避免重复评估和有所遗漏。

2. 核查被评估的流动资产的所有权

核定被评估流动资产的所有权，即确定被评估的流动资产是否是待评估企业的流动资产。评估人员在进行评估之前，首先要确定的就是待评估的流动资产的产权问题。

对于有些资产，尤其是流动资产，可能出现企业存放着外单位委托待评估企业加工的材料、物资或者代为保管的流动资产。遇到这种情况，即使这些物资材料存放在该企业中，也属于流动资产的范畴，但是由于这些物资材料的所有权不归属于该企业，因此评估时也不能将这些物资材料列为被评估的流动资产的范畴。相反，如果被评估企业的存在一些委托他人加工的物资材料，即使没有存放在本企业的仓库，由于其所有权是归属于被评估企业的，因此涉及这样的物资材料，评估人员也要对其价值进行评估。

3. 为提高评估的准确性，要对被评估的流动资产进行抽查核实

评估流动资产的价值，要以流动资产的准确的数量作为前提。可以说，准确的流动资产评估清单是正确评估资产价值的基础资料。为了保证流动资产清单的准确性，除了正确对企业的流动资产进行登记以外，还要对被评估的流动资产进行抽查核实，验证这些资料的准确程度。

小提示

▶ 为保证资料的可靠性评估人员对被评估流动资产的清单不能仅仅以流动资产的账目价值为准，要更注重企业流动资产的实存数，以保证评估的准确性。

（二）对具有实物形态的流动资产进行质量核查

对具有实物形态的流动资产进行评估时，要首先了解和掌握这些流动资产的实际质量状况，这是正确确定资产价值的基础。

例如，对企业需要评估的原材料、在产品、产成品等流动资产进行质量状况的核查，主要是为了使评估人员更好地了解这部分资产的质量状况和等级与被评估资产清单的记录是否相符，以便确定资产是否还具有必要的使用价值。存货在其存放期内质量是否发生变化，会直接影响这些资产的变现能力和市场价值。因此，评估时必须要考虑各类存货的内在质量因素，确保评估的准确性。

（三）对具有实物形态的流动资产进行技术状况的调查

对具有实物形态的流动资产进行评估时，除了上面所提到的，要对这些资产进行质量核查以外，根据需要还要对这些资产的技术状况进行调查。

对被评估流动资产进行技术调查也是正确评估资产价值的重要基础。特别是对那些时效性要求强、易损坏、有保质期要求的流动资产，为了保证这类资产的评估价值，更有必要对其进行技术状况方面的调查。

例如，对制药企业的流动资产进行评估时，会涉及有有效期要求的药品、化学试剂。对这些资产的技术调查就显得尤其重要。评估时对各类存货进行技术调查，可以由被评估企业的有关技术人员、管理人员和评估人员共同参与完成。当然，也可以参考独立第三方的专业报告，再由评估人员根据情况进行专业的判断。

（四）对企业的债权情况进行分析

在对流动资产进行评估时，除了对货币资金、存货进行价值评估以外，还有重要的一部

分内容，就是要对企业的应收及预付款项和应收票据等进行价值的确认。因此，在评估之前就要对企业存在的债权情况进行详细分析。

具体的做法，就是要对被评估企业与债务人经济往来活动中的资信情况进行调查。确定每项债权资产的经济内容、发生时间的长短、具体金额。综合分析确定各项债权回收的可能性、回收的时间、回收成本等。为这部分流动资产的评估奠定基础。

（五）根据情况选择合理的评估方法

评估方法的选择是评估结果是否接近实际价值的关键。在选择评估方法时要做到两点。

1. 根据评估目的选择恰当的方法

评估目的的不同要求，决定了需要使用不同的评估方法。所以，评估人员在选择使用收益法、市场法或者成本法中的某一个方法时，有必要先准确掌握评估的目的，从而做出恰当的选择。

2. 根据不同种类流动资产自身的特点选择不同的方法

一般，对于具有实物形态的流动资产，可以采用市场法或者是成本法。对于存货类流动资产的评估，如果资产的价格变动比较大，就表示其受市场的影响较大，在评估时则可以考虑采用以市场价格作为基础，对于购入时，价格较低的存货，按照现行市价进行调整；对于购入价格较高的存货，除了要考虑现行市场价格以外，还需要分析最终产品的价格是否能够也相应的提高售价，或者存货本身是否可以按照现行的市场价格出售。存货类的流动资产是流动资产评估中内容较多且相对较难的部分。

对于货币类的流动资产，对其进行清查核实后资产的账面价值就是其现值，无需采用特殊的方法进行评估。

小提示

▶ 对货币类流动资产价值评估时需要注意，如果涉及外币资产，就需要在评估基准日按照当日的汇率将外币进行折算。

对于债权类流动资产的评估，上面已经进行了一定的分析，受其特点的影响，这类流动资产一般可以采用可变现净值确认其价值。

对于其他流动资产，就需要评估人员具体根据不同的情况进行选择。

（六）估算确定流动资产价值，得出评估结论

采用一定的方法确定出流动资产的评估价值后，得到相应的评估结论。

第二节 实物类流动资产的评估

实物类流动资产主要包括各种原材料、低值易耗品、在产品、产成品、库存商品、包装物等，实物类流动资产是流动资产评估中重要的内容。下面就主要向大家介绍这些实物类资产的评估。

一、材料物资的评估

企业中的材料，是指以备在生产中消耗的原材料、处于生产过程中的在产品和随时可以出售的产成品等物资。

按照材料存放地点的不同可以将材料分为库存材料和在用材料。库存材料就是存放于企业仓库中的物资；在用材料是指处在生产过程中的，已经形成半成品或者产成品的，不再单独作为材料存放的物资。因此这里所说的材料评估主要是对企业的库存材料进行评估。

库存材料主要包括的内容有：原材料以及主要材料、辅助材料、燃料、结构件、修理用材料、低值易耗品等。因为低值易耗品与包装物在一定程度上与材料类似，所以也可以采用与库存材料类似的评估方法进行评估。

企业为生产经营储备的物资材料具有品种多、金额大、计量单位不同等特点。同时，库存材料在性质、自然损耗等方面也有所差别。因此，在对其进行评估时要按照一定的步骤进行。

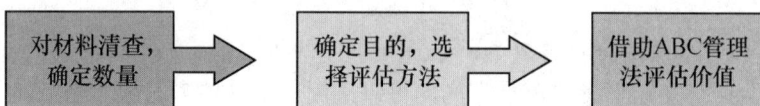

1. 对库存材料要进行清查，确保账实相符

在对库存材料的价值评估之前，首先要对库存材料进行清查，做到账实相符，账账相符。对库存材料的清查一般采用实地盘点，账实核对的方法。在清查的过程中，还要注意查明是否存在腐烂、变质、毁损的材料，对于这些材料价值的确定要尤为谨慎。

2. 根据待评估流动资产的特点和评估目的的不同，选择恰当的评估方法

针对库存材料自身的特点，选择适当的评估方法。

> 小提示
> ▶ 对库存材料进行评估，一般经常采用的评估方法是成本法或者市场法。

由于库存材料这类流动资产的功效高低主要取决于材料本身，而且都会在生产过程中被完全消耗。因此，即使存在投资行为，仍然可以采用成本法或者市场法评估材料价值。

针对这两种方法的具体选择，当某种材料存在较为活跃的市场，并且供求情况基本平衡时，成本法或者市场法是均可使用的。但是，如果材料不具备上述情况，则需要具体分析情况，做出判断。对于具体情况将在后面的内容中为大家进行介绍。

3. 有效运用存货管理的 ABC 分析法，以便突出重点

企业的库存材料品种多且价格也是千差万别。为方便评估，在对这些材料进行价值评估时，可以按照一定的标准，对这些材料采用 ABC 管理法进行分类。其中，占用数量少，但是金额高的归为 A 类材料，占用数量多，但是金额较低的归为 C 类材料，介于两者之间的归为 B 类材料。这样分类后可以将所有的库存材料分清主次，突出重点。在评估时，评估人员就可以有重点地对材料物资进行评估了。

二、库存材料的评估

下面就主要介绍对库存材料的评估。对库存材料进行评估时，可以根据材料购进情况的不同选择相适应的方法。分四种情况进行介绍。

1. 库存材料购进时间较短

由于购入的时间较短，在市场上价格的变化一般不大，所以其账面价值与现行的市场价

格基本接近。在评估时，评估人员既可以采用成本，也可以采用市场法进行评估。

【例 9-1】 某企业对其库存材料进行评估，企业库存材料中的甲材料是企业在一周之前从市场上购入的。材料的具体情况是：单价为 1500 元，数量为 500 公斤，另外发生运输费 500 元，装卸费 300 元。对该批材料进行实地清查，材料并未发生毁损。目前材料尚存 350 公斤，减少的部分为生产耗用。对剩余材料的价值进行评估。

解 该批材料购入的实际较短，因此价格的变动不会很大，所以可以采用成本法来确定材料的评估价值。

根据上述资料，确认材料的评估价值为

$$剩余材料应该分摊的运杂费 = 800 \div 500 \times 350 = 560（元）$$

$$剩余材料的评估价值 = 350 \times 1500 + 560 = 525\,560（元）$$

[例 9-1] 中由于材料所发生的运杂费相对较高，因此在评估材料价值时，要将材料的运杂费分担计入材料的成本中。如果运杂费用相对较低的情况下，就可以忽略不计，在评估时则可以不考虑运杂费。

2. 分次购进材料，且购进批次间隔时间较长

一般而言，购入时间相对较长，材料的购进价格就会和市场价格相差较大，尤其是现在市场竞争激烈，变动情况更加复杂。因此，成本和市场价格的差距可能更大，这时就不易采取成本法评估材料的价值。

对这类材料进行评估时，评估人员一般应该采用最接近市场价格或者直接以市场价格作为评估时的参考指标。

【例 9-2】 某企业在 2010 年 6 月 30 日准备对其库存材料的甲材料进行评估。甲材料是企业分两批购进的，具体情况如下：第一批材料于 2009 年 12 月购入 1200t，每吨价格 650 元；第二批材料于 2010 年 4 月购入 800t，每吨价格 730 元。

根据评估的需要，评估人员对甲材料进行清查。清查中发现，材料保管良好，不存在毁损和丢失的情况。企业采用先进先出法核算材料，因此，第一批材料生产已使用 950t，剩余 250t。第二批材料尚未使用。该材料目前市场价格为每吨 735 元。

评估人员根据甲材料和当前的市场情况进行评估。确定需要评估的甲材料的数量为 1050t。由于材料是企业分批购入的，同时第一批材料的购入时间与评估时的时间相隔较长。因此评估人员可以采用与市场价格相接近的第二批材料的价格作为评估价格，也可以直接以目前的市场价格直接作为评估价格。

解 $$材料的评估价值 = 1050 \times 735 = 771\,750（元）$$

小提示

▶ [例 9-2] 中评估基准日和第二批材料购入的时间接近，并两个价格也非常接近。因此，就可以采用第二批购入材料的价格作为评估价格。但如果市场上材料的价格变动很大，或者评估基准日与购入材料的时间间隔较长，那么就需要采用评估当日的价格作为评估价值。

另外，企业在对原材料进行核算时，采用不同的方法可能影响企业材料存货的数量。因此，在评估时确定材料的实存数量也是评估的关键，评估人员也要加以关注。

3. 材料已经无法得到准确的市场价格

某些库存材料由于其购入的时间过早，且在生产中很少被使用，所以可能造成市场对该类材料的脱销。对于这样的材料，就无法取得其市场价格。针对这样的材料，评估人员只能选择与该类材料类似的替代材料，以替代材料的价格作为评估材料的参考价值。或者可以通过对市场的考察，选择同类或类似材料的平均物价指数作为参考依据，进行评估。

【例 9-3】 企业对库存的丙材料进行评估，丙材料是生产 A 产品的专用材料，企业因转型，对 A 产品已停产 6 个月。丙材料为企业 2 年前购入，数量为 650 公斤，单位价格为 550 元。

评估人员经过对该材料的清查，有以下情况：目前丙材料库存数量为 280 公斤，与账面数量相符合。

由于其材料系企业在较早的时间购入的，目前市场上丙材料已被同类材料所替代，因此丙材料已经脱销，无法从市场上直接取得该材料的实际市场价格。

评估人员对现有的材料市场进行调查，发现与丙材料类似的材料的价格一般在每千克 490 元左右。因此，决定以该价格作为丙材料的修正材料价格，确定材料的评估价值。

解　　材料的评估价值＝280×490＝137 200（元）

[例 9-3] 中由于材料的购入时间较长，因此无法直接从市场上取得材料的市场价格。只能根据情况，选择与评估材料类似的材料的市场价格作为修正的材料价格，进行评估。

4. 呆滞材料价值的评估

呆滞材料是指企业从仓库中清理出来的，积压时间较长，需要进行处理的材料。一般来说，这类材料长时间积压，由于自然力的作用或者保管等原因造成使用价值减退甚至消失。所以，对这类材料不能轻易在确定数量的情况下，进行评估。

对企业这类材料的评估，首先要核实材料的数量，鉴定材料的质量。由于其存放时间较长，无论从数量上还是质量上都可能发生损失，因此，要先确定材料的数量和质量。

然后区别不同的情况，进行处理。对于存在材料变质、毁损、报废、失去使用价值等情况，要分析计算，在对材料进行评估时要扣除这些贬值数，保证材料评估价值的准确性。

【例 9-4】 企业对材料进行清查，发现积压的丁材料，准备对其进行处置。因此，请评估人员对该批材料进行评估。

解　评估人员对丁材料进行进一步核查，发现以下情况：丁材料的账面价值为 180kg，每千克 90 元。实际库存中该材料由于积压时间长，已经有 28kg 变质，无法发挥其应有的使用价值。实际可使用的丁材料为 152kg。

随后，评估人员又对材料市场进行了调查，在市场上丁材料目前仍有销售，每千克 105 元。

对该批材料进行评估时，由于其积压时间长，有部分材料已经不能继续使用，因此要将无法使用的材料从待评估材料中扣除，然后再确定其评估价值。

材料的评估价值＝152×105＝15 960（元）

最后，还需要强调的是，在评估过程中，可能存在材料盘亏、盘盈额定情况。这时，评估人员要以有无实物存在作为评估的基本原则进行评估。同时根据材料的实际情况，选择相适用的评估方法。

三、低值易耗品的评估

低值易耗品是指在企业中，单位价值较低，使用年限较短，不能作为固定资产进行管理的各种工具、用具和物品等。

小提示

▶ 不同行业对固定资产和低值易耗品的划分标准是不同的，因此就有可能存在这样的情况，在一个企业属于低值易耗品的物资，在另外一个企业可能就是固定资产。所以在进行评估时，评估人员一定要首先明确企业固定资产和低值易耗品的范围。例如，服装行业的缝纫机，虽然其单位价值较低，但是由于它是该行业的主要劳动工具。因此，在服装行业就将缝纫机作为固定资产进行管理；而在其他行业，则根据其价值一般就会将其视作低值易耗品进行管理。

所以，在评估过程中判断劳动资料是否为低值易耗品，原则上要根据其在企业中的作用来判断，没有特殊原因，要尊重企业最初的划分标准。

另外，还需要注意的是，低值易耗品与其他流动资产不同，自身具有特殊性。低值易耗品和其他的流动资产相比，具有使用时间长，可以反复使用，但不构成产品实体的特点。评估人员要掌握低值易耗品的这些特点，是做好低值易耗品评估的前提。

为了能够更好地对低值易耗品进行评估，对低值易耗品要进行必要的分类。分类的标准有多，一般按照用途和使用情况进行分类。

1. 按照低值易耗品的用途分

低值易耗品按照用途可以分为一般工具、专用工具、管理工具、劳保用品、其他低值易耗品等。

2. 按照低值易耗品的使用情况分

低值易耗品按照使用情况可以分为在用低值易耗品、在库低值易耗品。

对低值易耗品的不同分类，是为了满足不同的目的。按照第一种标准进行分类是为了能够按照大类对其进行评估，简化评估的工作量。按照第二种标准进行分类是要把握低值易耗品的使用情况，因为使用情况的不同会直接影响评估方法的选择。所以，在评估过程中，要综合这两种分类标准，确定可行的评估方法。

一般对在库低值易耗品进行评估时，由于没有进入生产环节，因此可以根据实际情况选择与库存材料评估方法相同的方法。在此不再赘述。

根据低值易耗品的特点，对在用低值易耗品进行评估时，一般采用成本法进行。具体评估时，要考虑低值易耗品的使用情况不同，新旧情况也会不同，计算公式为

在用低值易耗品评估价值＝全新低值易耗品成本×成新率

其中，成新率用来反映低值易耗品使用状况中新旧程度。

成新率＝1－（低值易耗品使用月数÷低值易耗品可使用月数）

对于所使用的低值易耗品，如果是全新的状态，且市场价格变动不大，其价值可以直接采用账面价值，或者使用现行的市场价格。对于已经使用过一段时间的低值易耗品，则需要在评估时考虑其新旧程度。由于低值易耗品的使用时间要少于固定资产，所以可以不必考虑功能性损耗和经济性损耗对价值的影响。只需要根据情况确定其新旧程度。

> **小提示**
>
> ▶ 由于企业对低值易耗品采用摊销的方法将其价值分期转入成本或者费用中，会计上采用的摊销是一种简化的方法，不能完全反映低值易耗品的实际损耗程度。这就要求评估人员在确定低值易耗品的成新率时，要根据实际的损耗程度，不能完全按照摊销方法确定。

【例 9-5】 企业拥有低值易耗品 A 材料，该批低值易耗品的成本为 680 元，预计尚可使用 6 个月，目前已经使用了 8 个月。该类低值易耗品的市场价格为 900 元，对这批低值易耗品的价格进行评估。

解　　　　低值易耗品的成新率＝1－8÷（6＋8）＝0.57

低值易耗品评估价值＝900×0.57＝513（元）

四、在产品价值的评估

在产品是指企业处于生产过程中，尚未加工完成的或者已加工完成但是不能作为商品单独对外出售的半成品。这部分产品也属于企业的流动资产。在对这部分资产进行评估时，一般可以选择使用成本法或者市场法。下面根据不同情况进行介绍。

（一）采用成本法对在产品进行评估

采用成本法对在产品进行评估，主要是根据技术鉴定和质量检测的结果，以评估时的市场价格和费用水平重新购置同等级在产品和半成品所需要的工料费用为基础确定评估价值。需要注意的是工料费用的确定必须保证其合理性。

> **小提示**
>
> ▶ 一般来说成本法主要适用于生产周期相对较长的在产品的评估。

对于生产周期比较短的在产品，可以以其实际发生的成本作为评估价值确定的依据，尤其是对市场情况变化小的，可以直接根据该在产品的账面价值调整后作为评估价值。具体包括以下几种情况。

1. 根据价格变动系数调整成本确定评估价值

如果企业的生产经营处于稳定状态，并且会计核算水平较高，评估人员可以采用此种方法对在产品进行评估。

一般来说，评估时以在产品实际的成本金额为基础，考虑评估基准日市场价格的变动情况，调整成该在产品的重置成本。具体的步骤为：

（1）对待评估在产品进行技术的了解，将其中不合格的在产品成本从总成本中清除。保证待评估的在产品的质量。

（2）分析在产品的原成本构成，将不合理的费用从总成本中清除。

（3）分析确定在产品的原成本构成中材料成本从生产准备开始到评估基准日为止的市场价格变动情况，并测算出价格的变动系数。

（4）分析确定在产品原成本中人工费、动力费、燃料费等制造费用从开始生产到评估基准日为止的变动情况，判断是否需要进行调整，如果需要，调整测算出具体的系数。

（5）根据对在产品的技术鉴定和原始成本构成等方面的分析以及价值变动系数的测算，

调整在产品的成本，确定评估价值。在评估人员认为有必要时，也可以从在产品变现的角度修正评估价值。具体的计算公式是

在产品的评估价值＝在产品合理材料成本×（1＋价格变动系数）

＋在产品合理人工费、动力费、燃料费合计×（1＋费用调整系数）

需要强调的是，在产品的成本包括直接材料、直接人工、制造费用以及发生的借款利息。其中，制造费用属于间接费用，需要评估人员分摊后计入在产品成本。直接人工属于直接费用，但如果同时进行生产加工的在产品种类众多，且企业属于流水线工作状态的情况下，直接人工就同间接费用一样需要分摊计算。

所以在评估时可以将直接人工和制造费用合并成一项费用进行计算。借款利息是指需要经过一段时间的购建或者生产活动才能达到预定可使用或者销售状态的存货。

【例 9-6】 某企业准备继续生产已入库的 A 系列在产品。经调查了解，关于该系列在产品的资料如下：

（1）至评估基准日，该系列产品账面累计总成本为 200 万元，该系列中有一种在产品 150 件报废，账面单位成本为 100 元/件。

（2）该系列在产品的材料成本占总成本的 70%，所有材料为某种贵重金属材料。按其生产准备到评估基准日有半年时间，据了解，同类生产材料在半年内价格上涨了 10%。

（3）关于该系列在产品的费用分析表明，合理工资费用为 5 万元，半年内这类工人的工资上涨了 15%，其他费用在半年内未变化。要求：按照价格变动系数调整该在产品的原始成本，确定该系列在产品的评估值。

解 根据分析，可以得到以下结论

在产品评估的账面总成本＝2 000 000－（150×100）＝1 985 000（元）

在产品合理材料成本＝1 985 000×70%＝1 389 500（元）

在产品评估价值＝1 398 500×（1＋10%）＋50 000×（1＋15%）

＝1 585 950（元）

2. 根据社会平均消耗定额和现行市价法确定评估价值

这种方法是指按照重置同类资产的社会平均成本确定被评估资产的价值。一般当企业的在产品成本确定比较繁琐或者同类在产品存在比较活跃的市场的情况下，可以采用该方法。使用该方法对企业的在产品进行评估时，需要掌握以下内容：

第一，被评估在产品的完工程度。

第二，被评估在产品有关工序的工艺定额。

第三，被评估在产品耗用材料的近期市场价格。

第四，被评估在产品的合理工时。

第五，被评估在产品单位工时的取费标准。

以上几点中，需要评估人员注意，合理工时和单位工时的取费标准要按照正常生产经营情况进行测算。

运用该方法计算在产品评估值的公式为

在产品的评估价值＝在产品实际数量×（某工序单件材料工艺定额

×单位材料现行市价＋某工序单件工时定额×正常工资费用）

【例 9-7】 企业根据需要，要对正处于某个工序的在产品进行价值评估。处于该工序上

的在产品数量为 5000 件，根据调查和行业平均定额标准得知：该在产品在该工序上的材料消耗定额为 10kg/件，工时定额为 5h/件。经过市场调查得知，该在制品耗用材料的近期市场价格为 10 元/kg，相同工种正常小时工资为 6 元/h，经调查，该企业产品销路一向很好，假设不存在变现风险，确定该在产品的评估价值。

解 根据内容，评估人员判断可以使用社会平均消耗定额和现行市价法，计算确定该批在产品的评估价值。

$$在产品的评估价值＝5000×（10×10＋5×6）＝650\ 000（元）$$

3. 根据在产品的完工程度计算评估价值

该方法又可以称为约当产量法，是指将在产品的数量，按照产品的完工程度折算为相当于完工产品的数量（即约当产量），然后根据产成品的重置成本和约当产量计算在产品评估值的方法。该方法的计算公式为

$$在产品约当产量＝在产品数量×在产品完工程度（完工率）$$
$$在产品评估价值＝产成品重置成本×在产品约当产量$$

在确定在产品的约当产量、在产品完工率时可以根据该在产品已完工工序与全部工序的比例；生产完成时间与生产周期比例确定。在确定时，首先要保证对完工工序、完成时间与其成本耗费的关系分析的正确。

【例 9-8】 企业要对一批在产品进行评估。该批正处于加工过程中的在产品 1500 件，市场上同类完工产品的售价为每件 280 元。经测算，该批在产品的完成程度为 80%。市场上不存在其他风险。

解 评估人员根据分析，使用约当产量法对该批在产品进行评估。

$$在产品的约当产量＝1500×80\%＝1200（件）$$
$$在产品评估价值＝1200×280＝336\ 000（元）$$

（二）采用市场法对在产品进行评估

应用市场法对在产品进行评估主要是指，按照同类在产品或者半成品的市场销售价格，扣除销售过程中预计发生的合理费用后确定在产品评估值的方法。

小提示

▶ 市场法主要适用于因产品不再继续生产，在产品不能进一步加工，只能对外销售的情况下对产品的价值进行评估。

一般来说，这类在产品的通用性相对较强，能够用于产品配件的更换或者维修使用。所以这类在产品的评估价值也会较高；但如果在产品属于很难通过市场出售或调剂出去的专用配件，就只能按废料回收价格进行评估。使用此方法计算评估值的公式是

$$在产品评估价值＝在产品实际数量×市场不含税单价－预计销售过程中的费用$$

【例 9-9】 企业生产的某通用配件系某产品的组成部分，由于该企业近期不再继续对该产品进行生产。因此，企业决定将该批配件出售。配件的存量为 5000 件。由于属于通用配件，市场上的销售状况较好，每件配件的不含税价格为 65 元，在销售过程中每件配件需要支出 15 元的包装费用。对该批配件进行评估。

解 评估人员根据配件的情况进行分析，得出结论：配件由于销路很好，并且市场上能

够取得该配件的现行价格。因此可以采用市场法对该批配件进行评估。

$$在产品的评估价值=5000×（65-15）=250\,000（元）$$

如果在产品在调剂过程中存在一定的变现风险，则需要在考虑风险调整系数的基础上计算确定在产品的评估价值。计算公式为

$$在产品评估价值=可收回废料重量×市场现行回收单价$$

【例 9-10】 企业因经营不善等原因，准备全面停产。企业有关在产品的情况如下：

在产品账面价值为 180 万元，状态和通用性可以分成三种情况：

（1）已经从仓库中领出，尚未进入生产环节的原材料。包括两类：黑色金属，100t，现行市场价格为每吨 1350 元；有色金属，350t，现行市场价格为每吨 200 元。

（2）已经加工成零件，在市场上具有较好销路的在产品。该在产品共有 1600 件，每件的市场售价为 180 元，另外发生销售费 10 000 元。

（3）已经加工完成，但因其不属于通用零件，所以无法进行销售，只能将其视做废料回收。这样的在产品共有 800 件，每件的回收价格为 12 元。

评估人员根据以上资料对企业的在产品进行评估。

解　　　　　原材料评估价值$=100×1350+350×200=205\,000（元）$

可销售在产品评估价值$=1600×180-10\,000=278\,000（元）$

作为废料在产品评估价值$=800×12=9600（元）$

五、产成品和库存商品的评估

产成品和库存商品是指已完工入库或者已完工并经过质量检验但尚未办理入库手续的产成品，以及商品流通企业的库存商品等流动资产。

在对这部分流动资产进行评估时，应该以其变现能力和市场现行价格作为基础，进行价值的评估。主要的评估方法包括市场法和成本法。

（一）成本法对产成品和库存商品的评估

采用成本法对产成品或者库存商品进行评估，主要是根据生产、制造该项产品或者库存商品的全过程所发生的成本费用来确定其评估价值。在具体使用时，分成两种不同的情况：

（1）评估基准日与产成品完工时间比较接近，成本变化不大。

如果评估发生的日期和产成品完工的时间接近，并且成本与现行的市场价格相比变化不大的情况下，可以直接以产成品的单位成本为基础，确定评估价值。

$$产成品评估价值=产成品数量×单位产成品成本$$

【例 9-11】 企业对已经入库的产成品进行评估，该批产成品的实有数量为 1200 件。企业生产该批产品的费用支出情况是，合理材料定额每件产品使用 500kg。合理工时定额为 20h，每小时的工资费用为 15 元。评估时，该产品的生产材料价格上涨为每千克 62 元，单位小时的工资费用不变。

解　　产成品评估价值$=1200×（500×62+20×15）=37\,560\,000（元）$

（2）评估基准日与产成品完工时间相距较长，产成品的成本费用变化较大时，产成品评估价值可按下列公式计算

$$产成品评估值=产成品实际数量×［合理材料工艺定额×材料单位现行价格+$$
$$合理工时定额×单位小时合理工时工资、费用（含借款费用）］$$

或

产成品评估值＝产成品实际成本×［材料成本比例×材料综合调整系数＋
工资、费用（含借款费用）成本比例×工资、费用综合调整系数］

【例9-12】 某企业产成品实有数量60台，每台实际成本60元，成本核算资料表明，生产该产品的材料费用与工资、其他费用的比例为70∶30，根据目前价格变动情况和其他相关资料，确定材料综合调整系数为1.2，工资、费用综合调整系数为1.02。计算该产成品的评估值。

解 产成品评估价值＝60×60×（70%×1.2＋30%×1.02）＝4125.6（元）

（二）市场法对在产成品和库存商品的评估

在使用市场法对在产品和库存商品进行评估时，主要是市场价格的选择是否合理。在选择市场价格时评估人员应注意考虑以下几方面的因素：

（1）产成品的使用价值。需要对产成品进行必要的技术和质量等方面的鉴定。确定产品是否具有必要的使用价值以及产品的实际等级，以便选择合理的市场价格。

（2）分析市场供求关系和被评估产成品的前景。

（3）保证所选择的价格是在公开市场上所形成的近期交易价格，能够反映真实的市场信息。所以，非正常交易的价格不能作为评估的依据。

（4）对于产品技术水平先进，但产成品外表存有不同程度的残缺，可以根据产品的损坏程度，通过调整系数进行调整。

小提示

▶ 在采用市场法评估产成品时，还需要注意考虑的产品现行市价中包含了成本、税金和利润的因素。因此，要对利润和税金部分做出适当的处理。

运用市场法评估产成品，原则上可以根据《资产评估操作规范意见（试行）》第四十三条的要求进行，具体的内容为：

对于十分畅销的产品，根据产品的出厂销售价格减去销售费用和全部税金确定评估价值。

对于正常销售的产品，根据产品出厂销售价格减去销售费用、全部税金和适当数额的税后净利润确定评估值。

对于勉强能销售出去的产品，根据产品出厂销售价格减去销售费用、全部税金和税后净利润确定评估值。

对于滞销、积压、降价销售产品，应根据可收回净收益确定评估值。

第三节 现金、银行存款、应收账款以及其他流动资产的评估

一、现金和银行存款的评估

货币资金是企业现金和银行存款以及其他货币资金的统称。它们的价值都不会因为时间的推移发生差异。因此，对货币资金的评估可以进行如下的总结：

（1）对现金的评估。对现金的评估就是对现金进行实地盘点，并且用现金的实存数与现

242

金日记账和现金总账核对，保证账实相符。现金的实存数就是现金的评估价值。

（2）对各项银行存款的评估。对各项银行存款的评估就是进行清查确认，核实各项银行存款的实有数额，以核实后的实有金额作为评估价值。

如果涉及有外币存款的企业，则需要按照评估基准日的汇率将外币折算成等值的人民币。

二、应收账款及预付账款的评估

企业的应收账款是指企业因销售商品、材料、提供劳务等，应向购货单位收取的款项。

企业的预付账款是指企业按照合同规定预付给供货单位的款项。

对于应收账款，企业存在一定到期无法收回的风险。所以，在对应收账款这类资产进行评估时，一般需要从两个方面考虑。

第一，清查核实应收账款数额。对应收账款数额的核查，评估人员可以通过应收账款总账核查。

第二，判断估计可能的坏账损失。可以通过对企业的"坏账准备"账户的分析得到。

应收账款评估价值的基本公式为

$$应收账款评估价值＝应收账款账面余额－已确定的坏账损失$$
$$－预计可能发生的坏账损失与费用$$

在对应收账款进行评估时，具体的评估步骤如下：

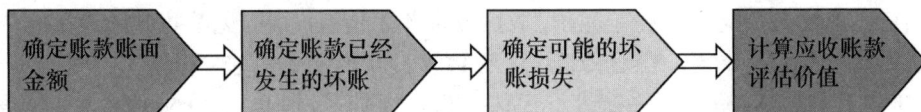

1. 确定应收账款账面余额

具体而言，就是核对企业有多少的应收账款，在这里需要注意这时的应收账款并不扣除坏账准备。在进行评估时，除了进行账实核对以外，为了保证核算的准确性，还应该要求企业按照客户的名单发函对账项进行核对，查明每项应收账款发生的时间、金额、债务人信用情况等，进行细致的记录。

2. 确认已发生的坏账损失

坏账是指到期无法收回的账款，由于坏账给企业造成的损失称为坏账损失。一般发生坏账损失是由于债务人已经死亡或破产倒闭。在评估时，对于已经确认的坏账损失需要从应收账款的价值中扣除。

3. 确定可能发生的坏账损失

为了评估的准确性，对于被评估企业的应收账款，评估人员不能仅以会计确认的坏账为准，还要对应收账款回收的可能性进一步进行判断。一般可以根据企业与债务人的业务往来和债务人的信用情况将应收账款分为几类，并按分类情况估计应收账款回收的可能性以及发生坏账的可能性和金额。

应收账款的分类情况一般为：

第一类，债务企业的信用好，与企业的业务往来较多，彼此熟悉和了解。这类型的应收账款一般都可以在到期后全部收回。

第二类，债务企业信用一般，与企业存在一定的业务往来，但并不很多。这类型的应收账款可以收回的可能性很大，但收回的时间却不能确定。

第三类，债务企业信用情况较为模糊，企业未能完全掌握，与企业只是偶尔发生业务往来。这类型的应收账款全部收回的可能性较小，一般可以收回一部分。

第四类，债务企业的信用情况较差，有经常拖欠货款的记录，与企业的业务往来也很少。这类型的应收账款能够收回的可能性几乎没有。

通过上述分类，评估人员可以根据应收账款的不同情况，对预计的坏账损失做定量的分析。为应收账款价值的确认提供依据。

评估人员对坏账损失的预计可以采用不同的方法。常见的方法有：

（1）坏账比例法。

坏账比例法是指，根据坏账占全部应收账款的比例判断无法收回的应收账款，进而确定应收账款的坏账损失的数额。使用该方法判断坏账的关键就是确定坏账的比例。坏账比例的确定，一般可以根据被评估企业前若干年（一般为 3～5 年）的实际坏账损失额与其应收账款发生额的比例确定。但是需要注意，在确定坏账损失比率时，还应该分析是否存在特殊原因造成的坏账损失。例如，企业的信用一直很好，因突发原因造成的坏账。对于这样的坏账因为有很大的特殊性。所以，在确定坏账比率时不能直接作为未来预计损失计算的依据。坏账比例的计算公式为

坏账比例＝（评估前若干年发生的坏账数额÷评估前若干年应收账款发生额）×100%

如果存在这样的情况：一个企业的应收账款多年未清理，账面无法找到处理坏账的数额，也就无法推算出坏账损失率，在这种情况下评估人员就不能采用这种方法。

【例 9-13】 对企业的应收账款进行评估。截止评估基准日，该企业应收账款的资料如下：应收账款账面余额 500 万元。经统计前 3 年应收账款收回和坏账损失的情况见表 9-1。确定坏账损失额。

表 9-1　　　　　　　　　　前 3 年应收账款收回和坏账损失的情况　　　　　　　　　　　　元

年　度	应收账款余额	处理坏账金额
第一年	1 800 000	20 000
第二年	2 300 000	46 000
第三年	3 560 000	106 000
合　计	7 660 000	172 000

解　根据资料采用坏账比例法计算

坏账比例＝（172 000÷7 660 000）×100%＝2.25%

预计目前应收账款的坏账损失额＝5 000 000×2.25%＝112 271.54（元）

（2）账龄分析法。

账龄分析法是指，根据应收账款的账龄判断应收账款可能收回的金额以及产生坏账的可能性。一般来说，应收账款的账龄越长，可收回的可能性就越低，坏账损失的可能性也就越大。因此，为了方便评估，评估人员可以将应收账款按照账龄的长短分成不同的组别，按照不同的组别分别估计坏账损失的可能性，从而确定坏账损失的金额。

4. 分析后计算确定应收账款的评估价值

通过上面的计算和分析可以确定出应收账款的评估价值。

应收账款的评估价值＝应收账款账面价值－确认的坏账损失－预计的坏账损失

小提示

▶ 评估人员在确定应收账款的坏账损失时必须要做到谨慎，只有具备足够确凿的证据证明坏账时，才能够确认为坏账损失。

【例 9-14】 企业对应收账款的价值进行评估。企业对应收账款一直采用账龄分析法。具体内容见表 9-2、表 9-3。企业目前的应收账款余额为 960 000 元。

表 9-2   账 龄 分 析 表   元

欠款企业	应收金额	未到期款项	已过期款项		
			1 年	2 年	3 年及以上
A	600 000	420 000	108 000		72 000
B	240 000	100 000		87 000	53 000
C	120 000	102 000	6500	10 000	1500
合计	960 000	622 000	114 500	97 000	126 500

表 9-3   坏账损失分析计算表   元

账 龄	应收金额	预计损失率	坏账金额
未到期	622 000	1.5%	9330
已过期 1 年	114 500	10%	11 450
已过期 2 年	97 000	15%	14 550
已过期 3 年以及上	126 500	25%	31 625
合 计	338 000		66 955

解　　　　　　　应收账款评估价值＝960 000－66 955＝893 045（元）

三、应收票据的评估

应收票据是指企业因销售商品、材料、提供劳务等，收到对方企业签发的商业汇票。

企业的应收票据可以有不同的分类。

按照承兑主体的不同可以分为商业承兑汇票和银行承兑汇票。

按照票据是否带息可以分为附息的商业汇票和无息的商业汇票。

商业汇票可以背书转让，也可以向银行申请贴现。对于无息的商业汇票，评估价值就是该票据的票面价值。对于附息的商业汇票，评估价值应该是该商业汇票的票面价值与到期利息的合计金额。

对应收票据的评估一般可采用以下方法。

（一）以应收票据的本利和计算确认

对于附息票据，评估价值应该是票据到期的本利和，计算公式为

应收票据评估价值＝票据面值×（1＋利息率×票据期限）

【例 9-15】 某企业持有一张期限为一年的商业承兑汇票，票据面值 75 万元，月利息率为 10‰，截止评估基准日离付款期尚差三个半月的时间。由此确定评估值为多少？

解　　　　　　　　75×（1＋10‰×8.5）＝81.38（万元）

（二）以应收票据的贴现值计算

除了按照应收票据的本利确认评估价值以外，还可以以未到期的应收票据的贴现值作为应收票据的评估价值。具体是按评估基准日到银行可获得的贴现值计算确定评估值，计算公式为

应收票据评估值＝票据到期价值－票据贴现利息

票据贴现利息＝票据到期价值×贴现率×贴现期

【例 9-16】 某企业向甲企业售出一批材料，价款 500 万元，商定 6 个月收款，采取商业承兑汇票结算。该企业于 4 月 10 日开出汇票，并经甲企业承兑。汇票到期日为 10 月 10 日。现对该企业进行评估，基准日为 6 月 10 日。由此确定贴现日期为 120 天，贴现率按月息 6‰计算。

解　按照应收票据的贴现值计算评估价值，则有

票据贴现息＝500×120×（6‰/30）＝12（万元）

应收票据评估值＝500－12＝488（万元）

对于企业到期尚未能收回应收票据应该视作应收账款对其价值进行评估。方法不再赘述。

本章小结

➢ 本章主要向大家介绍了流动资产评估的相关知识，在对流的资产进行评估主要包括对实物类流的资产的评估和非实物类流的资产的评估。

➢ 常用的流动资产的评估方法包括市场法和成本法。

思考题

1. 简述什么是流动资产。流动资产的特点主要表现在哪些方面？

2. 简述流动资产评估的特点表现在哪些方面。

3. 简述采用市场法对产成品评估时，选择市场价格时应当考虑的因素。

4. 简述对库存材料的评估应如何选择评估方法。

5. 简述为确定可能发生的坏账损失，对应收账款如何分类。

习题

一、单项选择题

1. 对外币存款折算为人民币时，一般应按照（　　）折算。
   A. 月平均外汇牌价　　　　　　　　B. 年平均外汇牌价
   C. 当日外汇牌价　　　　　　　　　D. 当年最低外汇牌价

2. 采用成本法对在低值易耗品评估时，成新率的确定应当根据（　　）。
   A. 已使用月数量　　　　　　　　　B. 已摊销数额
   C. 实际损耗程度　　　　　　　　　D. 尚未摊销数额

3. 2016 年 3 月 1 日对库存甲种材料进行评估，库存该材料共两批，2015 年 10 月购入 500kg，单价为 1200 元已经领用 400kg，结存 100kg，2016 年 2 月购入 200kg，单价为 1500 元，尚未领用。企业会计采用先进先出法，该库存材料评估值为（　　）。

A. 450 000   B. 42 000   C. 39 000   D. 36 000

4. 某被评估企业截至评估基准日为止，经过核实后的应收账款余额为 146 万元，该企业前 5 年的应收账款累计余额为 7 200 000 元，处理坏账累计额 610 000 元，按坏账估计法确定该企业应收款的评估值最接近于（   ）元。

    A. 1 336 320   B. 7 200 000   C. 36 000   D. 1 365 630

5. 某企业向甲公司售出材料，价款 500 万元，商定 6 个月后收款，采取商业承兑汇票结算。该企业于 4 月 10 日开出汇票，并往甲企业承兑，汇票到期日为 10 月 10 日。现对该企业进行评估，基准日定在 6 月 10 日，由此确定贴现日期为 120 天，贴现率按照月息为 6‰ 计算，因此该应收票据的评估值为（   ）万元。

    A. 12   B. 500   C. 488   D. 450

6. 确定应收账款评估值的基本公式是：应收账款评估值为（   ）。

    A. 应收账款账面余额－已确定坏账损失－预计坏账损失

    B. 应收账款账面余额－坏账准备－预计坏账损失

    C. 应收账款账面余额－已确定坏账损失－坏账损失

    D. 应收账款账面余额－坏账准备－坏账损失

7. 一般来说，应收账款评估后，账面上的"坏账准备"科目应为（   ）。

    A. 零   B. 应收账款的 3‰～5‰

    C. 按账龄分析确定   D. 评估确定的坏账数字

二、多项选题

1. 流动资产的实体性贬值可能会出现在（   ）。

    A. 在用品   B. 应收账款

    C. 在用低值易耗品   D. 呆滞、积压物资

2. 评估库存材料的非续用价值时，需要考虑的因素有（   ）。

    A. 市场价格的选择   B. 评估材料的变现成本

    C. 被评估材料的变现风险   D. 被估材料的成本

3. 产成品及库存商品的评估，一般可用（   ）。

    A. 年金法   B. 成本法   C. 市场法   D. 分段法

4. 评估应收账款时，其坏账的确定方法有（   ）。

    A. 坏账比例法   B. 账龄分析法

    C. 财务制度规定的 3‰～5‰   D. 账面分析法

5. 用市场法对在制品进行评估，应考虑的因素主要是（   ）。

    A. 市场价格   B. 实体损耗   C. 管理费用   D. 变现费用

6. 对低值易耗品进行评估时，应该考虑的因素主要有（   ）。

    A. 市场价格   B. 实体性贬值   C. 功能性贬值   D. 经济性贬值

7. 对于购进时间长，市场已脱销，没有准确市场现价的库存材料评估，可以采取的评估方法有（   ）。

    A. 通过寻找替代品的价格变动资料来修正材料价格

    B. 在市场供需分析的基础上，确定该项材料的供需关系，并以此修正材料价格

    C. 把材料的账面价值作为评估值

D．通过市场同类商品的平均物价指数进行评估

8．关于流动资产的评估，下列说法正确的有（　　　）。

A．实物类流动资产的评估方法通常采用市场法和成本法

B．通常情况下，货币类流动资产以账面原值作为评估值最为合理

C．债券类流动资产按可变现净值评估

D．评估流动资产一般不需要考虑资产的功能性贬值

9．在企业价值评估中，属于流动资产评估范围的有（　　　）。

A．外埠存款　　　　　　　　　　　B．正处在生产过程中的在产品

C．库存的外单位委托加工的材料　　D．代为其他企业保管的材料物资

10．流动资产评估无需考虑功能性贬值是因为（　　　）。

A．周转速度快　　B．变现能力强　　C．形态多样化　　D．库存数量少

三、计算题

1．某企业截止评估基准日，应收账款余额为 1 500 000 元，通过函证并报经批准的坏账损失为 600 000 元，前五年应收账款坏账情况见表 9-4。

表 9-4　　　　　　　　　　　　　　前五年应收账款坏账情况

年　份	应收账款余额（元）	处理坏账额（元）
第一年	1 200 000	180 000
第二年	1 480 000	50 000
第三年	1 400 000	100 000
第四年	1 600 000	80 000
第五年	1 520 000	200 000
合　计	7 200 000	610 000

根据上述资料，确定该企业应收账款的评估值。

2．某企业向甲企业售出一批材料，价款 500 万元，商定 4 个月后收款，采取商业承兑汇票结算。该企业于 4 月 10 日开出汇票，并经甲企业承兑。汇票到期日为 8 月 10 日。试以 6 月 10 日为评估基准日，4‰为贴现率，对该企业此应收票据进行评估。

第十章
企业价值评估

拓展资源

- 当技术实现了它的真正使命，它就升华为艺术

———德国建筑大师密斯

- 最值得拥有的公司是那种在一段很长的时期内能以很高的回报率利用大笔不断增值的资产。

———沃伦·巴菲特

- 公司的能力可以被视作一套期权的组合，并由此定价。

———彼德罗夫

- 好的资产评估是并购业务、公司重组、新战略制定以及企业在其他金融方面决策成败的关键。

———罗伯特·布尔纳

重点提示

- 企业价值内涵
- 企业价值评估的主要要素
- 采用收益法评估企业价值时各参数的选择
- 期权定价法在企业价值评估中的运用
- 收益额的预测方法
- 企业价值评估的范围

本 章 思 维 导 图

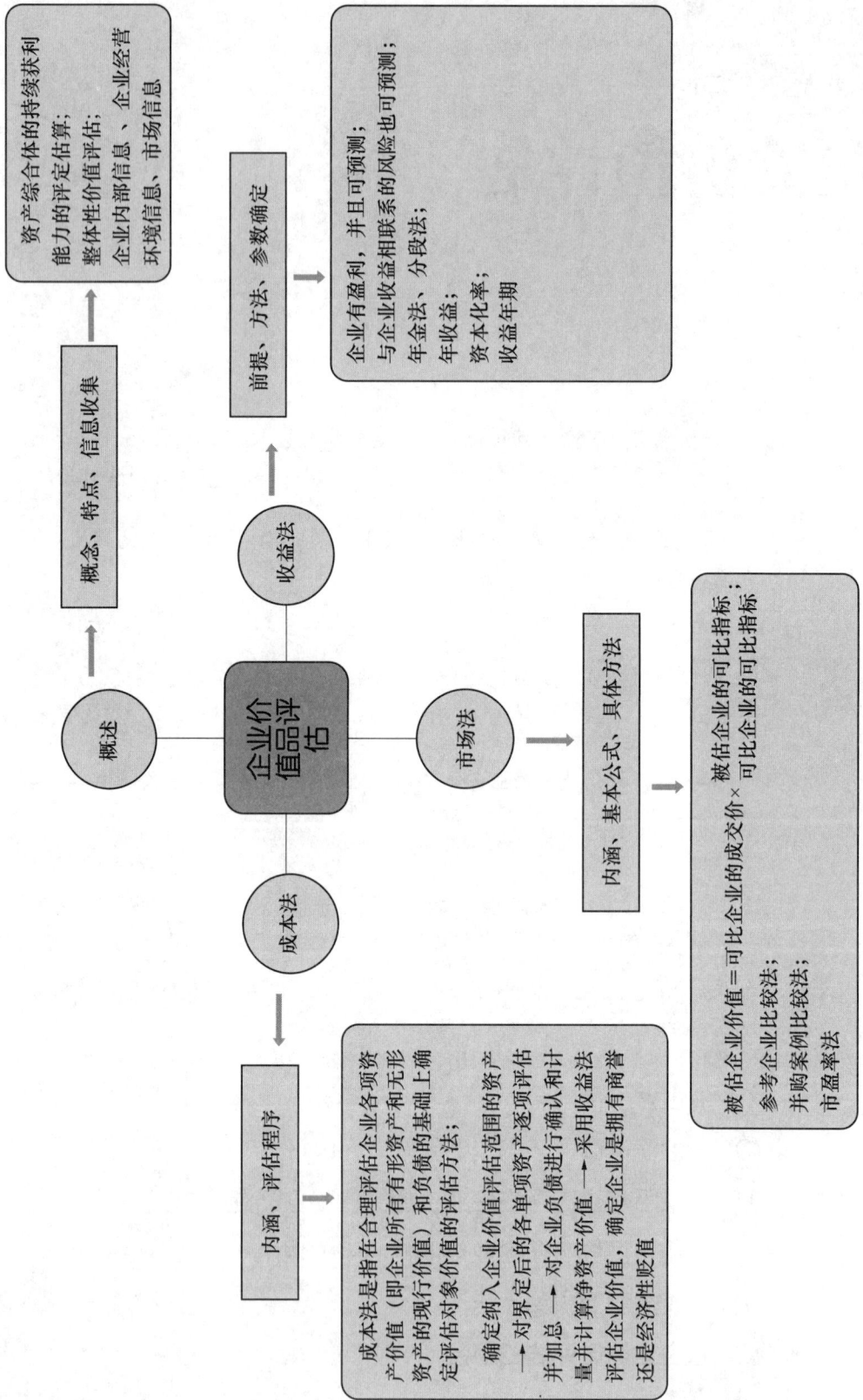

企业价值评估是近年来国际评估界重点发展的新领域，企业价值评估与传统的资产评估在理论和实务上都有较大的不同。随着我国经济体制改革的进一步深化，社会各界对企业价值评估的需求也呈迅速上升趋势。收益法、市场法和成本法是国际通用的企业价值评估的三种基本方法。其中收益法有着深厚的理论基础和广泛的应用范围。

第一节 企业价值评估概述

一、企业的定义及其特点

企业（Enterprise）是以营利为目的，按照法律程序建立的经济实体，形式上体现为由各种要素资产组成并具有持续经营能力的自负盈亏的法人实体。企业作为一类特殊的资产具有自身的特点。

1. 盈利性

企业作为一个独立的经济实体，其存在的目的就是盈利。为了达到盈利的目的，企业需要在既定的生产经营范围内，以其生产工艺为主线，将若干要素资产有机组合并形成相应的生产经营结构和功能。

2. 持续经营性

企业要获取盈利，就必须保持持续生产经营，而且要在经营过程中不断地创造收入，降低成本和费用。而企业要在持续经营中保证实现盈利目的，企业的要素资产要进行有效组合并保持最佳利用状态，同时还必须适应不断变化的外部环境及市场结构，适时做出调整。即保持企业生产结构、产品结构与市场结构的协调。

3. 整体性

构成企业的各个要素资产虽然各具不同性能，但它们在服从特定系统目标前提下构成企业整体。企业的各个要素资产功能不会都很健全，但它们可以被整合为具有良好整体功能的资产综合体。当然，即使构成企业的各个要素资产的个体功能良好，但如果它们之间的功能不匹配，由此组合而成的企业整体功能也未必很好。因此，整体性是企业区别于其他资产的一个重要特征。

4. 合法性

企业是依法建立的经济实体，对企业的判断和界定必须首先从法律法规的角度，从合法性、产权状况等方面进行界定。现代企业不仅是一个获利能力的载体，而且是按照法律程序建立起来的并要接受法律法规的约束。

二、企业价值内涵

在企业界，企业价值往往被理解成企业所能创造出的价值，其关注点主要在企业未来的盈利水平。企业价值的不同角度见表 10-1。

如同商品的价值一样，企业的价值只有投入市场才能通过价格表现出来：企业价值是企业所处经营环境中各种主、客观因素共同作用的结果。理论上，企业价值是指企业未来获利能力的现实货币表现，它等于未来各个时期产生的净收益的折现值之和。

根据评估目的以及评估结果的不同用途，企业价值的表现形式有企业的资产价值、企业投资价值和企业的股东权益价值等，不过更多情况下需要对企业投资价值和权益价值进行评估。

表 10-1　　　　　　　　　　　　　企业价值的不同角度

从政治经济学角度看	企业价值是由社会必要劳动时间决定的
从会计核算角度看	企业价值是由建造企业的全部支出决定的
从市场交换角度看	企业价值是企业获利能力的体现
从资产评估的角度看	企业价值的界定主要从两个方面考虑： 第一，资产评估揭示的是评估对象在交易假设前提下的公允价值； 第二，企业价值取决于要素资产组合的整体盈利能力。不具备现实或潜在盈利能力的企业也就不存在企业的价值

企业的资产价值是企业拥有的所有资产（包括各种权益和负债）的价值总和。企业的投资价值是企业所有的投资人所拥有的对于企业资产索取权价值的总和，等于企业的资产价值减去无息流动负债价值，或等于权益价值加上付息债务价值。企业权益价值代表了股东对企业资产的索取权，等于企业的资产价值减去负债价值。

企业价值评估应用的范围，主要包括企业并购、证券市场投资等，在上述经济业务过程中，根据不同的评估目的有不同的价值内涵。下面主要探讨企业并购过程中的目标企业价值评估过程中的各种价值内涵。

企业价值有如下特点。

1．企业的价值是企业的公允价值

这不仅是由企业作为资产评估的对象所决定，而且是由对企业进行价值评估的目的所决定。企业价值评估的主要目的是为企业产权交易提供服务，使交易双方对拟交易企业的价值有一个较为清晰的认识。所以企业价值评估应建立在公允市场假设之上，其揭示的是企业的公允价值。

2．企业价值基于企业的盈利能力

人们创立企业或收购企业的目的不在于获得企业本身具有的物质资产或企业生产的具体产品，而在于获得企业生产利润（现金流）的能力并从中受益。因此，企业之所以能够存在价值并且能够进行交易是由于它们具有产生利润（现金流）的能力。

3．企业价值评估中的企业价值有别于账面价值、公司市值和清算价值

账面价值是一个以历史成本为基础进行计量的会计概念，一般所需要的数据可以通过企业的资产负债表获得。由于账面价值受资产贬值及通货膨胀等因素的影响，所以使用起来有一定的局限性。

公司市值是指上市公司全流通股股票的市场价格（市场价值之和）。在发达的资本市场上，由于信息相对充分，市场机制相对完善，公司市值与企业价值具有一致性。中国尚处在经济转型中，证券市场既不规范，也不成熟，上市公司存在大量非流通股，因而不宜将公司流通股市值直接作为企业价值评估的依据。

4．企业价值是一个整体概念

企业价值并不是企业全部资产的总和，而是企业作为一个整体，其人力、物力、财力、管理能力等生产要素整合在一起所能在现在和未来获得净现金流量的能力。企业可以通过准确地把握投资机会，合理配置企业资源，包括进行投资和结构的战略调整，采取兼并收购、资产重组等方式，提高组织的灵活性和环境适应性，以增加社会及相关利益群体对企业收益和增长的预期，为投资者创造更多财富，提高企业价值。

5. 企业价值是一个兼顾所有利益相关者的概念

从更广泛的意义上讲，企业价值是股东价值、社会价值、顾客价值、员工价值等的集合，是兼顾眼前利益和长远利益的集合。企业价值的增加，不仅取决于企业的内部管理，还与企业所处外部经营环境中各有关利益集团有密切关系，这些利益集团包括企业的客户、供货商、债权人和政府。企业要生存和发展，必须为这些利益集团创造价值，得到他们的承认。股东、雇员、债权人、供货商、顾客之间应相互协调和共同合作，以促成企业价值最大化的实现。

> **小提示**
>
> 企业价值与企业可确指资产价值汇总的区别
> ▶ 评估对象的内涵不同
>   企业价值——资产综合体的获利能力
>   单项汇总——企业各要素资产的价值总和
> ▶ 评估结果不同
>   企业价值与单项汇总之间往往存在差额：
>   企业价值＞单项汇总→商誉——企业的盈利能力高于行业平均水平
>   企业价值＜单项总汇→经济性贬值——企业的盈利能力低于行业平均水平
>   企业价值＝单项总汇→企业的盈利能力与企业所在行业的资产收益率相等
> ▶ 评估目的与具体的适用对象不同
>   持续经营前提下的企业产权变动→企业价值评估
>   以破产清算为假设前提→要素评估（单项汇总）
>   非营利企业的评估→要素评估（单项汇总）

三、企业价值评估及其相关问题

（一）企业价值评估的特点

企业价值评估是指注册资产评估师对评估基准日特定目的下企业整体价值、股东全部权益价值或部分权益价值进行分析、估算并发表专业意见的行为和过程。

企业价值是企业在特定时期、地点和条件约束下所具有的持续获利能力。因此，企业价值的评估是对企业法人单位和其他具有独立获利能力的经济实体的持续获利能力的评定估算，这项工作是由专业机构和人员按照特定的目的，遵循客观经济规律和公正的原则，依照国家规定的法定标准与程序，运用科学的方法，对企业的持续获利能力进行的评定和估算。

企业价值的评估对象：企业整体价值、股东全部权益价值、部分权益价值。

企业整体价值指股东权益与有息债务之和，即企业的整体价值是由股东投入资本和筹集的有偿资金共同创造的。股东全部权益价值即企业整体价值中由全部股东投入资产创造的价值，本质上是构造企业（法人实体）一系列的经济合同与各种契约中蕴含的权益，而非会计报表上反映的资产与负债相减后净资产的价值。部分股东权益与全部股东权益之间并非一个简单的持股比例的计算关系，还存在着控股权溢价和少数股权折价的问题。

企业价值评估是资产评估的组成部分，但又不同于传统的单项资产评估、整体资产评估。单项资产评估包括流动资产、机器设备、建筑物及在建工程、土地使用权、长期投资以及无形资产的评估；整体资产评估是以各个企业，或者企业内部的经营单位、分支机构作为一个经营实体，依据未来预期收益来评估其市场价值，它更多地考虑资产之间组合方式的协同效应带给企业价值的增值。而企业价值评估逾越了前两项资产评估中的"资产"项目——即传统财务报表中涉及的项目，而将外部环境分析（包括政治环境、产业政策、信贷政策、区域政策、环保政策、交通条件甚至地理位置等）、行业分析、产品与市场分析、业务流程分析、组织结构和权限分析、人力资源分析、信用分析、管理层经营绩效分析和财务评价（偿债能力、现金流量状况和发展潜力分析等）等纳入评估体系。

企业价值评估具有以下特点。

1. 评估对象是由多个或多种单项资产组成的资产综合体

整体资产涉及实物、技术、劳动要素、企业战略的有机组合的整体性问题。

2. 决定企业价值高低的因素是企业的整体获利能力

尽管企业的资产主要是由各单项可确指资产组成，但企业价值往往不等于各单项资产评估值之和，而是取决于企业整体的获利能力。

3. 企业价值评估是一种整体性评估，它与构成企业的各个单项资产的评估值简单加和是有区别的

企业价值评估充分考虑了企业各构成要素资产之间的匹配与协调，以及企业资产结构、产品结构与市场结构之间的协调，它与构成企业的各个单项资产的简单评估加和是有内在联系的，可以说构成企业各个单项资产的简单评估加和是整体企业价值的基础，但它们之间又是有区别的。

这些区别主要表现为：

（1）评估对象的差别。企业价值评估的对象是按特定生产工艺或经营目标有机结合的资产综合体，而构成企业的各个单项资产的评估值加和，则是先就各个单项资产作为独立的评估对象进行评估，然后再加总。

（2）影响因素的差异。由于评估对象的差别，评估考虑的因素不可能完全相同。企业价值评估是以企业的获利能力为核心，综合考虑影响企业获利能力的各种因素以及企业面临的各种风险进行评估。而企业单项资产的评估值加和，是在评估时针对影响各个单项资产价值的各种因素展开的。

（3）评估结果的差异。由于企业价值评估与构成企业的单项资产的评估值加和在评估对象、影响因素等方面存在差异，两种评估的结果亦会有所不同。其不同之处主要表现在企业的评估值中包含不可确指的无形资产——商誉的价值。

背景资料

在企业价值评估中，确实存在企业的公允市场价值要高于企业有形净资产和可确指无形资产评估值之和的情况。这部分价值被认为是企业客观存在的商誉带来的。我们认为，在企业价值评估中，商誉是企业拥有的不可确指的可预期的未来超额收益能力的资本化价值。理解商誉的内涵，应注意以下几点：

（1）商誉是不可确指的。由于可确指和不可确指是相对的，从而商誉的内涵是动态的。因为，随着人们观念的转变、分析计量技术的进步以及法制的完善，过去是不可确

指的无形资产现在可能变为可确指的无形资产。例如，过去不受法律保护的计算机软件、集成电路布图设计权等，随着相关知识产权立法的完善而受到保护，已经成为重要的无形资产加以确认和评估。

（2）商誉是企业未来可预期的超额收益的资本化价值。首先，商誉带来的未来超额收益是可预期的；其次，评估中商誉带来的未来超额收益的价值与会计中计量的不同。会计学认为商誉带来的超额收益价值表现为收购企业向被收购企业支付的超过被收购企业的净资产的净账面价值的数额，而实际上这一"购买溢价"通常由多种因素形成，如双方的谈判能力、来自收购企业兼并被收购企业的净资产及其经营产生的预期的协作的公允价值等。因此，评估中要对企业能带来的预期超额收益进行具体分析，找出确属商誉带来的那部分超额收益。

（3）资产评估中没有外购商誉和自创商誉之分。会计实务中根据有无实证交易数据把商誉分为外购商誉和自创商誉，而只对经实证交易检验的外购商誉进行计量。但无论是外购商誉还是自创商誉都是企业的一项资产。资产评估的目的就是要通过科学的程序和方法对资产的现时公允价值进行估算，评估的商誉对原所属企业来说都是自创商誉。

（4）商誉通常是指在企业有形资产和可确指无形资产之外的不可确指的无形资产。但在评估实务中，评估人员有时根据评估的具体目的和要求，用"商誉"这一概念代表企业的整体无形资产。例如，当评估不要求了解企业各单项无形资产的价值，而只需知道企业整体无形资产价值时，评估利用差额法评估的商誉价值实际是企业整体无形资产价值；或者评估出企业主要无形资产价值，其他非主要的无形资产全部归集为"商誉"进行评估。

（资料来源：汪海粟：《企业价值评估》，复旦大学出版社，2005年3月，第28页）

（二）企业价值评估的应用范围

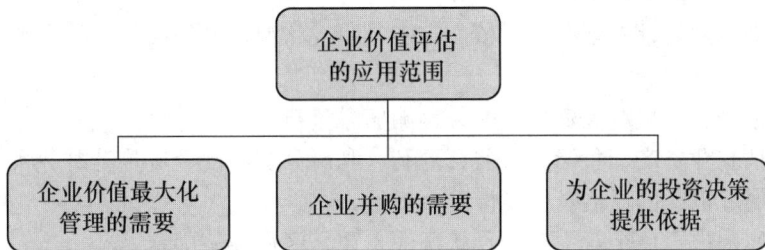

1. 企业价值最大化管理的需要

企业价值评估在企业经营决策中极其重要，能够帮助管理当局有效改善经营决策。企业财务管理的目标是企业价值最大化，企业的各项经营决策是否可行，必须看这一决策是否有利于增加企业价值。

重视以企业价值最大化管理为核心的财务管理，企业理财人员通过对企业价值的评估，了解企业的真实价值，做出科学的投资与融资决策，不断提高企业价值，增加所有者财富。

2. 企业并购的需要

企业并购过程中，投资者已不满足于从重置成本角度了解在某一时点上目标企业的价值，更希望从企业现有经营能力角度或同类市场比较的角度了解目标企业的价值，这就要求评估师进一步提供有关股权价值的信息，甚至要求评估师分析目标企业与本企业整合能够带来的额外价值。同时资本市场需要更多以评估整体获利能力为代表的企业价值评估。

在现实经济生活中，往往出现把企业作为一个整体进行转让、合并等情况，如企业兼并、购买、出售、重组联营、股份经营、合资合作经营、担保等，都涉及企业整体价值的评估问题。在这种情况下，要对整个企业的价值进行评估，以便确定合资或转卖的价格。然而，企业的价值或者说购买价格，绝不是简单地由各单项经公允评估后的资产价值和债务的代数对和。因为人们买卖企业或兼并的目的是为了通过经营这个企业来获取收益，决定企业价格大小的因素相当多，其中最基本的是企业利用自有的资产去获取利润能力的大小。所以，企业价值评估并不是对企业各项资产的评估，而是一种对企业资产综合体的整体性、动态的价值评估。而企业资产评估则是指对企业某项资产或某几项资产的价值的评估，是一种局部的和静态的评估。

3. 企业价值评估是投资决策的重要前提

企业在市场经济中作为投资主体的地位已经明确，但要保证投资行为的合理性，必须对企业资产的现时价值有一个正确的评估。我国市场经济发展到今天，在企业各种经济活动中以有形资产和专利技术、专有技术、商标权等无形资产形成优化的资产组合作价入股已很普遍。合资、合作者在决策中，必须对这些无形资产进行量化，由评估机构对无形资产进行客观、公正的评估，评估的结果既是投资者与被投资单位投资谈判的重要依据，又是被投资单位确定其无形资本入账价值的客观标准。

（三）企业价值评估的信息搜集

在进行企业价值评估业务时，需要收集大量的信息，这些信息包括被评估企业内部的信息、与被评估企业相关的其他外部信息。通常包括：❶

（1）被评估企业类型、评估对象相关权益状况及有关法律文件。

（2）被评估企业的历史沿革、现状和前景。

（3）被评估企业内部管理制度、核心技术、研发状况、销售网络、特许经营权、管理层构成等经营管理状况。

（4）被评估企业历史财务资料和财务预测信息资料。

（5）被评估企业资产、负债、权益、盈利、利润分配、现金流量等财务状况。

（6）评估对象以往的评估及交易情况。

（7）可能影响被评估企业生产经营状况的宏观、区域经济因素。

（8）被评估企业所在行业的发展状况及前景。

（9）参考企业的财务信息、股票价格或股权交易价格等市场信息，以及以往的评估情况等。

（10）资本市场、产权交易市场的有关信息（如与被评估企业相同、相似上市公司的市场价格、投资回报率、各种价值比率；与被评估企业相同、相似的并购企业交易价格、投资回报率、各种价值比率等）。

（11）注册资产评估师认为需要收集分析的其他相关信息资料。

---

❶ 2005 年《企业价值评估指导意见》试行第十四条。

（四）企业价值评估的范围界定

1. 企业价值评估的一般范围——从产权角度界定

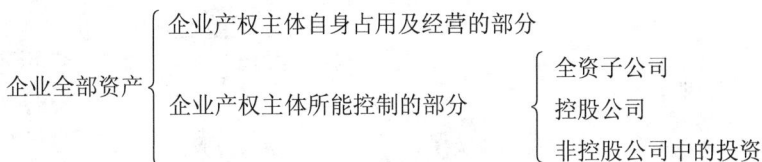

```
                  ┌ 企业产权主体自身占用及经营的部分
企业全部资产 ┤                                    ┌ 全资子公司
                  └ 企业产权主体所能控制的部分 ┤ 控股公司
                                                     └ 非控股公司中的投资
```

企业价值评估的一般范围即企业的资产范围。从产权的角度界定，企业价值评估的范围应该是企业的全部资产。包括企业产权主体自身占用及经营的部分，企业产权主体所能控制的部分，如全资子公司、控股子公司，以及非控股公司中的投资部分。在具体界定企业价值评估的资产范围时，应根据以下数据资料进行：

（1）企业有关产权转让或产权变动的协议、合同、章程中规定的企业资产变动的范围。

（2）企业的资产评估申请报告以及上级主管部门批复文件所规定的评估范围。

2. 企业价值评估的具体范围——从有效资产的角度界定

在对企业价值评估的一般范围进行界定之后，并不能将所界定的企业资产范围直接作为企业价值评估中进行评估的具体资产范围。因为企业价值基于企业整体盈利能力，所以，判断企业价值，就是要正确分析和判断企业的盈利能力。企业是由各类单项资产组合而成的资产综合体，这些单项资产对企业盈利能力的形成具有不同的贡献。其中，对企业盈利能力的形成做出贡献、发挥作用的资产就是企业的有效资产，而对企业盈利能力的形成没有做出贡献，甚至削弱了企业的盈利能力的资产就是企业的无效资产。企业的盈利能力是企业有效资产共同作用的结果，要正确揭示企业价值，就要将企业资产范围内的有效资产和无效资产进行正确的界定与区分，将企业的有效资产作为评估企业价值的具体资产范围。这种区分，是进行企业价值评估的重要前提。

在界定企业价值评估的具体范围时，应注意以下几点：

第一，对于在评估时点产权不清、或因纠纷暂时难以界定的产权或因产权纠纷难以得出结论的资产，应划为"待定产权资产"，暂不列入企业价值评估的资产范围。

第二，在产权界定范围内，若企业中明显存在着生产能力闲置或浪费，以及某些局部资产的功能与整个企业的总体功能不一致，并且可以分离，按照效用原则应提醒委托方进行企业资产重组，重新界定企业评估的具体范围。

在企业价值评估中，对无效资产有两种处理方式：一是进行"资产剥离"，将企业的无效资产在进行企业价值评估前剥离出去，不列入企业价值评估的范围；二是在无效资产不影响企业盈利能力的前提下，用适当的方法将其进行单独评估，并将评估值加总到企业价值评估的最终结果之中。

想一想
1. 企业价值评估的目的有哪些？
2. 上市公司的企业内在价值应该等同于该公司全部股票市值之和吗？

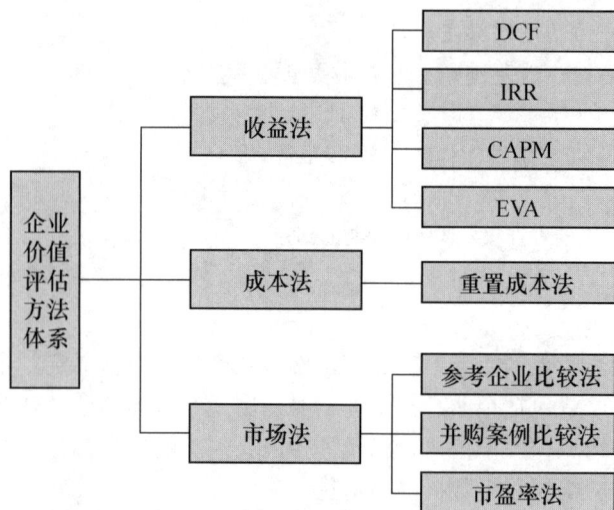

第二节　收益法在企业价值评估中的应用

收益法是指通过将被评估企业预期收益资本化或折现以确定评估对象价值的评估思路。

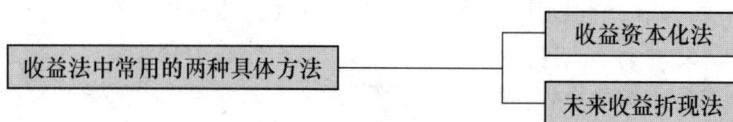

收益法是从资产未来创造效益来反映其现实价值。对于资产来说，其效用表现为资产为其占有者带来的未来收益（即货币收入）。由于货币具有时间价值，为了用未来的收益体现现时的价值，必须将未来收益进行折现，是资产评估收益法的基本思想。

从理论上来说，收益法应该是企业价值评估中相对科学的首选方法。原因如下：

（1）现代资本结构理论、企业竞争战略理论、企业竞争优势理论都从不同角度研究认为，创造企业价值和实现企业价值最大化是企业经营的主要目的；企业价值是由各种不同的创造因素所组成，而且这些创造价值的因素要经过整合才能产生效果；企业价值不是单项资产简单组合，而是各项单项资产的整合，如果整合成功，应该产生 $1+1>2$ 的效果，即企业价值一般大于单项资产的组合。

（2）可持续发展理论认为，企业存在或购并的目的，不是企业过去实现的收益、现在拥有的资产价值，而是企业未来获得盈利的能力，只要企业未来盈利，企业就可持续经营下去，企业就有存在的价值，并且可以产生某种效用，形成企业价值。

一、收益法评估企业价值的基本要点

在运用收益法对企业价值进行评估时，一个必要的前提是判断企业是否具有持续的盈利能力。只有当企业具有持续的盈利能力时，运用收益法对企业进行价值评估才有意义。运用收益法对企业进行价值评估，关键在于对以下三个问题的解决：

第一，要对企业的收益予以界定。企业的收益能以多种形式出现，包括净利润、股权自由现金流量、企业自由现金流量、企业红利。[1]选择以何种形式的收益作为收益法中的企业

---

[1]　目前国内一般认为代表收益的指标为净利润或现金流。

收益，直接影响对企业价值的最终判断。

第二，要对企业的收益进行合理的预测。要求评估人员对企业的将来收益进行精确预测是不现实的。但是，由于企业收益的预测直接影响对企业盈利能力的判断，是决定企业最终评估值的关键因素，所以，在评估中应全面考虑影响企业盈利能力的因素，客观、公正地对企业的收益作出合理的预测。

第三，在对企业的收益做出合理的预测后，要选择合适的折现率。合适的折现率的选择直接关系到对企业未来收益风险的判断。由于不确定性的客观存在，对企业未来收益的风险进行判断至关重要。能否对企业未来收益的风险做出恰当的判断，从而选择合适的折现率，对企业的最终评估值具有较大影响。

二、收益法的计算公式及其说明

（一）企业持续经营假设前提下的收益法

1. 年金法

年金法的计算公式为

$$P = \frac{A}{r}$$

式中　P——企业评估价值；

A——企业每年的年金收益；

r——本金化率。

用于企业价值评估的年金法，是将已处于均衡状态，其未来收益具有充分的稳定性和可预测性的企业收益进行年金化处理，然后再把已年金化的企业预期收益进行收益还原，估测企业的价值。因此，上式又可以写成

$$P = \sum_{t=1}^{n}[R_t \times (1+r)^{-t}] \div \sum_{t=1}^{n}[(1+r)^{-t}] \div r$$

式中　$\sum_{t=1}^{n}[R_t \times (1+r)^{-t}]$——企业前 n 年预期收益折现值之和。

$\sum_{t=1}^{n}[(1+r)^{-t}]$——收益年金化率；

r——本金化率。

【例 10-1】 待估企业预计未来 5 年的预期收益额为 100 万元、120 万元、110 万元、130 万元、120 万元，假定本金化率为 10%，试用年金法估测待估企业价值。

解　$P = \sum_{t=1}^{n}[R_t \times (1+r)^{-t}] \div \sum_{t=1}^{n}[(1+r)^{-t}] \div r$

$= (100 \times 0.909\,1 + 120 \times 0.826\,4 + 110 \times 0.751\,3 + 130 \times 0.683\,0 + 120 \times 0.620\,9)$

$\div (0.909\,1 + 0.826\,4 + 0.751\,3 + 0.683\,0 + 0.620\,9) \div 10\%$

$= (91 + 99 + 83 + 89 + 75) \div 3.790\,7 \div 10\%$

$= 437 \div 3.790\,7 \div 10\% = 1153$（万元）

年金法是以预期收益稳定为前提的，它以企业未来几年的收益水平代表企业未来无限期的收益水平，因此这一方法一般适用于持续经营假设前提下，生产经营活动比较稳定，并且市场变化不大的企业评估。

2. 分段法

分段法是将持续经营企业的收益预测分为前后两段。将企业的收益预测分为前后两段的理由在于：在企业发展的前一个期间，企业处于不稳定状态，因此企业的收益是不稳定的；而在该期间之后，企业处于均衡状态，其收益是稳定的或按某种规律进行变化。对于前段企业的预期收益采取逐年预测，并折现累加的方法。而对于后段的企业收益，则针对企业具体情况，并按企业的收益变化规律，对企业后段的预期收益进行折现和还原处理。将企业前后两段收益现值加在一起便构成企业的收益现值。

假设以前段最后一年的收益作为后段各年的年金收益，分段法的公式可写成

$$P=\sum_{t=1}^{n}[R_t\times(1+r)^{-t}]+\frac{R_n}{r}\times(1+r)^{-n}$$

假设从 $(n+1)$ 年起的后段，企业预期年收益按一固定比率 (g) 增长，则分段法的公式写成

$$P=\sum_{t=1}^{n}[R_t\times(1+r)^{-t}]+\frac{R_n(1+g)}{r-g}\times(1+r)^{-n}$$

【例 10-2】 待估企业预计未来 5 年的预期收益额为 100 万元、120 万元、150 万元、160 万元、200 万元，并根据企业的实际情况推断，从第六年开始，企业的年收益额将维持在 200 万元水平上，假定本金化率为 10%，使用分段法估测企业的价值。

解 $P=\sum_{t=1}^{n}[R_t\times(1+r)^{-t}]+\frac{R_n}{r}\times(1+r)^{-n}$

= （100×0.909 1+120×0.826 4+150×0.751 3
　　+160×0.683+200×0.620 9）+200÷10%×0.620 9

=536+2000×0.620 9=1778（万元）

【例 10-3】 见［例 10-2］资料，假如评估人员根据企业的实际情况推断，企业从第六年起，收益额将在第五年的水平上以 2%的增长率保持增长，其他条件不变，试估测待估企业的价值。

解 $P=\sum_{t=1}^{n}[R_t\times(1+r)^{-t}]+\frac{R_n(1+g)}{r-g}\times(1+r)^{-n}$

= （100×0.909 1+120×0.826 4+150×0.751 3+160×0.683+200×0.620 9）
　　+200×（1+2%）÷（10%-2%）×0.620 9=536+204÷8%×0.620 9

=536+255 0×0.620 9=536+1583=2119（万元）

（二）企业有限持续经营假设前提下的收益法

（1）关于企业有限持续经营假设的适用。对企业而言，它的价值在于其所具有的持续的盈利能力。一般而言，对企业价值的评估应该在持续经营前提下进行。只有在特殊的情况下，才能在有限持续经营假设前提下对企业价值进行评估。如企业章程已对企业经营期限做出规定，而企业的所有者无意逾期继续经营企业，则可在该假设前提下对企业进行价值评估。评估人员在运用该假设对企业价值进行评估时，应对企业能否适用该假设做出合理判断。

（2）企业有限持续经营假设是从最有利于回收企业投资的角度，争取在不追加资本性投资的前提下，充分利用企业现有的资源，最大限度地获取投资收益，直至企业无法持续经营为止。

（3）对于有限持续经营假设前提下企业价值评估的收益法，其评估思路与分段法类似。

首先，将企业在可预期的经营期限内的收益加以估测并折现。

其次，将企业在经营期限后的残余资产的价值加以估测及折现。

最后，将两者相加。其数学表达式为

$$P=\sum_{t=1}^{n}[R_t\times(1+r)^{-t}]+P_0\times(1+r)^{-n}$$

式中　P_0——第 n 年企业资产的变现值。

其他符号含义同前。

三、企业收益及其预测

企业的收益额（Income）是运用收益法对企业价值进行评估的关键参数。在企业的价值评估中，企业的收益是指在正常条件下，企业所获得的归企业所有的所得额。

（一）企业收益的界定与指标选择

在对企业收益进行具体界定时，应首先注意以下两个方面：

第一，企业创造的不归企业权益主体所有的收入，不能作为企业价值评估中的企业收益。如税收，不论是流转税还是所得税都不能视为企业收益。

第二，凡是归企业权益主体所有的企业收支净额，都可视为企业的收益。无论是营业收支、资产收支，还是投资收支，只要形成净现金流入量，就可视为企业收益。

评估企业价值，一般有四个指标可以作为收益额：净利润、股权自由现金流量、企业自由现金流量和企业的红利。

净现金流＝净利润（调整后的）＋折旧－追加投资

从理论上讲，净现金流量比净利润更能反映资产的收益，但目前在我国企业评估实务中常见的是以企业净利润为企业收益来进行评估的，主要原因是我国企业现金流量表的编制历史较短，企业对现金流量的预测较难把握，评估中净现金流量预测的基础比较薄弱。尽管如此，收益用净利润代替仅是一种过渡期的替代办法，具有很多的局限性，条件成熟后，必然用净现金流量取代净利润来预测未来收益。

在对企业的收益形式做出界定之后，在企业价值的评估中还需要根据不同评估目的和评估中的实际情况，对不同口径的收益做出选择。首先企业价值评估的目的是评估反映企业所有者权益的净资产价值还是反映企业所有者权益及债权人权益的投资资本价值。其次，对企业收益口径的选择，应在不影响企业价值评估目的的前提下，选择最能客观反映企业正常盈利能力的收益额作为对企业进行价值评估的收益基础。

（二）企业收益的预测

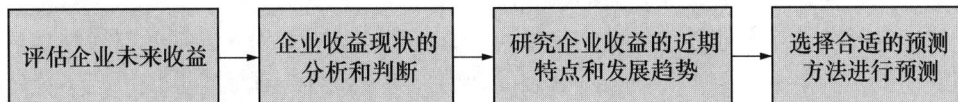

评估企业未来收益 → 企业收益现状的分析和判断 → 研究企业收益的近期特点和发展趋势 → 选择合适的预测方法进行预测

影响企业的收益现状的因素很多，主要的有需求因素、供给因素、开发因素、经营管理因素、政策因素、其他因素等。预测企业未来收益时，需要具体分析这些因素的影响。

未来收益的预测方法不仅有数学方法，也有非数学方法，常用的预测方法和模型是德尔菲法、经验分析法、综合判断法、投放（入）产出模型、回归分析模型、时间序列模型、最小二乘法、统计外推模型、相互影响分析法、增长曲线模型、经济寿命周期模型等。在实际工作中，各种方法不是互相排斥的，可将几种方法结合起来使用，也可分别使用，互相印证。其中，回归分析模型和时间序列分析是预测企业未来收益的两种主要方法，直观预测方法及增长曲线预测模型也常用到。

1. 企业收益预测的阶段

企业的收益预测大致分为三个阶段：

（1）对企业收益的历史及现状的分析与判断。

（2）对企业未来可预测的若干年的预期收益的预测。

（3）对企业未来持续经营条件下的长期预期收益趋势的判断。

对企业收益的历史及现状的分析：首先要根据企业的具体情况确定分析的重点。对于已有较长经营历史且收益稳定的企业，应着重对其历史收益进行分析，并在该企业历史收益平均趋势的基础上判断企业的盈利能力。而对于发展历史不长的企业，就要着重对其现状进行分析并主要在分析该企业未来发展机会的基础上判断企业的盈利能力。此外，还要对财务数据并结合企业的实际生产经营情况加以综合分析。

可以作为分析判断企业盈利能力参考依据的财务指标有：企业资金利润率、投资资本利润率、净资产利润率、成本利润率、销售收入利润率、企业资金收益率、投资资本收益率、净资产收益率、成本收益率、销售收入收益率等。有关利润率指标与收益率指标的区别主要在于：前者是企业的利润总额与企业资金占用额之比，而后者是企业的净利润与企业的资金占用额之比。

为较为客观地判断企业的正常盈利能力，还必须结合影响企业盈利能力的内部及外部因素进行分析。首先，要对影响企业盈利能力的关键因素进行分析与判断。评估人员应通过与企业管理人员的充分交流和自身的分析判断，对企业的核心竞争力存在一个较为清晰的认识。其次，要对企业所处的产业及市场地位有个客观的认识。企业所处产业的发展前景、企业在该产业及市场中的地位、企业的主要竞争对手的情况等都是评估人员应该了解和掌握的。再次，对影响企业发展的可以预见的宏观因素，评估人员也应该加以分析和考虑。如对某家污染严重的企业价值进行评估时，评估人员就应该考虑国家的环境政策对企业未来盈利的影响。

总之，只有结合企业内部与外部的因素进行分析，才能对企业的正常盈利能力做出正确的判断。

2. 企业收益预测的基本步骤

企业预期收益的预测大致可分为以下几个步骤：

（1）评估基准日审计后企业收益的调整。

评估基准日审计后企业收益的调整包括两部分工作。其一是对审计后的财务报表进行非正常因素调整，主要是损益表和现金流量表的调整。将一次性、偶发性，或以后不再发生的收入或费用进行剔除，把企业评估基准日的利润和现金流量调整到正常状态下的数量，为企业预期收益的趋势分析打好基础。其二是研究审计后报表的附注和相关揭示，对在相关报表中揭示的影响企业预期收益的非财务因素进行分析，并在该分析的基础上对企业的收益进行调整，使之能反映企业的正常盈利能力。

（2）企业预期收益趋势的总体分析和判断。

企业预期收益趋势的总体分析和判断，是在对企业评估基准日审计后实际收益调整的基础上，结合企业提供的预期收益预测和评估机构调查搜集到的有关信息的资料进行的。这里需要强调指出：

1）对企业评估基准日审计后的调整财务报表，尤其是客观收益的调整仅作为评估人员进行企业预期收益预测的参考依据，不能用于其他目的。

2）企业提供的关于预期收益的预测是评估人员预测企业未来预期收益的重要参考资料。但是，评估人员不可以仅仅凭企业提供的收益预测作为对企业未来预期收益预测的惟一根据，评估人员应在自身专业知识和所搜集的其他资料的基础上做出客观、独立的判断。

3）尽管对企业在评估基准日的财务报表进行了必要的调整，并掌握了企业提供的收益预测，评估人员还必须深入到企业现场进行实地考察和现场调研，与企业的核心管理层进行充分的交流，了解企业的生产工艺过程、设备状况、生产能力和经营管理水平，再辅之以其他数据资料对企业未来收益趋势做出合乎逻辑的总体判断。

（3）运用技术方法和手段对企业预期收益进行预测。

1）收益预测分段。企业预期收益的预测是在前两个步骤完成的前提下，运用具体的技术方法和手段进行测算。

在一般情况下，企业的收益预测也分两个时间段：对于已步入稳定期的企业而言，收益预测的分段较为简单：一是对企业未来3～5年的收益预测；二是对企业未来3～5年后的各年收益预测。而对于仍处于发展期，其收益尚不稳定的企业而言，对其收益预测的分段应是首先判断出企业在何时步入稳定期，其收益呈现稳定性。而后将其步入稳定期的前一年作为收益预测分段的时点。对企业何时步入稳定期的判断，应在与企业管理人员的充分沟通和占有大量资料并加以理性分析的基础上进行，其确定较为复杂。以下主要介绍处于稳定期的企业预期收益的预测。

2）前提设定。企业未来3～5年的收益预测是在评估基准日调整的企业收益或企业历史收益的平均收益趋势的基础上，结合影响企业收益实现的主要因素在未来预期变化的情况，采用适当的方法进行的。

3）预测的主要内容。在明确了企业收益预测前提条件的基础上，就可以着手对企业未来3～5年的预期收益进行预测。预测的主要内容有：对影响被评估企业及所属行业的特定经济及竞争因素的估计；未来3～5年市场的产品或服务的需求量或被评估企业市场占有份额的估计；未来3～5年销售收入的估计；未来3～5年成本费用及税金的估计；完成上述生产经营目标需追加投资及技术、设备更新改造因素的估计；未来3～5年预期收益的估计等。关于企业的收益预测，评估人员不得不加分析地直接引用企业或其他机构提供的方法和数据，应把企业或其他机构提供有关资料作为参考，根据可搜集到的数据资料，在经过充分分析论证的基础上做出独立的预测判断。

4）预测的技术方法。在具体运用预测技术的方法测算企业收益时，大多采用财务报表格式予以表现，如利用损益表或采用现金流量表的形式表现。运用损益表或现金流量表的形式表现预期企业收益的结果通俗易懂、便于理解和掌握。需要说明的是，用企业损益表或现金流量表来表现企业预期收益的结果，并不等于说企业预期收益预测就相当于企业损益表或现金流量表的编制。企业收益预测的过程是一个比较具体、需要大量数据并运用科学方法的运作过程，用损益表或现金流量表表现的仅仅是该过程的结果。所以，企业的收益预测不能简单地等同于企业损益表或现金流量表的编制，而是利用损益表或现金流量表的已有栏目或项目，通过对影响企业收益的各种因素变动情况的分析，在评估基准日企业收益水平的基础上，对应表内各项目（栏目）进行合理的测算、汇总分析得到所测年份的各年企业收益。

企业收益预测表是一张可供借鉴的收益预测表。如测算的收益层次和口径与本表有差异，可在本表的基础上进行适当的调整。如采用其他方式测算企业收益，评估人员可自行设计企业收益预测见表 10-2。

表 10-2	企业 20××—20××年收益预测表			万元
营业收入	20××年	20××年	20××年	20××年
减：营业成本				
营业税金及附加				
管理费用				
财务费用				
销售费用				
资产减值损失				
加：公允价值变动净收益				
投资净收益				
营业利润				
加：营业外收入				
减：营业外支出				
利润总额				
减：所得税				
净利润				
加：折旧和无形资产				
减：追加资本性支出				
净现金流量				

5）预测的检验。由于对企业预期收益的预测存在较多难以准确把握的因素和易受评估人员主观的影响，而该预测又直接影响企业的最终评估值，因此，评估人员在对企业的预期收益预测基本完成之后，应该对所作预测进行严格检验，以判断所作预测的合理性。检验可以从以下几个方面进行：

第一，将预测与企业历史收益的平均趋势进行比较，如预测的结果与企业历史收益的平均趋势明显不符，或出现较大变化，又无充分理由加以支持，则该预测的合理性值得质疑。

第二，对影响企业价值评估的敏感性因素加以严格的检验。在这里，敏感性因素具有两方面的特征，一是该类因素未来存在多种变化，二是其变化能对企业的评估值产生较大影响。如对销售收入的预测，评估人员可能基于对企业所处市场前景的不同假设而会对企业的销售收入做出不同的预测，并分析不同预测结果可能对企业评估价值产生的影响。在此情况下，评估人员就应对销售收入的预测进行严格的检验，对决定销售收入预测的各种假设反复推敲。

第三，对所预测的企业收入与成本费用的变化的一致性进行检验。企业收入的变化与其成本费用的变化存在较强的一致性，如预测企业收入变化而成本费用不进行相应变化，则该预测值得质疑。

第四，在进行敏感性因素检验的基础上，与其他方法评估的结果进行比较，检验在哪一种评估假设下能得出更为合理的评估结果。

四、折现率和资本化率及其估测

折现率是将未来收益还原或转换为现值的比率。它在资产评估业务中有着不同的称谓：资本化率、本金化率、还原利率等。但其本质是相同的，都属于投资报酬率。作为投资报酬率通常由两部分组成：一是正常投资报酬率；二是风险投资报酬率。正常报酬率亦称为无风险报酬率，它取决于资金的机会成本，即正常的投资报酬率不能低于该投资的机会成本。风险报酬率的高低主要取决于投资的风险的大小，风险大的投资，要求的风险报酬率就高。

$$折现率＝无风险报酬率＋风险报酬率$$

（一）企业评估中选择折现率的基本原则

在运用收益法评估企业价值时，折现率起着至关重要的作用，它的微小变化会对评估结果产生较大的影响。因此，在选择和确定折现率时，必须注意以下几方面的问题。

1. 折现率不低于投资的机会成本

在存在着正常的资本市场和产权市场的条件下，任何一项投资的回报率不应低于该投资的机会成本。在现实生活中，政府发行的国库券利率和银行储蓄利率可以作为投资者进行其他投资的机会成本。由于国库券的发行主体是政府，几乎没有破产或无力偿付的可能，投资的安全系数大。银行虽大多属于商业银行，但我国的银行仍属国家垄断或严格监控，其信誉也非常高，储蓄也是一种风险极小的投资。因此，国库券和银行储蓄利率可看成是其他投资的机会成本，相当于无风险投资报酬率。

2. 行业基准收益率不宜直接作为折现率，但行业平均收益率可作为确定折现率的重要参考指标

我国的行业基准收益率是基本建设投资管理部门为筛选建设项目，从拟建项目对国民经济的净贡献方面，按照行业统一制定的最低收益率标准，凡是投资收益率低于行业基准收益率的拟建项目不得上马，只有投资收益率高于行业基准收益率的拟建项目才有可能得到批准进行建设。行业基准收益率旨在反映拟建项目对国民经济的净贡献的高低，包括拟建项目可能提供的税收收入和利润，而不是对投资者的净贡献。因此，不宜直接将其作为企业产权变动时价值评估的折现率。再者，行业基准收益率的高低也体现着国家的产业政策。在一定时期，属于国家鼓励发展的行业，其行业基准收益率可以相对低一些；属于国家控制发展的行业，国家就可以适当调高其行业基准收益率，达到限制项目建设的目的。因此，行业基准收益率不宜直接作为企业评估中的折现率。随着我国证券市场的发展，行业的平均收益率日益成为衡量行业平均盈利能力的重要指标，可作为确定折现率的重要参考指标。

$$行业平均收益率＝\frac{\sum 行业各企业净利润}{\sum 行业各企业资产平均额}\times 100\%$$

3. 贴现率不宜直接作为折现率

贴现率是商业银行对未到期票据提前兑现所扣金额（贴现息）与期票票面金额的比率。贴现率虽然也是将未来值换算成现值的比率，但贴现率通常是银行根据市场利率和贴现票据

的信誉程度来确定的。且票据贴现大多数是短期的，并无固定期间周期。

（二）风险报酬率及折现率的测算

在折现率的测算过程中，无风险报酬率的选择相对比较容易一些，通常是以政府债券利率和银行储蓄利率为参考依据。而风险报酬率的测度相对比较困难，它因评估对象、评估时点的不同而不同。

在测算风险报酬率的时候，评估人员应注意以下因素：

（1）国民经济增长率及被评估企业所在行业在国民经济中的地位。

（2）被评估企业所在行业的发展状况及被评估企业在行业中的地位。

（3）被评估企业所在行业的投资风险。

（4）企业在未来的经营中可能承担的风险等。

五、运用收益法评估企业价值的案例

【例 10-4】 某被评估企业基本情况如下：

（1）该企业未来 5 年预期净利润分别为：100 万元、110 万元、120 万元、120 万元、130 万元；

（2）该企业适用的所得税税率为 33%；

（3）据查，评估基准日社会平均收益率为 9%，无风险报酬率为 4%，被评估企业所在行业的基准收益率为 9%，企业所在行业的平均风险与社会平均风险的比率（β）为 1.2；

（4）该企业长期负债占投资资本的 50%，平均长期负债利息为 6%，未来 5 年中年平均长期负债利息额为 20 万元，年流动负债利息额为 10 万元；

（5）被评估企业生产经营比较平稳，将长期经营下去。

要求：用年金法评估该企业的投资资本价值。

解 根据题意有

$$企业自有资产收益率 =（9\%-4\%）\times 1.2+4\%=10\%$$
$$投资资本收益率 =6\%\times 50\%+10\%\times 50\%=8\%$$

$$投资资本价值 P=\sum_{t=1}^{n}[R_t\times(1+r)^{-t}]\div\sum_{t=1}^{n}[(1+r)^{-t}]\div r$$

$$=（113.4\times 0.925\,9+123.4\times 0.857\,3+133.4\times 0.793\,8$$
$$+133.4\times 0.735\,0+143.4\times 0.680\,6）\div（0.925\,9+0.857\,3+0.793\,8$$
$$+0.735+0.680\,3）\div 0.08$$
$$=1604.56（元）$$

第三节　其他方法在企业价值评估中的应用

一、成本法在企业价值评估中的应用

成本法又称成本加和法。采用这种方法，是将被评估企业视为一个生产要素的组合体，在对各项资产清查核实的基础上，逐一对各项可确指资产进行评估，并确认企业是否存在商誉或经济性损耗，将各单项可确认资产评估值加总后再加上企业的商誉或减去经济性损耗，就可以得到企业价值的评估值。其计算公式为

$$企业整体资产价值 =\Sigma 单项可确指资产评估值 + 商誉（或减经济性损耗）$$

从评估公式来看，采用成本加和法评估企业价值一般需要以下几个步骤。

（1）纳入企业价值评估范围的资产，逐项评估各单项资产并加总评估值。首先是对企业可确指资产逐项进行评估，因此，确定企业价值评估范围尤为重要。从产权的角度看，企业价值评估的范围应该是全部资产。从有效资产的角度看，在对企业整体评估时，需将企业资产范围内的有效资产与对整体获利能力无贡献的无效资产进行正确的界定与区分。对企业持续经营有贡献的资产应以继续使用为假设前提，评估其有用价值。

（2）确定企业的商誉或经济性损耗。由于企业单项资产评估后加总的价值无法反映各单项资产间的有机组合因素产生的整合效应，无法反映未在会计账目上表现的无形资产，也无法反映企业经济性损耗。因此，还需要用适当的方法分析确定企业的商誉或经济性损耗。

（3）企业的负债审核。用成本法评估企业价值，而评估目标又是确定企业净资产价值时，就需要对企业负债进行审核。对于企业负债的审核包括两个方面内容：一是负债的确认，二是对负债的计量。从总体上讲，对企业负债的审核，基本上要以审计准则和方法进行，以正确揭示企业的负债情况。

（4）确定企业整体资产评估价值，验证评估结果。将企业各项单项资产评估值加总，再加上企业的商誉或减去经济性损耗，就得到企业整体资产评估价值。对用成本加和法评估企业价值的结果，还应运用企业价值评估的其他方法（通常是收益法）进行验证，以验证成本法评估结果的科学性、合理性。

在企业价值评估中，由于历史原因，成本法成为我国企业价值评估实践中首选方法和主要方法广泛使用。但成本法在企业价值评估中也存在着各种利弊。

有利之处主要是将企业的各项资产逐一进行评估然后加和得出企业价值，简便易行。

不利之处主要在于：一是模糊了单项资产与整体资产的区别。凡是整体性资产都具有综合获利能力，整体资产是由单项资产构成的，但却不是单项资产的简单加总。企业中的各类单项资产，需要投入大量的人力资产以及规范的组织结构来进行正常的生产经营，成本加和法显然无法反映组织这些单项资产的人力资产及企业组织的价值。因此，采用成本法确定企业评估值，仅仅包含了有形资产和可确指无形资产的价值，无法体现作为不可确指的无形资产——商誉。二是不能充分体现企业价值评估的评价功能。企业价值本来可以通过对企业未来的经营情况、收益能力的预测来进行评价。而成本法只是从资产购建的角度来评估企业的价值，没有考虑企业的运行效率和经营业绩，在这种情况下，假如同一时期的同一类企业的原始投资额相同，则无论其效益好坏，评估值都将趋向一致。这个结果是与市场经济的客观规律相违背的。

二、市场法在企业价值评估中的应用

（一）市场法的含义

市场法（Market Approach）又称相对估价法。根据《企业价值评估指导意见（试行）》的定义，企业价值评估中的市场法是指将评估对象与参考企业、在市场上已有交易案例的企业、股东权益、证券等权益性资产进行比较以确定评估对象价值的评估思路。市场法将目标企业与可比企业进行对比时，要根据不同的企业特点，确定某项财务指标为主要变量，用可比企业价值来衡量企业价值。其公式为

企业价值＝可比企业基本财务比率×目标企业相关指标

在实际使用中经常采用的基本财务比率有市盈率、市净率、市价/销售额等。市场法体现

了评估中的替代原则，类似的资产应该具有类似的价值，质优则价高，因此市场法的基本公式可表示为

$$V = C \times R_i$$

式中　V——被评估企业价值；

　　　C——被评估企业与企业价值相关的可比指标；

　　　R_i——价值比率（又称乘数或倍数）。

市场法运用的前提条件是必须具有健全的产权交易市场和较广泛的可供参考的企业价值与整体资产交易案例，否则这种方法无法灵活运用。市场法主要适用于两种情况：一是企业当前没有收益额；二是企业目前的获利能力无法反映其未来潜在的收益。

（二）用市场法评估企业价值的关键

一是可比企业的选择。对于可比企业的选择标准，首先要选择同行业的企业，同时还要求是生产同一产品的市场地位类似的企业。其次，要考虑企业的资产结构和财务指标。

二是可比指标的选择。可比指标应选择与企业价值直接相关并且可观测的变量。销售收入、现金净流量、利润、净资产是选择的对象。因此，相关性的大小对目标企业的最终评估价值有较大影响，相关性越强，所得出的目标企业的评估价值越可靠、合理。

在产权交易和证券市场相对规范的市场经济发达的国家，市场法是评估企业价值的重要方法。可比企业确定后价值量较易量化确定，但在产权市场尚不发达、企业交易案例难以收集的情况下，存在着可比企业选择上的难度，即便选择了非常相似的企业，由于市场的多样性，其发展的背景、内在质量也存在着相当大的差别。

（三）市场法的分类

1. 按所选可比交易案例分类

根据评估中所选择可比企业交易案例的不同，市场法分为参考企业比较法和并购案例比较法。

参考企业比较法指通过对资本市场上与被评估企业处于同一或类似行业的上市公司的经营和财务数据进行分析，计算适当的价值比率或经济指标，在与被评估企业比较分析的基础上，得出评估对象价值的方法。

并购案例比较法指通过分析与被评估企业处于同一或类似行业的公司买卖、收购及合并案例，获取并分析这些交易案例的数据资料，计算适当的价值比率或经济指标，在与被评估企业比较分析的基础上，得出评估对象价值的方法。

2. 按采用的价值比率分类

根据价值比率（乘数）或经济指标不同，市场法也可分为市价/净资产比率法（PB）（又称市净率乘数法）、市盈率乘数法（PE）和市值收入比率法（PS）等。

市净率乘数法是以被评估企业净资产账面价值为基础，利用与被评估企业相类似的上市公司（或其他可比企业）的市净率作为倍数或乘数，并通过必要的调整来推算被评估企业价值的一种评估方法。该方法的基本公式为

股权价值＝被评估企业净资产×可比企业市净率

市净率＝市价/净资产

企业的市净率反映了企业市场价值与其账面值的背离情况，代表着企业净资产的溢价或折价程度。

市盈率乘数法的基本思路是：首先在股票市场上收集与被评估企业相同或相似的上市公司的市盈率指标，并以此作为参照，在根据被评估企业的年税后收益，确定被评估企业价值与整体资产价值。其计算公式为

$$企业价值＝参照的上市公司市盈率×被评估企业年税后收益$$
$$市盈率＝上市公司每股股票价格÷税后收益$$

或

$$市盈率＝每股市价÷每股净资产$$

价格/市值收入比率法的基本原理与市净率乘数法相同，不同之处是将市净率乘数法中的市净率乘数指标用销售收入来代替，但替代的前提是企业的市场价值与这两个指标有很大的相关性。

市盈率乘数法与价格/市值收入比率法这两种方法一般适用于有一定盈利能力的企业价值评估。成本是影响价值的最基本因素，在供求基本平衡的情况下，企业购建成本便是企业市场价值的基础。在实务中，国有股权转让价格的确定一般是以每股净资产为参照，越来越多的证券投资分析，也将市净率作为一项重要的分析指标。

与成本法相比，市场法更加注重对被评估企业价值的分析与对比，可以说市场法的评估过程就是企业价值影响因素的分析、评价、对比和调整的过程。分析企业价值影响因素，并对被评估企业和可比企业进行对比，从中找出差异，这正是市场法的基础。

（四）运用市场法评估企业价值的案例

【例10-5】 被评估企业是一个从事房地产开发的企业，净资产为3000万元，经了解，在近期企业转让案例中，有一与被评估企业相似的房地产企业，经营范围与被评估企业相同，净资产为3500万元，交易价格为5000万元。据分析，此交易价格正常，试评估该房地产企业的价值。

解 该房地产企业评估值＝5000×（3000÷3500）＝4286（万元）

本 章 小 结

➢ 企业价值评估是把企业作为一个获利的整体进行的评估，它区别于单台、单件资产的单项资产评估。企业价值评估充分考虑了企业各构成要素资产之间的匹配与协调，以及企业资产结构、产品结构与市场结构之间的协调，它与构成企业的各个单项资产的简单评估加和是有区别的。

➢ 企业价值评估的方法有收益法、市场法、成本加和法等，企业价值评估的收益法是相对科学合理的评估方法。运用收益法评估企业价值，需要确定三个重要参数：收益额、折现率、收益期。在具体运用时，要注意收益额与折现率之间结构与口径上的匹配与协调。

思 考 题

1. 如何理解企业价值的内涵？
2. 收益法适合于什么情况下的企业价值评估？
3. 如何确定收益法下的收益额？
4. 企业价值评估方法有哪些？

5. 区分企业有效资产和无效资产有何意义。

6. 判断企业能否持续经营需考虑哪些因素？

7. 什么是整体资产评估？与单项资产评估相比它的特点是什么？

8. 衡量企业收益的指标有哪些？运用收益法评估资产时如何预测企业的收益？

习　　题

一、单选题

1. 选择什么层次和口径的企业收益作为企业评估的依据，首先应服从（　　）。
   A. 企业评估方法　　　　　　　　　　B. 企业评估的目的
   C. 企业评估的假设条件　　　　　　　D. 企业评估的价值标准

2. 在持续经营假设前提下，运用加和法评估企业价值时，各个单项资产的评估，应当按照（　　）原则确定其原则。
   A. 变现　　　　　B. 预期　　　　　C. 替代　　　　　D. 贡献

3. 从企业价值评估的角度上看，非上市公司与上市公司的差别主要体现在（　　）。
   A. 盈利能力　　　　B. 经营能力　　　　C. 投资能力　　　　D. 变现能力

4. 从市场交换的角度看，企业的价值是由（　　）决定的。
   A. 社会必要劳动时间　　　　　　　　B. 建造企业的原始投资额
   C. 企业获利能力　　　　　　　　　　D. 企业生产能力

5. 从量的角度上讲，企业价值评估与构成企业的单项资产评估加和之间的差异主要表现在（　　）。
   A. 管理人员人才　　　　　　　　　　B. 商誉
   C. 企业获利能力　　　　　　　　　　D. 无形资产

6. 从本质上讲，企业评估的真正对象是（　　）。
   A. 企业的生产能力　　　　　　　　　B. 企业的全部资产
   C. 企业整体资产　　　　　　　　　　D. 企业获利能力

7. 从本质上讲，企业评估的真正对象是（　　）。
   A. 企业的生产能力　　　　　　　　　B. 企业的全部资产
   C. 企业整体资产　　　　　　　　　　D. 企业具有商誉

8. 待评估企业未来 5 年的预期收益为 100 万元、120 万元、150 万元、160 万元和 200 万元，假定本金化率为 10%，采用年金法估测的企业价值最可能是（　　）万元。
   A. 1414　　　　　B. 5360　　　　　C. 141　　　　　D. 20 319

9. 假定社会平均资金收益率为 10%，无风险报酬率为 5%，被评估企业所在行业的平均风险与社会平均风险的比率为 1.2，则用于企业评估的折现率应选择（　　）。
   A. 12%　　　　　B. 11%　　　　　C. 10%　　　　　D. 13.5%

10. 运用市场法评估企业价值应遵循（　　）。
    A. 替代原则　　　　　　　　　　　　B. 贡献原则
    C. 企业价值最大化原则　　　　　　　D. 配比原则

11. 当收益额选取企业的净利润，而资本化率选择资产总额收益率时，其还原值为企业的（　　）。

A．投资资本现值　　　　　　　　B．资产总额现值

C．所有者权益现值　　　　　　　D．净资产现值

12．根据投资回报的要求，用于企业价值评估的折现率中的无风险报酬率应以（　　）为宜。

A．行业销售利润率　　　　　　　B．行业平均成本利润率

C．企业债券利率　　　　　　　　D．国库券利率

13．行业基准收益率表明了建设项目（　　）。

A．对行业的净贡献　　　　　　　B．对企业的净贡献

C．对投资者的净贡献　　　　　　D．对国民经济的净贡献

14．用于企业价值评估的收益额，通常不包括（　　）。

A．利润总额　　　B．净利润　　　C．净现金流量　　　D．无负债净利润

15．在企业价值评估中，投资资本是指（　　）。

A．所有者权益　　　　　　　　　B．所有者权益＋流动负债

C．所有者权益＋长期负债　　　　D．长期投资

16．运用收益法评估企业时，预期收益预测的基础是（　　）。

A．评估基准日企业实际收益　　　B．评估基准日企业净利润

C．评估基准日企业净现金流量　　D．评估基准日企业客观收益

二、多选题

1．在企业价值评估中，能否按照企业持续经营状态评估，需要考虑（　　）等因素而后定。

A．评估的价值类型

B．企业要素资产的功能和状态

C．企业提供的产品或服务是否为市场所需要

D．评估目的

2．企业价值评估中，在对各单项资产实施评估并且将评估值加和后，再运用收益法评估整个企业价值，这样做可以（　　）。

A．比较判断哪一种方法是正确的

B．判断企业是否存在商誉

C．判断企业是否存在经济性贬值

D．为确定企业的最终评估价值提供更多的信息

3．企业评估中所选择的折现率一般不低于（　　）。

A．行业基准收益率　　　　　　　B．政府发行的国库券利率

C．贴现率　　　　　　　　　　　D．银行储蓄利率

4．下列各项中，不宜直接作为企业产权变动时价值评估的折现率的有（　　）。

A．投资报酬率　　　　　　　　　B．行业基准收益率

C．机会成本　　　　　　　　　　D．贴现率

5．用于企业评估的收益额，通常包括（　　）。

A．息前净现金流量　　　　　　　B．无负债净利润

C．净利润　　　　　　　　　　　D．利润总额

6. 企业作为一类特殊的资产，具有如下哪些特点（　　　）。
    A. 盈利性   B. 持续经营性
    C. 收益无限期   D. 整体性

7. 在企业价值评估中确定企业评估的具体范围时，可以采取（　　　）等方式进行。
    A. 企业集团   B. 股份合作制
    C. 资产剥离   D. "添平补齐"

8. 运用加和法进行企业价值评估时，（　　　）属于需要评估的单项资产。
    A. 货币资金   B. 应收及应付账款
    C. 产品销售收入   D. 无形资产

9. 企业价值评估与企业单项资产评估值之和之间的差额可能是（　　　）。
    A. 功能性贬值   B. 实体性贬值
    C. 溢价   D. 商誉
    E. 经济性贬值

10. 从最直接的角度，评估企业净资产的收益额应当选择（　　　）。
    A. 利润总额   B. 净利润   C. 利税总额   D. 营业利润
    E. 净现值流量

三、计算题

1. 某企业预计未来 5 年的预期收益额为 10 万元、11 万元、12 万元、12 万元、13 万元，假定其资本化率为 10%，请你用年金法估测该企业持续经营条件下的企业价值。

2. 某企业预计未来五年的预期收益额为 10 万元、11 万元、12 万元、12 万元、13 万元，并且从第 6 年起，企业的收益额将稳定在 15 万元的水平上，假定资本化率为 10%，请你估测该企业持续经营条件下的企业价值。

3. 某企业预计未来五年的预期收益额为 10 万元、11 万元、12 万元、12 万元、13 万元，并且从第 6 年起，企业的收益额将在第 5 年的基础上以 1%的增长率增长，假定资本化率为 10%，请你估测该企业持续经营条件下的企业价值。

4. 假定社会平均资金收益率为 7%，无风险报酬率为 4%，被评估企业所在行业的平均风险与社会平均风险的比率为 1.2，求被评估企业适用的折现率。

5. 假定社会平均收益率为 8%，无风险报酬率为 4%，被评估企业所在行业的平均风险与社会平均风险的比率为 1.5，被评估企业长期负债占全部投资资本的 40%，平均利息为 6%，所有者权益占投资资本的 60%，请你求出用于评估该企业投资资本价值的资本化率。

6. 被评估企业预计未来五年的预期收益为 100 万元、120 万元、150 万元、160 万元和 200 万元，假设折现率和资本化率均为 10%，企业永续经营，试用年金法估测企业整体价值。另外假定被评企业从未来第 6 年开始，企业的年收益维持在 200 万元水平，试采用分段法估测企业整体价值。

第十一章
资产评估报告

拓展资源

● 建筑设计不能只顾自己的一个设计，而要和整个城市的风格相和谐。

——张开济

● 你一定要将股票视为公司的一部分，而不要将其视为什么变化莫测的东西，也不要听信于你的经纪人或者邻居的判断。如果你能够仔细检视公司，能够深入理解企业的价值取向，你就能从中获利。

——沃伦·巴菲特

● 目标不是命令，而是一种责任或承诺。目标并不决定未来，只是一种调动企业的资源和能量以创造未来的手段。

——彼德·德鲁克

重点提示

- 资产评估报告的概念、构成、类型
- 资产评估报告制度及其含义
- 资产评估报告书的编制
- 资产评估业务档案
- 资产评估报告书的利用

本章思维导图

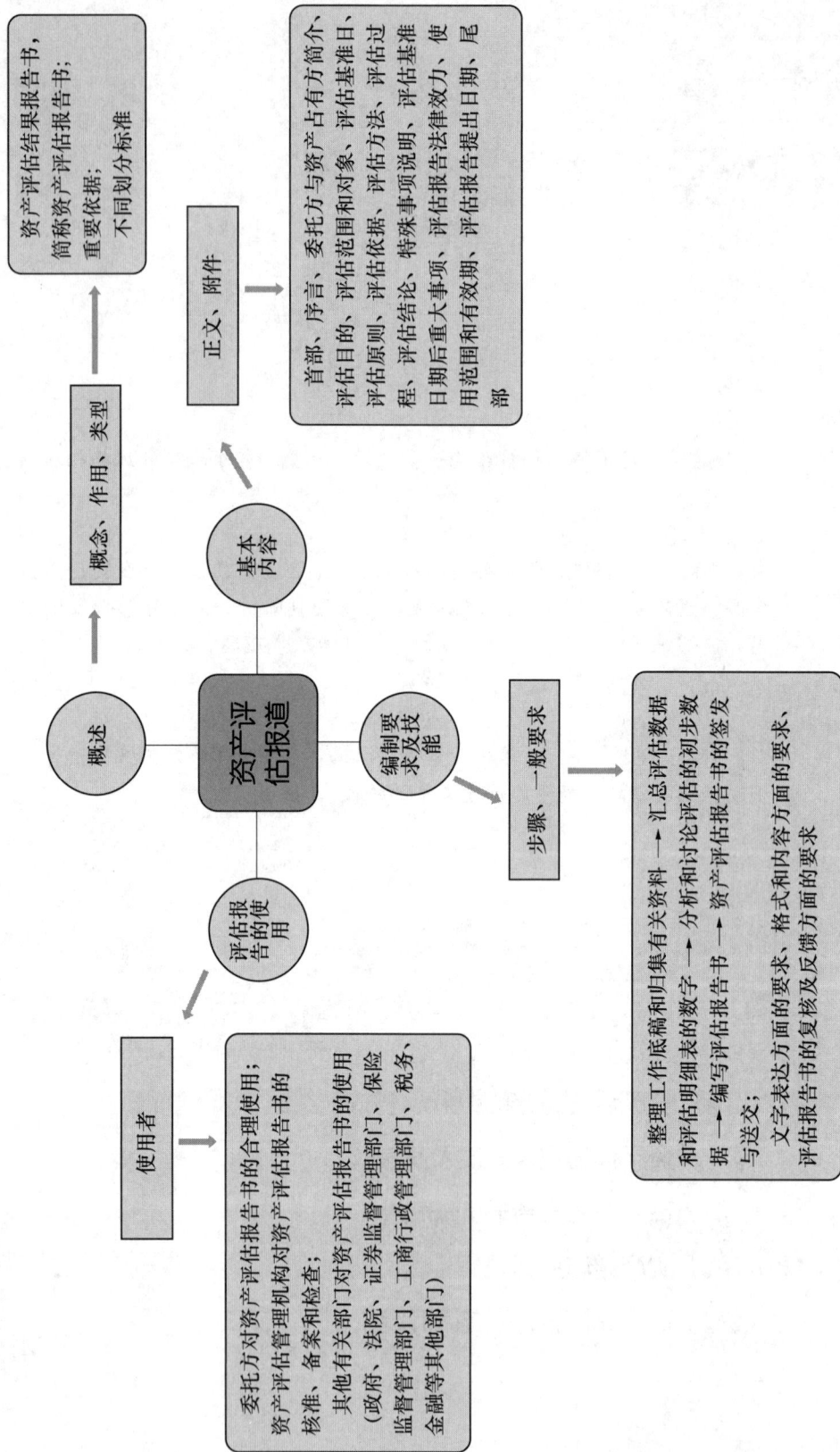

资产评估报告

概述 — 概念、作用、类型
资产评估结果报告书，
简称资产评估报告书；
重要依据；
不同划分标准

基本内容

正文、附件
首部、序言、委托方与资产占有方简介、
评估目的、评估范围和对象、评估基准日、
评估原则、评估依据、评估方法、评估过
程、评估结论、特殊事项说明、评估基准
日期后重大事项、评估报告法律效力、使
用范围和有效期、评估报告提出日期、尾
部

编制要求及技能

步骤、一般要求
整理工作底稿和归集有关资料 → 汇总评估数据
和评估明细表的数字 → 分析和讨论评估的初步数
据 → 编写评估报告书 → 资产评估报告书的签发
与送交；
文字表达方面的要求、格式和内容方面的要求、
评估报告书的复核及反馈方面的要求

评估报告的使用

使用者
委托方对资产评估报告书的合理使用；
资产评估管理机构对资产评估报告书的
核准、备案和检查；
其他有关部门对资产评估报告书的使用
（政府、法院、证券监督管理部门、保险
监督管理部门、工商行政管理部门、税务、
金融管理等其他部门）

资产评估报告是资产评估结果的表现形式，资产评估结果是资产评估过程的总结。资产评估整个工作的最后关键就是资产评估报告，它是体现评估工作和代表评估效力的法律要件。

第一节 资产评估报告概述

一、资产评估报告的概念

资产评估报告是指资产评估事务所及其注册资产评估师遵照相关法律、法规和资产评估准则，采用正确的评估方法，在实施了必要的评估程序对特定评估对象价值进行估算后，编制并由其所在评估机构向委托方提交的反映其专业意见的书面文件。资产评估报告也称资产评估报告书，它是按照一定格式和内容来反映评估目的、程序、标准、依据、方法、结果及适用条件等基本情况的书面报告。

资产评估报告既是资产评估机构完成对资产作价意见后提交给委托方的具有法律效力的公正性的报告，也是评估机构履行合同情况的总结，还是评估机构为评估项目承担相应法律责任的证明文件。

广义上，资产评估报告是一种工作制度。

狭义上，资产评估报告即是资产评估结果报告书，简称资产评估报告书。

小提示

▶ 最新定义：评估报告是指注册资产评估师根据资产评估准则的要求，在履行必要评估程序后，对评估对象在评估基准日特定目的下的价值发表的、由其所在评估机构出具的书面专业意见。

（来源：将在 2017 年 7 月 1 日施行的：《资产评估准则——评估报告》）

二、资产评估报告的作用

（1）资产评估报告书对被评估资产提供较为全面、客观的价值判断和专业意见，是委托方进行资产评估业务的重要资产作价依据。

（2）资产评估报告书既是资产评估机构的产品，同时又是反映和体现资产评估机构工作情况，明确委托方、资产评估机构及有关方面责任的依据。

（3）资产评估报告书也是行业自律管理组织及有关部门审核资产评估机构专业质量和水平的重要标的和依据。

（4）资产评估报告及其形成过程文档是建立评估档案的主要载体和来源。

三、资产评估报告的类型

资产评估报告书的类型是与资产评估机构向委托方或客户表达或披露评估信息的内容和繁简程度直接相关。资产评估报告按照不同的标准，有以下分类。

（一）按评估报告披露内容的详尽程度划分

按评估报告披露内容的详尽程度可分为完整型（详细型）评估报告和简明型评估报告。

完整型（详细型）资产评估报告是指向委托方或客户提供最详尽的信息资料的评估报告。

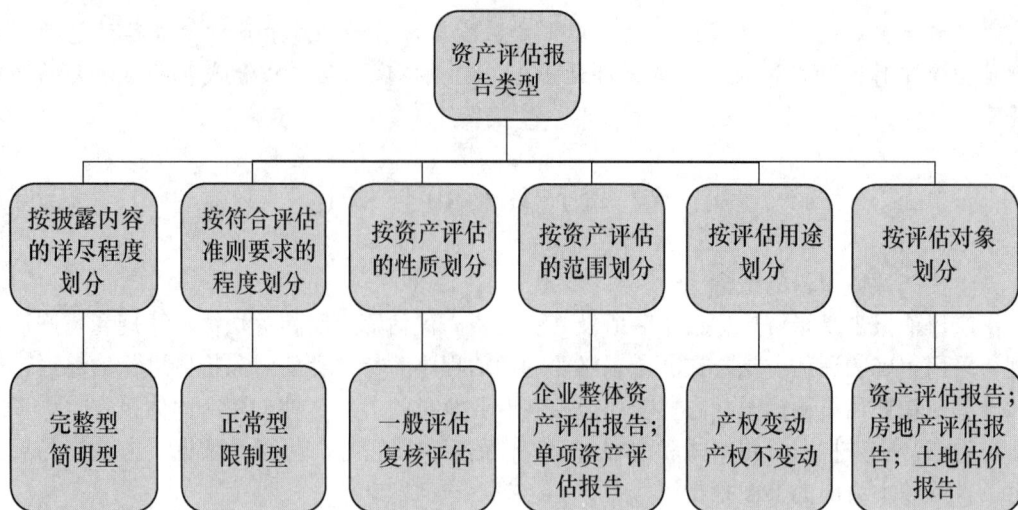

简明型评估报告是指评估机构在保证不误导评估报告使用者的前提下，向委托方或客户提供简明扼要信息资料的评估报告。

完整型资产评估报告和简明型资产评估报告的区别，主要是提供的信息资料的详略程度不同，不存在报告水准和一致性上的差别。❶

（二）按符合评估准则的要求程度划分

按符合评估准则的要求程度可分为正常型评估报告和限制型评估报告。

正常型资产评估报告是指资产评估机构出具的评估报告完全符合资产评估准则的要求，对评估报告使用者并无格外的特别限制性使用要求，如完整型评估报告和简明型评估报告。

限制型评估报告是指评估机构对限定评估报告使用人出具的，评估过程中有低于或不同于评估准则或指南要求行为的评估报告。

限制型评估报告仅限于特定评估客户使用，其他任何使用限制型评估报告的人都被视为非期望使用者。

（三）按资产评估的性质划分

按资产评估的性质可分为一般评估报告和复核评估报告。

一般资产评估报告是指评估人员接受客户委托，向客户提供的关于资产价值的估价意见的书面报告，如完整型评估报告、简明型评估报告和限制型评估报告等。

复核评估报告是符合评估师对一般评估报告的充分性和合理性发表意见的书面报告，是复核评估师对一般评估报告进行评估和审核的报告。

资产评估复核或复核资产评估不同于一般的资产评估，它更接近于我国的国有资产评估中的资产评估确认，只不过复核资产评估也是由执业的评估师完成，而我国的资产评估确认是由政府有关部门进行。

（四）按资产评估的范围划分

按资产评估的范围可分为企业整体资产评估报告和单项资产评估报告。

整体资产评估报告是对企业整体资产进行评估所出具的资产评估报告。

---

❶ 《资产评估准则——评估报告》第七条：注册资产评估师执行资产评估业务，可以根据评估对象的复杂程度、委托方要求，合理确定评估报告的详略程度。

单项资产评估报告是对某一项资产或某部分资产进行评估出具的资产评估报告。

一般情况下，整体资产评估报告的报告内容不仅要包括资产，也要包括负债和权益方面的内容，甚至有的企业整体资产评估还要考虑由整体资产而形成的不可确指的无形资产。而单项资产评估一般不考虑负债和不可确指的无形资产。

（五）按评估用途划分

按评估用途可分为产权变动评估出具的资产评估报告和产权不变动出具的资产评估报告。

产权变动评估出具的资产评估报告是为资产出售、转让、拍卖及重组等产权变动所出具的评估报告。这类评估报告在资产的权属方面必须清楚，其时间界限（包括评估基准日、报告有效期）也必须在报告中有明确确定。

产权不发生变动的评估报告是为了资产抵押、保险及课税等产权不发生变动所出具的报告，这类用途的资产评估不涉及产权变动，与前一种略不同而且在内容上也相对简单些。

（六）按评估对象划分

按评估对象可分为资产评估报告、房地产评估报告和土地估价报告。

资产评估报告是以"资产"为评估对象所出具的评估报告。这里的资产可以包括负债和所有者权益，也可以包括机器设备、无形资产和企业价值以及相关的建筑物和土地等。

房地产估价报告则是以房地产为评估对象所出具的估价报告。

土地估价报告则是以土地为评估对象所出具的估价报告。以上评估对象之间存在差别，加上管理体制的原因，以上几种报告不仅具体格式不同，而且在内容上也存在较大差别。从严格意义上讲，评估报告的基本要素和基本要求不会因评估对象不同而有重大区别。

四、资产评估报告的基本要素

资产评估报告的基本要素是指资产评估报告书应该包含的基本内容。评估报告正文应当包括：

（1）委托方、产权持有者和委托方以外的其他评估报告使用者；

（2）评估目的；

（3）评估对象和评估范围；

（4）价值类型及其定义；

（5）评估基准日；

（6）评估依据；

（7）评估方法；

（8）评估程序实施过程和情况；

（9）评估假设；

（10）评估结论；

（11）特别事项说明；

（12）评估报告使用限制说明；

（13）评估报告日；

（14）注册资产评估师签字盖章、评估机构盖章和法定代表人或者合伙人签字。❶

---

❶ 即将在 2008 年 7 月 1 日施行的《资产评估准则——评估报告》。

五、资产评估报告的基本内容

资产评估报告是由资产评估报告正文、资产评估说明、资产评估明细表和相关附件构成。下面依顺序介绍其基本内容。

（一）资产评估报告书正文及备查文件

1. 资产评估报告书封面基本内容

资产评估报告封面必须载明下列内容：资产评估项目名称、资产评估机构出具评估报告的编号、资产评估机构全称和评估报告提交日期等。有服务商标的，评估机构可以在报告封面载明其图形标志。

2. 资产评估报告书摘要的基本内容

每份资产评估报告书的正文之前应有表达该报告书关键内容的摘要，用来让各有关方面了解该评估报告书的主要信息。该摘要与资产评估报告书正文一样具有同等法律效力，由注册资产评估师、评估机构法定代表人及评估机构等签字盖章和署明提交日期。该摘要还必须与评估报告书提示的结果一致，不得有误导性内容，并应当采用提醒文字提醒使用者阅读全文。

3. 资产评估报告书正文的基本内容

（1）首部。评估报告书正文的首部应包括标题和报告书序号，标题应含有"×××（评估）项目资产评估报告书"字样。

（2）序言。报告书正文的序言应写明该评估报告委托方全称、受托评估事项及评估工作整体情况。

（3）委托方与资产占有方简介。报告书正文的委托方与资产占有方简介应较为详细地分别介绍委托方和资产占有方的情况。当委托方和占有方相同时，可作为资产占有方介绍，也要写明委托方和资产占有方之间的隶属关系或经济关系。无隶属关系或经济关系的，应写明发生评估的原因，当资产占有方为多家企业时，还须逐一介绍。

（4）评估目的。报告书正文的评估目的应写明本次资产评估是为了满足委托方的何种需要，及其所对应的经济行为类型，并简要准确地说明该经济行为是否经过批准。若已获批准，应将批准文件的名称、批准单位、批准日期及文号写出。

（5）评估范围和对象。这部分应写明纳入评估范围的资产及其类型，并列出评估前的账面金额。评估资产为多家占有，应说明各自的份额及对应资产类型。

（6）评估基准日。这部分应写明评估基准日的具体日期，确定评估基准日的理由和成立条件，揭示确定基准日对评估结果的影响程度。另外，还应对采用非基准日价格标准作出说明。评估基准日应根据经济行为的性质由委托方确定，并尽可能与评估目的实现日接近。

（7）评估原则。应在这部分中写明评估工作过程中遵循的各类原则和本次评估遵循国家及行业规定的公认原则。对所遵循的特殊原则也应作适当阐述。

（8）评估依据。应在这部分中列示评估依据，包括经济行为依据、法律法规依据、产权依据和取价依据等。对评估中采用的特殊依据应作相应的披露。

（9）评估方法。应在这部分中说明评估过程所选择、使用的评估方法和选择评估方法的依据或原因。对某项资产评估采用一种以上评估方法的还应说明原因并说明该资产价值的确定方法。对所选择特殊评估方法的，也应介绍其原理及适用范围。

（10）评估过程。这部分应反映评估机构自接受评估项目委托起至提交评估报告的全过程。包括接受委托过程中确定评估目的、对象及范围，基准日和拟定评估方案的过程；资产清查中指导资产占有方清查、搜集准备资料、检查与验证过程；评估估算中的现场检测与鉴定、评估方法选择、市场调查与分析过程；评估汇总中的结果汇总、评估结论分析、撰写报告与说明、内部复核过程，以及提交评估报告等过程。

（11）评估结论。这部分是报告正文的重要部分，应使用表述性文字完整地叙述评估机构对评估结果发表的结论，对资产、负债、净资产的账面价值、调整后账面价值、评估价值及其增减幅度进行表述，还应单独列示不纳入评估汇总表的评估结果。

（12）特殊事项说明。在这部分中应说明在评估过程中已发现可能影响评估结论，但非评估人员执业水平和能力所能评定估算的有关事项，也应提示评估报告使用者注意特别事项对评估结论的影响，还应提示评估人员认为需要说明的其他事项。

（13）评估基准日期后重大事项。在这部分中，应揭示评估基准日后至评估报告提出日期间发生的重要事项，以及评估基准日的期后事项对评估结论的影响，还应说明发生在评估基准日期后不能直接使用评估结论的事项。

（14）评估报告法律效力、使用范围和有效期。这部分应具体写明评估报告成立的前提条件和假设条件，并写明评估报告依照法律法规的有关规定发生法律效力和评估结果的有效使用期限。还应写明评估结论仅供委托方依评估目的使用和送交主管部门审查使用，并申明评估报告书的使用权归委托方所有，未经许可不得随意向他人提供或公开。

（15）评估报告提交日期。在这部分中，应写明评估报告书提交委托方的具体日期。评估报告书原则上应在确定的评估基准日后三个月内提出。

（16）尾部。这部分应写明出具评估报告书的机构名称并加盖公章，还要由评估机构法定代表人和至少两名负责评估的注册资产评估师签名盖章。

4. 备查文件的基本内容

资产评估报告书的附报文件至少包括如下基本内容：

（1）有关经济行为文件。

（2）资产评估立项批准文件。

（3）被评估企业前三年会计报表（至少包括企业资产负债表、损益表）。

（4）委托方与资产占有方营业执照复印件。

（5）产权证明文件复印件。

（6）委托方、资产占有方的承诺函。

（7）资产评估人员和评估机构的承诺函。

（8）资产评估机构资格证书复印件。

（9）评估机构营业执照复印件。

（10）参加本评估项目的人员名单。

（11）资产评估业务约定合同。

（12）重要合同。

（13）其他文件。

（二）资产评估说明的基本内容

资产评估说明描述评估师和评估机构对其评估项目的评估程序、方法、依据、参数选取和计算过程，通过委托方、资产占有方充分揭示对资产评估行为和结果构成重大影响的事项，说明评估操作符合相关法律、行政法规和行业规范要求。资产评估说明也是资产评估报告书的组成部分，在一定程度上决定着评估结果的公允性，保护着评估行为相关各方的合法利益。按有关规定，评估说明中所揭示的内容应同评估报告书正文所阐述的内容一致。评估机构、注册资产评估师及委托方、资产占有方应保证其撰写或提供的构成评估说明各组成部分的内容真实完整，未作虚假陈述，也未遗漏重大事项。

资产评估说明应按以下顺序进行撰写和制作：

1. "评估说明封面及目录"的基本内容

评估说明封面应载明该评估项目名称、评估报告书的编号、评估机构名称、评估报告书提交日期，若需分册装订的评估说明，应在封面上注明共几册及该册的序号。

2. "关于评估说明使用范围的声明"的基本内容

这部分应声明评估报告仅供资产管理部门、介绍主管部门、资产评估行业协会在审查资产评估报告书和检查评估机构工作之用，除法律、行政法规规定外，材料的全部或部分内容不得提供给其他任何单位和个人，不得见诸于公开媒体。

3. "关于进行资产评估有关事项的说明"基本内容

这部分是由委托方与资产占有方共同撰写并由负责人签字，加盖公章，签署日期。这部分的基本内容应包括以下内容：

（1）委托方与资产占有方概况；

（2）关于评估目的的说明；

（3）关于评估范围的说明；

（4）关于评估基准日的说明；

（5）可能影响评估工作的重大事项说明；

（6）资产及负债清查情况的说明；

（7）列示资产委托方、资产占有方提供的资产评估资料清单。

4. "资产清查核实情况说明"的基本内容

这部分主要用来说明评估方对委托评估的企业所占有的资产和与评估相关的负债进行清查核实的有关情况及清查结论。这部分应包括以下内容：

（1）资产清查核实的内容；

（2）实物资产的分布情况及特点；

（3）影响资产清查的事项；

（4）资产清查核实的过程与方法；

（5）资产清查结论；

（6）资产清查调整说明。

5. "评估依据说明"的基本内容

评估依据说明主要用来说明进行评估工作中所遵循的具体行为依据、法规依据、产权依据和取价依据。具体包括：

（1）主要法律法规；

（2）经济行为文件；

（3）重大合同协议及产权证明文件；

（4）采用的取价标准；

（5）参考资料及其他。

6. "各项资产及负债的评估技术说明"基本内容

这部分主要用来说明对资产进行评定估算过程的解释，反映评估中选定的评估方法和采用的技术思路及实施的评估工作。主要包括以下内容：

（1）流动资产评估说明；

（2）长期投资评估说明；

（3）机器设备评估说明；

（4）房屋建筑物评估说明；

（5）在建工程评估说明；

（6）土地使用权评估说明；

（7）无形资产及其他资产评估说明；

（8）负债评估说明。

7. "整体资产评估收益现值法评估验证说明"基本内容

这部分主要说明运用收益法对企业整体资产进行评估来验证资产评估结果的有关情况。应包括以下内容：

（1）收益法的应用简介；

（2）企业的生产经营业绩；

（3）企业的经营优势；

（4）企业的经营计划；

（5）企业的各项财务指标；

（6）评估依据；

（7）企业营业收入、成本费用和长期投资收益预测；

（8）折现率的选取和评估值的计算过程；

（9）评估结论。

8. "评估结论及其分析"的基本内容

这部分主要总体概括说明评估结论，应包括以下内容：

（1）评估结论；

（2）评估结果与调整后账面值比较变动情况及原因；

（3）评估结论成立的条件；

（4）评估结论的瑕疵事项；

（5）评估基准日的期后事项说明及对评估结论的影响；

（6）评估结论的效力、使用范围与有效期。

（三）资产评估明细表的基本内容

1. 资产评估明细表基本内容

资产评估明细表是反映被评估资产评估前后的资产负债明细情况的表格。它是资产评估报告书的组成部分，也是资产评估结果得到认可、评估目的的经济行为实现后作为调整账目的主要依据之一。具体应包括以下内容：

（1）资产及其负债的名称、发生日期、账面价值、评估价值等；

（2）反映资产及其负债特征的项目；

（3）反映评估增减值情况的栏目和备注栏目；

（4）反映被评估资产会计科目名称、资产占有单位、评估基准日、表号、金额单位、页码内容的资产评估明细表表头；

（5）写明清查人员、评估人员的表尾。评估明细表应逐级汇总。资产评估明细表一般应按会计科目顺序排列装订。

2. 资产评估明细表样表包括的几个层次

资产评估结果汇总表、资产评估结果分类汇总表、各项资产清查评估汇总表及各项资产清查评估明细表。

背景资料

➢ 我国新颁布的资产评估准则：《资产评估准则——评估报告》，共分四章：

➢ 第一章总则；第二章基本要求；第三章评估报告的内容；第四章附则。

➢ 《资产评估准则——评估报告》第十二条：资产评估报告应当包括下列主要内容：标题及文号、声明、摘要、正文、附件。

➢ 国际资产评估准则（IVS）、美国专业评估执业统一准则（USPAP），对资产评估报告的规定一般都是从报告类型与报告要素来进行规范的。

（资料来源：中国资产评估协会网站，http://www.cas.org.cn）

小测试

资产评估报告书的正文包括（　　　　）等内容。

A. 评估机构资质证书复印件　　　　B. 评估结论分析

C. 评估报告的使用范围　　　　　　D. 关于进行资产评估有关事项的说明

E. 评估报告的有效期

第二节　资产评估报告的编制要求及其技能

一、资产评估报告的基本制度

我国对国有资产评估实施资产评估报告基本制度，该制度规定资产评估机构完成国有资产评估工作后由相关国有资产管理部门或代表单位对评估报告进行核准或备案。

（一）我国资产评估报告基本制度的产生和发展

我国最早的资产评估报告制度是 1991 年国务院以 91 号令颁布的《国有资产评估管理办法》，其规定为资产评估机构对委托单位（国有资产占有单位）被评估资产的价值进行评定和估算，要向委托单位提出资产评估结果报告书，委托单位收到资产评估机构的资产评估报告书后，应当报其主管部门审查，主管部门同意后，报同级国有资产管理行政主管部门确认资产评估结果。经国有资产行政管理部门授权或委托，国有资产占有单位的主管部门也可以确认资产评估结果。该文件还规定，国有资产管理行政主管部门应当自收到占有单位报送的资产评估结果报告书之日起 45 日内组织审核、验证协商、确认资产评估结果，并下达确认通知书。

（二）资产评估报告书的基本内容

资产评估报告应当包括标题及文号、声明、摘要、正文、附件五部分，各部分的基本内容如下：

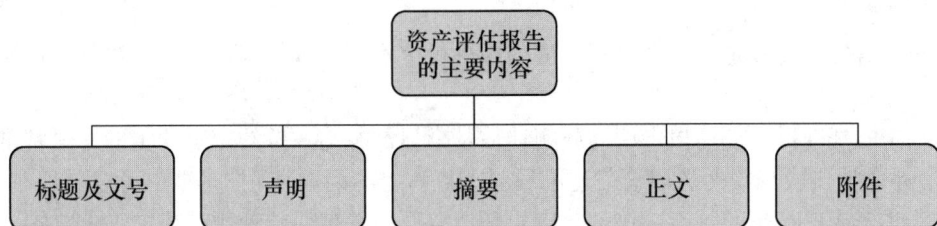

```
                    资产评估报告
                    的主要内容
    ┌──────┬──────┬──────┬──────┬──────┐
  标题及文号   声明    摘要    正文    附件
```

1. 标题及文号

资产评估报告封面须载明下列内容：资产评估项目名称、资产评估机构出具评估报告的编号、资产评估机构全称和评估报告提交日期等。标题应含有××（评估）项目资产评估报告书字样。

2. 声明

《资产评估准则——评估报告》第十三条规定评估报告的声明应当包括以下内容：

（1）注册资产评估师恪守独立、客观和公正的原则，遵循有关法律、法规和资产评估准则的规定，并承担相应的责任。

（2）提醒评估报告使用者关注评估报告特别事项说明和使用限制。

（3）其他需要声明的内容。

3. 摘要

《资产评估准则——评估报告》第十四条规定评估报告摘要应当提供评估业务的主要信息及评估结论。每份资产评估报告书正文之前表达该报告书关键内容的摘要是用来让各有关方面了解该评估报告书的主要信息。该摘要与资产评估报告书正文一样具有同等法律效力，由注册资产评估师、评估机构法定代表人及评估机构等签字盖章和署名提交日期。该摘要还必须与评估报告书揭示的结果一致，不得有误导性内容，并应当采用提醒文字提醒使用者阅读全文。报告书摘要应简明扼要、概括精辟。

4. 正文

（1）序言。报告书正文的序言应写明该评估报告委托方全称、受托评估事项及评估工作整体情况。

（2）评估报告使用者简介。评估报告使用者包括委托方、业务约定书中约定的其他评估报告使用者和国家法律、法规规定的评估报告使用者。报告书正文的委托方与资产占有方简介应较为详细地分别介绍委托方、资产占有方的情况，当委托方和占有方相同时，可作为资产占有方介绍，也要写明委托方和资产占有方之间的隶属关系或经济关系。无隶属关系或经济关系的，应写明发生评估的原因，当资产占有方为多家企业时，还需逐一介绍。

（3）评估目的。评估报告载明的评估目的应当唯一，表述应当明确、清晰。评估目的应写明本次资产评估是为了满足委托方的何种需要，及其所对应的经济行为类型，并简要准确说明该经济行为是否经过批准，若已获批准，应将批准文件的名称、批准单位、批准日期及文号写出。

（4）评估对象和评估范围。评估报告中应当载明评估对象和评估范围，并具体描述评估对象的基本情况，通常包括法律权属状况、经济状况和物理状况。这部分应写明纳入评估范围的资产及其类型，并列出评估前的账面金额。评估资产为多家占有，应说明各自的份额及对应资产类型。

（5）价值类型及其定义。评估报告应当明确价值类型及其定义，并说明选择价值类型的理由。

（6）评估基准日。评估报告应当载明评估基准日，并与业务约定书约定的评估基准日保持一致。评估报告应当说明选取评估基准日时重点考虑的因素。评估基准日可以是现在时点，也可以是过去或者将来的时点。这部分应明确选取评估基准日的理由或成立条件，揭示确定基准日对评估结果的影响程度。另外，还应对采用非基准日价格标准做出说明。评估基准日应根据经济行为的性质由委托方确定，并尽可能与评估目的实现日接近。

（7）评估依据。评估报告应当说明评估遵循的法律法规依据、准则依据、权属依据、行为依据、取价依据等。对评估中采用的特殊依据应作相应的披露。

（8）评估方法。评估报告应在这部分中说明评估过程所选择、使用的评估方法和选择评估方法的依据或原因。对某项资产评估采用一种以上评估方法的还应说明原因并说明该资产价值确定方法。对选择特殊评估方法的，也应介绍其原理与适用范围。

（9）评估程序实施过程和情况。评估报告应当说明评估程序实施过程中现场调查、资料收集与分析、评定估算等主要内容。即反映评估机构自接受评估项目委托起至提交评估报告的全过程，包括接受委托过程中确定评估目的、对象及范围，基准日和拟定评估方案的过程，资产清查中的指导资产占有方清查、收集准备资料、检查与验证过程；评估估算中的现场检测与鉴定、评估方法选择、市场调查与分析过程；评估汇总中的结果汇总、评估结论分析、撰写报告与说明、内部复核过程，以及提交评估报告等过程。

（10）评估假设。评估报告应当披露评估假设及其对评估结论的影响。

（11）评估结论。这部分是报告正文的重要部分，应使用表述性文字完整地叙述评估机构对评估结果发表的结论，对资产、负债、净资产的账面价值、调整后账面价值、评估价值及其增减幅度进行表述；还应单独列示不纳入评估汇总表的评估结果。注册资产评估师应当在评估报告中以文字和数字形式清晰说明评估结论。通常评估结论应当是确定的数值。经与委托方沟通，评估结论可以使用区间值表达。

（12）特别事项说明。评估报告的特别事项说明通常包括下列内容：

1）产权瑕疵；

2）未决事项、法律纠纷等不确定因素；

3）重大期后事项；

4）在不违背资产评估准则基本要求的情况下，采用的不同于资产评估准则规定的程序和方法。

注册资产评估师应当说明特别事项可能对评估结论产生的影响，并重点提示评估报告使用者予以关注。在这部分中应说明在评估过程中已发现可能影响评估结论，但非评估人员执业水平和能力所能评定估算的有关事项，也应提示评估报告使用者注意特别事项对评估结论的影响，还应揭示评估人员认为需要说明的其他事项。

（13）评估报告使用限制说明。评估报告的使用限制说明通常包括下列内容：

1）评估报告只能用于评估报告载明的评估目的和用途；

2）评估报告只能由评估报告载明的评估报告使用者使用；

3）未征得出具评估报告的评估机构同意，评估报告的内容不得被摘抄、引用或披露于公开媒体，法律、法规规定以及相关当事方另有约定的除外；

4）评估报告的使用有效期；

5）因评估程序受限造成的评估报告的使用限制。

（14）评估报告日。评估报告载明的评估报告日通常为注册资产评估师形成最终专业意见的日期。

（15）注册资产评估师签字盖章、评估机构盖章和法定代表人或者合伙人签字。这部分应写明出具评估报告书的机构名称并加盖公章，还要由评估机构法定代表人和至少两名以上负责评估的注册资产评估师签名盖章。

5. 附件

评估报告附件通常包括：

（1）评估对象所涉及的主要权属证明资料；

（2）委托方和相关当事方的承诺函；

（3）评估机构及签字注册资产评估师资质、资格证明文件；

（4）评估对象涉及的资产清单或资产汇总表。

背景资料

资产评估报告书附件具体内容如下：

（1）有关经济行为文件；

（2）被评估企业前3个年度包括资产负债表和利润表在内的会计报表；

（3）委托方与资产占有方营业执照复印件；

（4）委托方、资产占有方的承诺函；

（5）产权证明文件复印件；

（6）资产评估人员和评估机构的承诺函；

（7）资产评估机构资格证书复印件；

（8）评估机构营业执照复印件；

（9）参加本项评估项目的人员名单；

（10）资产评估业务约定合同；

（11）重要合同和其他文件。这部分的格式没有具体要求，但必须按统一规格装订。

小测试

按照现行国有资产评估项目管理制度规定，国有资产评估项目实行（　　　）制度。

A. 立项和确认　　　　B. 立项和审批　　　　C. 审批和备案　　　　D. 核准和备案

▶ 目前我国的资产评估报告制度基本上是围绕着资产评估报告确认制、核准制和备案制设计的，整个报告制度体现了较为浓重的管理色彩。这种情况是与我国资产评估的执业环境紧密联系的，它会随着我国资产评估执业环境的改变而不断完善。

二、资产评估报告的编制及其要求

（一）资产评估报告书的编制步骤

资产评估报告书的制作是评估机构完成评估工作的最后一道工序，也是资产评估工作中的一个重要环节。制作资产评估报告书主要有以下几个步骤：

1. 整理工作底稿和归集有关资料

资产评估现场工作结束后，有关评估人员必须着手对现场工作底稿进行整理和分类，同时对有关询证函、被评估资产背景材料、技术鉴定情况和价格取证等有关资料进行归集和登记。对现场未予确定的事项，还须进一步落实和查核。这些现场工作底稿和有关资料都是编制资产评估报告的基础。

2. 评估数据和评估明细表的数字汇总

在完成现场工作底稿和有关资料的归集任务后，评估人员应着手进行评估数据的汇总，如果评估对象是整体资产评估，评估人员还应着手评估明细表的数字汇总。明细表的数字汇总应根据明细表的不同级次，首先明细表汇总、然后分类汇总，再到资产负债表式的汇总。不具备采用电脑软件汇总的评估机构，在数字汇总过程中应反复核对各有关表格的数字的关联性和各表格栏目之间数字的勾稽关系，防止出错。

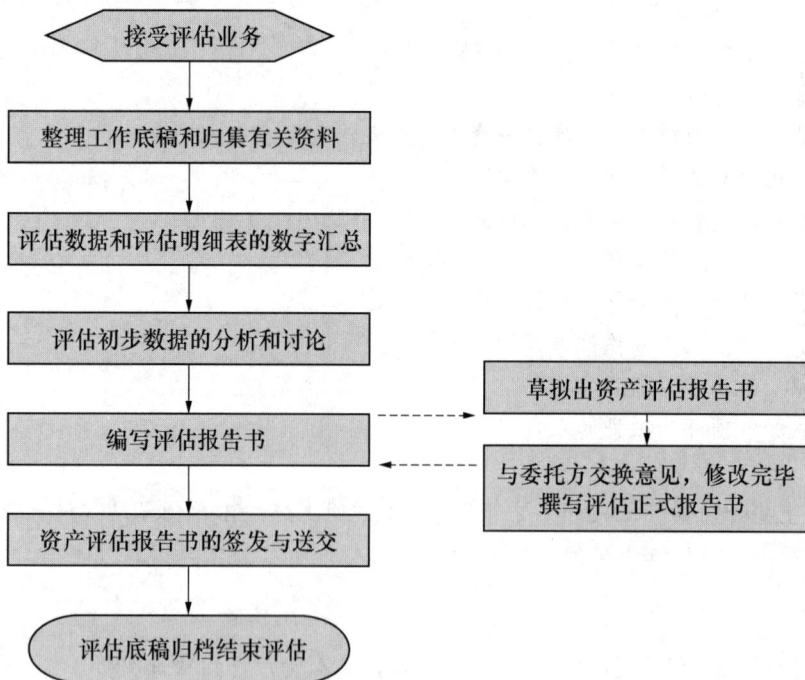

3. 评估初步数据的分析和讨论

在完成评估数据和评估明细表的数字汇总后，应召集参与评估工作过程的有关人员，对评估报告的初步数据的结论进行分析和讨论，比较各有关评估数据，复核记录估算结果的工作底稿，对存在作价不合理的部分评估数据进行调整。

4. 编写评估报告书

编写评估报告书又可分两步：

第一步，在完成资产评估初步数据和数字的分析与讨论并对有关部分的数据进行调整后，由具体参加评估各组负责人员草拟出各自负责评估部分资产的评估说明，同时提交全面负责、熟悉本项目评估具体情况的人员草拟出资产评估报告书。

第二步，将评估基本情况和评估报告书初稿的初步结论与委托方交换意见，听取委托方的反馈意见后，在坚持独立、客观、公正的前提下，认真分析委托方提出的问题和建议，考虑是否应该修改评估报告书，对评估报告中存在的疏忽、遗漏和错误之处进行修正，待修改完毕即可撰写出资产评估正式报告书。

5. 资产评估报告书的签发与送交

评估机构撰写出资产评估正式报告书后，经审核无误，按以下程序进行签名盖章：先由负责该项目的注册评估师签章（两名或两名以上），再送复核人审核签章，最后送评估机构负责人审定签章并加盖机构公章。资产评估报告书签发盖章后即可连同评估说明及评估明细表送交委托单位。

（二）编制资产评估报告书的基本要求

编制资产评估报告书的基本要求是指在编制资产评估报告过程中的各主要环节和方面的技术要求，它具体包括了文字表达、格式与内容，以及复核与反馈等方面的技术要求。

1. 文字表达方面的技能要求

资产评估报告书既是一份对被评估资产价值有咨询性和公正性作用的文书，又是一份用来明确资产评估机构和评估人员工作责任的文字依据，所以它的文字表达既要清楚、准确，又要提供充分的依据说明，还要全面地叙述整个评估的具体过程。其文字的表达必须准确，不得使用模棱两可的措词。其陈述既要简明扼要，又要把有关问题说明清楚，不得带有任何诱导、恭维和推荐性的陈述。当然，在文字表达上也不能带着大包大揽的语句，尤其是涉及承担责任条款的部分。

2. 格式和内容方面的技能要求

对资产评估报告书格式和内容方面的技术要求，目前还必须以财政部颁发的《资产评估报告基本内容与格式的暂行规定》中要求的格式和内容为标准。

3. 评估报告书的复核及反馈方面的要求

资产评估报告书的复核与反馈是指在正式出具资产评估报告书之前，通过对工作底稿、评估说明、评估明细表和报告书正文的文字、格式及内容的复核和反馈，以检查评估报告中是否存在有关错误和遗漏等问题，并在出具正式报告书之前加以改正。对评估人员来说，资产评估工作是一项必须由多个评估人员同时作业的中介业务，每个评估人员都有可能因能力、水平、经验、阅历及理论方法的限制而产生工作盲点和工作疏忽，所以，对资产评估报告书初稿进行复核就成为必要。由于大多数资产委托方和占有方对委托评估资产的分布、结构、成新等具体情况总是可能会比评估机构和评估人员更熟悉，因此，在出具正式报告之前征求委托方意见、收集反馈意见有时也是很有必要的。

对资产评估报告必须建立起多级复核和交叉复核的制度，明确复核人的职责，防止流于形式的复核。收集反馈意见主要是通过委托方或占有方熟悉资产具体情况的人员。对委托方或占有方意见的反馈信息，应谨慎对待，应本着独立、客观、公正的态度去接受其反馈意见。

4. 撰写评估报告书的具体要求

编制资产评估报告书除了需要满足上述三个方面的基本要点外，在撰写评估报告时还应满足以下具体要求：

（1）实事求是，切忌出具虚假报告。报告书必须建立在真实、客观的基础上，不能脱离实际情况，更不能无中生有。报告拟定人应是参与该项目并较全面了解该项目情况的主要评估人员。

（2）坚持一致性做法，切忌出现表里不一。报告书文字、内容前后要一致，摘要、正文、评估说明、评估明细表内容与格式、数据要一致。

（3）提交报告书要及时、齐全和保密。在正式完成资产评估工作后，应按业务约定书的约定时间及时将报告书送交委托方。

送交报告书时，报告书及有关文件要送交齐全。涉及外商投资项目的对中方资产评估的评估报告，必须严格按照有关规定办理。此外，要做好客户保密工作，尤其是对评估涉及的商业秘密和技术秘密，更要加强保密工作。

第三节　资产评估报告的利用

一、资产评估报告复核

资产评估报告书不仅是资产评估工作的总结、资产价格公正性文件和资产交易双方认定资产价格的依据，而且是国有资产管理者加强对国有资产产权变动管理，确认评估方法、评估依据和评估结果的重要依据。为了提供出具有较高可信任度的资产评估报告书，资产评估机构需在资产评估报告报送之前对其进行认真审核。

资产评估报告书的复核是指对工作底稿、评估说明、评估明细表和报告书正文的文字、格式及内容的复查和核对。通过复核，可以使有关错误、遗漏等问题在出具正式报告书之前得以发现、得到修正。对评估人员来说，资产评估工作是一项必须由多个评估人员同时作业的中介业务，每个评估人员都有可能因能力、水平、经验、阅历及理论方法的限制而产生工作盲点和工作疏忽。所以，对资产评估报告书初稿进行复核就成为必要步骤。

对资产评估报告必须建立起多级复核和交叉复核的制度，由资产评估师、评估项目负责人、评估机构负责人分别对资产评估报告进行审核，明确复核人的职责，防止流于形式的复核。

二、资产评估报告的利用

资产评估报告书由评估机构出具后，资产评估委托方、资产评估管理方和有关部门对资产评估报告书及有关资料要根据需要进行应用。

（一）委托方对资产评估报告书的利用

委托方在收到受托评估机构送交的正式评估报告书及有关资料后，可以依据评估报告书所标明的评估目的和得出的评估结论，合理使用资产评估结果。

根据有关规定，委托方依据评估报告书所揭示的评估目的及评估结论，可以将资产评估报告作为以下几种具体的用途进行使用：

1. 作为资产业务的作价基础

根据评估目的，作为资产业务的作价基础，包括以下内容：

（1）整体或部分改建为有限责任公司或股份有限公司。

（2）非货币资产对外投资。

（3）合并、分立、清算。

（4）除上市公司以外的原股东股权比例变动。

（5）除上市公司以外的整体或部分产权（股权）转让。

（6）资产转让、置换、拍卖。

（7）整体资产或者部分资产租赁给非国有单位。

（8）确定涉讼资产价值。

（9）国有资产占有单位收购非国有资产。

（10）国有资产占有单位与非国有资产单位置换资产。

（11）国有资产占有单位接受非国有资产单位以实物资产偿还债务。

（12）法律、行政法规规定的其他需要进行评估的事项。

2. 作为企业进行会计记录或调整账项的依据

委托方在根据评估报告书所揭示的资产评估目的使用资产评估报告资料时，还可依照有关规定，根据资产评估报告书中的资料进行会计记录或调整有关财务账项。

3. 作为履行委托协议和支付评估费用的主要依据

当委托方收到评估机构的正式评估报告书及有关资料后，在没有异议的情况下，应根据委托协议，将评估结果作为计算支付评估费用的主要依据，履行支付评估费用的承诺及其他有关承诺的协议。此外，资产评估报告书及有关资料也是有关当事人因资产评估纠纷向纠纷调处部门申请调处的申诉资料之一。

当然，委托方在使用资产评估报告书及有关资料时也必须注意以下几个方面：

（1）只能按报告书所揭示的评估目的使用报告，一份评估报告书只允许按一个用途使用。

（2）只能在报告书的有效期内使用报告，超过报告书的有效期，原资产评估结果无效。

（3）在报告书有效期内，资产评估数量发生较大变化时，应由原评估机构或者资产占有单位按原评估方法作相应调整后才能使用。

（4）涉及国有资产产权变动的评估报告书及有关资料必须经国有资产管理部门或授权部门核准或备案后方可使用。

（5）作为企业会计记录和调整企业账项使用的资产评估报告书及有关资料，必须由有权机关批准或认可后方能生效。

（二）资产评估管理机构对资产评估报告书的利用

资产评估管理机构主要是指对资产评估进行行政管理的主管机关和对资产评估行业自律管理的行业协会。

对资产评估报告书的运用，一方面是资产评估管理机构实现对评估机构的行政管理和行业自律管理的重要过程。资产评估管理机构通过对评估机构出具的资产评估报告书有关资料的运用，能大体了解评估机构从事评估工作的业务能力和组织管理水平。由于资产评估报告是反映资产评估工作过程的工作报告，通过对资产评估报告书资料的检查与分析，评估管理机构能大致判断该机构的业务能力和组织管理水平。

另一方面，资产评估报告书也是对资产评估结果质量进行评价的依据。资产评估管理机构通过对资产评估报告书进行核准或备案，能够对评估机构的评估结果质量的好坏做出客观的评价，从而能够有效实现对评估机构和评估人员的管理。

再一方面，资产评估报告书能为国有资产管理提供重要的数据资料。通过对资产评估报告书的统计与分析，可以及时了解国有资产占有和使用状况以及增减值变动情况，为进一步加强国有资产管理服务。

（三）其他有关部门对资产评估报告书的利用

除了资产评估管理机构可运用资产评估报告书资料外，还有些政府管理部门也需要运用资产评估报告书，包括证券监督管理部门、保险监督管理部门、工商行政管理、税务、金融和法院等有关部门。证券监督管理部门对资产评估报告书的运用，主要表现在对申请上市的公司有关申报材料招股说明书的审核过程，以及对上市公司的股东配售发行股票时申报材料配股说明书的审核过程。

根据有关规定，公开发行股票公司信息披露至少要列示以下各项资产评估情况：

（1）按资产负债表大类划分的公司各类资产评估前账面价值及固定资产净值。

（2）公司各类资产评估净值。

（3）各类资产增减值幅度。

（4）各类资产增减值的主要原因。

三、资产评估业务档案的应用

（一）资产评估业务档案的概念及主要内容

资产评估业务档案是指评估机构在资产评估过程中形成的、经系统整理汇总，具有保存价值的文字、图表及声像等不同形式的记录和资料。评估业务档案是资产评估过程和评估成果的真实写照，是澄清事实与责任的法律依据，是评估质量监控的重要手段。评估业务档案的内容丰富，主要内容包括主卷和附卷两部分。

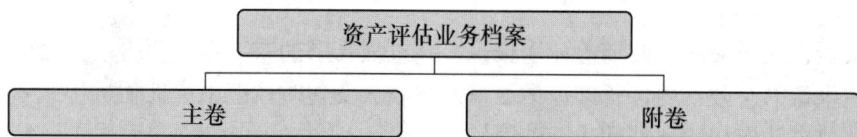

1. 主卷

主卷包括业务约定书或业务委托书、洽谈记录、项目建议书或工作计划书、委估单位清单及财务资料、评估报告正本、委托方和资产占有方的承诺函、注册资产评估师和资产评估机构的承诺函、评估机构营业执照及资格证书复印件、参加本评估项目的人员名单及其资格证书复印件、与本项目有关的政府部门批件、上级及董事会决议、营业执照和产权登记证等重要文件的复印件。

2. 附卷

附卷包括以下资料：

（1）评估报告说明书包括流动资产评估说明、房屋建筑物及构筑物评估说明、土地评估说明、机器设备评估说明、长期投资评估说明、无形资产评估说明、其他资产评估说明以及流动负债评估说明。

（2）资产评估清查核实报告说明包括审计报告、核实调整报告、与委估范围不一致的重大调整事项说明、调整后的评估范围清单及财务资料。

（3）选择适合本项目的评估方法说明。

（4）工作底稿。在内容上应做到资料齐全、详尽，重点突出，言简意赅，结论明确。实施具体评估程序的盘点记录、往来函件、现场踏勘记录、照片、市场询价资料、专家鉴定资料、数据分析、会谈及洽谈记录、工作进度表、职责表、审核调整表、工作总结、项目三级复核记录或表格、评估报告及说明初稿、评估明细和汇总表等均为需整理汇总的内容。

（5）对委估单位有关评估风险及内部控制制度的研究与评价记录。

（6）委估单位为此评估目的提供的相关资料（保密性的技术资料）。

（7）主管部门审核时提出的修改意见复印件及执行情况记录，如国资部门审核中提出的意见稿，上级主管审核意见稿。

（二）资产评估业务档案的工作环节

评估业务档案是专门档案的一种，其工作环节包括收集、整理、鉴定、保管、统计及利用六个方面。

（1）档案收集。档案的前身——文件，是由机构内各组织机构和个人分散形成的，而机构、社会组织和个人利用档案，则要求一定的集中，为了更广泛地发挥档案的作用，就需挑选文件集中保存，这便是档案的收集工作。文件归档和各单位档案向档案馆移交都属于档案收集工作。

（2）档案整理工作。收集起来的档案来源广泛，数量很大，内容复杂，有的还可能是零散文件。为了改变这种对象零乱的状况，便于保管和利用，就必须对档案进行分门别类，使其有规可循，这便是档案的整理工作。

（3）档案鉴定工作。随着时间的推移和社会实践的发展，档案数量日益增多，而有些档案则逐渐失去了保存价值。为了减轻库房负担，降低档案管理成本，方便有价值档案的管理和检索，就需要对库存档案进行鉴别、挑选、去粗取精，这便是档案的鉴定工作。文件归档环节中的确定保管期限也属档案鉴定工作范畴。

（4）档案保管工作。由于自然和社会的原因，档案总是处于渐变性的自毁过程，甚至遭到突变性的破坏。为了尽可能地延长档案的寿命，就需要对其采取保护措施，进行妥善管理，这便是档案的保管工作。

（5）档案统计工作。档案数量多，成分复杂，为了科学地进行收集、整理、鉴定、保管和有效的提供利用，档案管理部门和行政管理部门有关人员都要掌握档案及档案管理工作的基本情况，及时对有关状况进行数据的登记和分析研究，这便是档案的统计工作。

（6）档案利用工作。建立档案的最终目的是发挥其作用，为此档案管理人员除大量的基础工作外，还要通过各种方式和手段提供利用档案和有关资料，这种直接满足社会各方面档案利用者需求的工作，便是档案的利用工作。

（三）资产评估业务档案的归档要求

评估资料的归档是评估业务档案收集工作的重要环节。在归档过程中，力求做到评估资料齐全、完整和准确。

（1）归档范围各种产权证明、业务约定书、项目建议书、工作底稿、工作计划、核算资料及表格、合同及章程、评估报告书、评估软件及照片等。

（2）归档时间是指评估机构将评估过程中收集的材料整理后向本单位档案管理员移交的时间。档案管理员在执行归档时间时，应该注意每个单位应明确评估档案的具体归档时间，确定评估材料在评估机构保存的时间，并列入评估业务档案管理制度，以便于操作实施。

（3）归档要求接受委托的每个评估项目，无论其规模大小，还是属于单项资产评估或整体资产评估，都要单独编号立卷归档。

具体应做到以下三点：

1）形式上应做到要素齐备、格式规范、索引明确、标识一致及记录清晰。

2）内容繁简要恰当。业务档案的建立要与评估目的、被评估资产的规模，产权关系等要求相一致。

3）编制时注明资料来源，分清责任。对搜集的资料要进行分析判断，去粗取精，去伪存真。

（四）资产评估业务档案的整理和编制

评估业务档案材料的整理要符合评估工作的专业要求，遵循专业管理的规律。在整理工作中，要坚持由评估项目负责人和档案管理人员共同负责的制度。

1. 评估业务档案的组卷方法

资产评估机构应根据档案管理的有关法规和评估机构的实际情况，采用分年度制。对业务档案本着便于查找、利用的原则，进行归类整理立卷，并编制案卷目录，填写案卷封面。

2. 组卷

按照一个委托单位一项业务或按一个评估目的，还要考虑按年度分开，在每个年度下，按业务项目分类，组成一个案卷。并根据业务需要组成若干分册，且在每册封面上注明本卷共有多少册，此册为第几册。按资产类别编制页码，案卷开首要填写"卷内文件目录"，案卷封面填写要规范、整齐，由评估机构负责人和部门经理项目负责人的签字或盖章，同时装订的密封处要加盖评估机构公章。

组卷可按类别分开，按评估项目形成的特点和顺序分别组卷，具体就以下四个方面简要说明：

（1）工作底稿归档可按管理类和操作类整理编制。

由于项目有不同评估小组分工完成。编制时可按工作底稿形成的特点和顺序，资产评估工作底稿分为评估项目管理类工作底稿和操作类工作底稿。管理类工作底稿，由评估项目负责人编制.编制中要侧重评估项目的组织管理过程和最终结果的质量控制。操作类则由评估项目的执业人员完成，侧重于反映执行具体评估程序和形成评估结果的情况。

具体做法是：将工作底稿分门别类，形成相互联系相互控制的特定编号——索引号；在同一索引号下不同的工作底稿的页次应按顺序编号——顺序号；相关项目评估的各种底稿之间，应保持清晰的勾稽关系，相互引用时，应注明交叉索引号。编制者应签署姓名和日期，复核者也应在工作底稿上签署姓名和日期，编制完毕，与档案管理人员办理交接手续。

（2）评估报告及有关资料可按财政部相关文件规定的先后顺序整理编制。

项目负责人在得到法人批准出具正式报告后，要按财政部相关文件中规定的主卷评估报告书/副卷评估说明及评估明细表格式，对封面及目录、摘要、正文、备查文件等进行顺序编制，并连同工作底稿等有关资料一并上交档案管理人员，办理完交接手续后，由档案管理人员按报告的编号顺序排列，先编制页码，开首要填写卷内文件目录，封面要有单位法人、部门经理及项目负责人签名盖章，案卷题名要有单位名称，评估材料的名称，填写该卷档案的流水号，保管清册。案卷的分类排列编号要防止漏号、空号、重号和颠倒等。

（3）合作评估的评估资料的归档整理编制。

原则上，工作底稿和评估报告的有关内容和资料，由各自分工负责的机构整理，交给评估项目的牵头方，并留备份。编制按上述要求。

（4）咨询服务的评估报告及分析资料，也应将前要求归档编制，内容完备，以备查用。

（五）资产评估业务档案的保管与销毁

档案保管与保护是为了最大限度地延长档案的寿命。这就要求有关人员了解和掌握影响档案寿命的原因和规律，采取专门的、有的放矢的技术措施和方法，最大限度地消除各种可能影响档案寿命的不利因素，把档案毁损率降低并将控制在最小的范围内。

1. 保管

保管是指根据档案的成分和状况所采取的存放和安全防护措施，包括三项工作内容：

（1）档案的库房管理。

（2）档案流动过程中的保护。

（3）保护档案的技术措施。

2. 资产评估业务档案必须保证完整无缺

凡与评估项目有关的资料应全部收集归入档案。会计师事务所、资产评估机构应当建立健全业务档案管理制度，有条件的单位还应设立档案管理工作岗位，指派专职或兼职档案管理人员，专门负责资产评估业务档案的立卷与保管，按规范要求做好评估档案的建设与管理工作。评估机构在完成评估任务后，项目负责人应及时组织和整理资料，验收合格后连同目录并在一个月内向档案保管人员登记移交，双方应办理移交手续，签署书面材料，不得拒绝归档或据为己有。在档案收集整理过程中，评估机构应结合各个评估项目的具体要求，填写项目档案卷内目录、档案索引、编写页号和备考表，并按要求装订成册，放入符合条件的专柜保管，确保业务档案的安全。电子档案的保存有很多种形式，从电子文件到电子档案要经过很多步骤和处理过程，档案管理人员要进行监督和实施，不仅保证数字信息的可存取性，更要确保被存取信息的真实性。

3. 保管期限

档案保管期限，要根据国家法律法规、行业管理规定和评估项目的具体情况来确定。档案保管期限按评估目的划分，当评估目的为发行股票、股票上市交易以及涉及财产纠纷时，该项目的档案须保存 10 年以上。其他评估目的档案，要保存 5 年以上。档案的保管年限应从评估基准日算起。咨询服务性评估报告的保管期限可由评估机构根据客户情况确定保管时间。具体地说，若为长期客户，时间可保留长些，其他可根据业务需要保留。应该注意的是咨询服务性评估报告问题较多，且报告不够规范，产权关系复杂，有的报告因委托方提供的资料有限，付费较少，评估机构接受任务后未能对评估范围、产权关系及其与评估目的有关的资料进行全面仔细的调查研究，工作底稿粗略，甚至没有。针对这种情况，档案管理人员应及时督促项目负责人尽量使相关资料归档。

4. 销毁

销毁业务档案保管期满后，应及时进行鉴定。对确实没有继续保存价值的档案，在销毁前必须由档案管理人员编造清单，经一定程序批准后，由法人代表和档案管理员共同在销毁清单上签字，方可销毁。评估机构应委派至少两人以上的人员，负责销毁，确保评估业务档案的保密性，杜绝评估档案流入外界。咨询服务性评估方面的资料销毁，可办理简单的内部审批手续，由法人代表签字后即可销毁。

（六）资产评估业务档案的利用

评估业务档案的利用是指对业务档案的借阅、复印和摘录。它分为外部查阅和内部查阅两种形式。

对档案外借必须建立严格的制度，只有通过一定的手续，档案材料方能外借。如法院、检察院、行业主管部门及国家有关部门需查阅相关资料，同行相关专业人员经档案所有权人同意亦可查阅，但不得复印，特别是工作底稿和客户的有关机密文件等。涉及原客户商业机密的，查阅人必须承担保密责任。同时，因查阅者误用档案资料，造成直接经济损失或不良后果的与档案提供者无关。评估机构内部业务人员因工作需要查阅、复印或摘录相关内容，也应办理相关手续。

电子档案的利用比纸质档案利用更方便、快捷，且做到档案资源共享。但这必须建立在所依赖的技术上，必须满足以下先决条件才能实现：

（1）建立电子档案的基础数据和识别文件。

（2）提供利用的方法有拷贝、通信传输和直接利用。

（3）由于提供利用方法对氧化和所依赖技术多重化，导致管理的复杂化。电子档案的利用涉及系统维护操作人员、系统管理人员、电子档案载体保管员及利用者各自工作性质和责任不同，因此，要对其使用权限进行审核，并以此向利用系统注册登录，以确保系统安全并进行有效控制和监督。提供拷贝件的内容应依据利用者使用权限及其需求来确定，原则上尽量避免把存储的电子档案信息全部拷贝出来，并通过技术手段使所提供的拷贝件无法再复制。提供者和利用者双方都应对拷贝件的内容进行确认，对载体类型、数量、日期和回收期限等情况进行登记，对回收的拷贝件做信息内容的彻底清除，完善管理手续。

（4）做好利用统计的信息采集、综合指标体系及结果的分析工作。

（5）建立利用中的安全措施档案的利用效果是指在利用档案提供的信息后，所获得的生产工作的结果。档案利用和保密是一致的。保密只是相对地把档案的使用限制在一定的范围内，但保密的最终目的还是为了更好地发挥档案作用。

资产评估报告范例

×××评估报告

A 评估有限责任公司接受 B 股份有限公司的委托，根据国家有关资产评估的规定，本着客观、独立、公正、科学的原则，按照公认的资产评估方法，对委托方委估的房地产市场价值进行评估工作。本公司评估人员按照必要的评估程序对委托评估的资产实施了实地勘察、市场调查与询证，对委估资产在 2021 年 7 月 1 日所表现的市场价值作出了公允反映。现将资产评估情况及评估结果报告如下：

一、委托方与资产占有方简介

名称：B 股份有限公司。

住所：××区××大道 1155 号。

法定代表人：×××。

注册资本：4500 万元。

经营范围：饮食供应，国内商业，旅馆，舞厅，浴室服务，美容美发，商务服务，礼仪服务，模拟游戏机。

二、评估目的

为对外投资提供价值参考依据。

三、评估范围和对象

本次纳入评估范围的资产为 B 股份有限公司拥有的 21 幢房产和 2 块土地使用权。除储运部 16 幢仓库位于××区××新村外，委估的房产和地产均位于××区××大道与××路相交处，现用于商业经营。委估资产的所有权证分别为"W 国用（2003）字第 157 号、第 158 号""W 房字第 200205765 号、第 200205766 号、第 200205855 号、第 9900103 号"。

四、评估基准日

本评估项目基准日是 2021 年 7 月 1 日；本评估报告所采用的一切取价标准均为评估基准日有效资产价格标准，与评估目的的实现日接近。

五、评估原则

遵循客观性、独立性、公正性、科学性、合理性的评估原则。在对全部资产进行现场勘察的基础上，合理确定资产的技术状态和参数，力求准确估算委估资产的现时公允价值。

六、评估依据

1.《土地管理法》和《房地产管理法》。

2. 国务院 1991 年第 91 号令《国有资产评估管理办法》和《国有资产评估管理办法施行细则》，并于 2020 年 11 月 29 日进行修订。

3. 中国资产评估协会"中评协（1996）03 号"文颁发《资产评估操作规范意见（试行）》。

4.《资产评估报告基本内容与格式暂行规定》和财企〔2004〕20 号《资产评估准则——基本准则》及《资产评估职业道德准则——基本准则》。

5. W 市政府制定的基准地价资料。

6. W 政〔2004〕39 号《市人民政府关于公布 W 市区土地出让金、租金标准的通知》。

7. 委托方提供的产权证明："W 国用（2003）字第 157 号、第 158 号"，"W 房字第 200205765 号、第 200205766 号、第 200205855 号、第 9900103 号"。

8. 资产评估业务约定书和资产占有方法人营业执照。

9. 工程造价信息及房价信息。

10. 评估人员现场勘查记录等。

七、评估方法

根据本次资产评估目的和委估资产类型，采用不同的评估方法，对 B 公司商业经营用的房屋建筑物采用市场比较法，对储运部仓库采用重置成本法，对土地使用权采用重置成本法和基准地价修正系数法。

八、评估过程

本次评估于 2021 年 7 月 15 日至 2021 年 7 月 21 日，包括接受委托、现场调查、评定估算、评估汇总、提交报告等全过程。主要步骤具体如下。

1. 接受委托：我公司于 2021 年 7 月 15 日接受 B 股份有限公司的委托，正式受理了该项资产评估业务。在接受评估后，由项目负责人先行了解委托评估资产的构成、产权界定、经营状况、评估范围、评估目的，与委托方、资产占有方共同商定评估基准日、制定评估工作计划并签订"资产评估业务委托约定书"，明确双方各自承担的责任、义务和评估业务基本事项。

2. 现场调查：在资产占有方资产清查的基础上，评估人员根据其填制的资产评估申报明细资料，调查土地的坐落位置、所处的繁华程度等各项指标，填写现场勘察记录，检查、核实、验证其产权证明文件等资料。

3. 评定估算：评估人员针对资产类型，依据评估现场勘察等情况，选择评估方法，收集市场信息，评定估算委托评估资产的评估值。

4. 提交报告：根据评估人员对委估资产的初步评估结果，进行整理、汇总、分析，撰写资产评估报告初稿，并与委托方、资产占有方充分交换意见，进行必要修改，按照程序经本公司内部三级审核后，向委托方提供正式资产评估报告书。

九、特别事项说明

1. 本次评估结果，是反映评估对象在本次评估目的下，根据公开市场原则确定的现行公允市价，没有考虑将来可能承担的特殊交易方式可能追加付出的价格等对其评估价值的影响，也未考虑国家宏观经济政策发生变化以及遇有自然力和其他不可抗力对资产价格的影响。

2. 本次评估结果，未考虑现在或将来委估资产发生或可能发生的抵押对评估值的影响，提请报告使用者关注。

十、评估报告评估基准日期后的重大事项

评估基准日后，在有效期内资产数量发生变化，应根据评估方法对资产额进行相应调整。若资产价格标准发生变化并对资产评估价值产生明显影响时，委托方应聘请评估机构重新确定评估值。

十一、评估报告的法律效力

1. 本报告所称"评估价值"是指所评估资产在现有不变并继续经营或转换用途继续使用，以及在评估基准日的状况和外部经济环境前提下，即资产在市场上可以公开买卖的假设条件下，为本报告书所列明的目的而提出的公允估价意见。

2. 本报告的附件是构成报告的重要组成部分，与报告书正文具有同等的法律效力。

3. 本评估结论按现行规定有效期为一年，即评估目的在评估基准日后的一年内实现时，可以此评估结果作为底价或作价依据，超过一年，需重新进行评估。

4. 本评估结论仅供委托方为评估目的使用和送交财产评估主管机关审查使用，评估报告书的使用权归委托方所有，未经委托方许可，评估机构不得随意向他人提供或公开。

5. 本次评估是在独立、公开、科学、客观的原则下作出的，我公司参加评估人员与委托方无任何利害关系，评估工作置于法律监督之下，评估人员恪守职业道德和规范。

6. 报告所涉及的有关法律证明文件，由委托方提供，其真实性由委托方负责。

7. 本报告仅用于为委托方对外投资提供价值依据，不得用于其他用途，也不视为对被

评估单位日后偿债能力作出的保证。委托人或其他第三者因使用评估报告不当所造成的后果与注册评估师及评估机构无关。

十二、评估结论

列入本次评估范围的资产经评估价值为人民币壹亿贰仟肆佰壹拾壹万伍仟伍佰伍拾柒元整（￥124 115 557元）。其中：房屋建筑物评估值73 774 378元，土地使用权评估值50 341 179元。

十三、评估报告提出日期

本报告提出日期为2021年7月21日。

十四、附件

1. 房屋建筑物评估明细表。
2. 土地使用权评估明细表。
3. 资产评估委托方承诺函（复印件）。
4. 委估土地使用权证（复印件）"W国用（2003）字第157号、第158号"。
5. 委估房屋所有权证（复印件）"W房字第200205765号，第200205766号，第200205855号，第9900103号"。
6. 资产占有方营业执照（复印件）。
7. 评估机构营业执照（复印件）。
8. 评估机构资格证（复印件）。
9. 注册评估师资格证（复印件）。

注册资产评估师：××

注册资产评估师：××

A评估有限责任公司

二○二一年七月二十一日

评估说明及结论分析

一、评估说明

（一）关于土地使用权W国用（2003）字第157号的评估

1. 委估物简介

该宗土地位于W市××大道1568号，北临××大道，东靠××路，西面、北面均紧临商场其他建筑物，地号E-03-17-08-02，无偿划拨，面积7349.79m²，属商业三类用地，七通一平，地处××区商业繁华地段，交通便利，基础配套设施完善，周边环境良好。

2. 基准地价修正系数法

公式：待评估土地使用权评估值＝基准地价×时间因素修正系数×个别因素修正系数×剩余使用年限修正数×容积率修正系数

（1）基准地价：依据W市土地管理局2008年7月制定的商服用地级别与基准地价图和评估规则的规定，该块属叁级地价，其基准地价为3330元/m²。

（2）时间因素修正系数：通过对宗地所在区域2008年以来地价变化的调查分析，从2008年起至今，委估宗地所在区域地价上涨6%，即时间因素修正系数为1.06。

（3）个别因素修正系数，见表11-1。

表 11-1　　　　　　　　　　　个 别 因 素 修 正 系 数

个 别 因 素	标 准 值	因 素 状 况	评 分
面积	1	较大	1.3
形状	1	多边形	0.9
地势	1	平坦	1.2
地质	1	一般	0.8
一般	1	合适	1
临街深度	1	宽	1
进深度	1	一般	1
合计	7		7.2

个别因素修正系数＝7.2÷7＝1.03

（4）剩余年限修正系数：该地属无偿划拨，取修正系数为 1。

（5）容积率修正系数：该宗地容积率较高，取修正系数为 1.36。

（6）土地单价评估值为

$$3330×1.06×1.03×1×1.36＝4944.54（元/m^2）$$

（7）土地总价评估值为

$$7349.79×4944.54＝36\ 341\ 331（元）$$

3. 重置成本法

土地价格＝土地取得费＋土地开发费＋投资利息＋投资利润＋土地出让金

（1）土地取得费：

1）土地补偿费和安置补助费：该宗地所处区域耕地以蔬菜种植为主，通过对近几年 W 市前三年蔬菜亩产值调查，目前年产值为 4500 元/亩，按照土地补偿费和安置补助费总和不超过土地前三年平均产值的 30 倍计算，即 4500×30＝135 000（元/亩）。

2）青苗补偿费：根据《土地管理法》和 W 征字（1995）001 号文件规定，青苗补偿费按单季补偿，即 1500 元/亩。

3）土地管理费：依照 W 价房地字（1995）44 号，按土地补偿费、安置补偿费、青苗补偿费收取 2.6% 的土地管理费。

土地管理费＝（135 000＋1500）×2.6%＝3549（元/亩）

4）耕地占用税：依照 W 政（1987）98 号文件规定，取耕地占用税为 10 元/m²（6667 元/亩）。

5）新菜地开发基金：依照 W 政（1994）30 号文件规定，取新菜地开发基金为 60 000 元/亩。

6）不可预见费：依照 W 价房地字（1996）403 号文件规定，按征地费用的 2% 计取不可预见费。

不可预见费＝（135 000＋1500＋60 000）×2%＝3930（元/亩）

7）土地取得费＝135 000＋1500＋6667＋60 000＋3549＋3930＝210 646（元/亩）＝315.97 元/m²。

（2）土地开发费

1）城市基础设施 80 元/m²。

2）商业网点配套费 22 元/m²。

3）公共消防设施配套费 3 元/m²。

4）人防易地建设费 14 元/m²。

5）城市规划管理费 1 元/m²。

$$土地开发费＝80＋22＋3＋14＋1＝120（元/m²）$$

（3）投资利息：土地开发期为 2 年，利率取 6%。

$$土地取得费利息＝315.97×[（1＋6\%）2－1]＝39.05（元/m²）$$
$$土地开发利息＝120×[（1＋6\%）－1]＝7.2（元/m²）$$
$$投资利息＝39.05＋7.2＝46.25（元/m²）$$

（4）投资利润：根据待估宗地所在区位，取投资利润 20%。

$$投资利润＝（315.97＋120.00）×20\%＝87.19（元/m²）$$

（5）土地出让金：依据 W 政（2004）39 号规定，该宗地属商业三级地段，其出让金标准为 1215 元/m²（40 年），考虑该地容积率较高，取容积率修正系数 2.99，则

$$土地出让金＝1215×2.99＝3632.85（元/m²）$$

（6）土地单价评估值

$$评估值＝315.97＋120＋46.25＋87.19＋3632.85＝4202.26（元/m²）$$

（7）土地总价评估值＝7349.79×4202.26＝30 885 729（元）

4. 委估宗地综合评估值

$$评估值＝（重置成本法评估值＋基准地价修正系数法评估值）÷2$$
$$＝（36 341 331＋30 885 729）÷2$$
$$＝33 613 530（元）$$

（二）关于红三楼的评估说明

1. 委估物的概况

红三楼位于××区××路西侧，北面与××商场营业大楼相邻，框架六层，总建筑面积 7590.36m²，2008 年建成并投入使用，房产权证号 W 房字第 200205765 号，一至三层水磨石楼面，四至五层地面砖楼面，外墙铝塑幕墙，顶棚吊顶，内设中央空调。

2. 评估方法

红三楼现用于商业经营，采用市场比较法评估

（1）比较案例。

取自 2015 年 7 月 8 日 W 晨报 6 月份商务楼价格信息表

A 商住两用 4000 元/m²××区。

B 商住两用 4000 元/m²××区。

C 商住两用 4300 元/m²××区。

（2）因素比较修正系数，见表 11-2。

表 11-2　　　　　因 素 比 较 修 正 系 数

委估房产与案例比较因素与内容	评估对象	实例 A	实例 B	实例 C
交易情况	100	100	100	100
交易时间	100	100	100	100

续表

委估房产与案例比较因素与内容		评估对象	实例A	实例B	实例C
区域因素	距商业服务中心距离	100	97	98	96
	距公共设施距离	100	98	99	97
	道路状况	100	98	100	97
	距对外交通设施的距离	100	103	102	102
个别因素	临街位置	100	99	99	98
	房屋构造材料	100	120	120	130
	临街深度	100	98	99	97
	装修及设施	100	67	67	67
	房屋成新率	100	125	125	125

（3）比准价格

A：$4000×（100/97）×（100/98）×（100/98）×（100/103）×（100/99）×（100/120）×（100/98）×（100/67）（100/125）=4275（元/m^2）$

B：$4000×（100/98）×（100/99）×（100/100）×（100/102）×（100/99）×（100/120）×（100/99）×（100/67）（100/125）=4104（元/m^2）$

C：$4300×（100/96）×（100/97）×（100/97）×（100/102）×（100/98）×（100/130）×（100/97）×（100/67）（100/125）=4509（元/m^2）$

（4）评估单价的确定

$$评估单价=（4275+4104+4509）÷3=4296（元/m^2）$$

（5）综合整体土地容积率，设定容积率为3

$$分摊的地价=土地单价÷容积率=4204÷3=1401（元/m^2）$$

（6）不含地价的评估单价=$4296-1401=2895（元/m^2）$

（7）评估总价的确定

$$评估总价=7590.36×2895=21\ 974\ 092（元）$$

（三）各项资产评估值详见评估明细表

各项资产评估值详见评估明细表，此处略。

二、结论分析

委估资产为国有资产，由于历史原因，委估资产原有账面成本不祥或未入账，故本次评估无法结合委估资产原有账面成本进行结论分析。

本章小结

➢ 资产评估报告是指注册资产评估师根据资产评估准则的要求，在履行必要评估程序后，对评估对象在评估基准日特定目的下的价值发表的、由其所在评估机构出具的书面专业意见。资产评估报告既是资产评估机构完成对资产作价意见后提交给委托方的具有法律效力的公正性的报告，也是评估机构履行合同情况的总结，还是评估机构为评估项目承担相应法律责任的证明文件。

➤ 资产评估报告由标题及文号、声明、摘要、正文、附件组成。评估报告正文包括：委托方、产权持有者和委托方以外的其他评估报告使用者；评估目的；评估对象和评估范围；价值类型及其定义；评估基准日；评估依据；评估方法；评估程序实施过程和情况；评估假设；评估结论；特别事项说明；评估报告使用限制说明；评估报告日；注册资产评估师签字盖章、评估机构盖章和法定代表人或者合伙人签字。

➤ 资产评估报告依照不同的标准有不同的类型。

➤ 我国资产评估项目管理实行核准制和备案制。

➤ 在撰写资产评估报告时，必须遵守国家有关资产评估报告规定规范，同时评估人员还必须注意资产评估报告形式与内容的统一，以更好地为资产评估委托人、国有资产管理行政机关及其他机关利用。

思 考 题

1．如何理解资产评估报告也是一种工作制度？

2．资产评估报告的分类有哪几种？

3．资产评估报告包括哪些基本内容和格式？其在资产评估中有什么作用？

4．简述资产评估编写步骤及其基本要求。

5．说明资产评估业务档案内容，整理、编制及保管的特点。

6．避免评估报告误导社会及其报告使用人的关键是什么？

7．如何规避资产评估报告使用中的风险？

习 题

一、单项选择题

1．广义的资产评估报告是（　　　）。

    A．一种工作制度　　　　　　　　　B．资产评估报告书

    C．公正性报告　　　　　　　　　　D．法律责任文书

2．资产评估结果有效期通常为一年，这一年是从（　　　）算起的。

    A．提供报告日　　　　　　　　　　B．评估基准日

    C．验证确认日　　　　　　　　　　D．经济行为发生日

3．资产评估报告基本制度是规定资产评估机构完成国有资产工作后由相关国有资产管理部门或代表单位对评估报告进行（　　　）。

    A．审核验证　　　　B．核准制度　　　　C．结果确认　　　　D．立项审批

4．关于资产评估报告书摘要与资产评估报告正文两者的关系表述正确的是（　　　）。

    A．资产评估报告书摘要的法律效力高于资产评估报告书正文

    B．资产评估报告书摘要的法律效力低于资产评估报告书正文

    C．两者具有同等效力

    D．两者法律效力的高低由当事人协商确定

5．按照有关规定，资产评估说明中的进行资产评估有关事项的说明是由（　　　）提供的。

    A．委托方　　　　　　　　　　　　B．受托方

C．资产占有方　　　　　　　　　D．委托方与资产占有方

6．评估基准日应当根据经济行为的性质由（　　）确定，并尽可能与评估目的的实现日接近。

A．委托方　　　　B．受托方　　　C．资产占有方　　　D．以上均可

7．资产评估报告书是建立评估档案、归集评估档案资料的（　　）。

A．重要信息来源　　B．主要内容　　C．一个环节　　D．重要目的

8．整体资产评估报告书的内容不仅要反映资产价值和负债状况，通常还需要反映以整体资产为依托的（　　）。

A．所有者权益　　B．有形资产　　C．单项资产　　D．递延资产

9．资产评估报告书原则上应当在确定的评估基准日（　　）内提出。

A．一个月　　　　B．二个月内　　C．三个月内　　D．半年内

10．按照有关规定，公开发行股票的公司采用非现金方式配股，其配股说明书的备查文件必须附上（　　）。

A．各类资产评估的净值　　　　　B．各类资产增减幅度
C．资产评估报告书　　　　　　　D．资产评估结果确认书

11．资产评估明细表的基本内容不包括（　　）。

A．评估结论的效力、使用范围和有效期
B．资产及其负债的名称、发生日期、账面价值等
C．反映资产及其负债特征的项目
D．备注栏目

12．资产评估报告的基本要素中，不包括（　　）。

A．首部、绪言、评估目的和评估基准日
B．评估种类与对象、评估原则
C．委托方与资产占有方简介
D．评估过程与评估结论

13．在评估报告中，对于不纳入资产评估汇总表的评估结果，应在资产评估报告正文的（　　）中单独列示。

A．评估基准日期后重大事项　　　B．特殊事项说明
C．评估结论　　　　　　　　　　D．评估范围和对象

14．关于进行资产评估有关事项的说明应由（　　）共同撰写。

A．评估机构与委托方　　　　　　B．评估机构与资产占有方
C．委托方与资产占有方　　　　　D．委托方、资产占有方和评估机构

15．资产评估报告书正文的基本内容的尾部应当写明出具评估报告书的机构名称并加盖公章，还要由评估机构法定代表人和至少（　　）名负责评估的注册资产评估师签名盖章。

A．一　　　　　　B．两　　　　　C．三　　　　　D．四

16．资产评估说明的基本内容中，主要用来反映评估中选定的评估方法、采用的评估思路及实施的评估工作的是（　　）。

A．"关于进行资产评估有关事项的说明"的基本内容
B．"各项资产及负债的评估技术说明"的基本内容

  C．"评估依据的说明"的基本内容

  D．"评估结论及其分析"的基本内容

17．（ ）可以作为企业进行会计记录的依据和作为支付评估费用的依据。

  A．资产评估合同   B．资产评估报告书

  C．资产评估工作底稿   D．资产评估协议

18．所有在资产评估书中采用的汇率、税率、费率、利率和其他价格标准，均应采用（ ）时的标准。

  A．提供报告日   B．评估基准日

  C．会计期初或期末   D．评估工作日

19．某项资产账面原价为 300 万元，账面净值为 200 万元，评估结果为 250 万元，该评估增值率为（ ）。

  A．20%   B．25%   C．−10%   D．18%

20．对于资产评估基准日后发生的重大事项，应当（ ）。

  A．在正文中列出，并做相应的说明

  B．在备查文件中附上相关内容

  C．根据事项的有关影响对正文的数据进行修改

  D．向有关当事人做口头汇报即可

二、多项选择题

1．按照现行规定，资产评估报告书应当包括（ ）。

  A．资产评估报告书正文   B．资产评估说明

  C．资产评估明细表及相关附件 D．资产评估结果确认书

2．按照资产评估的具体对象划分，资产评估报告书可分为（ ）。

  A．整体资产评估报告书   B．房地产估价报告书

  C．单项资产评估报告书   D．土地估价报告书

3．资产评估报告书的基本要素一般包括（ ）。

  A．评估方法   B．评估目的

  C．评估基准日   D．委托方与资产占有方简介

  E．资产评估立项通知书

4．资产评估报告书正文阐明的评估依据包括（ ）。

  A．法律法规依据   B．经济行为依据

  C．产权依据   D．取价依据

  E．计算依据

5．按照目前规定，资产评估明细表样表包括以下几个层次（ ）。

  A．资产评估结果汇总表   B．资产评估结果分类汇总表

  C．各项资产清查评估汇总表 D．各项资产清查评估明细表

  E．资产评估过程表

6．属于资产评估报告书正文内容的有（ ）。

  A．评估基准日

  B．评估结论

C．被评估单位提供的原始设备清单

D．评估原则

E．评估目的

7．资产评估报告书的主要内容是（　　）。

A．评估立项申请

B．评估结果成立的前提条件

C．取得评估结果的主要过程

D．取得评估结果的方法和依据

E．评估委托合同或协议及其主要内容

8．撰写资产评估报告书应当注意（　　）。

A．评估结论应尽可能满足委托方的要求

B．评估口径前后保持一致

C．对评估参数与评估结果复核

D．评估参数的选取以委托方提供的资料为准

E．严格遵循《资产评估报告基本内容与格式的暂行规定》

9．资产评估报告书的附件应当包括（　　）。

A．资产负债的评估结果清单

B．重要资产的产权证明文件

C．评估人员及评估机构资格证书复印件

D．评估计划

E．关于《资产评估报告书附件》使用范围的说明

10．能够证明资产所有权的产权证明文件包括（　　）。

A．专利证书　　B．购买合同　　C．房产证书　　D．商标注册证书

E．版权许可证书

三、案例分析题

1．李某系 A 资产评估公司的注册资产评估师、部门经理和项目负责人。于 2009 年 5 月 8 日与甲企业商讨房地产评估事宜。由于李某曾于 2019 年 5 月至 2020 年 10 月在甲企业财务部门任经理，双方比较熟悉，故甲企业以该企业房地产平均每平方米评估价值不低于 8000 元为条件，决定是否委托 A 评估公司进行评估。李某为了评估公司的利益，口头承诺了甲企业的要求，并接受了甲企业的评估委托。李某按照资产评估协议书的要求在 5 日内完成了对甲企业房地产的评估，评估结果为每平方米 7300 元。因李某曾对甲企业有过口头承诺，即不动产评估值不低于每平方米 8000 元。李某认为 7300 元/m² 与 8000 元/m² 之差并未超过 10%，属于正常误差范围，而且资产评估本身就是一种估计。带有咨询性质，故以每平方米 8000 元出具了评估报告；并打电话给本所已在外地开会一周的注册资产评估师周某，得到允许后，加盖李某本人和周某的注册资产评估师印并签字，又以项目负责人的名义签字，加盖公章出具了资产评估报告书，交与甲企业；同时将该评估报告书送给在乙企业当顾问的评估专家赵某一份。请根据以上背景资料，指出四处违反资产评估行业规范的行为，并说明理由。

2．下面是××资产评估事务所出具的初步报告。

1）请分析找出评估报告书中的错误。

2）海生精密仪器有限责任公司在使用该机构纠正错误后出具的正式报告时，应注意哪些问题？

评 估 报 告 书

海生精密仪器有限责任公司：

我所接受贵公司委托，根据国家有关资产评估的规定和其他法律法规规定，对贵公司以与永生公司联营为目的的全部资产进行了评估。评估中结合资公司的具体情况，实施了包括财产清查在内的我们认为必要的评估程序，现将评估结果报告如下：

1．资产评估机构（略）。

2．委托方和资产占有方（略）。

3．评估目的：为贵公司与永生公司联营之目的，评估贵公司净资产现行价值。

4．评估范围和对象：本次评估范围为海生公司拥有的全部资产、负债和所有者权益。评估对象为海生公司的整体资产。

5．评估原则：根据国家国有资产管理及评估的有关法规，我所遵循独立性、科学性和客观性的评估工作原则，并以贡献原则、替代原则和预期原则为基础进行评估。

6．评估依据：

（1）××省国有资产管理局（关于同意海生公司与永生公司联营的批复）；

（2）委托方提供的资产清单及其他资料；

（3）有关资产的产权证明及相关资料；

（4）委托方提供的有关会计凭证、会计报表及其他会计资料；

（5）与委托方资产取得、销售业务相关的各项合同及其他资料。

7．评估基准日：2019 年 9 月 30 日。

8．评估方法：根据委托方评估目的和评估对象，此次评估方法为成本法，价格标准为重置成本标准。

9．评估过程（略）。

10．评估结果：在实施了上述评估程序和评估方法后，贵公司截止评估基准日的资产、负债和所有者权益价值为：资产总额：41 504 342 元；负债总额：22 722 000 元；净资产价值：18 782 342 元。

11．评估结果有效期：根据国家有关规定，本报告有效期一年。自报告提交日 2019 年 12 月 20 日起至 2020 年 12 月 19 日止。

12．评估说明：

（1）流动资产评估：

1）货币资金账面价值 421 588 元，其中现金 21 325 元，银行存款 400 263 元，考虑到货币资金即为现值不需折现，经总账明细账与日记账核实一致并对现金盘点无误后，按贴面值确认。

2）应收账款账面价值 5 481 272 元，经与明细账核对，确认评估值为 5 083 252 元。

3）存货账面价值为 11 072 460 元，抽查比例为 60%，在质量检测与抽查核实的基础上，确认评估值为 10 852 500 元。

4）其他流动资产（略）。

流动资产账面价值 18 845 502 元。评估值为 17 401 832 元。

（2）长期投资评估（略）。

（3）固定资产评估（略）。

（4）其他资产评估（略）。

（5）负债审核确认（略）。

评估结果汇总表（简略格式）见表 11-3。

表 11-3　　　　　　　　　　　　评估结果汇总表（简略格式）　　　　　　　　　　　元

项　目	账 面 价 值	评 估 值	增 减 值	增 减 率
流动资产	18 845 502	17 451 832	−1 393 670	−7.4%
固定资产	20 248 470	23 542 510	3 294 040	16.27%
长期投资	500 000	510 000	10 000	2%
资产总计	39 593 972	41 504 342	1 910 370	4.82%
流动负债	14 450 000	14 250 000	−200 000	−1.38%
长期负债	8 862 000	8 462 000	−400 000	−4.51%
负债合计	23 312 000	22 722 000	−60 000	−2.57%
净 资 产	16 281 972	18 782 342	2 510 370	15.42%

13．其他事项说明（略）。

14．评估结果有效的其他条件（略）。

15．评估时间：

本次评估工作自 2019 年 10 月 4 日起至 2019 年 12 月 20 止，本报告提交日期为 2019 年 12 月 20 日。

中国注册资产评估师：×××签字盖章

××资产评估事务所：盖章

2019 年 12 月 20 日

附　　录

附录一　资产评估实例一

A 水务有限公司
为其资产确定市场价值评估报告

B 评字〔2017〕第 003 号

A 水务有限公司：

　　B 资产评估有限责任公司所接受贵公司的委托，据有关法律、法规和资产评估准则，采用成本法，按照必要的评估程序，对 A 水务有限公司申报的资产在评估基准日 2017 年 1 月 13 日的市场价值进行了评估。现将评估报告主要内容摘要如下：

　　一、委托方和业务约定书约定的其他评估报告使用者概况

　　（一）委托方简介

　　委托方：A 水务有限公司

　　注册号：×××

　　住所：×××

　　法定代表人：×××

　　成立日期：2020 年 5 月 30 日

　　宗旨和业务范围：钻凿各类供水井、排水井、灌注桩基孔；钻凿机械零部件加工及设备维修；建筑材料、水电物资销售；水文地质勘查；水利工程技术咨询；环境监测技术服务。（依法须经批准的项目，经相关部门批准后方可开展经营活动）

　　（二）业务约定书约定的其他评估报告使用者

　　业务约定书约定的其他评估报告使用者是指委托方及评估机构在业务约定书中明确的评估报告使用者或国家法律法规明确的评估报告使用者。

　　二、评估目的

　　受 A 水务有限公司的委托，对 A 水务有限公司申报的资产的市场价值评估，为委托方提供市场价值参考。

　　三、评估对象和范围

　　A 水务有限公司的资产，具体包括：勘探塔机、解放钻机、猎豹汽车、柴油机、发电机 50kW、发动机 36kW、发动机 100kW、起重机、压力清洗泥浆泵、电焊机、车床、洗床、刨床、丰田车、吊车、装载车、车载钻机、皮卡车、拖车共计 18 项。（详见资产清查表）

　　四、评估类型及其定义

　　根据委托方评估要求，本评估项目的价值类型为市场价值。

　　市场价值是指自愿买方和自愿卖方在评估基准日进行正常的市场营销之后，所达成的公平交易中某项资产应当进行交易的价值的估计数额。

五、评估基准日

本项目资产评估基准日是 2020 年 1 月 13 日。

本公司接受 A 水务有限公司的委托对该资产进行评估，评估目的是为 A 水务有限公司的资产的市场价值提供价值参考，为使评估基准日与评估目的实现日尽量接近，根据实际情况选择 2020 年 1 月 13 日。

本次评估中所采用的计价标准均为评估基准日有效的价格标准。

六、评估依据

本次评估是在严格遵守国家现行的有关资产评估的法律、法规，以及其他评估依据、计价标准、评估参考资料的前提下进行的。

（一）经济行为依据

B 资产评估有限责任公司与 A 水务有限公司签订的资产评估业务约定书。

（二）法律法规依据

（1）参考国务院国有资产监督管理委员会令第 12 号《企业国有资产评估管理暂行办法》。

（2）参考《关于加强企业国有资产评估管理工作有关问题的通知》（国资委产权〔2006〕274 号）。

（3）财政部、中国人民银行总行、国家税务局和原国家国有资产管理局制定的有关企业财务、会计、税收和资产管理方面的政策、法规。

（三）评估准则依据（略）

（四）产权依据（略）

（五）取价依据及其他参考资料（略）

（六）其他参考依据（略）

七、评估方法

根据国家资产评估的有关规定及资产评估准则的要求，在企业持续经营前提下，按照委估资产的具体情况，对评估方法进行了分析选择。

本次评估时由于被评估单位所属行业性质以及各地方类似企业的规模差异较大，市场上交易案例较少，所以相关可靠准确的可比交易案例很难取得。故评估时不宜采用市场法。

被评估单位近年来，无较稳定收益，主要由于该行业受政策、市场的影响变动情况较大，至评估基准日，被评估单位的销售市场依然不景气，未来发展的情况也无法预测，即被评估单位的未来收益和风险不能够准确的预测及量化，故不可采用收益法进行评估。

根据本次评估目的并结合委估项目特点分析，经评估师协商认为该评估项目采用成本法进行评估比较适宜，即通过资产的重置成本扣减各种贬值反映资产价值。基本计算公式为

$$评估价值 = 重置成本 \times (1 - 贬值率) = 重置成本 \times 综合成新率$$

（一）重置成本

重置成本是指资产的现行再取得成本，即指企业重新取得与其所拥有的某项资产相同或与其功能相当的资产需要支付的现金或现金等价物。

重置成本的核算方法有重置核算法、价格指数法、功能价值类比法等，机械设备的账面原值易于取得，适合采用价格指数法进行评估价格。价格指数法是重置成本法中的一种具体技术方法，是利用与资产有关的价格变动指数，将通过在资产账面原值或原始成本的基础上，按照资产评估时的价格指数与资产购建时的价格指数的比率，即价格变动指数，将资产的账

面原值或原始成本调整为现实成本，进而估测资产重估值的一种方法。计算公式为

$$重置成本＝资产的账面原值×定基物价指数$$

1. 资产账面原值

资产账面原值指资产购建时的入账价值。

2. 定基物价指数

定基物价指数是评估基准日的价格指数与资产购建时点的价格指数之比。

$$定基物价指数＝评估时点价格指数÷资产购建时的价格指数$$

（二）综合成新率

本次评估采用观察分析法和使用年限法综合了解成新率，其计算公式为

综合成新率＝观察分析法了解的成新率×40%＋使用年限法了解的成新率×60%

（1）运用观察分析法估测成新率。估价人员经现场分析、鉴定，询问被评估单位设备管理人员、操作人员，了解设备的有关情况，根据现场勘察情况，结合评估经验，考虑下列因素后综合分析估测设备的成新率。设备的现时技术状态；设备的实际使用时间；设备的正常负荷率；设备的原始制造质量；设备的维护保养情况；设备重大故障（事故）经历；设备大修、技改情况；设备的工作环境条件；设备的外观完整性等。

（2）运用使用年限法计算成新率。估价人员经询问被评估单位有关人员，充分了解设备的实际使用时间，结合自己的专业技术水平，估算出设备的尚可使用年限后，按下面公式计算成新率。

$$成新率 B＝尚可使用年限÷（已使用年限＋尚可使用年限）×100%$$

$$综合成新率＝A×40%＋B×60%$$

八、评估程序实施过程和情况（略）

九、评估假设

1. 一般性假设（略）

2. 特殊性假设（略）

十、评估结论

经评估，A 水务有限公司的资产，在评估基准日 2017 年 1 月 13 日的市场价值为 274.32 万元（大写人民币：贰佰柒拾肆万元叁仟贰佰元）。

十一、特别事项说明（略）

十二、评估报告使用限制说明（略）

十三、评估报告日

本评估报告日为 2021 年 1 月 17 日。

评估机构法定代表人：

中国注册资产评估师：　　　　　　　　中国注册资产评估师：

B 资产评估有限责任公司

二○二一年一月十七日

A 水务有限公司
为其资产确定市场价值

评 估 报 告 说 明

封面 略
目录 略

第一部分　关于评估说明使用范围的声明（略）

第二部分　企业关于进行资产评估有关事项的说明

一、委托方和业务约定书约定的其他评估报告使用者概况（略）

二、评估对象及范围说明

本次评估对象为 A 水务有限公司在评估基准日 2021 年 1 月 13 日的资产，账面原值为：370.70 万元，账面净值 309.39 万元。评估范围见附表 1-1。

附表 1-1　　　　　　　　　　　评 估 范 围 表

产权持有单位：A 水务有限公司　　　　　　　　　　　　　　　　金额单位：万元

序号	资产类别	数量	账面原值	账面净值
1	勘探塔机	2	156.00	128.54
2	解放钻机	1	16.00	13.18
3	猎豹汽车	1	16.00	13.18
4	柴油机	4	5.20	4.28
5	发电机 50kW	1	1.23	1.01
6	发动机 36kW	1	1.08	0.89
7	发动机 100kW	1	3.89	3.21
8	起重机	1	8.40	7.66
9	压力清洗泥浆泵	5	18.40	16.24
10	电焊机	5	0.50	0.41
11	车床、洗床、刨床	5	14.00	12.77
12	丰田车	1	45.00	37.08
13	吊车	1	11.30	9.31
14	装载车	1	8.70	7.17
15	车载钻机	1	26.90	22.64
16	皮卡车	1	8.90	7.49
17	拖车	2	14.00	11.78
	合计	34	370.70	309.39

三、评估基准日说明

本项目资产评估基准日是 2021 年 1 月 13 日。

本公司接受 A 水务有限公司的委托对该资产进行评估，评估目的是为 A 水务有限公司的资产提供市场价值参考，为使评估基准日与评估目的实现日尽量接近，根据实际情况选择 2021 年 1 月 13 日。

本次评估中所采用的计价标准均为评估基准日有效的价格标准。

四、可能影响估价工作的重大事项说明

（1）A 水务有限公司承诺全部被估价资产无相关抵押、担保事项及或有负债。提醒报告使用者关注该类事项对估价结果的影响。

（2）对 A 水务有限公司拥有的资产评估人员尽可能进行了现场抽查核实，对于因工作环境、地点、时间限制等原因不能现场勘察的资产，如设备内部构造等，估价人员通过向企业有关人员调查、询问或查阅盘点记录、合同有关资料的方法进行核实、评估。

五、资产清查情况

为了组织开展好资产清查工作，我公司负责组织清查和协调工作，在完善评估所需收集的资料基础上，对估价委托方拥有的资产进行了清查，本次资产清查评估工作安排如下：

第一阶段：资产评估工作清查、资料填报阶段。

第二阶段：资产清查汇总阶段。

六、资料清单

（1）A 水务有限公司资产清查表。

（2）营业执照复印件。

（3）其他与本次评估相关的资料。

委托方单位法定代表人（或授权代表人）签字：

委托方单位：（单位公章）

二零二一年一月十七日

第三部分　资产评估情况说明

一、估价对象及范围说明（见第二部分）

二、资产核实情况总体说明（略）

第四部分　资产评估技术说明

纳入本次估价范围为 A 水务有限公司在评估基准日即 2021 年 1 月 13 日资产，根据本次资产估价目的，各项资产根据其特点采用重置成本法进行评估。

一、估价对象及范围说明（见第二部分）

二、估价程序（略）

三、估价方法

本次评估采用重置成本法，选用公式为

$$评估价值＝重置价值×成新率$$

1．相关车辆及设备重置价值的了解

相关设备重置价值的构成项目包括：

（1）设备现行购置价格。

（2）2019年6月份PPI价格指数。

（3）2020年12月份PPI价格指数。

2．相关设备成新率的了解

相关设备成新率的构成项目包括：

（1）依据A水务有限公司提供的设备购置合同计算出理论成新率。

（2）评估人员在现场进行勘查后得出技术成新率。

由于2017年1月的中国工业品出厂价格指数尚未公布，评估师只能以2016年12月份的工业品价格出厂指数进行计算。

四、估价案例

案例一名称：发电机50kW

1．资产概况

设备全称：发电机50kW

启用日期：2019年4月15日。

数量：1台。

2．重置价格的确定

重置成本是指资产的现行再取得成本，即指企业重新取得与其所拥有的某项资产相同或与其功能相当的资产需要支付的现金或现金等价物。

重置成本的核算方法有重置核算法、价格指数法、功能价值类比法等，纳入本次估价范围内的机械设备不属标准设备，设备的账面原值易于取得，适合采用价格指数法进行评估价格，价格指数法是重置成本法中的一种具体技术方法，该法是利用与资产有关的价格变动指数，将通过在资产账面原值或原始成本的基础上，按照资产评估时的价格指数与资产购建时的价格指数的比率，即价格变动指数，将资产的账面原值或原始成本调整为现实成本，进而估测资产重估值的一种方法。

$$重置成本＝资产的账面原值×定基物价指数$$
$$＝12300×（105.5÷95.4）＝13600（元）$$

3．了解成新率

（1）理论成新率。经查阅有关资料，该类设备经济使用寿命为10～15年，根据设备的实际使用状况，估价人员确定该设备折旧年限为10年。该设备于2019年启用，截止评估基准日该设备已满一年，不足两年，故理论成新率确定为82.5%。

（2）技术成新率。经技术人员与评估师现场勘查，了解其技术成新率为60%。

（3）综合成新率＝82.5%×50%＋60%×50%＝71.2%

4．了解评估价值

$$评估价值＝重置价值×综合成新率$$
$$评估价值＝13600×71.2\%＝9700（元）$$

第五部分　估价结论及其分析

一、估价结论

经评估，A 水务有限公司申报的资产，在评估基准日 2021 年 1 月 13 日的市场价值为 274.32 万元（大写：人民币贰佰柒拾肆万元叁仟贰佰元），见附表 1-2。

附表 1-2　　　　　　　　　　A 水务有限公司评估结果表

序号	资产类别	数量	评估结果（元）
1	勘探塔机	2	122.83
2	解放钻机	1	13.48
3	猎豹汽车	1	9.73
4	柴油机	4	4.09
5	发电机 50kW	1	0.97
6	发动机 36kW	1	0.73
7	发动机 100kW	1	3.06
8	起重机	1	6.56
9	压力清洗泥浆泵	5	15.59
10	电焊机	5	0.37
11	车床、洗床、刨床	5	11.70
12	丰田车	1	32.94
13	吊车	1	7.65
14	装载车	1	7.24
15	车载钻机	1	18.95
16	皮卡车	1	7.01
17	拖车	2	11.41
合计		34	274.32

二、估价结果与申报值比较变动原因

本次估价结果与申报价格相比，A 水务有限公司所申报资产贬值 225 400 元，减值率为 8.91%。变动原因主要由于使用时磨损过大，机器负荷运作，无专人进行保养，车辆多用于接送牲畜，并且长期没有洗涤，导致设备减值。

附　　件

附件一：资产清查表
附件二：购置合同
附件三：三户联保协议书
附件四：委托方企业法人营业执照和企业法人身份证（复印件）

附件五：委托方承诺函
附件六：现场勘查照片
附件七：评估机构企业法人营业执照
附件八：资产评估师承诺函

附录二　资产评估实例二

×××实业发展有限公司

资产评估报告书

内弘资评报字〔2021〕×××号

评估机构：内蒙古×××资产评估事务所有限公司

二〇二一年六月二十三日

目　　录

注册资产评估师声明

一、我们在执行本资产评估业务中，遵循相关法律法规和资产评估准则，恪守独立、客观和公正的原则；根据我们在执业过程中收集的资料，评估报告陈述的内容是客观的，并对评估结论合理性承担相应的法律责任。

二、评估对象涉及的资产清单由委托方、被评估单位申报并经其签章确认；所提供资料的真实性、合法性、完整性，恰当使用评估报告是委托方和相关当事方的责任。

三、我们与评估报告中的评估对象没有现存或者预期的利益关系；与相关当事方没有现存或者预期的利益关系，对相关当事方不存在偏见。

四、我们已对评估报告中的评估对象及其所涉及资产进行现场调查；我们已对评估对象及其所涉及资产的法律权属状况给予必要的关注，对评估对象及其所涉及资产的法律权属资料进行了查验，并对已经发现的问题进行了如实披露，且已提请委托方及相关当事方完善产权以满足出具评估报告的要求。

五、我们出具的评估报告中的分析、判断和结论受评估报告中假设和限定条件的限制，评估报告使用者应当充分考虑评估报告中载明的假设、限定条件、特别事项说明及其对评估结论的影响。

资产评估报告摘要

内蒙古×××资产评估事务所有限公司接受托克托县×××实业发展有限公司的委托，根据国家有关资产评估的规定，本着独立、客观、公正、科学的原则，按照公认的资产评估方法，为企业转制提供价值参考依据而涉及资产——整体资产进行了评估工作。现将资产评估报告摘要如下：

一、评估目的：为企业提供价值参考依据。

二、评估对象及范围：本项目评估属固定资产评估，评估对象是托克托县×××实业发展有限公司拥有的房产价值 1 977 925.03 元，土地使用权价值 1 019 700 元，机器设备价值 593 639.00 元。

三、价值类型及定义：市场价值是指自愿买方和自愿卖方在各自理性行事且未受任何强迫的情况下，评估对象在评估基准日进行正常公平交易的价值估计数额。

四、评估基准日：2021 年 6 月 18 日。

五、评估方法：建筑物采用重置成本法；机器设备采用重置成本法；土地使用权采用成本逼近法。

六、评估结论：评估基准日，经评估，×××实业发展有限公司拥有的固定资产评估价值为资产评估结果汇总表（此处略）。

七、以上内容摘自资产评估报告，欲了解本评估项目的全面情况，应认真阅读资产评估报告全文。

资产评估报告正文

内弘资评报字〔2021〕×××号

内蒙古×××资产评估事务所有限公司接受×××实业发展有限公司的委托，根据国家有关资产评估规定，本着独立、客观、公正、科学的原则，按照公认的资产评估方法，为企业转制提供价值参考依据而涉及的资产——整体资产进行了评估工作；本公司评估人员按照必要的评估程序对委托评估的资产实施了实地查勘、市场调查与询证，对委托评估的资产在2021年6月18日所表现的市场价值做出了公允反映；现将资产评估情况及评估结果报告如下：

一、委托方、产权持有者及委托方以外的其他评估报告使用者

本次评估委托方为×××实业发展有限公司，产权持有者为×××实业发展有限公司。

二、评估目的

为企业提供价值参考依据。

三、评估对象及范围

委托评估的资产——本项目评估属整体资产评估，评估对象是×××实业发展有限公司拥有的房产1 260 795.72元，纳入本次评估范围的资产与委托方委估的资产范围一致。

四、价值类型及定义

市场价值：是指自愿买方和自愿卖方在各自理性行事且未受任何强迫的情况下，评估对象在评估基准日进行正常公平交易的价值估计数额。

五、评估基准日

本项目评估基准日为2021年6月18日。

该评估基准日是根据与评估目的实现日相接近的时点，经与委托方协商共同确定的，选择该基准日有利于保证评估结果有效地服务于评估目的。评估中所采用的价格是评估基准日的标准。我们认为，该基准日的确定对评估结果的客观性、真实性无影响，并对本次评估目的实现不会产生不利影响。

六、评估依据

包括评估的法律法规依据、行为依据、产权依据和取价依据。

（一）法律、法规依据

1. 国务院〔1991〕91号令《国有资产评估管理办法》。

2. 原国家国有资产管理局〔1992〕36号《国有资产评估管理办法施行细则》。

3. 国资办发〔1996〕23号《资产评估操作规范意见（试行）》的通知。

4. 财政部财评字〔1999〕91号关于印发《资产评估报告基本内容与格式的暂行规定》的通知。

5.《资产评估准则——基本准则》和《资产评估职业道德准则——基本准则》（财企〔2004〕20号）。

6.《中华人民共和国城市房地产管理法》。

（二）行为依据

业务约定书。

（三）产权依据

1. 国有土地使用权证、集体土地使用权证（复印件）。

2. 房屋所有权证（复印件）。

（四）取价依据

1. 《资产评估常用数据及参数手册》。

2. 评估机构收集的国家有关部门发布的价格信息资料和技术标准资料。

3. 委托方提供的相关资料。

4. 对委估资产进行实地勘查分析、记录。

5. 评估人员市场调研收集到的资料。

6. 评估人员收集到的评估基准日的市价信息。

七、评估方法

我们充分考虑了评估对象的具体情况，估价标准及评估方法的适用前提和估价标准对评估方法的约束性等因素，确定采用重置成本法进行评估。重置成本法是用现时条件下重新购置或建造一个全新状态的被评资产所需的全部成本，减去被评估资产已经发生的实体性陈旧贬值、功能性陈旧贬值和经济性陈旧贬值，得到的差额作为被评估资产的评估值的一种资产评估方法。

八、评估程序实施过程

（一）接受委托

2021 年 6 月 14 日，接受×××实业发展有限公司的委托，与委托方签订了资产评估业务约定书，确定评估目的、评估对象及范围，确定 2017 年 6 月 18 日为评估基准日。拟订评估方案，成立评估小组，编制评估计划，收集资产评估所需资料。

（二）资产清查

2021 年 6 月 15 日，评估人员与委托方人员进行交谈，听取委托方对委估资产的介绍，现场进行清查核实，对资产权属进行了验证。

（三）评定估算

评估人员根据委托评估的经济行为特点选择评估方法，进行具体计算，遵循了评估目的与价格标准相匹配的重要原则。

（四）评估汇总

对评估结果进行汇总，并进行评估结论分析，撰写评估说明与报告，进行内部三级复核，最终出具评估报告。

九、评估假设

1. 本评估报告成立的前提条件：

（1）委估资产所有权确属资产占有方所有并控制，不存在也不涉及任何法律纠纷。

（2）本评估报告适用于持续经营假设和公开市场假设，即对评估的资产都是在持续经营和在公开市场的公允价格标准下进行作价评定的。

2. 本次评估结果是反映评估对象在本次评估目的下，根据公开市场的原则确定的现行公允市价，没有考虑将来可能承担的抵押、担保事宜以及特殊的交易方式可能追加付出的价格等对评估价值的影响，也未考虑国家宏观经济政策发生变化以及遇有自然力和其他不可抗力等对资产价值的影响，当前述评估条件以及评估中遵循的持续经营原则等其他情况发生变化时，评估结果一般会失效。

3．本评估结论是建立在委托方所提供的所有资料是真实、可靠基础上的。

十、评估结论

根据国家有关资产评估的法律和国家有关部门的法规规定，本着独立、公正、科学和客观的原则，按照必要的评估程序，我们对×××实业发展有限公司委托评估的固定资产进行了评估。

根据以上评估工作，在评估基准日 2021 年 6 月 18 日持续经营前提下，得出如下评估结论：

经评估，×××实业发展有限公司的固定资产的评估价值为：

资产：账面价值　　　　　　　　19 809 867.40 元
　　　调整后账面值　　　　　　22 092 646.43 元
　　　评估价值　　　　　　　　22 057 789.31 元
负债：账面价值　　　　　　　　21 365 651.47 元
　　　调整后账面价值　　　　　19 785 371.09 元
　　　评估价值　　　　　　　　19 785 371.09 元
净资产：账面价值　　　　　　　−1 555 784.07 元
　　　　调整后账面值　　　　　 2 307 275.34 元
　　　　评估价值　　　　　　　 2 272 418.22 元

十一、特别事项说明

1．本评估报告是在独立、客观、公正、科学的原则下做出的，评估机构及参加评估工作的人员与委托方之间无任何利害关系，评估工作是在有关法律、法规监督下完成的，评估人员在评估过程中恪守执业道德和规范，并作了充分努力。

2．本评估报告所称的"评估值"是指所评估的资产在评估基准日之状态和外部经济前提下，根据本评估报告所列示的原则、依据、前提、方法、程序等得出的，仅为本报告中所列示的评估目的服务，是对委估资产在评估基准日所表现的市场价值做出的公允反映，只有在本报告中所列示的原则、前提、依据等存在的条件下成立。

3．附件与其报告正文配套使用方为有效。

本评估报告使用者应注意特别事项对评估结论的影响。

十二、评估报告使用限制说明

（1）评估报告只能用于评估报告载明的评估目的和用途。

（2）评估报告只能由评估报告载明的评估报告使用者使用。

（3）未征得出具评估报告的评估机构同意，评估报告的内容不得被摘抄、引用或披露于公开媒体，法律、法规规定以及相关当事人另有约定的除外。

（4）本评估报告的使用有效期自评估基准日起一年。

十三、评估报告提交日期

本评估报告于二○二一年六月二十三日提交委托方。

评估机构法定代表人：　　　　　　　　　　中国注册资产评估师：

内蒙古×××资产评估事务所有限公司　　　中国注册资产评估师：

　　　　　　　　　　　　　　　　　　　二〇二一年六月二十三日

资产评估报告书备查文件资料

资产评估报告书备查文件资料包括以下内容：

1. 关于《资产评估报告书的评估说明》使用范围的声明。
2. 资产评估说明。
3. 评估结果汇总表（略）。
4. 评估结果分类汇总表（略）。
5. 评估明细表（略）。
6. 委托方承诺函（略）。
7. 委托方营业执照（复印件）。
8. 国有土地使用权证、集体土地使用权证（复印件）。
9. 房屋所有权证（复印件）。
10. 资产评估机构及注册资产评估师承诺函（略）。
11. 资产评估机构营业执照（复印件）。
12. 资产评估机构资格证书（复印件）。
13. 注册资产评估师资格证书（复印件）。

关于《资产评估报告书的评估说明》

使用范围的声明

以下所附内弘资评报字〔2017〕×××号《资产评估报告书》的评估说明，仅供委托方及资产占有方和相关当事人或国家有关管理部门审阅及确认，审查内弘资评报字〔2017〕×××号《资产评估报告书》使用，材料的全部或部分内容不得提供给其他任何单位或个人，不得见诸于公开媒体。

内蒙古×××资产评估事务所有限公司
二〇二一年六月二十三日

资 产 评 估 说 明

关于进行资产评估有关事项的说明

一、资产占有方简介

（1）名称：×××实业发展有限公司。

（2）住所：托呼准公路 69km 东侧。

（3）法定代表人：×××。

（4）注册资本：伍佰贰拾万元人民币，实收资本：伍佰贰拾万元人民币。

（5）企业类型：私营。

二、评估目的

为企业提供价值参考依据。

三、评估基准日

二〇二一年六月十八日。

四、评估原则

（1）遵循独立性、客观性、科学性的工作原则。

（2）遵循产权利益主体变动原则。

（3）遵循资产持续经营原则，替代性原则和公开市场原则等操作性原则。

五、评估对象

（1）清查工作的范围。

本次纳入评估范围的资产是×××实业发展有限公司拥有的房产 1 260 795.72 元。上述纳入评估范围的资产与委托评估时确定的资产范围一致。

（2）清查工作的组织。

在 2020 年 10 月 31 日，我公司成立了资产清查工作组，指导和协调各部门的财务、生产和技术部门管理人员进行资产清点并填写资产清查明细表。

资产清查核实情况说明

根据财政部财评字〔1999〕91 号文件第五项精神要求，按照本次评估所确定的范围，我公司接受委托，对资产占有方纳入评估范围的固定资产进行了认真的复核。在资产占有方自查的基础上，以其提供的全部资产评估明细表和盘点表为依据，对资产占有方 2017 年 6 月 18 日评估基准日所申报资产进行了抽查核实。

列入清查范围的资产类型有：房产、土地使用权、机器设备。上述资产在评估基准日账面金额如下：

资产项目	账面价值
流动资产	18 449 071.68 元
长期投资	100 000.00 元
固定资产	1 260 795.72 元

资产总计　　　　　　　　　19 809 867.40 元

流动负债　　　　　　　　　21 365 651.47 元

负债合计　　　　　　　　　21 365 651.47 元

净资产　　　　　　　　　 −1 555 784.07 元

评估小组于 2021 年 6 月 15 日进入资产占有方，对申报的各项资产进行清查核实，现将资产清查核实情况说明如下：

一、实物资产分布情况

×××实业发展有限公司的实物资产有房屋、机器设备。

二、资产清查的过程与方法

根据国家有关部门关于资产评估的规定和会计核算的一般原则，我们对×××实业发展有限公司拥有的实物资产进行了清查，清查过程如下。

1. 指导资产清查与收集资料

我们对×××实业发展有限公司的财务人员与资产管理人员进行资产清查培训指导，按照清产核资和"资产评估清查明细表"填表要求，指导进行资产清查和细致准确地填报清查明细表。同时对委估资产的产权权属证明，反映实物资产性能、状态、经济技术指标等情况的资料进行收集。

2. 核实产权文件

对纳入评估范围的房屋、机器设备进行调查，落实房屋使用单位、产权证明等资料，以确认是否做到产权清晰。经过核实，纳入评估范围内的资产产权属于×××实业发展有限公司。

3. 检查核实资产与技术鉴定

在资产占有单位进行全面清查核实资产的基础上，评估人员按规定对清查后的资产进行全面核实，首先核实被评估资产所有权，落实被评估对象，然后在×××实业发展有限公司相关人员的协助下，对房屋建筑物、机器设备等实物资产进行现场勘查，核实实物数量，并进行技术鉴定，初步确定成新率，为评定估算阶段的工作打下基础。

4. 核对单位账表与清查明细表

在核实实物资产的基础上，评估人员对单位账表、总账与明细账、日记账以及清查明细表，逐一进行核对，同时由资产占有单位按照要求通过电话或函证对账簿反映的经济业务内容进行确认。

5. 编制清查核实调账调整表

对资产占有方整体资产和负债核实后，编制清查核实调账调整表。

三、资产清查结果说明

对实物性资产，评估人员对房屋建筑物及设备进行全面清查。

四、资产清查核实内容

1. 房屋建筑物的清查核实

本次评估的房屋建筑物共 7 项，账面原值 1 163 310.61 元，净值为 815 152.18 元。经清查核实，本科目作如下调整：

（1）锅炉房已于 2017 年 10 月 13 日转给梁文成顶费用，未进行账务处理，账面原值为 130 406.00 元，账面净值为 93 160.78 元，现调入损益。

（2）招待所已于 2014 年 2 月 20 日抵押给中国建设银行×××市×××支行，借款合同为×××号，借款 2 000 000.00 元（现短期借款中核算），该贷款到期后无法偿还。后银行将该贷款转交给×××资产管理公司，×××资产管理公司于 2018 年 9 月 21 日将借款本息转让给×××，抵押物已办理了过户，未取得相关手续，一直未进行账务处理，账面原值为 804 142.58 元，净值为 596 272.74 元，调入待处理固定资产损失。

（3）车库面积 43.56 m^2，价值 33 468.00 元，凉房面积 51.28 m^2，价值 39 399.41 元，由存货调入本科目 72 867.41 元。

（4）车站房屋大部分已被处置，现将两间门脸房面积 56.93 m^2，价值 116 492.42 元调入本科目。

通过以上核实调整，调整后房屋建筑物的账面原值 418 121.86 元，账面净值为 315 078.49 元。

2. 机器设备的清查核实

本次评估的机器设备共计 12 台（部），账面原值 513 776.69 元，净值为 105 643.54 元。经清查核实，本科目作如下调整：

锅炉已于 2017 年 10 月 13 日转让给梁文成顶费用，未进行账务处理，账面原值为 452 386.69 元，账面净值为 75 737.32 元，现调入损益。

五、实物资产的特点

×××实业发展有限公司的实物资产房屋建筑物、电子设备、机动车辆具有固定性的特点。

六、清查核实结论

经评估人员对×××实业发展有限公司资产进行清查核实，并按规定对有关事项进行调整，调整情况如下：

资产类别	账面价值	调整后账面价值
流动资产	18 449 071.68 元	20 995 758.97 元
长期投资	100 000.00 元	0.00 元
固定资产	1 260 795.72 元	1 096 887.46 元
其中：建筑物类	815 152.18 元	315 078.49 元
设备类	445 643.54 元	185 536.23 元
资产总计	19 809 867.40 元	22 092 646.43 元
流动负债	21 365 651.47 元	19 785 371.09 元
负债总计	21 365 651.47 元	19 785 371.09 元

经清查核实调整后，我公司认为×××实业发展有限公司列入资产评估清查明细表的资产均为该公司资产。

评 估 依 据 说 明

一、评估法规依据

（1）国务院〔1991〕91 号令《国有资产评估管理办法》。

（2）原国家国有资产管理局〔1992〕36 号《国有资产评估管理办法施行细则》。

（3）国资办发〔1996〕23 号《资产评估操作规范意见（试行）》的通知。

（4）财政部财评字〔1999〕91 号关于印发《资产评估报告基本内容与格式的暂行规定》的通知。

（5）《资产评估准则——基本准则》和《资产评估职业道德准则——基本准则》（财企〔2004〕20 号）。

二、评估行为依据

业务约定书。

三、评估产权依据

（1）国有土地使用权证、集体土地使用权证（复印件）。

（2）房屋所有权证（复印件）。

四、评估取价依据

（1）《资产评估常用数据及参数手册》。

（2）评估机构收集的国家有关部门发布的价格信息资料和技术标准资料。

（3）委托方提供的相关资料。

（4）对委估资产进行实地勘查分析、记录。

（5）评估人员市场调研收集到的资料。

（6）评估人员收集到的评估基准日的市价信息。

五、参考资料及其他

（1）资产占有方提供的情况说明。

（2）委托评估的资产清查评估明细表及其他有关资料。

（3）内蒙古×××资产评估事务所有限公司资料库资料。

房屋建筑物评估说明

委估的房屋建筑物 8 项，建筑面积共计 2459.66m^2，账面原值 1 163 310.61 元，净值 815 152.18 元，调整后账面原值为 418 121.86 元，净值为 315 078.49 元。

一、评估目的

为企业转制提供价值参考依据。

二、评估对象

房屋建筑物 8 项，建筑面积共计 2459.66m^2。

三、产权证明

私营房权证新城区字第×××号。

四、评估程序

根据资产占有方提供的资产清查评估明细表进行账证核实，查阅核实房屋产权情况，现场勘察房屋建筑物的功能发挥和使用情况，与有关人员座谈，了解房屋建筑设计使用情况，完成工作底稿。

根据评估目的，依据财政部、建设部发布的房地产评估的有关文件和内蒙古自治区有关房屋造价方面的法规、文件、价格资料，选择适当的评估方法，测算评定房屋建筑物的评估价值。

五、评估依据

（1）建设部《房屋完损等级评定标准》。

（2）2015 年《内蒙古自治区建筑工程综合预算定额》。

（3）2015 年《内蒙古自治区建筑安装工程费用定额》。

（4）国家物价局、财政部、建设部有关收费标准的通知。

（5）委托方提供的建筑物评估明细表。

（6）评估人员现场勘察记录、整理的资料。

（7）《资产评估常用数据与参考手册》。

六、评估方法

根据评估目的和资产的实际状况及特点，按照评估规范的要求，确定评估方法；我们充分考虑了评估对象的具体情况，估价标准及评估方法的适用前提和估价标准对评估方法的约束性等因素，本次评估对房屋建筑物采用重置成本法进行评估。

委估房屋建筑物在持续经营的前提下，遵循资产评估方法的科学性和替代性原则，对这些建筑物的评估采用重置成本法。计算公式为

$$P = A \times B \times (1+K) \times (1+I) \times C$$

式中　　P——建筑物评估值；

　　　　A——建筑物单方工程造价；

　　　　B——建筑物面积或工程量；

　　　　K——建筑物附加税费率；

　　　　I——资金成本，%；

　　　　C——成新率。

（1）建筑物工程造价的确定。

根据被评估项目资料的齐备程度，本次评估中工程造价的确定，采用预决算调整法根据内蒙古自治区综合预算定额、费用定额和造价文件，确定单方工程造价；查找、确定不同点对造价的影响程度，进而确定影响数额，最后计算出委估资产的造价或单方造价。

（2）附加税费率的计取标准。

工程招投标费：0.1%。

工程质量监督费：0.3%。

工程建设监理费：1.4%。

工程勘察设计费：2.0%。

建设单位管理费：3.0%。

合计：6.8%。

资金成本：按现行银行贷款利率计算。因工程类别的不同而不同，合理工期为半年以内的项目，现行银行贷款利率为 4.48%；合理工期为一年以内的项目，现行银行贷款利率为 5.31%；合理工期为一～三年的项目，现行银行贷款利率为 5.40%；假定在建设期内资金是均匀投入的，资金成本的计息期按合理工期的一半计算。

（3）成新率的确定分别按使用年限法、完损等级打分法测算，然后按不同的权重进行综合，确定综合成新率。

七、评估操作示例（以办公室为例）

（一）基本情况

该房建于 2014 年，位于托呼准公路 69 公里东侧。框架结构，建筑面积 115.92m²。主要

构造：现浇混凝土独立基础，混凝土柱、梁、板，机制红砖填充墙，有防水设施。外装修：铝合金窗、外墙贴白色墙砖，屋顶铺琉璃瓦四面悬山造型。瓷砖地面，内墙面抹灰刮腻子，有上水、自供采暖设施、电照设施。经现场勘察，该房主要结构部分坚固，装修。

（二）重置成本的确定

经现场勘察，并根据内蒙古自治区现行建筑安装工程概预算定额、取费定额（即 2015 年《内蒙古自治区建筑工程预算定额》《内蒙古自治区安装工程预算定额》；《内蒙古自治区建设工程费用计算规则》等有关规定，评定估算该建筑物的建安工程单价。此类建筑按现行预算定额估算：建安工程单价：1300.00 元/m²。

$$评估重置单价＝［建安工程单价×（1＋其他费用率）］×（1＋资金成本率）$$
$$＝［1650.00×（1＋6.8\%）］×（1＋5.31\%/2）$$
$$＝1809（元/m^2）（取整）$$
$$重置成本＝1809×115.92＝209\ 699.00（元）$$

（三）房屋成新率的确定

1. 使用年限法

依据《资产评估常用数据与参考手册》对该类房屋建筑物耐用年限的规定 50 年，已使用 7 年，尚可使用年 43 年。

$$成新率\ C＝尚可使用年限/（已使用年限＋尚可使用年限）×100\%$$
$$＝43/（7＋43）×100\%$$
$$＝86\%$$

2. 完损定级打分法成新率

完损定级打分法成新率见附表 1。

附表 1　　　　　　　　　　　　　完损定级打分法成新率

结构部分	地基基础	9	装修部分	外墙	5	设备部分	电气照明	6
	承重构件	9		内墙	5		水卫	5
	非承重构件	9		门窗	6			
	地面	8		天棚	6		暖气	5
	屋面	9		装修	4			
结构部分评分		44	装修部分评分		26	设备部分评分		17
结构部分标准分		50	装修部分标准分		30	设备部分标准分		20
结构部分成新率		88%	装修部分成新率		86%	装修部分成新率		85

$$C_2＝0.4×88\%＋0.3×86\%＋0.3×85\%＝86.5\%$$

3. 综合成新率

$$综合成新率\ C＝0.5×86\%＋0.5×86.5\%＝86\%$$

（四）评估值

$$房屋的评估值＝重置成本×综合成新率＝209\ 699.00×85.6\%＝179\ 502.00（元）$$

用上述操作示例同样的方法和步骤确定每项房屋建筑物评估值；详见评估明细表。

八、评估结果

委托评估的房屋建筑物 8 项，建筑面积 2459.66m²，评估值合计为人民币大写：叁拾捌万贰仟捌佰壹拾柒元陆角伍分（382 817.65 元）。

设 备 评 估 说 明

本次委估机器设备为×××实业发展有限公司所拥有；申报评估设备 14 台（套、个），基准日账面原值 554 251.53 元，净值 71 950.87 元（委托方提供的原始数据不完整）。

一、评估目的
为委托方提供价值参考依据。

二、评估基准日
二〇二一年六月十八日。

三、评估原则
（1）遵循独立性、客观性、科学性的工作原则。
（2）遵循产权利益主体变动原则。
（3）遵循资产持续经营原则，替代性原则和公开市场原则等操作性原则。

四、评估对象
本次纳入评估范围的资产是×××实业发展有限公司拥有的实物资产—机器设备申报评估设备 14 台（套、个）。

上述纳入评估范围的资产与委托评估时确定的资产范围一致。

五、评估依据
（1）依据国务院 91 号令《国有资产评估管理办法》及其各施行细则。
（2）依据《资产评估操作规范意见（试行）》。
（3）《资产评估准则——基本准则》。
（4）《资产评估职业道德准则——基本准则》。
（5）依据委托方提供的资产评估申报资料、相关产权证明资料及评估情况说明等。
（6）取价依据：参考《机电产品报价手册》及经市场询价了解到的现行市场价格。
（7）取价依据为：参考《全国汽贸商情》及经市场询价了解到的现行市场价格。

六、评估方法
我们充分考虑了评估对象的具体情况，估价标准及评估方法的适用前提和估价标准对评估方法的约束性等因素，本项目评估采用重置成本法。重置成本法是先通过被评估资产与其全新状态相比，测算出一个综合成新率，然后用重置成本与成新率的乘积得出被评估资产的价值。计算公式为

$$P = A \times (K_1 + K_2) \times C$$

式中　P——机器设备的评估值；

A——机器设备的重置全价；

K_1——机器设备的运杂费率；

K_2——机器设备的安装调试费率；

C——综合成新率。

（一）重置全价的确定

1. 不需要安装的设备

对于小型不需独立安装的设备按评估基准日市场购置价作为重置全价；对体积大、重量大的设备考虑一定的运杂费。

2. 需要安装的设备

对于需要安装的设备，应在设备购置价的基础上加计合理的运杂费和安装调试费。

（二）成新率的确定

成新率是按使用年限法和技术鉴定法确定的。年限法是根据设备的使用年限来确定成新率的一种方法。计算公式如下

成新率＝尚可使用年限/（尚可使用年限＋已使用年限）×100%

七、资产状况及评估值

以税控燃油加油机（型号：CS30C111）为例。

1. 基本情况

产品名称：税控燃油加油机。

数量：1部；生产厂家：×××科技公司。

购置年月：2002年。

2. 重置全价的确定

重置全价＝重置基价×（1＋安装调试费率＋国内运杂费率）

通过市场询价并参阅《全国机电订货报价手册》等有关价格资料，目前该设备的购置价为13 700.00元/台，确定重置基价为13 700.00元/台。

3. 成新率的确定

（1）根据国家有关规定，该设备使用年限为15年，目前已使用7年，尚可使用8年。

成新率 C_1 ＝尚可使用年限/（已使用年限＋尚可使用年限）＝8/（7＋8）＝53%

（2）技术鉴定法。

技术鉴定法见附表2。

附表2　　　　　　　　　　　　　技　术　鉴　定　法

鉴 定 内 容	标 准 分	评 分
设备整体完好，运转正常	80	50
零部件齐全	20	16
合计	100	66

技术鉴定成新率 C_2 ＝66%

（3）综合成新率 C。

C_1、C_2 的权重分别为0.5、0.5，则综合成新率为

$$C＝0.5×C_1＋0.5×C_2＝0.5×53%＋0.5×66%＝60%$$

评估价值＝重置全价×综合成新率×数量＝13 700.00×60%×1＝8220.00（元）

用上述同样的方法和步骤逐项确定每台设备的评估值。详见"资产清查评估明细表"。

八、评估结果

委托评估机器设备14台（套、个）评估值合计为人民币大写：陆拾陆万陆仟叁佰捌拾玖元整（666 389.00元）。

参 考 文 献

［1］中国资产评估协会．资产评估．北京：经济科学出版社，2012．

［2］周风．资产评估学教程．北京：中国财政经济出版社，2006．

［3］王海粟．企业价值评估．上海：复旦大学出版社，2005．

［4］中国资产评估协会．建筑工程评估基础．北京：经济科学出版社，2012．

［5］于鸿君．资产评估教程．北京：北京大学出版社，2006．

［6］徐兴恩．资产评估学．2版．北京：首都经济贸易大学出版社，2006．

［7］朱萍．资产评估学．上海：复旦大学出版社，2006．

［8］乔志敏，张文新．资产评估学教程．3版．北京：中国人民大学出版社，2010．

［9］张英，牟建国．资产评估学．北京：科学出版社，2007．

［10］刘玉平．资产评估教程．3版．北京：中国财政经济出版社，2010．

［11］张彩英．资产评估：理论、方法、实务．北京：中国财政经济出版社，2008．

［12］姜楠．资产评估学．大连：东北财经大学出版社，2018．

［13］朱柯，曾瑞玲，李萍．资产评估．5版．大连：东北财经大学出版社，2018．

［14］何雨谦，王丽．资产评估学．大连：东北财经大学出版社，2016．